NEUROPSICOLOGIA FORENSE

A Artmed é a editora oficial da Sociedade Brasileira de Neuropsicologia

N495   Neuropsicologia forense / Organizadores, Antonio de Pádua Serafim,
        Fabiana Saffi. – Porto Alegre : Artmed, 2015.
        288 p. il. ; 25 cm.

        ISBN 978-85-8271-181-1

        1. Neuropsicologia. I. Serafim, Antonio de Pádua. II. Saffi, Fabiana.

                                                        CDU 159.91:612.8

Catalogação na publicação: Poliana Sanchez de Araujo – CRB 10/2094

NEUROPSICOLOGIA FORENSE

Antonio de Pádua Serafim
Fabiana Saffi
(orgs.)

2015

© Artmed Editora Ltda, 2015

Gerente editorial
Letícia Bispo de Lima

Colaboraram nesta edição:

Coordenadora editorial
Cláudia Bittencourt

Assistente editorial
Paola Araújo de Oliveira

Capa
Márcio Monticelli

Imagem de capa
©dreamstime.com / Gines Valera Marin, 2012: Brain icon set

Ilustrações
Gilnei da Costa Cunha

Preparação do original
Antonio Augusto da Roza

Leitura final
Camila Wisnieski Heck

Projeto e editoração
Bookabout – Roberto Carlos Moreira Vieira

Reservados todos os direitos de publicação à
Artmed Editora Ltda.
Av. Jerônimo de Ornelas, 670 – Santana
90040-340 – Porto Alegre, RS
Fone: (51) 3027-7000 Fax: (51) 3027-7070

É proibida a duplicação ou reprodução deste volume, no todo ou em parte, sob quaisquer formas ou por quaisquer meios (eletrônico, mecânico, gravação, fotocópia, distribuição na Web e outros), sem permissão expressa da Editora.

SÃO PAULO
Av. Embaixador Macedo Soares, 10.735 – Pavilhão 5
Cond. Espace Center – Vila Anastácio
05095-035 São Paulo SP
Fone: (11) 3665-1100 Fax: (11) 3667-1333

SAC 0800 703-3444 – www.grupoa.com.br

IMPRESSO NO BRASIL
PRINTED IN BRAZIL
Impresso sob demanda na Meta Brasil a pedido de Grupo A Educação.

Autores

Antonio de Pádua Serafim. Psicólogo. Doutor em Ciências pela Faculdade de Medicina da Universidade de São Paulo (FMUSP). Coordenador do Núcleo Forense e Diretor do Serviço de Psicologia e Neuropsicologia do Instituto de Psiquiatria do Hospital das Clínicas da Faculdade de Medicina da Universidade de São Paulo (IPq-HCFMUSP). Professor colaborador do Departamento de Psiquiatria da FMUSP. Professor titular do Programa de Pós-graduação em Psicologia da Saúde da Universidade Metodista de São Paulo (UMESP). Orientador do Programa de Pós-graduação em Neurociências e Comportamento do Instituto de Psicologia da Universidade de São Paulo (IPUSP). Pesquisador do GT-ANPEPP Tecnologia Social e Inovação: Intervenções Psicológicas e Práticas Forenses contra Violência.

Fabiana Saffi. Psicóloga. Especialista em Psicologia Hospitalar em Avaliação Psicológica e Neuropsicológica pelo Hospital das Clínicas da Faculdade de Medicina da Universidade de São Paulo (HCFMUSP). Especialista em Psicologia Jurídica pelo Conselho Federal de Psicologia (CFP). Mestre em Ciências pela Faculdade de Medicina da Universidade de São Paulo (FMUSP). Psicóloga supervisora no Serviço de Psicologia e Neuropsicologia e no Ambulatório do Núcleo de Estudos e Pesquisas em Psiquiatria Forense e Psicologia Jurídica (NUFOR), Instituto de Psiquiatria do Hospital das Clínicas da Faculdade de Medicina da Universidade de São Paulo (IPq-HCFMUSP).

Aires Evandro José Ribeiro. Psicólogo. Especialista em Neuropsicologia pelo IPq- HCFMUSP.

Aline Lavorato Gaeta. Psiquiatra. Médica preceptora do Programa de Suporte ao Aluno e Residente do HCFMUSP.

Ana Jô Jennings Moraes. Psicóloga. Aprimoranda do Serviço de Neuropsicologia Hospitalar do IPq-HCFMUSP. Aperfeiçoamento em Psicologia Jurídica: Prática Pericial.

Anna Cecília Santos Chaves. Advogada. Especialista em Ciências Criminais pela Universidade Cândido Mendes (UCAM). Doutoranda em Direito Penal, Medicina Forense e Criminologia na Faculdade de Direito do Largo de São Francisco da USP. Bolsista de Doutorado Direto da FAPESP. Membro do NUFOR/IPq-HCFMUSP.

Carina Chaubet D'Alcante. Psicóloga. Especialista em Neuropsicologia. Mestre em Ciências pela FMUSP. Psicóloga supervisora do Serviço de Psicologia e Neuropsicologia do IPq-FMUSP. Neuropsicóloga pesquisadora do Projeto Transtornos do Espectro Obsessivo-compulsivo (PROTOC). Secretária executiva da Sociedade Brasileira de Neuropsicologia (SBNp, 2013-2015).

Carolina Farias da Silva Bernardo. Psicóloga. Aperfeiçoamento em Psicologia Jurídica Prática Pericial no NUFOR/IPq-HCFMUSP, Impactos da Violência na Saúde, coordenado pela Escola Nacional de Saúde Pública Sergio Arouca (EAD/ENSP) e pela FIOCRUZ, Transtornos do Controle do Impulso no Ambulatório de Transtornos do Impulso (AMITI), HCFMUSP. Especialista em Terapia Cognitiva. Professora adjunta do Centro de Terapia Cognitiva Veda. Psicóloga colaboradora do NUFOR e do AMITI, IPq-HCFMUSP.

Cristiana Castanho de Almeida Rocca. Psicóloga. Mestre e Doutora em Ciências pela USP. Professora colaboradora na FMUSP. Psicóloga supervisora no Serviço de Psicologia e Neuropsicologia do IPq-FMUSP.

Cristiane Ferreira dos Santos. Psicóloga. Aperfeiçoamento em Perícia Psicológica no NUFOR/IPq-HCFMUSP. Psicóloga colaboradora no atendimento e avaliação no NUFOR/IPq-HCFMUSP.

Daniel Martins de Barros. Psiquiatra. Bacharel em Filosofia. Doutor em Ciências pela USP. Professor colaborador do Departamento de Psiquiatria da FMUSP.

Daniela Pacheco. Psicóloga clínica. Especialista em Terapias Cognitivas pelo HCFMUSP. Psicóloga colaboradora do Ambulatório de Saúde Mental da Mulher (ProMulher) do IPq-HCFMUSP.

Éverton Duarte. Psicólogo, neuropsicólogo. Formação em Neuropsicologia Clínica e de Pesquisa pelo Serviço de Psicologia e Neuropsicologia do IPq-HCFMUSP. Mestre em Ciências pelo Departamento de Psiquiatria do IPq--HCFMUSP. Professor no Centro Universitário São Camilo de São Paulo. Colaborador no Serviço de Psicologia e Neuropsicologia do IPq-HCFMUSP.

Flávia Celestino Seifarth de Freitas. Advogada. Especialista em Processo Civil pela Pontifícia Universidade Católica (PUC). Diretora jurídica da Associação Brasileira de Alzheimer (ABRAz) Regional São Paulo.

Geraldo Busatto Filho. Psiquiatra. PhD em Psiquiatria pela Universidade de Londres, Inglaterra. Professor titular do Departamento de Psiquiatria da FMUSP. Coordenador do Núcleo de Apoio à Pesquisa em Neurociência Aplicada (NAPNA) da USP.

Graça Maria Ramos de Oliveira. Psicóloga. Especialista em Psicologia Hospitalar pelo CFP. Especialista em Psicologia Psicodinâmica pelo Sedes-Sapientae. Psicóloga supervisora do Serviço de Psicologia e Neuropsicologia do IPq-HCFMUSP. Psicóloga colaboradora do Projeto Esquizofrenia (PROJESQ) no IPq-HCFMUSP.

Ivan Aprahamian. Geriatra. Mestre em Gerontologia pela Universidade Estadual de Campinas (Unicamp). Doutor em Psiquiatria pela USP. Professor colaborador e docente da Pós--graduação do Departamento de Psiquiatria da FMUSP. Professor adjunto da Faculdade de Medicina de Jundiaí. Coordenador do Programa de Psicogeriatria do Laboratório de Neurociências (LIM-27) da FMUSP.

Juliana Emy Yokomizo. Psicóloga. Especialista em Neuropsicologia e em Psicologia Hospitalar pelo IPq-HCFMUSP. Pós-graduanda na FMUSP. Psicóloga supervisora do Serviço de Psicologia e Neuropsicologia do IPq-HCFMUSP.

Leandro F. Malloy-Diniz. Neuropsicólogo. Doutor em Farmacologia Bioquímica e Molecular pela Universidade Federal de Minas Gerais (UFMG). Professor adjunto da Faculdade de Medicina da UFMG. Coordenador do Laboratório de Investigações em Neurociências Clínicas do Instituto Nacional de Ciência e Tecnologia de Medicina Molecular (INCT-MM) da UFMG. Presidente da SBNp (2011-2015).

Luciana de Carvalho Monteiro. Psicóloga. Especialista em Avaliação Psicológica e Neuropsicológica pelo IPq-HCFMUSP. Mestre em Ciências pela FMUSP. Psicóloga colaboradora do Serviço de Psicologia e Neuropsicologia do Centro de Reabilitação e Hospital-Dia (CHRD) e do Projeto de Déficit de Atenção e Hiperatividade em Adultos (PRODATH) do IPq-HCFMUSP.

Maria Fernanda F. Achá. Psicóloga. Mestre em Ciências pela FMUSP. Neuropsicóloga do Hospital Israelita Albert Einstein. Pesquisadora colaboradora do NUFOR/IPq-HCFMUSP.

Maria Inês Falcão. Psicóloga. Especialista em Neuropsicologia pelo CFP. Psicóloga supervisora concursada do Serviço de Psicologia e Neuropsicologia do IPq-HCFMUSP. Professora do Curso de Especialização em Neuropsicologia no Contexto Hospitalar do Serviço de Psicologia/IPq-HCFMUSP, e no Curso de Graduação de Psicologia da Universidade Paulista (UNIP). Professora e membro da Sociedade Rorschach de São Paulo e Ger-AÇões – Pesquisas e Ações em Gerontologia.

Marianne Abt. Psicóloga. Especialista em Neuropsicologia pelo IPq-HCMFUSP.

Marina von Zuben de Arruda Camargo. Psicóloga. Especialista em Neuropsicologia pelo Instituto Neurológico de São Paulo. Mestre em Neurociência e Comportamento pelo IPUSP. Docente dos cursos de Especialização em Neuropsicologia e Extensão em Reabilitação Cognitiva do Instituto Neurológico de São Paulo. Pesquisadora do Laboratório de Neurociências (LIM-27) do IPq-HCFMUSP.

Mery Candido de Oliveira. Psicóloga clínica e forense. Especialista em Adultos e Adolescentes pelo Instituto Sedes Sapientiae. Mestre em Ciência pela USP. Supervisora de Alunos pela Federação Brasileira de Psicodrama (FEBRAP). Coordenadora do Programa de Atendimento a Vítimas de Violência e Agressores do NUFOR/IPq-HCFMUSP. Supervisora da Psicoterapia na Fundação Casa.

Monica Kayo. Psiquiatra. Mestre em Ciências pela FMUSP.

Natali Maia Marques. Psicóloga. Especialista em Avaliação Psicológica e Neuropsicológica pelo Serviço de Psicologia e Neuropsicologia do IPq--HCFMUSP. Mestranda no Programa de pós--graduação de Neurociência e Comportamento do IPUSP. Psicóloga supervisora no NUFOR/IPq-HCFMUSP. Neuropsicóloga do Ambulatório de Transtornos de Identidade de Gênero e Orientação Sexual (AMTIGOS) do NUFOR/IPq-HCFMUSP.

Priscila Dib Gonçalves. Psicóloga. Psicóloga supervisora do Serviço de Psicologia e Neuropsicologia do IPq-HCFMUSP. Pesquisadora do Programa Interdisciplinar de Estudos de Álcool e Drogas (GREA) do IPq-HCFMUSP. Pesquisadora do Laboratório de Neuroimagem em Psiquiatria (LIM-21) do IPq-HCFMUSP.

Roberto Augusto de Carvalho Campos. Neurocirurgião. Mestre e Doutor em Medicina pela Universidade Federal de São Paulo (Unifesp) – Escola Paulista de Medicina (EPM). Professor doutor da Faculdade de Direito da USP.

Tânia Maria Alves. Psiquiatra. Mestre e Doutora em Psiquiatria pela USP.

Vanessa Flaborea Favaro. Psiquiatra. Assistente do HCFMUSP.

Apresentação

O crescimento da Neuropsicologia no Brasil nas últimas décadas é notável. Além do espaço conquistado aos poucos em cursos de graduação, proliferaram os cursos de especialização e de formação continuada. Para atender às demandas da capacitação básica, vários títulos generalistas foram lançados nos últimos anos, facilitando o acesso ao conhecimento introdutório à neuropsicologia, estimulando a busca por formação na área. No entanto, com o aumento contínuo do número de neuropsicólogos e interessados pela área, aumentou também a demanda de livros direcionados a temas mais específicos e com maior aprofundamento.

A retomada da série "Temas em Neuropsicologia" no ano de 2013 teve, entre seus principais propósitos, fomentar a publicação de livros capazes de apresentar aos neuropsicólogos brasileiros o "estado da arte" em áreas específicas de aplicação da neuropsicologia. O primeiro livro da série, *Neuropsicologia geriátrica*, mostrou o quão acertado foi esse direcionamento.

Mantendo a estratégia do enfoque em áreas específicas, apresentamos o segundo livro da série Temas em Neuropsicologia, *Neuropsicologia forense*. Organizado pelos doutores Antonio de Pádua Serafim e Fabiana Saffi, este livro propõe um aprofundamento em questões teóricas e metodológicas das aplicações da neuropsicologia às práticas jurídicas. Os autores são referências da neuropsicologia forense brasileira, realizando um trabalho pioneiro tanto em termos de produção de conhecimento como no investimento na formação de recursos humanos da área.

Os capítulos, escritos por profissionais de diversas áreas de atuação relacionadas à neuropsicologia forense, estão organizados em cinco partes. Na primeira delas, *Fundamentos*, os autores caracterizam a neuropsicologia forense em termos de seus fundamentos, aplicações principais, sua história e sua relação com outras áreas. Na segunda parte, *Funções neuropsicológicas e aplicações forenses*, são apresentados capítulos sobre a relação entre diferentes módulos cognitivos e a prática da neuropsicologia forense. Essa estratégia didática permite ao neuropsicólogo a compreensão das implicações forenses de alterações em diferentes domínios da cognição. Na terceira parte, *Avaliação neuropsicológica forense: quadros neuropsiquiátricos*, os autores exploram as interfaces entre neuropsicologia e psiquiatria com ênfase na prática da avaliação neuropsicológica. Nas duas últimas partes do livro, *Avaliação neuropsicológica forense em situações específicas* e *Aspectos éticos e periciais*, é dada ênfase a três questões fundamentais da prática forense: a simulação de déficits cognitivos, a avaliação de menores infratores e a produção/manejo de documentos periciais. Consideramos que o percurso escolhido pelos organizadores oferece ao leitor um texto capaz de conciliar a apresentação de conceitos introdutórios e o aprofundamento em várias de suas aplicações.

Estamos convictos de que esta obra, produzida a partir da colaboração entre os organizadores, os autores, a Sociedade Brasileira de Neuropsicologia (SBNp) e a Artmed Editora, cumprirá o papel de fornecer a possibilidade de aprofundamento em uma das áreas de maior crescimento na neuropsicologia brasileira.

Desejamos a todos uma boa leitura.

Prof. Dr. Leandro Fernandes Malloy-Diniz
Presidente da Sociedade Brasileira de
Neuropsicologia (SBNp)
(2011-2013; 2013-2015)

Prefácio

A Neuropsicologia e a Psiquiatria Forenses têm recebido mais atenção nos últimos anos, provavelmente pelo grande número de situações nas quais os profissionais dessas áreas têm sido chamados a atuar, bem como pelo grande número de colegas que estão atuando como peritos judiciais. Infelizmente, ainda temos poucos livros técnicos publicados sobre o tema, e cada vez mais existe a necessidade de embasar os métodos e as conclusões apresentadas nos processos judiciais em conhecimentos técnicos consistentes e atuais.

Recebi, com muita satisfação, o convite para prefaciar este livro sobre Neuropsicologia Forense, organizado pelos professores Antonio de Pádua Serafim e Fabiana Saffi, porque sei que seus autores são colegas que se dedicam há bastante tempo, de forma séria e coerente, a produzir laudos e avaliações judiciais, sempre preocupados com o rigor acadêmico e com a importância decisiva dessas avaliações técnicas sobre a resolução dos processos judiciais.

O livro, muito bem organizado em quatro seções, inicia abordando os aspectos históricos da neuropsicologia clínica e forense, e as características da neurociência forense, para embasar os capítulos seguintes, que abordam as noções básicas do direito, a perícia em saúde mental e a importância, nesse contexto, das estruturas cerebrais envolvidas. Em seguida, o livro descreve as funções neuropsicológicas e suas implicações forenses, para depois abordar com profundidade, em quinze capítulos, a avaliação neuropsicológica forense dos principais transtornos neuropsiquiátricos. Nas duas últimas seções do livro são apresentados aspectos da avaliação neuropsicológica forense em situações específicas, como a simulação de déficits cognitivos e os jovens infratores, e, por fim, os aspectos éticos em perícias neuropsiquiátricas.

Saúdo os colegas Antonio de Pádua Serafim e Fabiana Saffi, assim como todos os autores dos capítulos, pela iniciativa de produzir um livro tão oportuno e necessário. Tenho plena convicção de que esta obra será, em breve, considerada uma referência, podendo auxiliar muitos colegas a produzir laudos periciais mais consistentes, precisos e úteis, que poderão auxiliar decisivamente na resolução de inúmeros processos judiciais.

Cássio M. C. Bottino
Perito judicial
Professor Livre Docente em
Psiquiatria pela Faculdade de Medicina
da Universidade de São Paulo

Sumário

parte 1
Fundamentos

1. Aspectos históricos da neuropsicologia clínica e forense 17
   Antonio de Pádua Serafim, Éverton Duarte, Maria Fernanda F. Achá
2. Neurociências forenses 26
   Daniel Martins de Barros, Aline Lavorato Gaeta, Geraldo Busatto Filho
3. Noções básicas do direito: orientações para a perícia em saúde mental 34
   Anna Cecília Santos Chaves, Roberto Augusto de Carvalho Campos
4. A perícia em saúde mental 46
   Antonio de Pádua Serafim, Fabiana Saffi
5. Estruturas cerebrais 57
   Marina von Zuben de Arruda Camargo, Ivan Aprahamian

parte 2
Funções neuropsicológicas e implicações forenses

6. Atenção 71
   Luciana de Carvalho Monteiro, Fabiana Saffi
7. Memória 78
   Mery Candido de Oliveira, Antonio de Pádua Serafim
8. Pensamento 88
   Maria Fernanda F. Achá, Vanessa Flaborea Favaro
9. Inteligência 97
   Natali Maia Marques, Maria Fernanda F. Achá, Marianne Abt
10. Linguagem 104
    Fabiana Saffi, Maria Inês Falcão
11. Emoção 113
    Ana Jô Jennings Moraes, Antonio de Pádua Serafim
12. Funções executivas 121
    Antonio de Pádua Serafim, Aires Evandro José Ribeiro, Leandro F. Malloy-Diniz

parte 3
Avaliação neuropsicológica forense: quadros neuropsiquiátricos

13. Esquizofrenia 133
    Graça Maria Ramos de Oliveira, Tânia Maria Alves, Fabiana Saffi

| 14 | Psicoses orgânicas | 145 |

Monica Kayo, Fabiana Saffi

| 15 | Transtorno de déficit de atenção/hiperatividade em adultos | 155 |

Luciana de Carvalho Monteiro, Antonio de Pádua Serafim

| 16 | Quadros depressivos | 162 |

Fabiana Saffi, Antonio de Pádua Serafim

| 17 | Transtorno bipolar | 170 |

Cristiana Castanho de Almeida Rocca, Fabiana Saffi

| 18 | Ansiedade generalizada | 181 |

Carina Chaubet D'Alcante, Fabiana Saffi

| 19 | Transtorno obsessivo-compulsivo | 189 |

Carina Chaubet D'Alcante, Antonio de Pádua Serafim

| 20 | Transtorno de estresse pós-traumático | 197 |

Mery Candido de Oliveira, Natali Maia Marques

| 21 | Retardo mental | 205 |

Natali Maia Marques, Cristiane Ferreira dos Santos

| 22 | Aspectos neuropsicológicos e médico-legais na doença de Alzheimer | 210 |

Maria Fernanda F. Achá, Flávia Celestino Seifarth de Freitas, Juliana Emy Yokomizo

| 23 | Aspectos neuropsicológicos e médico-legais na doença de Parkinson | 217 |

Juliana Emy Yokomizo, Flávia Celestino Seifarth de Freitas, Maria Fernanda F. Achá

| 24 | Traumatismo craniencefálico | 224 |

Ana Jô Jennings Moraes, Antonio de Pádua Serafim

| 25 | Dependência química: alcoolismo, maconha, cocaína e *crack* | 233 |

Priscila Dib Gonçalves, Antonio de Pádua Serafim

| 26 | Transtornos da personalidade | 241 |

Antonio de Pádua Serafim, Natali Maia Marques

| 27 | Transtornos do controle de impulsos | 249 |

Carolina Farias da Silva Bernardo, Antonio de Pádua Serafim

parte 4
Avaliação neuropsicológica forense em situações específicas

| 28 | Simulação de déficits cognitivos | 261 |

Antonio de Pádua Serafim, Daniela Pacheco

| 29 | Jovens infratores | 269 |

Natali Maia Marques, Mery Candido de Oliveira

parte 5
Aspectos éticos em perícias

| 30 | O contato com o municiando, os procedimentos e os documentos forenses | 277 |

Fabiana Saffi, Natali Maia Marques, Antonio de Pádua Serafim

Índice 285

parte 1

Fundamentos

1

Aspectos históricos da neuropsicologia clínica e forense

ANTONIO DE PÁDUA SERAFIM
ÉVERTON DUARTE
MARIA FERNANDA F. ACHÁ

FUNDAMENTOS HISTÓRICOS

O fato de que uma ação violenta possa não ter relação com uma disfunção cerebral e a possibilidade de que uma alegação de amnésia seja apenas uma simulação de déficit cognitivo visando a explicar um desvio de dinheiro são exemplos de contextos da interface entre a saúde mental e a justiça.

A investigação do funcionamento cerebral e da expressão do comportamento faz parte de um contexto de questionamentos que aproxima, ao longo da história, a psicologia, a neurologia e, mais recentemente, a neuropsicologia. Essa aproximação se deu no fim do século XIX, na Alemanha, a partir da obra *Princípios da psicologia fisiológica*, de Wundt, estabelecendo um conceito que perdurou por muito tempo e que dizia respeito ao corpo de pesquisas realizadas em laboratório (Kristensen, Almeida, & Gomes, 2001).

O percurso histórico do surgimento da neuropsicologia tem início com os estudos dos antigos egípcios, que, embora acreditassem que o coração e o diafragma fossem os centros vitais, já faziam menções a alterações comportamentais resultantes de lesões no crânio.

Platão (428 a.C.) descreveu a medula como uma das partes mais importantes do corpo, considerando-a uma extensão do cérebro. Alcmeón de Crotona, no século V, na Grécia Antiga, julgava que o cérebro era o órgão responsável pela sensação e pelo pensamento, afirmando que, para cada sensação, havia uma localização específica no cérebro (Feinberg & Farah, 1997). Um século depois, Hipócrates ressaltava que o cérebro era responsável pela inteligência, pela sensação e pela emoção, e dissociava os quadros epilépticos das possessões demoníacas. Já Galeno (129 d.C.) explicava que a sensação era a mudança qualitativa de um órgão dos sentidos, e a percepção se configurava como o estado de consciência dessa mudança (Kristensen et al., 2001).

A partir do século XVIII, o estudo entre mente e cérebro se desenvolve no escopo das localizações. Inicia-se um processo de identificar regiões cerebrais com determinadas funções. Nesse recorte da história, podemos destacar as explicações de David Hartley, em 1777, que já apontava que a base da sensação e do movimento era a substância branca do cérebro e do cerebelo. Essa descrição preconiza as concepções localizacionistas, intensamente difundidas no século XIX.

Franz Josef Gall (século XIX) estabeleceu a diferença entre a substância branca e a cinzenta, descrevendo a ligação dos quadros de afasia com lesões de lobo frontal. Gall identificou 27 faculdades humanas relacionadas a áreas cerebrais, criando, assim, a teoria geral da localização cerebral, ou frenologia (Brett, 1953).

Embora os conceitos localizacionistas tenham perdurado por todo o século XIX, em 1820, Flourens contradiz as concepções de Gall, ressaltando que o cérebro funcionava como um todo e não dependia de uma única região ou área específica (Walsh, 1994).

As conceituações de Flourens acerca do funcionamento cerebral integrado podem ser consideradas como o início das concepções associacionistas, que discorrem sobre uma organização cerebral hierarquicamente organizada e interativa. Paul Broca, na metade do século XIX, descreve o quadro clínico de um paciente que apresentava perda da capacidade da fala em função de uma lesão na região frontal do hemisfério esquerdo, corroborando a dificuldade em pronunciar palavras, embora mantivesse preservada a compreensão dos significados. As descrições de Broca sobre os centros cerebrais da linguagem foram observadas paralelamente por Wernicke, que, uma década mais tarde, apresentou casos de pacientes com lesões no terço posterior do giro temporal superior esquerdo. Embora tais pacientes não apresentassem alterações na fala expressiva, as lesões resultavam na perda da capacidade de compreendê-la (Benedet, 1986).

A neuropsicologia, assim, é de fato reconhecida nos meados do século XX, com os trabalhos de Alexander Romanovich Luria, que desenvolveu diversas técnicas para estudar o comportamento dos indivíduos acometidos por lesões cerebrais (Crawford, Parker, & McKinlay, 1994).

Para Luria (1981), o sistema nervoso central, além da organização em rede, participa de forma ativa na regulação das funções superiores (percepção, memória, gnosias, praxias), visto que essas funções se organizam como sistemas complexos, resultado de uma ação e interação dinâmica de diversas regiões cerebrais interligadas entre si. Autores mais recentes, como Gil (2002, p.1), definem a neuropsicologia como

> ... o estudo dos distúrbios cognitivos e emocionais, bem como o estudo dos distúrbios de personalidade provocados por lesões do cérebro, que é o órgão do pensamento e, portanto, a sede da consciência.

O que rege esse dinamismo cerebral é a integração entre unidades cerebrais funcionais (Tab. 1.1). Luria (1981) elaborou a teoria do sistema funcional, fazendo uma revisão dos termos "função", "localização" e

TABELA 1.1
Unidades cerebrais funcionais

UNIDADE I	UNIDADE II	UNIDADE III
Responsável por regular o tônus cortical, a vigília e os estados mentais. É composta pela formação reticular e pelo tronco encefálico.	Responsável por receber, processar e armazenar as informações. Compõe-se das partes posteriores do cérebro (lobo parietal, occipital e temporal).	Responsável por programar, regular e verificar a atividade mental. Composta pelas partes anteriores do cérebro (lobo frontal).

Fonte: Luria (1981).

"sintoma". O termo "função" foi substituído por "sistema funcional", que se refere a um conjunto de áreas que trabalham juntas para desempenhar um objetivo final.

As contribuições de Luria (1981) acerca das três unidades funcionais não só representaram um modelo para o entendimento do funcionamento cerebral como também colaboraram para o desenvolvimento de mecanismos de avaliação das possíveis disfunções cerebrais. Entre os instrumentos para investigar tais alterações, destaca-se a avaliação neuropsicológica. Segundo Lezak, Howieson e Loring (2006), essa técnica é uma importante ferramenta para a compreensão da relação entre cérebro e comportamento e das consequências psicossociais de uma possível lesão ou disfunção cerebral.

A avaliação neuropsicológica tem como objetivo estudar a expressão das disfunções cerebrais sobre o comportamento, podendo essas disfunções resultar de lesões ou doenças degenerativas, ou ligar-se a quadros psiquiátricos e doenças que têm a disfunção neurológica como resultado secundário, sem que esta possa ser detectada por meio de exames clínicos, uma vez que o tecido cortical não está comprometido.

A avaliação é realizada por testes organizados em baterias que fornecem informações diagnósticas e permitem confirmar – ou não – as hipóteses iniciais sobre o paciente. A partir dos resultados do exame neuropsicológico é possível delimitar quais funções cerebrais estão afetadas e quais estão preservadas (Groth-Marnat, 2000).

Nesse contexto, a análise neuropsicológica fornece uma lente através da qual podem ser observadas a natureza e a dinâmica dos processos cognitivos e afetivo-emocionais em sua relação com o cérebro. Ainda segundo Lezak e colaboradores (2006), o processo de investigação neuropsicológica engloba a função cerebral inferida a partir da manifestação do comportamento.

As principais manifestações comportamentais que sugerem a necessidade de uma avaliação neuropsicológica podem ser organizadas em três grupos distintos (Tab. 1.2).

TABELA 1.2
Principais quadros que sugerem a necessidade de avaliação neuropsicológica

PESSOAS COM LESÃO CEREBRAL CONHECIDA	PESSOAS COM FATOR DE RISCO PARA LESÃO OU DISFUNÇÃO CEREBRAL	SUSPEITA DE DOENÇA OU TRAUMATISMO CEREBRAL
<ul><li>Doenças</li><li>Traumatismos craniencefálicos</li><li>Hidrocefalia</li><li>Doença de Alzheimer</li><li>Doença de Parkinson</li><li>Esclerose múltipla</li></ul>	<ul><li>Nestes quadros, as mudanças de comportamento podem ser sintomas de uma determinada patologia</li><li>Endocrinopatias</li><li>Alterações metabólicas</li><li>Doenças renais</li><li>Entre outras</li></ul>	<ul><li>Baseando-se na observação de uma mudança de comportamento da pessoa, sem uma etiologia identificável</li><li>A pessoa não tem fatores de risco conhecidos para lesão cerebral</li><li>O diagnóstico é considerado a partir da exclusão de outros diagnósticos</li><li>São pessoas sem história neurológica ou psiquiátrica</li></ul>

Fonte: Luria (1981).

De certa maneira, com base em Lezak e colaboradores (2006), os déficits cognitivos podem ocorrer em quatro diferentes funções:

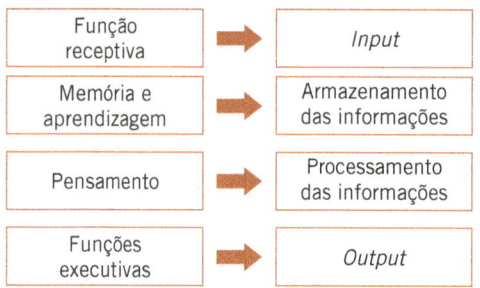

Esses apontamentos convergem com as notificações de vários autores quanto à ampliação da aplicação da avaliação neuropsicológica nos últimos anos, relacionados principalmente ao córtex pré-frontal e às funções executivas (Müller, Baker, & Yeung, 2013).

Para Müller e colaboradores (2013), a relevância do estudo do córtex pré-frontal se dá em função de ele ocupar cerca de um terço da massa total do córtex, além de manter relações múltiplas majoritariamente recíprocas com inúmeras outras estruturas encefálicas, como conexões com regiões de associação dos córtices parietal, temporal e occipital, bem como com diversas estruturas subcorticais, em especial o tálamo, além de conter as únicas representações corticais de informações provenientes do sistema límbico.

Os instrumentos neuropsicológicos, portanto, se configuram como ferramentas cujo objetivo é avaliar um conjunto de habilidades e competências cognitivas como atenção, memória, linguagem, funções executivas, aprendizagem, praxia construtiva e potencial intelectual, seja no contexto clínico, seja no forense.

A NEUROPSICOLOGIA FORENSE

A crescente violência urbana e o afastamento do trabalho por doenças incapacitantes, por exemplo, têm exigido cada vez mais a participação do psicólogo no esclarecer dos fatos. Responder a questões relacionadas à saúde mental e à justiça requer da psicologia uma compreensão multifatorial de todos os processos envolvidos.

O desenvolvimento da psiquiatria e da psicologia contribuiu de forma intensa para que os órgãos da justiça utilizem conhecimentos especializados no que diz respeito aos processos que regem a vida humana, a saúde psíquica e, nas duas últimas décadas, a neuropsicologia (Gierowski, 2006).

De acordo com o *Online Etymology Dictionary*, da American Psychological Association (c2011-2013), a palavra "forense" vem do latim *forum*, que faz alusão ao Forum Romano, a praça principal onde eram realizados os julgamentos do Império. Tradicionalmente, o uso do termo "forense" denota a intersecção entre a ciência (medicina, antropologia, psicologia) e o sistema jurídico.

Uma das primeiras ideias de psicologia forense surge no fim de 1800, com o psicólogo alemão Hugo Münsterberg, considerado por muitos o precursor da psicologia forense. Münsterberg argumentava que a psicologia deveria ser aplicada à lei. Entretanto, apenas em 2001 a APA reconheceu a psicologia forense como uma especialização no âmbito do estudo da psicologia. Seu crescimento se dá sobretudo por pesquisar e dissecar o comportamento humano diretamente ligado aos crimes seriais. No tocante à neuropsicologia forense, a história é mais recente (Hom, 2003).

O campo da neuropsicologia forense é relativamente novo, entretanto está evoluindo de maneira crescente e rápida. Apesar de já haver vários programas de treinamento formal, requisitos de licenciamento ou organizações profissionais dedicadas especificamente à neuropsicologia forense tanto nos Estados Unidos como na Europa, ainda há a necessidade de maior padronização dessa prática, bem como de textos de referência (Hom, 2003).

Ainda de acordo com Hom (2003), o termo "neuropsicologia forense" representa uma subespecialidade da neuropsicologia clínica, que diretamente aplica práticas e princípios neuropsicológicos a questões que dizem respeito às dúvidas jurídicas e à tomada de decisão. Profissionais de neuropsicologia forense são treinados como neuropsicólogos clínicos e, posteriormente, especializam-se na aplicação de seus conhecimentos e habilidades no âmbito forense.

Diferentemente do que ocorre na neuropsicologia clínica, que define a existência ou não de uma disfunção das funções cognitivas, a neuropsicologia forense deve responder a uma questão legal, isto é, se determinada disfunção afeta ou não a capacidade de entendimento e de autodeterminação da pessoa (Hom, 2003).

Enquanto na clínica busca-se ajudar o paciente, na assistência forense procura-se descobrir a verdade dos fatos. Destaca-se, ainda, que a avaliação neuropsicológica forense também se distingue da área clínica pelo fato de o solicitante ser uma terceira parte, a comunicação dos resultados se dar entre perito e solicitante, e a avaliação ser restrita a quesitos elaborados capazes de responder a determinada questão legal (Serafim & Saffi, 2012; Serafim, Saffi, & Rigonatti, 2010).

Na área forense, a avaliação neuropsicológica se insere na fase pericial. A palavra "perícia" vem do latim *perior*, que quer dizer experimentar, saber por experiência. Consiste em aporte especializado que pressupõe um conhecimento técnico/científico específico que contribua no esclarecimento de algum ponto considerado imprescindível para o procedimento processual.

De maneira geral, a perícia converge da compreensão psicológica e neuropsicológica de um caso para responder a uma questão legal expressa pelo juiz ou por outro agente (jurídico ou participante do caso), fundamentada nos quesitos elaborados pelo agente solicitante, cabendo ao psicólogo perito investigar uma ampla faixa do funcionamento mental do indivíduo submetido à perícia (o periciando).

Por perícia entende-se, na prática, a aplicação dos métodos e técnicas da investigação psicológica e neuropsicológica com a finalidade de subsidiar uma ação judicial toda vez que se instalarem dúvidas relativas à "saúde" psicológica do periciando. Dito de outro modo, seu resultado final é levar conhecimento técnico ao juiz, produzindo prova para auxiliá-lo em seu livre convencimento, bem como fornecer ao processo a documentação técnica do fato, o que é feito via documentos legais – no caso em apreço, o laudo (Serafim & Saffi, 2012).

Ressalta-se que o procedimento da perícia deve ser fundamentado nos quesitos elaborados pelo agente jurídico (juiz, promotor, procurador, delegado, advogado), cabendo ao perito investigar uma ampla faixa de funcionamento mental do indivíduo envolvido em ação judicial de qualquer natureza (civil, trabalhista, criminal, etc.), por meio do exame de sua personalidade e de suas funções cognitivas (Serafim & Saffi, 2012).

Autores como Denney e Sullivan (2008) enfatizam que a utilização da avaliação neuropsicológica no contexto forense é capaz de colaborar para a compreensão da conduta humana, seja ela delituosa ou não, no escopo da participação das instâncias biológica, psíquica, social e cultural como moduladoras da expressão do comportamento. Para isso, duas importantes linhas de estudo têm sido utilizadas. A primeira diz respeito à avaliação neuropsicológica para verificação de dano cognitivo em pacientes psiquiátricos forenses. Nestor, Kimble, Berman e Haycock (2002) analisaram 26 condenados por homicídio com transtornos mentais, internos de um hospital forense de segurança máxima, em relação a funções como memória, inteligência, atenção, funções executivas e habilidades acadêmicas. Os resultados produziram dois subgrupos distintos: um definido por alta incidência de psicose e baixo nível de psicopatia e um por baixa incidência de psicose e alto nível de psicopatia – cada subgrupo correspondendo a diferenças neuropsicológicas distintas em habilidades intelectuais, dificuldades de aprendizagem e inteligência social. Apesar dos resultados, os autores ressaltam a necessidade de estudos com amostras maiores para melhor entendimento e confiabilidade de medidas neuropsicológicas com essa população.

Já Bentall e Taylor (2006), em estudo de revisão, investigaram as implicações do delírio paranoico no contexto neuropsicológico com repercussões forenses. O quadro de paranoia não tem sido consistentemente associado a nenhuma anormalidade neuropsicológica específica. Entretanto, os autores destacam três aspectos do pensamento paranoico que necessitam de uma investigação mais aprofundada: a paranoia que produz motivações e experiências perceptivas anômalas e distorção no raciocínio; a associação da paranoia com diminuição da capacidade auditiva; e, por fim, a possibilidade de que exista uma forte associação negativa entre paranoia e autoestima.

Em seu estudo de revisão, Naudts e Hodgins (2006) consideraram correlatos neurobiológicos e comportamento antissocial na esquizofrenia. De maneira geral, esses autores concluíram que poucos estudos têm sido realizados e que as amostras não são expressivas, o que dificulta a confirmação de hipóteses.

Analisando as funções executivas de 33 pacientes com história de violência e 49 não violentos, Fullam e Dolan (2008) não evidenciaram diferenças significativas entre os grupos no desempenho da tarefa neuropsicológica. No entanto, consideraram que, quanto menor o quociente de inteligência (QI), maior a associação com a violência. Esses autores consideram também que a associação entre déficits neuropsicológicos e violência em pacientes com esquizofrenia é limitada, e os resultados, inconsistentes.

Em outro estudo foi investigado o histórico de violência e os aspectos neuropsicológicos de 301 pessoas com relato de primeiro surto psicótico (Hodgins et al., 2011). Nesse estudo, 33,9% dos homens e 10% das mulheres tinham um registro de condenações criminais; 19,9% dos homens e 4,6% das mulheres tinham sido condenados por pelo menos um crime violento. Os pacientes infratores apresentaram os menores escores quanto às variáveis neuropsicológicas (memória de trabalho, funções executivas e QI). Os autores consideram que intervenções pontuais nos serviços de saúde para pacientes de primeiro surto psicótico podem reduzir a ocorrência, como também a reincidência, de comportamentos violentos.

Uma segunda vertente de estudos referentes à avaliação neuropsicológica para verificação de dano cognitivo em pacientes psiquiátricos forenses engloba as consequências do transtorno de estresse pós-traumático (TEPT) e os pacientes com lesões cerebrais.

Bastert e Schläfke (2011) avaliaram 125 pacientes com disfunções cerebrais orgânicas com uma bateria neuropsicológica para avaliar as funções executivas. Os resultados demonstraram que, embora esses pacientes apresentem desempenho cognitivo abaixo da média quando comparados a pessoas sem disfunções orgânicas, as diferenças não são tão acentuadas como se esperava. Os autores ainda enfatizam que esses resultados são sugestivos de que tais pacientes possam se beneficiar de programas de reabilitação neuropsicológica.

Pensando ainda em termos de processos de tratamento de pacientes forenses com retardo mental ou disfunção cerebral orgânica, Bastert, Schläfke, Pein, Kupke e Fegert (2012) estudaram 15 pacientes por meio de exames de neuroimagem e avaliação neuropsicológica. Os resultados sugerem mais prejuízos nas capacidades executivas. Além disso, faz-se necessário agrupar os pacientes por tipo de lesão cerebral, com o objetivo de definir com mais qualidade as ações de intervenções.

Por fim, Bailie, King, Kinney e Nitch (2012) investigaram o comprometimento cognitivo de 260 pacientes internos de um hospital psiquiátrico forense. Os principais resultados demonstraram que 35,8% da amostra apresentaram escores abaixo da média em um teste que media a capacidade de repetição. Além disso, 65% dos participantes relataram história de atraso de desenvolvimento, menos de 12 anos de ensino ou dificuldades de aprendizagem. Metade da amostra relatou ao menos um fator de risco neurológico (p. ex., história de traumatismo craniano com perda de consciência). No entanto, os fatores de riscos neurológicos, de certa forma, não influenciaram o desempenho no teste de autorrelato para fatores de riscos neuropsicológicos. De acordo com Bailie e colaboradores (2012), esses resultados corroboram a relevância dos serviços neuropsicológicos em hospitais psiquiátricos forenses como forma de intervenção.

A segunda linha de estudo engloba a avaliação neuropsicológica para verificação da capacidade civil, da responsabilidade penal e do risco de violência. Klöppel (2009) destacou a relação entre disfunções neurocognitivas e risco de violência, bem como reincidência. Além dos quadros psicóticos, os estudos têm investigado a participação de áreas cerebrais específicas com uma variedade de disfunções cognitivas e que se apresentam como variáveis de risco para violência, como disfunção dos lobos frontal, orbitofrontal/frontal/frontotemporal e/ou regiões subcorticais do sistema límbico.

A investigação neuropsicológica na área penal se destaca em termos de quantidade quando comparada com a investigação da capacidade civil ou a avaliação de risco e se distribui pelos estudos de criminosos sexuais, antissociais e psicopatas (Greene & Cahill, 2012; Kruger & Schiffer, 2011).

Autores como Heilbronner e colaboradores (2010) discutem a diferença entre a avaliação neuropsicológica clínica e a forense, seja na área penal, seja na civil. Eles escrevem a partir da perspectiva de que o corpo de profissionais de neuropsicologia, em sua maioria, é eminentemente clínico e com pouca experiência em matéria penal, o que é preocupante para essa atuação.

CONSIDERAÇÕES FINAIS

Os conceitos localizacionistas, *a priori*, não devem ser considerados como ideias ou concepções simplesmente descartáveis. O pensamento "localizacionista" possibilitou, ao longo da história, a construção das bases da neuropsicologia no campo das neurociências, visto que seu debate deu lugar, gradativamente, à concepção de uma organização do sistema nervoso central pautada no funcionamento integrado das várias regiões cerebrais. Considerar as descrições de David Hartley, Gall, Flourens, Broca, Wernicke e Luria representa traçar a linha da construção de uma ciência focada na investigação do funcionamento mais elementar ao funcionamento mais complexo do sistema nervoso central peculiar às neurociências.

Não se discute que a utilização da avaliação neuropsicológica é capaz de colaborar para a compreensão da conduta humana, seja ela delituosa ou não, no escopo da participação das instâncias biológica, psíquica, social e cultural como moduladoras da expressão do comportamento. Além disso, examinadores forenses em geral concordam quanto ao crescimento da avaliação neuropsicológica e suas contribuições para o processo judicial. Sua consolidação e seu reconhecimento na prática forense se constroem por um processo temporal contínuo fundamentado por meio de estudos, da pesquisa científica e de uma conduta humanitária e ética na busca do fator nexo causal de determinado fenômeno. O desenvolvimento de pesquisas nessa área ainda precisa ser ampliado, assim como a estruturação de centros formadores de neuropsicólogos forenses.

REFERÊNCIAS

American Psychological Association. (c2014). *Online etymology dictionary*. Recuperado de http://www.etymonline.com/index.php.

Bailie, J. M., King, L. C., Kinney, D., & Nitch, S. R. (2012). The relationship between self-reported neuropsychological risk factors and RBANS test performance among forensically committed psychiatric inpatients. *Applied Neuropsychology Adult, 19*(4), 279-86.

Bastert, E., & Schläfke, D. (2011). Forensic patients with organic brain disorders. *World Journal of Biological Psychiatry, 12*(Suppl.), 23-7.

Bastert, E., Schläfke, D., Pein, A., Kupke, F., & Fegert, J. M. (2012). Mentally challenged patients in a forensic hospital: A feasibility study concerning the executive functions of forensic patients with organic brain disorder, learning disability, or mental retardation. *International Journal of Law and Psychiatry, 35*(3), 207-12.

Benedet, M. J. (1986). *Evaluación neuropsicológica*. Bilbao: Desclée de Brower.

Bentall, R. P., & Taylor, J. L. (2006). Psychological processes and paranoia: Implications for forensic behavioural science. *Behavioral Sciences & the Law, 24*(3), 277-94.

Brett, G. S. (1953). *History of psychology*. London: Allen & Unwin.

Crawford, J. R., Parker, D. M., & McKinlay, W. (1994). *A handbook of neuropsychological assessment*. London: Lawrence Eribaum.

Denney, R. L., & Sullivan, J. P. (2008). *Clinical neuropsychology in the forensic setting*. New York: John & Willey.

Feinberg, T. E., & Farah, M J. (1997). *Behavioral neurology and neuropsychology*. New York: McGraw-Hill.

Fullam, R. S., & Dolan, M. C. (2008). Executive function and in-patient violence in forensic patients with schizophrenia. *The British Journal of Psychiatry, 193*(3), 247-53.

Gierowski, J. K. (2006). Complex expertise on the psychiatric health of a criminal. *Psychiatria Polska, 40*(1), 5-17.

Gil, R. (2002). *Neuropsicologia*. São Paulo: Santos.

Greene, E., & Cahill, B. S. (2012). Effects of neuroimaging evidence on mock juror decision making. *Behavioral Sciences & the Law, 30*(3), 280-96.

Groth-Marnat, G. (2000). *Neuropsychological assessment in clinical practice: a guide to test interpretation and integration*. New York: John Wiley & Sons.

Heilbronner, R. L., Sweet, J. J., Attix, D. K., Krull, K. R., Henry, G. K., & Hart, R. P. (2010). Official position of the American Academy of Clinical Neuropsychology on serial neuropsychological assessments: The utility and challenges of repeat test administrations in clinical and forensic contexts. *The Clinical Neuropsychologist, 24*(8), 1267-78.

Hodgins, S., Calem, M., Shimel, R., Williams, A., Harleston, D., Morgan, C., ... Jones, P. (2011). Criminal offending and distinguishing features of offenders among persons experiencing a first episode of psychosis. *Early Intervention in Psychiatry, 5*(1), 15-23.

Hom, J. (2003). Forensic neuropsychology: are we there yet? *Archives of Clinical Neuropsychology, 18*(8), 827-45.

Klöppel, S. (2009). Brain morphometry and functional imaging techniques in dementia: Methods, findings and relevance in forensic neurology. *Current Opinion in Neurology, 22*(6), 612-6.

Kristensen, H. C., Almeida, R. M. M., & Gomes, W. B. (2001). Desenvolvimento histórico e fundamentos metodológicos da neuropsicologia cognitiva. *Psicologia: reflexão e crítica,14*(2), 259-74.

Kruger, T. H., & Schiffer, B. (2011). Neurocognitive and personality factors in homo- and heterosexual pedophiles and controls. *The Journal of Sexual Medicine, 8*(6), 1650-9.

Lezak, M. D., Howieson, D. B., & Loring, D. W. (2006). *Neuropsychological assessment*. New York: Oxford University.

Luria, A. R. (1981). *Fundamentos de neuropsicologia*. Rio de Janeiro: Livros Técnicos e Científicos.

Müller, U., Baker, L., & Yeung, E. (2013). A developmental systems approach to executive function. *Advances in Child Development and Behavior, 45*, 39-66.

Naudts, K., & Hodgins, S. (2006). Schizophrenia and violence: A search for neurobiological correlates. *Current Opinion in Psychiatry, 19*(5), 533-8.

Nestor, P. G., Kimble, M., Berman, I., & Haycock, J. (2002). Psychosis, psychopathy, and homicide: a preliminary neuropsychological inquiry. *The American Journal of Psychiatry, 159*(1), 138-40.

Serafim, A. P., & Saffi, F. (2012). *Psicologia e práticas forenses*. São Paulo: Manole.

Serafim, A. P., Saffi, F., & Rigonatti, S. P. (2010). Práticas forenses. In L. F. Malloy-Diniz, D. Fuentes, P. Mattos, & N. Abreu (Orgs.), *Avaliação neuropsicológica* (pp. 313-7). Porto Alegre: Artmed.

Walsh, K. W. (1994). *Neuropsychology: a clinical approach*. Oxford: Churchill Livingstone.

Neurociências forenses

DANIEL MARTINS DE BARROS
ALINE LAVORATO GAETA
GERALDO BUSATTO FILHO

Desde o momento em que o então presidente norte-americano George Bush (pai) declarou que

> A fim de aumentar a consciência pública com relação aos benefícios a serem obtidos pela pesquisa sobre o cérebro, o Congresso dos Estados Unidos da América designou a década iniciada em 1º de janeiro de 1990 como a "Década do Cérebro". (Project on the Decade of the Brain, 1990, tradução nossa)

a humanidade experimentou uma conjuntura nova de esforços na compreensão do funcionamento desse órgão, com cientistas e pesquisadores encarando de maneira conjunta o desafio de alcançar uma maior compreensão do encéfalo como um todo – estrutural e funcionalmente.

Já antes desse período e, mais enfaticamente, em décadas mais recentes, diferentes campos das neurociências vêm gerando novas informações sobre a fisiopatologia dos transtornos neuropsiquiátricos e o funcionamento cerebral na normalidade, abarcando desde a macroscopia cerebral até mecanismos moleculares.

Do ponto de vista da psiquiatria forense, um dos grandes desafios atuais é a mudança de paradigma trazida por tais avanços das neurociências para o universo jurídico (Barros, 2008).

A cada avanço científico, novas questões bioéticas e legais surgem para a sociedade, que ainda se vê perdida diante da avalanche de conhecimento. E, de forma geral, as grandes questões podem ser divididas em dois grupos de técnicas: aquelas que monitoram a atividade cerebral (como a neuroimagem e a genética) e aquelas que a manipulam (como a psicofarmacologia e os tratamentos biológicos) (Garland, 2004). Como tudo em ciência, as técnicas em si não são éticas nem antiéticas, mas as consequências legais de seu uso mais moderno ainda precisam ser plenamente compreendidas.

Para tratar dessas questões, em vez de um arrazoado de novidades tecnológicas – que se quedaria desatualizado em pouco tempo –, optamos por nos aprofundar, neste capítulo, em dois temas: os novos métodos de detecção de mentiras e as implicações éticas e legais das formas de ampliar a cognição humana. Pretendemos, com isso, revelar uma maneira de raciocinar sobre o tema, que é amplo demais para caber em um único capítulo.

DETECÇÃO DE MENTIRAS USANDO MÉTODOS DE NEUROCIÊNCIAS

A mentira é presença constante na vida humana. Há pesquisas que mostram que as pessoas chegam a mentir até 80% do tempo em conversas informais e que a maioria mente em pelo menos 1 de cada 4 diálogos que durem mais de 10 minutos (Smith, 2005). Embora modificar a verdade com o intuito de prejudicar alguém e obter vantagem seja condenável, o fato é que a maioria dessas mentiras cotidianas serve de liame social, mantendo aparências e as relações humanas. Desde muito cedo, adquirimos a noção de que a mentira para benefício próprio é condenável, mas pode – e deve – ser tolerada se feita em prol do grupo. Um estudo com crianças de 7, 9 e 11 anos colocou-as em situações nas quais poderiam mentir ou falar a verdade; no segundo caso, contudo, prejudicariam a classe inteira. Os resultados mostraram que, aos 7 anos, 7,2% mentiram; aos 9 anos, 16,7%; e, por fim, 29,7% das crianças de 11 anos decidiram mentir pelo grupo (Fu, Evans, Wang, & Lee, 2008). O mesmo estudo mostrou que, assim como aceitamos melhor a mentira altruísta, conforme envelhecemos, condenamos mais a mentira egoísta.

Apesar dessa função social, contudo, as grandes mentiras que ocorrem em processos judiciais podem ser bastante prejudiciais para a sociedade como um todo, e, por isso, toda nova tecnologia que surge é aventada como uma nova forma de se tentar detectar o perjúrio.

Os beduínos árabes, por exemplo, resolviam conflitos entre as versões de duas testemunhas para um mesmo fato utilizando a psicofisiologia: elas tinham que contar suas versões e em seguida lamber um ferro quente. Aquela que queimasse a língua seria a mentirosa, pois a ansiedade faria sua boca secar por medo de ser descoberta (Kleinmuntz & Szuck, 1984). Contudo, da simples observação do comportamento à utilização de instrumentos mais sofisticados para registrar alterações psicofisiológicas, nenhuma técnica ainda se provou suficientemente precisa na detecção da calúnia (Farah, Hutchinson, Phelps, & Wagner, 2014).

Quando falamos de neurociências forenses na atualidade, uma das tecnologias que vem sendo estudada para a identificação de mentirosos é a ressonância magnética funcional (RMf) (Farah et al., 2014), por meio do chamado "efeito BOLD" (*Blood Oxygenation Level Dependent factors*). Tal efeito vem da constatação de que a variação na proporção entre hemoglobina com e sem oxigênio é detectável como variações de sinal por meio dos aparelhos de ressonância nuclear magnética; e, uma vez que existe maior necessidade de sangue nas regiões do cérebro que estão mais ativas, o aumento de fluxo sanguíneo amplia a proporção de hemoglobina com oxigênio, permitindo a identificação das áreas mais ou menos ativas do encéfalo (Norris, 2006). Os estudos sugerem que existam regiões cerebrais mais importantes para controlar o comportamento, inibindo o impulso natural de contar a verdade, como os córtices pré-frontal dorsolateral e ventromedial, o lobo parietal inferior, a ínsula anterior e o córtex frontal medial superior. Esses dados emergem de metanálises de diversas pesquisas que buscaram identificar as áreas do cérebro mais ligadas à mentira, controlando com outras tarefas cognitivas exigindo participação das funções executivas (ChristVan Essen, Watson, Brubaker, & McDermott, 2009; Farah, et al., 2014). Os resultados, evidentemente, não são categóricos ao apontar um "lobo da mentira", mas indicam a existência de regiões que apresentaram maior correlação com o ato de mentir: a memória de trabalho apresenta relação com os córtices pré-frontal dorsolateral e parietal posterior, enquanto outras áreas, como o córtex pré-frontal ventromedial, a ínsula anterior e o córtex cingulado anterior, são mais ligadas aos diversos desafios cognitivos de controle (Christ, et al., 2009).

O uso da RMf nos tribunais, contudo, pode estar mais longe do que imaginamos. Apesar de já existirem, nos Estados Unidos, empresas especializadas para a venda desse serviço com fins legais, ainda restam diversas dúvidas cercando essas técnicas.

Para exemplificar com estudos específicos, em um dos experimentos que avaliavam o papel da neuroimagem no discernimento de informações verdadeiras de falas, 16 voluntários tiveram de avaliar 210 imagens de faces, cada uma durante 4 segundos. Uma hora depois, era pedido que vissem 400 fotografias e distinguissem entre aquelas que já tinham e que não tinham visto (antigas vs. novas). As imagens cerebrais recrutadas nessa atividade eram analisadas por computador, com um *software* que tentava separar o padrão cerebral ativado na situação "antiga" e na situação "nova". E, de fato, o programa permitiu distinguir, apenas com base na região do cérebro ativa, se os voluntários estavam vendo uma face familiar ou nova, abrindo a possibilidade de objetivamente avaliar as memórias dos sujeitos e distinguir memórias verdadeiras de histórias inventadas. O grande problema para o uso prático de técnicas como essa, contudo, é o nível de significância. Para a ciência, o fato de o experimento permitir a diferenciação correta entre 75 e 95% das vezes é suficiente para dizer que a técnica funciona. Isso porque o grau estatístico de acerto, maior do que o esperado pelo acaso, permite afirmar que o estudo deu certo. Porém, em termos jurídicos, é complicado utilizar com tranquilidade uma "prova" que sabidamente tem até 25% de chance de estar errada (Rissman, Greely, & Wagner, 2010).

A metanálise de Farah e colaboradores (2014) ainda conclui que, mesmo que consigamos superar os desafios técnicos, os de cunho ético permanecem, já que, nos Estados Unidos, as pessoas podem alegar questões de privacidade, não se submetendo ao exame. Questão semelhante pode ser enfrentada no Brasil, já que ninguém pode ser obrigado a produzir prova contra si mesmo.

Para tentar superar esses obstáculos, a suprema corte norte-americana utiliza, hoje em dia, uma padronização de critérios para determinar se é ou não admissível uma nova tecnologia nos tribunais, conhecida como "Padrão Daubert". Essa norma tem cinco pontos, que buscam cercar a nova técnica do maior grau de certeza possível antes que as provas produzidas por ela tenham efeito legal (Garland, 2004). Os cinco pontos são:

1. Teste empírico: é mandatório que a técnica seja testável, segundo os padrões científicos vigentes.
2. Publicações científicas: ela já deve ter sido alvo de publicação em revistas científicas, passando pelo processo de revisão por pares.
3. Conhecimento das taxas de erro: deve haver informações conhecidas sobre níveis de significância, graus de certeza, acurácia e precisão, etc.
4. Padronização e controles – para ser utilizada, a nova tecnologia deve já ser padronizada e controlável.
5. Aceita pela comunidade científica – embora sempre possa haver controvérsia, de forma geral, a comunidade científica deve já reconhecer a técnica.

É claro que mesmo esses critérios não são infalíveis, mas já constituem um caminho no sentido de incorporar com critério e segurança os avanços das neurociências nos tribunais.

PARADIGMAS PARA MODIFICAÇÃO DA ATIVIDADE CEREBRAL

Hoje, existem diversos tipos de recursos modificadores da atividade cerebral, e muitos ainda estão em desenvolvimento com o intuito de aprimorar ou recuperar habilidades preexistentes motoras, cognitivas e afetivas, os quais incluem fármacos, psicofármacos, substâncias naturais e estimulações invasivas e não invasivas. Esse tema, que já se tornou frequente na mídia, é tratado com grande entusiasmo por cientistas e leigos, dada a expectativa de um possível aumento do desempenho mental (Partridge, Bell, Lucke, Yeates, & Hall, 2011). Os denominados *cognitive enhancers*, ou melhoradores cognitivos, compreendem substâncias e técnicas usadas com a intenção de otimizar o desempenho cognitivo em pessoas saudáveis. Entre as substâncias, encontram-se aquelas usadas no dia a dia (cafeína, *Ginkgo biloba* e álcool); medicamentos controlados (modafinil, metilfenidato, anfetaminas, donepezil e memantina) originalmente usados no tratamento de transtornos neuropsiquiátricos, como narcolepsia, transtorno de déficit de atenção/hiperatividade e demências; e drogas ilegais (cocaína e maconha) (Ragan, Baid, & Singh, 2013; Maier, Licchti, Herzig, & Schaub, 2013; Chatterjee, 2006; Wolff & Brand, 2013). Note que o termo "otimizar" abarca objetivos diversos, como diminuir o estresse por cobrança de desempenho, melhorar o sono, aumentar a vigília, conseguir estudar por mais tempo, aprimorar a memória, desinibir-se socialmente, etc., e não apenas "aprender mais" (Earp, Sandberg, Kahane, & Savulescu, 2014). Já as técnicas não farmacológicas, ainda em fase de estudo e indisponíveis para uso, incluem a estimulação cerebral invasiva e não invasiva, a saber: estimulação cerebral profunda; estimulação elétrica transcraniana contínua ou alternada; estimulação magnética transcraniana; e estimulação transcraniana por ondas sonoras. Com exceção da primeira, que é invasiva, as demais são bastante seguras, com poucos efeitos colaterais. Além disso, são relativamente precisas na área estimulada, têm baixo custo e já apresentam resultados promissores tanto no tratamento de depressão e demências como em pessoas saudáveis (Coffman, Clark, & Parasuraman, 2014; Krause & Cohen Kadosh, 2013). Podem promover ganhos no resgate de atenção (Nelson, McKinley, Golob, Warm, & Parasuraman, 2014) e na habilidade de resolução aritmética (Snowball et al. 2013), entre outros. Os estudos ainda não apresentam informações sobre os efeitos a longo prazo, como possíveis modificações de personalidade, piora de funções decorrente da melhora de outras e segurança em crianças (Coffman et al., 2014; Krause et al., 2013; Hamilton, Messing, & Chatterjee, 2011).

A modificação cerebral com intenção de melhorar o desempenho em indivíduos saudáveis traz diversos questionamentos éticos, sendo os mais discutidos e importantes aqueles relacionados a justiça, segurança, liberdade e regulação. O uso em pessoas com déficits ou doenças justifica-se mais facilmente pela balança de custos e benefícios e, por isso, não será abordado aqui.

O aprimoramento de habilidades em pessoas saudáveis costuma trazer a ideia de injustiça na competição entre pares e ser comparado ao exemplo paradigmático do uso de recursos para ganhar vantagem, como o *doping* esportivo. Do mesmo modo, o uso de "pílulas do aprendizado" por estudantes que competem por notas ou classificações acadêmicas pode ser considerado "trapaça". Porém, existem diferenças que devem ser observadas. No esporte, a competição é o próprio objetivo, e o ganho é do tipo "tudo ou nada". Já no estudo, existe um ganho progressivo de conhecimento e de desenvolvimento de habilidades que podem gerar novos conhecimentos e benefícios para a humanidade. Além disso, a trapaça e o *doping* dependem do rompimento de um conjunto de regras de um jogo ou uma competição, regras essas que podem ser explícitas ou implícitas (morais). Quando o objetivo de um atleta ou estudante é a obtenção de benefícios externos (dinheiro, vaga de concurso, reconhecimento de valor), todos os recursos possíveis, desde que lícitos, para alcançar o desempenho perfeito são aceitáveis; porém, se há valorização dos ganhos intrínsecos do desempenho daquela atividade, não há vantagem em "pular" o mérito do esforço (Cakic, 2009; Schermer, 2008).

A "trapaça" também depende do grau de disparidade entre os competidores e da possibilidade de o desempenho de alguém que toma "pílulas do aprendizado" ser realmente tão superior que deixaria de ser comparável a um desempenho baseado apenas em dedicação, de modo que a justiça da competição fosse prejudicada. Aqui, vale retomar as questões técnicas de estudos que mostram que os ganhos de desempenho das substâncias atuais são bastante discretos e, muitas vezes, maiores em pessoas que apresentam pior desempenho basal prévio ou se encontrem em estado de privação de sono, podendo até piorar a atenção de indivíduos que não têm nenhum déficit (Lamkin, 2012; Ragan et al., 2013; Repantis, Schlattmann, Laisney, & Heuser, 2010). Dessa maneira, no ponto de desenvolvimento em que se encontram, não é possível considerar tais melhoradores como "pílulas de aprendizado", sendo talvez mais adequado pensar neles como recursos que visam a equilibrar o nível da competição para aqueles que são natural ou socialmente menos favorecidos em determinadas habilidades e permitir que sua dedicação ao estudo seja mais eficaz.

Argumenta-se também que o modelo atual de avaliação acadêmica valoriza a competição desonesta e, consequentemente, o uso de recursos para melhorar o desempenho, e que uma mudança de valores poderia retirar o sentido do "*doping* cognitivo" (Schermer, 2008). A prevalência do uso de melhoradores cognitivos no ambiente universitário norte-amercano e europeu varia de 3 a 14% (Maier et al., 2013; Partridge, Bell, Lucke, Yeates, & Hall, 2011; Sattler, Mehlkop, Graeff, & Sauer, 2014) e está muito relacionada à cobrança por desempenho, ao hábito de procrastinação e à insegurança com relação à própria capacidade (Maier et al., 2013; Lamkin, 2012; Sattler et al., 2014; Wolff & Brand, 2013).

Existe, é claro, a perspectiva do desenvolvimento de novos recursos, mais potentes e talvez mais eficazes, que de fato poderiam promover desempenhos sobre-humanos com mínimo risco. Nesse caso, uma distribuição igualitária do recurso entre todos impediria que este ficasse restrito àqueles com melhor situação financeira, o que nos leva à discussão sobre a liberdade de escolha.

É aceitável imaginar que adultos sem limitações mentais e civis tenham condições de compreender e ponderar os riscos e benefícios do uso de melhoradores cognitivos, porém, na dinâmica social, as escolhas são influenciadas por possíveis coerções diretas e indiretas (Chatterjee, 2006). O uso abrangente desses melhoradores entre estudantes poderia, por exemplo, produzir uma percepção de desvantagem por parte de um aluno que não aceite usá-los, o qual se sentiria "obrigado" a consumi-lo para alcançar o desempenho dos demais (novamente supondo um ganho de desempenho bastante significativo). Apesar disso, o que vem sendo observado é que aqueles que utilizam ou se dispuseram a utilizar melhoradores cognitivos já consomem cafeína e outras substâncias com esse propósito (Wolff & Brand, 2013). Mesmo em situação de esgotamento mental, as pessoas recorrem a seu comportamento "basal" devido à dificuldade de autorregulação, ou seja, aqueles que acreditam nos benefícios do recurso farão uso dele, e os não usuários o recusarão (Wolff, Baumgarter, & Brand, 2013; Sattler et al., 2014). O mesmo também foi observado em atletas (Dietz et al., 2013). Em alguns ambientes de trabalho, essa sensação de obrigação pode ser ainda mais agressiva, visto que um empregador poderia condicionar o vínculo empregatício de determinado funcionário ao uso de melhoradores cognitivos, como, por exemplo, no caso de controladores de voo, médicos em turno prolongado ou pilotos de avião, que poderiam garantir mais segurança em suas atividades utilizando um recurso que melhore a vigilância e a atenção. Regulamentações trabalhistas a respeito poderiam resolver esse problema, e é importante lembrar que já existem profissões que exigem intervenções, como é o caso dos militares norte-americanos, que são obrigados a fazer uso de medicamento para tolerar privação de sono se solicitado por seus superiores (Greely et al., 2008). Do mesmo modo, exige-se que médicos e outros profissionais da saúde tomem vacinas, como a da hepatite B, para que sejam admitidos em empregos.

Os fatores mais relacionados à recusa do uso de melhoradores cognitivos foram alto preço, desaprovação social e grande chance de efeitos colaterais (Sattler et al., 2014), os quais incluem risco de dependência, modificações de personalidade e efeitos a longo prazo desconhecidos, criando um forte argumento contra o uso livre dessas substâncias e dificultando a própria admissão ética de estudos sobre seus efeitos em pessoas saudáveis (Heinz, Kipke, Heimann, & Wiesing, 2012). Em contrapartida, alguns estudiosos acreditam que um risco suposto não pode ser um impedidor para uma pesquisa que demonstraria o risco real (Shaw, 2012).

As técnicas de estimulação transcraniana parecem resolver parte das questões de segurança, porém ainda não há informação suficiente sobre seus efeitos a longo prazo e em crianças, cujos cérebros ainda estão em formação (Krause et al., 2013; Hamilton et al., 2011).

CONSIDERAÇÕES FINAIS

As neurociências trarão um impacto inegável não apenas para a neuropsicologia mas também para a neuropsicologia forense, que se volta para as interações entre as ciências da mente e as ciências jurídicas.

Analisando tanto os dilemas da incorporação da neuroimagem aos tribunais como os questionamentos éticos sobre o uso de melhoradores cognitivos, percebemos que ainda existem muitas controvérsias, de modo que os argumentos de ambos os lados devem modificar-se conforme novas substâncias e técnicas sejam criadas e desenvolvidas com maior ou menor grau de segurança. A regulação de tais tecnologias vai depender de como a sociedade as enxerga e de quais usos fará delas. A possibilidade do uso abusivo, injusto ou nocivo não é suficiente para proibir a disponibilização de tais recursos, pois, se, por um lado, é necessário respeitar a autonomia de escolha das pessoas (além disso, sabe-se que ações proibitivas em geral não promovem o abandono do uso, mas sua criminalização), por outro, a justiça não pode permitir o uso de técnicas falhas ou inseguras em temas tão sensíveis.

Assim como será necessário fazer para todas as novidades tecnológicas, seja de monitoramento, seja de modificação cerebral, é preciso encarar cada um desses problemas com cuidado e reflexão, criando medidas efetivas de controle das injustiças sem ultrapassar o limite da liberdade de decisão das pessoas.

REFERÊNCIAS

Barros, D. M. (2008). Neurociência Forense: um novo paradigma para a psiquiatria forense. *Revista de Psiquiatria Clínica, 35*(5), 205-6.

Cakic, V. (2009). Smart drugs for cognitive enhancement: ethical and pragmatic considerations in the era of cosmetic neurology. *Journal of Medical Ethics, 35*, 611-5.

Chatterjee, A. (2006). The promise and predicament of cosmetic neurology. *Journal of Medical Ethics, 32*(2), 110-3.

Christ, S. E., Van Essen, D. C., Watson, J. M., Brubaker, L. E., & McDermott, K.B. (2009). The contributions of prefrontal cortex and executive control to deception: evidence from activation likelihood estimation meta-analysis. *Cerebral Cortex*, *19*, 1557–66.

Coffman, B. A, Clark, V. P., & Parasuraman, R. (2014). Battery powered thought: enhancement of attention, learning, and memory in healthy adults using transcranial direct current stimulation. *Neuroimage*, *85*(3), 895-908.

Dietz, P., Ulrich, R., Dalaker, R., Striegel, H., Franke, A. G., Lieb, K., Simon, T. (2013). Associations between physical and cognitive doping – a cross-sectional study in 2.997 triathletes. *PLoS One*, *8*(11), 10 p.

Earp, B. D., Sandberg, A., Kahane, G., & Savulescu, J. (2014). When is diminishment a form of enhancement? Rethinking the enhancement debate in biomedical ethics. *Frontiers in Systems Neuroscience*, *8*, 12 p.

Farah, M.J., Hutchinson, J.B., Phelps, E.A., & Wagner, A.D. (2014). Functional MRI-based lie detection: scientific and societal challenges. *Nature Reviews Neuroscience*, *15*, 123-31.

Fu, G., Evans, A., Wang, L., & Lee, K. (2008). Lying in the name of the collective good: a developmental study. *Developmental Science, 11*(4), 495-503.

Garland, B. (2004). *Neuroscience and the law: brain, mind, and the scales of justice: a report on an invitational meeting convened by the American Association for the Advancement of Science and the Dana Foundation.* New York: Dana Press.

Greely, H., Sahakian, B., Harris, J., Kessler, R. C., Gazzaniga, M., Campbell, P., Farah, M. J. (2008). Towards responsible use of cognitive-enhancing drugs by the healthy. *Nature*, *456*(7223), 702-5.

Hamilton, R., Messing, S., & Chatterjee, A. (2011). Rethinking the thinking cap: ethics of neural enhancement using noninvasive brain stimulation. *Neurology*, *76*(2), 187-93.

Heinz, A., Kipke, R., Heimann, H., & Wiesing, U. (2012). Cognitive neuroenhancement: false assumptions in the ethical debate. *Journal of Medical Ethics*, *38*(6), 372-5.

Kleinmuntz, B., & Szucko, J. (1984). Lie detection in ancient and modern times: a call for contemporary scientific study. *American Psychologist, 39*(7), 766-76.

Krause, B., & Cohen Kadosh, R. (2013). Can transcranial electrical stimulation improve learning difficulties in atypical brain development? A future possibility for cognitive training. *Developmental Cognitive Neuroscience, 6*, 176-94.

Lamkin, M. (2012). Cognitive enhancements and the values of higher education. *Health Care Analysis*, *20*(4), 347-55.

Maier, L. J., Liechti, M. E., Herzig, F., & Schaub, M.P. (2013). To dope or not to dope: neuroenhancement with prescription drugs and drugs of abuse among Swiss university students. *PLoS One*, *8*(11), 10 p.

Nelson, J. T., McKinley, R. A., Golob, E. J., Warm, J. S., & Parasuraman, R. (2014). Enhancing vigilance in operators with prefrontal cortex transcranial direct current stimulation(tDCS). *Neuroimage*, *85*(3), 909-17.

Norris, D. G. (2006). Principles of magnetic resonance assessment of brain function. *Journal of Magnetic Resonance Imaging, 23*(6), 794-807.

Partridge, B. J., Bell, S. K., Lucke, J. C., Yeates, S., & Hall, W.D. (2011). Smart drugs "as common as coffee": media hype about neuroenhancement. *PLoS One*, *6*(11), 8 p.

Project on the Decade of the Brain. (1990). Presidential Proclamation 6158 [Site]. [Washington: Library of Congress]. Recuperado de http://www.loc.gov/loc/brain/proclaim.html

Ragan, C. I., Bard, I., & Singh, I. (2013). Independent scientific committee on drugs. what should we do about student use of cognitive enhancers? An analysis of current evidence. *Neuropharmacology*, *64*, 588-95.

Repantis, D., Schlattmann, P., Laisney, O., & Heuser, I. (2010). Modafinil and methylphenidate for neuroenhancement in healthy individuals: a systematic review. *Pharmacological Research*, *62*(3), 187-206.

Rissman, J., Greely, H., & Wagner, A. (2010). Detecting individual memories through the neural decoding of memory states and past experience. *Proceedings of the National Academy of Sciences, 107*(21), 9849-54.

Sattler, S., Mehlkop, G., Graeff, P., & Sauer, C. (2014). Evaluating the drivers of and obstacles to the willingness to use cognitive enhancement drugs: the influence of drug characteristics, social environment, and personal characteristics. *Substance Abuse Treatment, Prevention, and Policy, 9*(8), 14 p.

Schermer, M. (2008). On the argument that enhancement is "cheating". *Journal of Medical Ethics, 34*, 85-8.

Shaw, D.M. (2012). Neuroenhancers, addiction and research ethics. *Journal Medical Ethics*, *38*(10), 605-8.

Smith, D. L. (2005). *Por que mentimos: os fundamentos biológicos e psicológicos da mentira* (2. ed.). Rio de Janeiro: Campus.

Snowball, A., Tachtsidis, I., Popescu, T., Thompson, J., Delazer, M., Zamarian, L., ... Cohen Kadosh, R. (2013). Long-term enhancement of brain function and cognition using cognitive training and brain stimulation. *Current Biology, 23*(11), 987-92.

Wolff, W., & Brand, R. (2013). Subjective stressors in school and their relation to neuroenhancement: a behavioral perspective on students' everyday life "doping". *Substance Abuse Treatment, Prevention, and Policy, 8*(1), 23 p.

Wolff, W., Baumgarten, F., & Brand, R. (2013). Reduced self-control leads to disregard of an unfamiliar behavioral option: an experimental approach to the study of neuroenhancement. *Substance Abuse Treatment, Prevention, and Policy, 8*, 41.

LEITURAS SUGERIDAS

Brasil. Ministério da Defesa (2009). Comando da Aeronáutica. Portaria DECEA 06/SDOP, de 16 de março. Aprova a reedição da Instrução que trata da Inspeção de Saúde e Certificado Médico Aeronáutico para ATCO e OEA. Recuperado de http://servicos.decea.gov.br/arquivos/publicacoes/55e4ce40-c701-40a9-ab0b57f659178524.pdf?CFID=821b4969-730d-4f9c-bb4d-2b2fafadae80&CFTOKEN=0

Goldstein, M. (1994). Decade of the brain. An agenda for the nineties. *Western Journal of Medicine, 161*(3), 239-41.

3

Noções básicas do direito: orientações para a perícia em saúde mental

ANNA CECÍLIA SANTOS CHAVES
ROBERTO AUGUSTO DE CARVALHO CAMPOS

O sistema jurídico brasileiro adotou o princípio da persuasão racional como diretriz norteadora do exercício jurisdicional, o que significa dizer que o magistrado deve formar sua convicção com fundamento nos elementos probatórios disponíveis nos autos do processo. No entanto, essa apreciação não se dará segundo um valor prefixado pela lei a cada espécie probatória, mas deverá seguir um método de ponderação crítica e racional. Qualquer arbítrio no exercício decisório será evitado em função do dever do magistrado de expressar e dar publicidade à motivação de todas as suas decisões, conforme estabelece a Constituição da República, no artigo 93, inciso IX.

É no auxílio à formação da convicção do julgador que atua o perito, que coloca a serviço do juiz seus conhecimentos especializados, de forma a orientar sua decisão. Seu exercício profissional deve se dar de maneira neutra, equidistante, e o laudo deverá ser a fiel expressão de sua certeza técnica. O perito não pode adentrar a matéria jurídica (Motta, 2012); tampouco deverá considerar, em sua atuação, possíveis repercussões de suas conclusões periciais à seara do Direito, sob risco de enviesar a neutralidade de sua observação. O agir profissional do perito deve restringir-se ao campo de sua *expertise*, uma vez que a tarefa decisória caberá sempre e exclusivamente ao órgão julgador.

A propósito do laudo pericial, Fontana-Rosa (2006) descreve seus elementos estruturantes: o documento deve iniciar-se com o preâmbulo, no qual é identificado o perito, com sua devida qualificação, seus títulos ou cursos de interesse ao caso sob estudo. Devem ser também apontados datas e locais em que os exames foram realizados, identificado-se o juízo solicitante e o objetivo com o qual se procedeu à avaliação. A seguir, identificam-se o periciado e outras pessoas eventualmente ouvidas (médicos e enfermeiros que tenham assistido o examinando, familiares, etc.), com suas detalhadas qualificações.

No elemento seguinte, o histórico, devem ser descritos os fatos ensejadores da perícia e a espécie de ação da qual o periciado é parte. Para Fontana-Rosa (2006), esse item pode ser desmembrado nos motivos que acarretaram o ajuizamento da ação judicial e na história atual da moléstia, para uma melhor orientação na obtenção dos dados. Na história, os exames psíquicos, físicos e elementos complementares de que o perito se vale na elaboração do laudo deverão estar devidamente descritos.

Em seguida, procede-se ao diagnóstico, em que se deve usar, preferencialmente, a classificação aceita pelos órgãos públicos – no Brasil, a *Classificação internacional de doenças* (CID-10) –, buscando-se responder o grau de gravidade e o prognóstico da condução apresentada pelo municiando.

Por fim, devem constar a discussão acerca das informações obtidas no histórico e nos exames, promovendo-se a confrontação entre elas e suas correlações; as conclusões, em que se registra o que foi possível inferir à luz dos elementos obtidos; e a resposta justificada a todos os quesitos formulados pelo juízo ou pelas partes. A presença desses itens e seu grau de detalhamento são importantes indicadores do nível de qualidade e de apuro da perícia técnica realizada (Fontana-Rosa, 2006).

PERÍCIAS NO ÂMBITO DA JUSTIÇA CRIMINAL

Em 1890, no Congresso Internacional Penitenciário de St. Petersburgo, Lombroso defendeu a relevância da aplicação, aos delinquentes, de uma enquete social, conjuntamente a um exame médico-psicológico. Aquiescendo tal posicionamento, os pioneiros da Criminologia reclamavam a organização dessa avaliação. O comportamento criminoso dos indivíduos resultaria de uma incapacidade de adaptação social, decorrente da interação entre seus *handicaps* de origem orgânica e o ambiente. Essas anormalidades fisiológicas redundariam em reações psicológicas singulares que ocasionariam as atitudes antissociais. Daí advinha a necessidade de realização de um amplo exame, que contemplaria os âmbitos social, médico e psicológico, uma vez que somente dessa forma seria possível entender os mecanismos engendradores das ações delituosas e, por conseguinte, determinar um método de tratamento a esses indivíduos (Costa, 1972).

O conhecimento dos fatores etiológicos do comportamento criminoso ocorreria por meio de métodos científicos. A investigação social forneceria um panorama familiar imprescindível à compreensão das características hereditárias do sujeito, já que a antropologia criminal era, em parte, baseada na teoria sociobiológica da degeneração, que lançava seu foco sobre a herdabilidade de traços adquiridos, combinando uma abordagem biológica com uma perspectiva ambiental (Oosterhuis & Loughnan, 2014). A avaliação psicológica, por sua vez, descortinaria seu potencial cognitivo e afetivo, e o exame psiquiátrico relevaria a presença de eventuais transtornos mentais que estariam agindo sobre sua maneira de conduzir-se socialmente. A função dessa análise seria, pois, reunir o maior número possível de informações sobre o indivíduo, de maneira que se tornasse possível compreendê-lo cientificamente (Costa, 1972).

A sistematização do proceder no exame dos delinquentes foi defendida em 1925, no Congresso de Londres, e em 1938, em Roma, no I Congresso Internacional de Criminologia. Neste último, recomendava-se que a cuidadosa avaliação da personalidade do indivíduo criminoso fosse formalmente inserida em todo o ciclo judicial, a saber, instrução, julgamento e execução penal. Em 1950, no II Congresso de Criminologia, ocorrido em Paris, advogou-se a necessidade de inserção do exame biotipológico, bem como do serviço de psiquiatria nas unidades integrantes do sistema prisional dos Estados (Costa, 1972).

Em 1950, em congresso organizado pela Comissão Internacional Penal e Penitenciária, em Haia, adotou-se como resolução que, na moderna justiça penal, os dados relativos a personalidade, caráter, antecedentes criminais e sociais e constituição orgânica e psíquica do agente também devem servir de base para a fixação da pena, a definição do adequado tratamento penitenciário e a decisão acerca de sua posterior liberação (Costa, 1972). Em outros termos, a diretriz adotada foi a de que deveriam ser considerados não apenas o fato criminoso e suas circunstâncias, mas também as características intrínsecas à essência psicológica, social e orgânica do agente.

Ainda de acordo com Costa (1972), a Organização das Nações Unidas (ONU) promoveu, em 1951, um ciclo de estudos europeus a respeito do exame médico-psicológico e social dos indivíduos autores de atos criminosos, fixando o entendimento de que ele deveria compreender as avaliações psicológica, biológica, psiquiátrica e social.

Esse retrospecto torna evidente que a avaliação criminológica do agente, nessas diversas perspectivas, surgiu de um amplo debate que reuniu cientistas, acadêmicos, juristas, médicos e gestores públicos. Essa sistematização tornou possível a inauguração de um novo tipo de observação científica do fenômeno criminoso, que transcende o delito, voltando-se ao agente e aos seus predicados endógenos e sociológicos.

Os contornos específicos da influência dessa perspectiva científica, que se perpetuou ao longo do tempo e se disseminou entre os mais diversos países, sofrem variações, mas, de maneira geral, as ciências humanas e a psiquiatria forense, em especial, desenvolveram-se no contexto de uma ampla mudança cultural, no século XIX, da modernidade para a pós-modernidade (Oosterhuis & Loughnan, 2014).

É, pois, nas particularidades da personalidade do agente e de sua constituição biopsíquica que reside o nascedouro do princípio da individualização da pena, o qual não apenas justifica a necessidade da realização das perícias forenses, mas torna-as um requisito que possibilita ao Estado conceder ao indivíduo um tratamento adaptado e específico.

Atualmente, a legislação penal brasileira prevê e regulamenta as seguintes espécies de perícias em saúde mental: o exame de responsabilidade penal ou de imputabilidade, a avaliação criminológica e o exame de cessação de periculosidade. Além destas, outra importante perícia nessa área é aquela que deve ser realizada nos casos de suspeita de infanticídio (Art. 123 do Código Penal, Brasil, 1940).

Exame de responsabilidade penal ou exame de imputabilidade

O juízo de reprovação da culpabilidade advém da execução injustificada do fato típico e ilícito e tem como fundamento a imputabilidade, a consciência da ilicitude e a exigibilidade de conduta diversa. A consciência da ilicitude consiste em ter o agente, no momento da realização da conduta, a compreensão real ou possível do caráter ilícito do fato praticado. Por sua vez, a exigibilidade de conduta diversa expressa-se na possibilidade de o autor não ter feito o que fez nas circunstâncias do fato (Santos, 2008). Por fim, a imputabilidade pode ser definida como a capacidade penal geral do autor, sendo o objeto de avaliação no exame de responsabilidade penal ou de imputabilidade.

Haverá a instauração do incidente de sanidade mental quando houver incerteza acerca da higidez mental do acusado ao tempo da infração penal. O Artigo 26 do Código Penal prevê a isenção de pena para o agente que, em razão de doença mental ou desenvolvimento mental incompleto ou retardado, era, ao tempo da ação ou da omissão, inteiramente incapaz de entender o caráter ilícito do fato ou de determinar-se de acordo com esse entendimento (Brasil, 1940).

Pelo exposto, depreende-se que a capacidade penal do agente poderá ser classificada de três formas, a saber, total, parcial ou nula. Será total quando o indivíduo for inteiramente capaz de entender o caráter ilícito de sua ação e de determinar-se segundo esse entendimento; será parcial quando ele não for completamente capaz de entender a ilicitude de sua ação típica ou não puder se autodeterminar de acordo com esse entendimento; e nula quando o agente for inteiramente incapaz de entender o caráter ilícito da ação típica ou de determinar-se segundo tal entendimento. Sublinha-se que essa análise deverá sempre se reportar ao momento da ação ou da omissão, daí tratar-se o exame de imputabilidade de forma pericial retrospectiva.

O sistema penal brasileiro adotou o critério biopsicológico normativo como método de aferição da imputabilidade. Significa dizer que não é suficiente que o agente sofra de uma enfermidade mental, mas é imprescindível que exista prova pericial de que esse transtorno tenha de fato lhe afetado, completa ou parcialmente, a capacidade de entender o caráter ilícito do fato ou de se autodeterminar segundo tal compreensão, fazendo-se presente o liame causal entre esse prejuízo psíquico e o ato criminoso. Assim, na aferição da responsabilidade, deverão ser avaliados os âmbitos cognitivo e volitivo do agente sempre em relação ao momento da ação ou omissão, buscando-se verificar se o transtorno mental, se presente, funcionou como fundamento do deslinde criminoso.

Exame criminológico

Trata o exame criminológico de espécie do gênero exame de personalidade. Nele, está compreendido o conjunto de avaliações clínicas, neurológicas, psicológicas, psiquiátricas e sociais do condenado (Pitombo, 1984). A personalidade do agente é analisada em relação ao crime em concreto, ou seja, a avaliação se dá relativamente ao fato praticado, pretendendo-se, com isso, explicar a dinâmica criminal, propor medidas recuperadoras e fornecer elementos que permitam aferir o risco de reiteração do comportamento criminoso, a que se denomina prognóstico criminológico (Mirabete, 2004).

Sua origem remonta à metade do século XX, quando foram criados órgãos especiais, em determinados países da Europa, que visavam à elaboração de um programa individualizador aos condenados, no momento da cominação da pena. Os condenados às mais extensas sanções em regime de privação de liberdade eram submetidos, durante semanas, a uma avaliação médica, psicológica e social, a fim de que fossem, em seguida, direcionados à unidade prisional mais adequada a seu perfil. O exame era realizado por uma junta de especialistas denominada Comissão de Classificação (Costa, 2011).

Posteriormente, os critérios de individualização da pena foram fixados pelos países em suas legislações. Era comum a separação entre presos reincidentes e primários; provisórios e definitivos; e detentos condenados a penas mais gravosas e aqueles sentenciados a punições de menor duração. As características particulares dos indivíduos também eram sopesadas como dados integrantes de seu perfil.

A individualização da pena busca promover a adequação entre o crime, a sentença e as características pessoais do agente. Trata-se de um princípio com estatura de cláusula pétrea, previsto no Art. 5º, XLVI, da Carta Constitucional, que exige uma estreita correspondência entre o delito, o grau de responsabilidade do agente e a sanção a ser aplicada (Brasil, 1988). Esse princípio se realiza com a progressiva concreção da sanção, tendo início com a própria fixação, pelo legislador, do intervalo da pena de acordo com a gravidade do delito (individualização legislativa). Ganha relevo no momento de sua cominação ao agente, quando do cálculo da dosimetria (individualização judiciária), e estende-se até a fase da execução da sentença, acompanhando o apenado no ingresso às unidades do sistema prisional, em suas progressões e regressões penais (individualização executória) (Muñoz Conde & García Arán, 1998). A individualização da sentença tem por finalidade essencial a futura reinserção social construtiva do apenado, contemplando o princípio da dignidade da pessoa humana (Costa, 2011).

A realização do exame criminológico se dá por meio de entrevista conduzida por uma equipe multidisciplinar, composta por, ao menos, um psicólogo, um psiquiatra e um assistente social, além de servidores integrantes dos quadros do sistema penitenciário. O objetivo do legislador, quando previu essa avaliação, foi desenvolver um instrumento que possibilitasse ao juízo da execução e às autoridades penitenciárias a materialização de um programa individualizador da pena privativa de liberdade, conforme expressa o teor dos Artigos 5º ao 9º da Lei nº 7.210/84, denominada Lei de Execução Penal (Brasil, 1984). Trata-se, pois, de uma entrevista com dinâmica de avaliação clínica, e não inquisitorial, uma vez que ao condenado já foi imposta uma pena, que é questão cujo mérito não deve ser discutido. Em sua realização, devem ser observadas, pelos peritos, as diretrizes éticas de sua atuação profissional.

A Lei de Execução Penal não previu o sigilo do conteúdo do exame criminológico, cuja natureza se equivale à de outros documentos periciais que eventualmente venham a compor um processo criminal, regido pelo princípio da publicidade. Excetuam-se situações em que o magistrado determine o segredo de justiça para resguardar a intimidade, a vida privada e/ou outros atributos que integrem os direitos da personalidade do ofendido (Art. 201, § 6º, Código de Processo Penal).

Cabe sublinhar que o exame criminológico não se confunde com o exame psiquiátrico. A avaliação psiquiátrica busca perscrutar elementos relacionados a imputabilidade ou periculosidade do processado no curso da instrução processual. Já o exame criminológico avalia, de modo amplo, as circunstâncias pessoais do imputável diante do delito cometido e de seu risco social (Costa, 2011).

Além de ser ferramenta de grande valia à determinação da forma de cumprimento da pena privativa de liberdade (definição da unidade prisional, pavilhão e bloco em que o condenado cumprirá sua sanção), o exame criminológico figura como relevante instrumento de auxílio ao Estado em sua tarefa de avaliar o risco de antecipar a reinserção dos apenados na sociedade (Costa, 2011).

No entanto, em 2003, a Lei nº 10.792 promoveu uma alteração no texto do Artigo 112 da Lei de Execução Penal, tornando facultativa ao magistrado a requisição do exame criminológico quando do alcance do tempo mínimo de cumprimento de pena, pelo condenado, necessário à progressão de regime (Brasil, 2003). O texto anterior previa que a decisão sobre a transferência do preso para um regime menos rigoroso deveria ser precedida de parecer da Comissão Técnica de Classificação e do exame criminológico, quando necessário (Brasil, 1984). A atual redação impõe apenas a prévia manifestação do Ministério Público e do defensor do condenado, aplicando-se o mesmo procedimento para concessão de livramento condicional, indulto e comutação de penas (Art. 112, §§ 1º e 2º, da Lei de Execução Penal).

Quando da edição da Lei nº 10.792/03, foi instaurado no meio jurídico um largo debate acerca da extinção do exame criminológico. No espaço doutrinário, as acirradas divergências de posicionamento somente amainaram quando os tribunais superiores editaram súmulas consolidando seu entendimento acerca do tema. Em 2009, o Supremo Tribunal Federal (STF), por meio da edição da súmula vinculante nº 26, tornou possível ao magistrado determinar a realização do exame criminológico nos casos que tratavam da progressão de regime no cumprimento de pena por crime hediondo ou equiparado, desde que o requisitasse de modo fundamentado. Em 2010, a Súmula nº 439 do Superior Tribunal de Justiça (STJ) expressava que o exame criminológico seria admitido diante das peculiaridades do caso, devendo sua determinação ser motivada (Brasil, 2010). Seu teor teve por base votações do STJ e também a jurisprudência do STF em causas relativas a progressão de regime.

A definição dessas diretrizes pelos tribunais superiores foi determinante para que o tema ganhasse um entendimento mais uniforme no meio jurídico. Por conseguinte, o exame criminológico é espécie de perícia penal que subsiste e permanece um requisito obrigatório no processo de classificação dos condenados a pena privativa de liberdade (exame de entrada), para efeitos de individualização da execução (Art. 8º da Lei de Execução Penal). A lei deixa também expressa a possibilidade de os condenados à reclusão em regime semiaberto serem submetidos a tal exame (Art. 8º, parágrafo único, da Lei de Execução Penal). Contudo, na análise da possibilidade de concessão do direito de progressão de regime, será perícia facultativa e dependerá da complexidade do caso concreto, situação em que o magistrado, ao requisitar o exame criminológico, deverá expor as razões de sua determinação (Brasil, 1984).

A disponibilização ao magistrado, por meio do referido exame, de elementos concernentes ao perfil psíquico, social e médico do condenado, favorece o processo adaptativo à execução penal, reduzindo o risco de evasão, a reincidência e os conflitos no sistema prisional que abalem a segurança e a paz social (Costa, 2011). Para além da pessoa do apenado e do arranjo estrutural penitenciário, trata-se também de uma espécie pericial de fundamental importância, pois possibilita o levantamento de informações úteis à decisão do magistrado acerca da recolocação dos condenados na sociedade.

Exame de cessação de periculosidade

Aos inimputáveis e aos semi-imputáveis, se assim o decidir o magistrado, será imposta medida de segurança, que, ao contrário das sanções penais, não se fundamenta na culpabilidade. A medida de segurança tem por finalidade o resguardo social e a promoção de tratamento ao indivíduo acometido de transtorno mental. Nesse sentido, sua natureza é, simultaneamente, preventiva e assistencial. Seu fundamento é a periculosidade do autor do fato típico, com o intuito de prevenção contra a prática de novos atos ilícitos (Santos, 2008).

O exame de cessação de periculosidade encontra previsão no Código Penal (Art. 97), no Código de Processo Penal (Art. 710, II, Art. 715) e na Lei de Execução Penal (Arts. 175 a 179) (Brasil, 1940, 1941, 1984). Na legislação, encontra-se previsto que a medida de segurança poderá ser cumprida sob a forma de internação em hospital de custódia e tratamento psiquiátrico ou de tratamento ambulatorial. Não há fixação, *a priori*, do tempo de sua duração, uma vez que perdurará indeterminadamente enquanto não for averiguada, mediante perícia médica e psicológica, a cessação de periculosidade. O prazo mínimo de sua duração será fixado entre 1 e 3 anos, dependendo da decisão do magistrado. Uma vez atingido o período mínimo, o exame deverá ser repetido a cada ano, ou a qualquer tempo, se assim o determinar o juízo da execução. Trata-se de uma perícia prospectiva, não retrospectiva, pois busca avaliar a probabilidade de risco da reiteração do comportamento criminoso.

Instrumentos de avaliação do risco de reincidência criminal

Uma das críticas mais contundentes e repetidamente tecidas em debates sobre os exames criminológicos e de cessação de periculosidade é a de que seria atribuída ao perito a tarefa de realizar um prognóstico de certeza acerca de comportamentos futuros. Por óbvio, esses exames não se destinam a prever se haverá ou não reincidência caso haja a progressão de regime ou a alta da internação. Por maior que seja o esmero na atuação dos profissionais integrantes da junta avaliadora, não é possível predizer comportamentos humanos. No entanto, existe a possibilidade de aferição de risco, entendido como probabilidade de cometimento de novos atos violentos.

Nesse sentido, é descabida a crítica de doutrinadores, e mesmo profissionais da área do Direito e da saúde, de que essas avaliações consistiriam em vaticínios acerca da conduta do agente após a cessação das restrições à sua liberdade e, portanto, responsáveis pela ressuscitação de dísticos positivistas como o de "personalidade voltada para o crime" (Santos, 2008).

Na realidade, existe um profundo lapso de entendimento com relação à finalidade e ao modo de execução dos referidos exames, agravado pelo fato de a avaliação do risco de violência ser, em si, uma tarefa complexa. Na América Latina, essa análise é realizada, na maioria das vezes, com base em critérios clínicos, o que a torna muito subjetiva (Telles, Folino, & Taborda, 2012).

Em outros países, como o Reino Unido, já são utilizados instrumentos para a avaliação do risco de reincidência criminal em pacientes com transtornos mentais, como as escalas *Short-Term Assessment of Risk and Treatability* (START), *The Historical Clinical Risk Management-20* (HCR-20), *Structured Assessment of Protective Factors for Violence Risk* (SAPROF), *Dangerousness, Undertanding, Recovery and Urgency Manual* (DUNDRUM-3 e DUNDRUM-4). Segundo Abidin e colaboradores (2013), as escalas START, SAPROF, DUNDRUM-3 e DUNDRUM-4 podem ser utilizadas para avaliar tanto a redução como o aumento do risco de violência e automutilação em pacientes com transtornos mentais internados em um ambiente seguro que integre os serviços de saúde mental do sistema penitenciário. Desmarais e colaboradores (2012) constataram que a START evidenciou excelentes confiabilidade e validade tanto preditiva como incremental. Segundo esses autores, em geral, os resultados também corroboram o valor da utilização da análise do risco dinâmico e fatores de proteção na avaliação do risco de violência. No Brasil, o HCR-20 começa a ser usado para aumentar a precisão e objetividade do exame (Telles et al., 2012).

Há também o *Hare Psychopathy Checklist – Revised* (PCL-R), instrumento largamente aceito pela comunidade científica como um método confiável e válido para avaliar a psicopatia. Sua adoção em pesquisas e perícias em psiquiatria forense e psicologia jurídica é crescente. O PCL-R e a mais recente versão de triagem, o PCL: SV, são fortes preditores de reincidência, violência e incapacidade para responder à intervenção terapêutica. Ambos já são rotineiramente utilizados em outros países para avaliar o risco de reincidência na população penitenciária, auxiliando na decisão judicial quanto a progressão de regime, desinternação ou liberação condicional da medida de segurança, e para promover uma melhor adequação na definição do tratamento ou da forma de execução da pena privativa de liberdade. No Brasil, embora o PCL-R já tenha sido validado, seu uso é mais recorrente em pesquisas científicas, sendo ainda muito pouco utilizado como método de avaliação de risco de reincidência criminal na atividade pericial.

Ainda que esses exames se baseiem em escalas estruturadas para a aferição do risco de reincidência, sua finalidade não é fornecer ao magistrado respostas peremptórias, mas indicadores de probabilidade da reiteração do comportamento criminoso. Engana-se o magistrado que impinge ao perito a tarefa de realizar um prognóstico categórico com relação à reincidência no comportamento delituoso, assim como o perito que, de maneira incauta, se dispõe a responder assertivamente a essa indagação.

A função dos exames criminológico e de cessação de periculosidade é fornecer ao magistrado recursos adicionais, os quais consistem em informações técnicas e sociológicas com relação ao condenado que possam se somar àquelas que estarão disponíveis nos autos do processo para a formação de seu juízo de convicção. Sublinha-se que nenhum laudo pericial tem o condão de vincular a decisão do juiz a respeito de qualquer expediente no processo. Sua função é de assessoramento ao órgão julgador, no sentido de colocar-lhe à disposição os conhecimentos técnicos que lhe escapam à esfera de formação, aclarando a situação jurídica sob exame por adicionar-se ao conjunto dos elementos probatórios disponíveis no processo. O resultado é a possibilidade de uma tomada de decisão mais correta dos pontos de vista legal e científico.

Perícia em caso de suspeita de infanticídio

O infanticídio consiste na ação da mãe de matar o próprio filho sob a influência do estado puerperal, durante o parto ou logo após. Um dos exames a serem realizados em caso de suspeita desse crime é o de sanidade mental, uma vez que o estado puerperal não se presume em apenas se fazendo presentes os demais elementos constitutivos do tipo penal.

A Exposição de Motivos da Parte Especial do Código Penal expressa que o infanticídio é considerado um *delictum exceptum* (crime doloso), quando praticado pela parturiente sob a influência do estado puerperal. Prossegue o legislador elucidando que o puerpério nem sempre acarreta uma perturbação psíquica, sendo necessário averiguar se tal relação de causalidade realmente se deu de modo a diminuir a capacidade de entendimento ou de autodeterminação da agente. Fica também ressaltado no texto o entendimento de que, excetuando-se essa hipótese, não haverá por que distinguir entre infanticídio e homicídio.

Não obstante, alguns tribunais, a despeito do expressamente disposto na Exposição de Motivos da Parte Especial do Código Penal, presumem o estado puerperal, entendendo ser dispensável a prova pericial. Assume-se o entendimento de que a presunção só pode ser relativizada mediante prova em contrário do Ministério Público, que deveria apresentar laudo pericial de que o crime foi cometido sem que a mãe estivesse sob influência de perturbação psíquica que lhe tolhesse a compreensão e a capacidade de autocontenção.

No entanto, cabe recordar o elucidado no próprio texto da Exposição de Motivos, segundo o qual, embora toda mãe passe pelo puerpério, nem todas sofrem perturbação psíquica tão grave a ponto de perder a capacidade de entendimento e de controle sobre seu comportamento. São relativamente frequentes os casos em que o homicídio do filho por sua genitora tem como causa circunstâncias financeiras, pessoais (como a necessidade de promover a ocultação da gravidez) ou sociais (como evitar repercussões à sua reputação). A presunção de infanticídio é uma aplicação equivocada da lei e de sua teleologia, sendo imprescindível o exame pericial para a verificação retrospectiva do estado psíquico da mãe no momento do parto.

Diferentemente da perícia de responsabilidade penal, o estado puerperal não constitui situação ensejadora de inimputabilidade. O puerpério, que não é diagnóstico psiquiátrico, mas um conceito jurídico que abrange as situações em que as faculdades psíquicas da parturiente se veem gravemente afetadas (como ocorre nos episódios dissociativos), abarca uma circunstância pontual e transitória em que a parturiente age com grau de discernimento ou autodeterminação reduzido. Desta feita, sua culpabilidade é minorada, presumindo a lei, de maneira cogente, à situação de semi-imputabilidade, razão pela qual sua pena será menor se comparada àquela prevista para o crime de homicídio simples.

PERÍCIAS NO ÂMBITO DA JUSTIÇA CIVIL

No âmbito da justiça civil, as perícias em saúde mental versarão sobre os fatores modificadores da capacidade.

O dispositivo de abertura do Código Civil de 2002 estabelece que toda pessoa é capaz de direitos e deveres na ordem civil (Brasil, 2002). Trata-se da capacidade de direito ou de gozo de que todos os indivíduos dispõem, indistintamente. A existência da pessoa é condição suficiente para que lhe seja concedido esse atributo (Tartuce, 2012). Existe, ainda, a capacidade de fato ou de exercício, da qual nem todos os indivíduos irão dispor. As perícias no âmbito da justiça civil avaliarão, justamente, a ocorrência de situações especiais que reduzam ou obliterem essa capacidade de exercer direitos e deveres na órbita civil.

Os Artigos 3º e 4º do Código Civil tratam da incapacidade relativa e absoluta (Brasil, 2002). Nos termos da lei, serão *absolutamente* incapazes os menores de 16 anos; aqueles que, por enfermidade ou deficiência mental, não tiverem o necessário discernimento para a prática desses atos; e os que, mesmo por causa transitória, não puderem exprimir sua vontade. Por sua vez, são considerados *relativamente* incapazes os maiores de 16 anos e menores de 18; os ébrios eventuais; os viciados em tóxicos e os que, por deficiência mental, tenham o discernimento reduzido; os excepcionais, sem desenvolvimento mental completo; e os pródigos.

No que toca à incapacidade absoluta, o diploma civil adota o critério etário para definir a primeira situação em que os indivíduos gozarão de capacidade de direito, mas não de fato, que consiste na idade inferior a 16 anos. A segunda hipótese será aquela em que ocorra a incidência de um transtorno mental, seja congênito, seja adquirido, de caráter duradouro e permanente, que impeça a pessoa de administrar seus bens ou praticar atos jurídicos de qualquer natureza. A lei civil não admite os intervalos lúcidos, já que a incapacidade mental deverá configurar uma situação estável na vida do indivíduo (Tartuce, 2012).

A interdição resulta da declaração de incapacidade absoluta, que se dá mediante o ajuizamento de uma ação própria. Cabe ressaltar que a deficiência mental não se presume, devendo ser constatada por meio de perícia especializada.

O Código Civil também prevê a situação em que o indivíduo não possa exprimir sua vontade, ainda que por causa transitória. Incluía-se nessa categoria, no diploma anterior, o surdo-mutismo. Por óbvio, ainda que desprovido desses sentidos, o sujeito nessas condições pode ser capaz de externar, de forma plena, suas resoluções cognitivas, caso em que será considerado absolutamente capaz. Caso sua possibilidade de expressão seja reduzida, é lhe atribuída a incapacidade relativa. Mais adequado à descrição da lei nessa hipótese será o caso do paciente em coma, bem como de pessoas que apresentem lapsos significativos de memória que acarretem prejuízos importantes ao seu funcionamento social (Tartuce, 2012).

Na classificação dos relativamente incapazes, a primeira hipótese se utiliza do critério etário para assim definir as pessoas com idade entre 16 e 18 anos. A segunda situação prevista na lei civil é aquela atinente aos ébrios eventuais. Trata-se de uma condição controversa, já que o legislador não fez expressa referência aos indivíduos que sofrem de transtorno mental decorrente do uso frequente de álcool. Refere a lei à hipótese da ingestão habitual que, para ser consoante às disposições legais, deverá acarretar a redução do discernimento do sujeito. Nesse sentido, é possível que o discernimento seja mantido em sua plenitude a despeito do uso recorrente de álcool. Assim, a incapacidade relativa resulta não da ingestão habitual de bebidas alcoólicas, mas do nível de comprometimento do discernimento do indivíduo em razão desse consumo. A depender da gravidade da adição, os dependentes de álcool poderão ser, inclusive, classificados como absolutamente incapazes. A avaliação do discernimento, nesse caso, deverá ser aferida em perícia.

A lei civil aborda também a situação dos excepcionais, que seriam aquelas pessoas cujo desenvolvimento mental não atingiu a completude. Os déficits cognitivos e suas repercussões à vida independente do indivíduo também deverão ser avaliados por meio de exame pericial.

Os pródigos são outro caso que suscita controvérsia, já que a prodigalidade não constitui um diagnóstico clínico, mas poderá ser aspecto integrante da sintomatologia de um transtorno mental, como ocorre, por exemplo, no transtorno bipolar ou no jogo patológico. Quis a legislação fazer referência ao indivíduo que despende expressiva quantia com gastos desnecessários ou jogatinas, agindo de modo que possa comprometer seu patrimônio pessoal ou familiar. No entanto, a impossibilidade de exercer seus direitos e deveres na vida civil, em geral, fica restrita aos atos que se relacionem à gestão direta de seus bens, razão pela qual o sujeito será declarado como relativamente incapaz. Como nos casos anteriores, o exame que busca avaliar a presença de algum transtorno mental desencadeante do comportamento pródigo ficará a cargo dos peritos especializados.

PERÍCIAS NO ÂMBITO DA JUSTIÇA TRABALHISTA

Na justiça trabalhista, as perícias em saúde mental destinam-se a avaliar a capacidade laborativa do indivíduo em caso de manifestação de transtorno psiquiátrico que o impeça de exercer normalmente suas atividades funcionais. O perito poderá sugerir seu afastamento temporário ou definitivo das atividades profissionais, bem como recomendar tratamento específico ou realocação do trabalhador em outra função compatível com suas limitações em termos de saúde mental.

Também poderá ser solicitado o parecer do perito em caso de acidente de trabalho com repercussões psicológicas, neurológicas ou psiquiátricas, além da avaliação de eventuais sequelas psíquicas para fins de indenização.

Caberá também ao profissional verificar o liame de causalidade entre o transtorno psiquiátrico, em caso de doença profissional ou decorrente das condições de trabalho, e a atividade exercida pelo trabalhador.

Essas espécies periciais são de expressiva importância por serem indispensáveis para que o indivíduo possa auferir de benefícios previdenciários ou ingressar em determinada vaga de trabalho, pela avaliação admissional. Esta consistirá no exame das condições psíquicas do trabalhador para exercer o cargo profissional a que se candidata, examinando-se a compatibilidade entre suas condições em termos de saúde mental e as atividades que lhe seriam atribuídas, em caso de contratação.

Por fim, é importante tratar da Lei nº 8.213, de 1991, que instituiu um programa de cotas para pessoas com deficiência, para fins de sua reabilitação ou habilitação. Seu artigo 93 prevê que a empresa com cem ou mais empregados é obrigada a preencher de 2 a 5% dos seus cargos com beneficiários reabilitados ou pessoas portadoras de deficiência, habilitadas, em proporção direta ao número de empregados integrantes de seus quadros. Deficiências mentais também se incluem na previsão da lei, sendo necessário que o perito ateste a existência de tais déficits e analise a compatibilidade entre as atribuições do cargo e as características pessoais do indivíduo, no tocante a sua saúde psíquica, a fim de que sua reabilitação ou habilitação possa ser, de fato, um processo inclusivo e bem-sucedido (Brasil, 1999).

PERÍCIAS EM DIREITO ADMINISTRATIVO

Na esfera da Administração Pública, uma das tarefas do perito é avaliar o estado de saúde mental de pessoas que se candidatam a determinado cargo público. Ele também examinará se o servidor público preenche as condições exigidas em lei para a concessão de benefícios, como licenças para tratamento de saúde em razão de transtorno mental. O mesmo se processa para fins de aposentadoria por doença psiquiátrica incapacitante, ou readaptação para cargo compatível com as limitações do servidor, no que se refere a sua saúde mental.

O Decreto nº 3.298, de 1999, institui a denominada Política Nacional para a Integração da Pessoa Portadora de Deficiência (Brasil, 1999). Entre outras diretrizes, encontra-se fixado o direito dessas pessoas à reserva de vagas em concursos públicos, com fundamento na promoção de uma necessária igualdade de condições na concorrência, sendo destinado a elas o percentual mínimo de 5% das vagas em face da classificação obtida. A deficiência mental encontra-se expressamente referida no artigo 3º, inciso I, do referido diploma legal. Assim, uma vez classificados, os candidatos deverão ser submetidos a perícia para que a presença de transtorno mental seja atestada e, complementarmente, verifique-se a compatibilidade entre as limitações psíquicas do indivíduo, derivadas de sua patologia, e as funções inerentes ao cargo pretendido.

REFERÊNCIAS

Abidin, Z., Davoren, M., Naughton, L., Gibbons, O., Nulty, A., & Kennedy, H. G. (2013). Susceptibility (risk and protective) factors for in-patient violence and self-harm: prospective study of structured professional judgement instruments START and SAPROF, DUNDRUM-3 and DUNDRUM-4 in forensic mental health services. *BMC Psychiatry*, *13*, 197.

Brasil. (1940). Decreto-Lei 2.848, de 7 de dezembro. Institui o Código Penal. Recuperado de http://www.planalto.gov.br/ccivil_03/decreto-lei/del2848.htm.

Brasil. (1941). Decreto-Lei 3.689 de 3 de outubro. Código de Processo Penal. Recuperado de http://www.planalto.gov.br/ccivil_03/decreto-lei/del3689.htm.

Brasil. (1984). Lei 7.210 de 11 de julho. Institui a Lei de Execução Penal. Recuperado de http://www.planalto.gov.br/ccivil_03/leis/l7210.htm.

Brasil. (1988). *Constituição da República Federativa do Brasil*. Brasília: Senado Federal.

Brasil. (1991). Lei 8.213 de 24 de julho. Dispõe sobre os Planos de Benefícios da Previdência Social e dá outras providências. Recuperado de http://www.planalto.gov.br/ccivil_03/leis/l8213cons.htm.

Brasil. (1999). Decreto 3.298 de 20 de dezembro. Regulamenta a Lei 7.853 de 24 de outubro de 1989, dispõe sobre a Política Nacional para a Integração da Pessoa Portadora de Deficiência, consolida as normas de proteção, e dá outras providências. Recuperado de http://www.planalto.gov.br/ccivil_03/decreto/D3298.htm.

Brasil. (2002). Lei 10.406 de 10 de janeiro. Institui o Código Civil. Recuperado de http://www.planalto.gov.br/ccivil_03/leis/2002/l10406.htm.

Brasil. (2003). Lei 10.792 de 1 de dezembro. Altera a Lei 7.210 de 11 de junho de 1984 - Lei de Execução Penal e o Decreto-Lei 3.689, de 3 de outubro de 1941 - Código de Processo Penal e dá outras providências. Recuperado de http://www.planalto.gov.br/ccivil_03/leis/2003/l10.792.htm

Brasil. (2009). Supremo Tribunal Federal. Súmula vinculante n. 26. Recuperado de http://www.stf.jus.br/portal/jurisprudencia/menuSumario.asp?sumula=1271.

Brasil. (2010). Supremo Tribunal Federal. Súmula 439. Admite-se o exame criminológico pelas peculiaridades do caso, desde que em decisão motivada. Recuperado de http://www.dji.com.br/normas_inferiores/regimento_interno_e_sumula_stj/stj__0439.htm

Costa, A. M. (1972). *Exame criminológico*. Rio de Janeiro: Jurídica e Universitária.

Costa, A. M. (2011). *Temas de direito penal*. Rio de Janeiro: Lúmen Juris.

Desmarais, S. L., Nicholls, T. L., Wilson, C. M., & Brink, J. (2012). Using dynamic risk and protective factors to predict inpatient aggression: Reliability and validity of START assessments. *Psychological Assessment, 24*(3), 685-700.

Fontana-Rosa, J. C. (2006). A perícia psiquiátrica. In C. Cohen, F. C. Ferraz & M. Segre, *Saúde mental, crime e justiça* (2. ed.). São Paulo: USP.

Mirabete, J. F. (2004). *Manual de direito penal* (19. ed.). São Paulo: Atlas.

Motta, R. C. (2012). *Conceitos básicos de perícia médica*. Campinas: Átomo.

Muñoz Conde, F., & García Arán, M. (1998). *Derecho penal: parte general* (3. ed.). Valencia: Tirant Lo Blanch.

Oosterhuis, H. & Loughnan, A., (2014). Madness and crime: historical perspectives on forensic psychiatry. *International Journal of Law and Psychiatry, 37*(1), 1-16.

Pitombo, S. M. M. (1984). Os regimes de cumprimento de pena e o exame criminológico. *Revista dos Tribunais, 583*. São Paulo: Revista dos Tribunais. Recuperado de http://.sergio.pitombo.nom.br/index.php.

Santos, J. C. (2008). *Direito penal: parte geral* (3 ed.). Curitiba: IPC, Lúmen Juris.

Tartuce, F. (2012). *Manual de direito civil*. São Paulo: Método.

Telles, L. E. D. B., Folino, J. O., & Taborda, J. G. V. (2012). Accuracy of the historical, clinical and risk management scales (HCR-20) in predicting violence and other offenses in forensic psychiatric patients in Brazil. *International Journal of Law and Psychiatry, 35*(5), 427-31.

LEITURAS SUGERIDAS

Fragoso, H. C. (2006). *Lições de direito penal: parte geral*. (17. ed.). Rio de Janeiro: Forense.

The Tavistock & Portman NHS Foundation Trust (2014). *Psychopathy: clinical and forensic applications of the hare of the hare psychopathy checklist measures*. London: The Portman Clinic.

A perícia em saúde mental

ANTONIO DE PÁDUA SERAFIM
FABIANA SAFFI

A individualidade de cada pessoa e a consequente qualidade dessa singularidade permeiam uma variedade de questionamentos relacionados a direitos, deveres, autonomia, responsabilidade e capacidade. A complexidade dessas indagações provoca maior perplexidade quando envolve violência. Nota-se, hoje, que ações criminosas como o homicídio vêm crescendo entre os menores de 18 anos e em pessoas que, na concepção sociocultural, seriam consideradas "normais". O fator motivacional de comportamentos tão extremos é uma questão de difícil compreensão, que sugere investigações igualmente complexas e reflexões multifatoriais acerca da correlação entre uma possível psicopatologia e a conduta antissocial.

A ausência de sentimentos morais, éticos e altruístas, que impulsiona alguns indivíduos a cometer crimes com requintes extremados de brutalidade e crueldade, de fato nos remete a uma estigmatizante associação entre doença mental grave e violência. Em muitos casos que envolvem homicídio, as características citadas estão presentes, provocando reações impactantes na sociedade em geral e demandando uma possível explicação para tamanha barbárie.

A insensibilidade e a total falta de responsabilidade pelos próprios atos se apresentam como a marca registrada de vários indivíduos, que praticam o homicídio sem o menor senso ético, empatia e respeito à vida humana, diferindo dos casos nos quais o sujeito, movido por questões relativas a uma situação de frustração, manifesta condutas violentas, seguidas de arrependimento. Em suas lamentações, é possível observar com nitidez que o incômodo sentido pelos homicidas do primeiro tipo se dá unicamente por estarem presos, e não pelo delito que cometeram, muito menos pela vítima.

O comportamento criminoso tipificado pelo assassinato apresenta-se como um fenômeno complexo de múltiplas causas (biológicas, psicológicas e sociais), e diferentes formas desse modo de agir podem derivar de diversas vias do contexto biopsicossocial.

Não se discute que a violência se configura como um fenômeno de comoção social e está associada a alterações da saúde mental. Mas o que dizer do cidadão que trabalha diuturnamente, mas apresenta dificuldades no manejo do dinheiro em consequência da prática de jogos de azar, sentindo-se movido por uma força (impulsividade) que não consegue controlar? E do indivíduo que sente forte necessidade de gastos, contrai dívidas e acaba com o "nome sujo" na praça? Nesses casos, também estamos falando de alterações da saúde mental? E no caso de um indivíduo com esquizofrenia que possui bens em seu nome, a doença o torna incapaz de gerenciar tais bens *a priori*?

Não se pretende, neste capítulo, oferecer respostas a todas essas indagações, mas adentraremos, por certo, na seara da relação entre saúde mental e justiça. Como postulou Gierowski (2006), o desenvolvimento da psicologia contribuiu de forma intensa para que os órgãos da justiça, como o Ministério Público e os Tribunais de Justiça, por exemplo, utilizem-se de conhecimentos especializados no tocante aos processos que regem a vida humana e a saúde psíquica. Esse dado reflete que a prática profissional da psicologia vem ocupando gradativamente espaço na sociedade em diferentes segmentos.

No contexto de atuação da psicologia no estudo da conduta humana (seja ela adequada ou não, seja criminosa ou não), a investigação parte do pressuposto de que o comportamento pode ser expresso tanto por pessoas entendidas como normais na concepção de saúde mental como por aquelas que apresentam algum transtorno mental – até porque não devemos esquecer que o comportamento é uma resposta, e, como tal, deve haver algo ou alguma situação que o tenha provocado (Serafim & Saffi, 2012). Esse pressuposto apresenta-se intimamente ligado ao Direito. De maneira geral, o papel do Direito nas sociedades é normatizar condutas, atitudes, direitos e deveres. Concebe-se que o comportamento humano seja fulcro do atuar pela razão, por isso o Direito considera o livre-arbítrio pautado na capacidade da racionalidade. A expressão deriva do latim *liberum arbitrium*, ou juízo livre, capacidade de escolha pela vontade humana consciente. Gazzaniga e Steven (2004) apresentam uma extensa discussão sobre o papel do livre-arbítrio no contexto da neurociência e seus aspectos legais, uma vez que são várias as evoluções no estudo do cérebro, bem como as investigações sobre as suas alterações e repercussões no comportamento.

Já a determinação da racionalidade insere a pessoa saudável no contexto de saúde mental, isto é:

1. ausência de loucura (ausência de qualquer quadro de transtorno mental capaz de interferir no juízo crítico)
2. capacidade de entendimento (condição relativa ao potencial intelectual do indivíduo)
3. capacidade de autodeterminação (refere-se ao poder de controle emocional e de impulsos)

Nesse contexto, as leis surgem com o objetivo de padronizar os comportamentos. Logo, quando surgem dúvidas quanto à capacidade mental de determinada pessoa, surge também a necessidade da interface de saúde mental e justiça.

Dados da Organização Mundial da Saúde (2001) relatam que cerca de 450 milhões de pessoas sofrem de transtornos mentais ou neurobiológicos, 70 milhões apresentam dependência de álcool, 24 milhões apresentam esquizofrenia, e 1 milhão de pessoas cometem suicídio anualmente. Quadros de depressão ocupam o quarto lugar entre as 10 principais patologias mundiais, levando cerca de 10 a 20 milhões de pessoas a tentar se matar a cada ano.

Na realidade brasileira, Santos e Siqueira (2010) apontaram que entre 20 e 56% da população apresentam transtornos mentais, que acometem principalmente mulheres e trabalhadores. Já segundo a Agência de Saúde Suplementar (Brasil, 2008), 3% da população em geral sofrem com transtornos mentais graves e persistentes, e 6% apresentam condições psiquiátricas graves decorrentes do uso de álcool e outras substâncias.

Diante dessa realidade, questiona-se quantos desses casos estão envolvidos ou irão se envolver em questões de relevância para demandas judiciárias. Responder perguntas desse tipo exige do profissional da psicologia e da neuropsicologia uma compreensão multifatorial e intersecção com a justiça. É nesse cenário que aparecem os peritos, os quais buscarão transpor sua *expertise* na área da saúde para o universo jurídico, auxiliando no deslinde da questão (Barros & Serafim, 2009).

Ao que nos concebe o entendimento dessa delicada e necessária intersecção,

> ... mais do que a saúde em geral, a saúde mental em particular, resultará na necessidade da intervenção de profissionais mais afeitos ao universo do estudo da psicopatologia humana e suas implicações legais, isto é, o psiquiatra e o psicólogo forense. (Serafim, Saadeh, Castelana, & Barros, 2011, p. 2222)

e, mais recentemente, o neuropsicólogo forense. Cabe a esses profissionais analisar e interpretar a complexidade emocional, a estrutura de personalidade, o processo cognitivo, as relações familiares e a repercussão desses aspectos na interação do indivíduo com o ambiente. No âmbito da psicologia e da neuropsicologia, há de se ressaltar que lhes interessam tanto os comportamentos decorrentes de uma doença mental como quaisquer outros.

A PERÍCIA

De maneira geral, a perícia em saúde mental se caracteriza pela investigação médica (psiquiatria) e/ou psicológica. Ela ocorre quando se investiga a relação entre psiquismo e comportamento, tendo a necessidade de um perito médico ou psicólogo, ou ambos. Neste capítulo, abordaremos especificamente as perícias psicológica e neuropsicológica.

A complexidade da ação humana correlacionada ao mundo psíquico é um dos principais fatores que despertam o interesse por essas ciências (Serafim & Saffi, 2012). Logo, cabe à psicologia e à neuropsicologia forense conduzir sua prática em uma fundamentação de assistência e investigação, moldada nos princípios que regem a metodologia científica e a postura ética.

Em Direito, a perícia é um meio de prova. Sua realização demanda profissionais qualificados tecnicamente – os peritos –, nomeados pelo juiz, os quais analisam os fatos relevantes do ponto de vista jurídico à causa examinada, elaborando um laudo. O processo pericial se traduz em um exame que exige conhecimentos técnicos a fim de comprovar (provar) a veracidade de certo fato ou circunstância. Compreende um conjunto de procedimentos especializados que pressupõe um conhecimento técnico/científico específico que venha a contribuir no sentido de esclarecer algum ponto considerado imprescindível para o andamento de um processo judicial.

É a aplicação dos métodos e técnicas da investigação psicológica e neuropsicológica com a finalidade de subsidiar uma ação judicial, qualquer que seja sua *natureza* (área do Direito), toda vez que surjam dúvidas com relação à "saúde" psicológica do municipiando.

Trata-se de um exame de situações ou fatos relacionado a pessoas, mais especificamente ao comportamento, cujo objetivo é elucidar determinados aspectos da ação humana. Fundamenta-se pela utilização de conhecimentos científicos da psicologia e de áreas correlacionadas, como o Direito, a psicopatologia, a avaliação cognitiva e a personalidade.

A principal responsabilidade do perito forense é fornecer informações baseadas em princípios psicológicos e neuropsicológicos cientificamente validados e com metodologia clínica clara. Sua aplicação não se resume apenas a informar se o municipiando apresenta determinado diagnóstico, mas responder se tal patologia ou quadro gera incapacidade a ponto de interferir na responsabilidade penal ou na capacidade civil do sujeito.

Em termos práticos, a avaliação forense busca estabelecer as possíveis causas que levaram uma pessoa a adotar uma conduta incompatível com as normas sociais vigentes ou a realizar uma ação que suscite dúvidas quanto a sua real capacidade de autonomia, levantando dúvidas quanto a sua saúde mental.

A solicitação da perícia também pode ser usada para verificação de possíveis danos psíquicos decorrentes de uma experiência traumática associada à violência. Nesses casos, investigam-se os seguintes sistemas: neuropsicológico; psicossensorial; expressivo; afetivo; cognitivo; vivencial; e político (Serafim, Saffi, & Rigonatti, 2010).

O objeto de estudo na prática pericial de qualquer espécie (penal, cível, trabalhista, família, previdenciária, etc.) deve agregar, além dos componentes subjetivos e/ou psicológicos, os fatores sociais e o espírito jurídico, formando uma tríade convergente e complexa:

- *Os componentes subjetivos e/ou psicológicos:* cognitivos, intelectuais, recursos de controle de impulsos, agressividade em grau e natureza, dinâmica e estrutura de personalidade.
- *Os aspectos sociais:* capacidade de introjeção e adesão a normas e limites sociais, capacidade de adaptação social, grupo étnico, grupo social, fatores de risco delinquencial ou de recidiva do ato antijurídico, cultura, princípios religiosos.
- *O espírito jurídico:* grau de periculosidade do agente, grau de responsabilidade penal (imputabilidade) e grau de capacidade civil, medidas socioeducativas, medida de segurança.

O objetivo principal da perícia é levar conhecimento técnico ao juiz, auxiliando-o em seu livre convencimento, e fornecer ao processo a documentação técnica do fato, o que é feito por meio de documentos legais.

O perito desenvolve seu trabalho com base em um processo científico respaldado de ética e fundamentado em fatos pertinentes a sua área de investigação. Os resultados da perícia não provêm de especulações meramente empíricas e, muito menos, funcionam como um instrumento que atenderá à comoção social. As principais classificações de perícias são apresentadas no Quadro 4.1.

Assim, o perito se configura como um auxiliar da Justiça, uma pessoa hábil com conhecimento comprovado em determinada área técnica ou científica que, sendo nomeada por autoridade competente, deverá esclarecer um fato de natureza duradoura ou permanente.

Quadro 4.1
Classificação das perícias

Judicial	Determinada pela justiça de ofício ou a pedido das partes envolvidas
Extrajudicial	Realizada a pedido das partes, particularmente
Necessária (ou obrigatória)	Imposta por lei ou natureza do fato, quando a materialidade do fato se prova pela perícia. Se não for feita, o processo é passível de nulidade.
Oficial	Determinada pelo juiz
Requerida	Solicitada pelas partes envolvidas no litígio
Contemporânea ao processo	Determinada no decorrer do processo
Cautelar	Realizada na fase preparatória da ação, antes do processo (*ad perpetuam rei memorian*)

ASPECTOS LEGAIS QUE GARANTEM A PERÍCIA

O Código do Processo Civil (Brasil, 1973) classifica os peritos como auxiliares da Justiça (arts. 139 e 145 a 147).

> **Art. 139.** São auxiliares do juízo, além de outros pelas normas de organização judiciária, o escrivão, o oficial de justiça, o perito e o intérprete.
>
> **Art. 145.** Quando a prova do fato depender de conhecimento técnico ou científico, o juiz será assistido por perito, segundo o disposto no *art. 421*.
> § 1º. Os peritos serão escolhidos entre profissionais de nível universitário, devidamente inscritos no órgão de classe competente, respeitado o disposto no Capítulo VI, seção VII, deste Código. (Incluído pela *Lei nº 7.270, de 1984.*)
> § 2º. Os peritos comprovarão sua especialidade na matéria sobre que deverão opinar, mediante certidão do órgão profissional em que estiverem inscritos. (Incluído pela *Lei nº 7.270, de 1984.*)
> § 3º. Nas localidades onde não houver profissionais qualificados que preencham os requisitos dos parágrafos anteriores, a indicação dos peritos será de livre escolha do juiz. (Incluído pela *Lei nº 7.270, de 1984.*)
> **1. Perito.** Os peritos, apesar de não serem servidores/funcionários públicos, serão auxiliares do juízo quando necessário o conhecimento técnico para esclarecer fatos relevantes ao julgamento da causa. Os peritos são profissionais, devidamente habilitados, conforme disposto no presente dispositivo, e que serão nomeados pelo juiz e, por isso, de confiança deste, sendo que as regras e finalidade da prova pericial estão devidamente dispostas nos arts. 421 a 424 § § do presente Estatuto.
>
> **Art. 146.** O perito tem o dever de cumprir o ofício, no prazo que lhe assina a lei, empregando toda a sua diligência; pode, todavia, escusar-se do encargo alegando motivo legítimo.
> Parágrafo único. A escusa será apresentada dentro de 5 (cinco) dias, contados da intimação ou do impedimento superveniente, sob pena de se reputar renunciado o direito a alegá-la (art. 423). (Redação dada pela *Lei nº 8.455, de 1992.*)
> **1. Encargo.** O perito poderá recusar o encargo que lhe foi designado, dentro do prazo disposto no parágrafo único, sendo que os motivos poderão ser de inúmeras ordens, desde motivos de foro íntimo até profissionais. Uma vez aceito o encargo, deverá exercê-lo fielmente e dentro do prazo assinalado pelo juiz, sob pena de responder pelo atraso e prejuízos causados ao processo. Com relação ao prazo e penalidades, remetemos o leitor ao disposto nos arts. 177, 193 e 194 do presente Estatuto.
>
> **Art. 147.** O perito que, por dolo ou culpa, prestar informações inverídicas, responderá pelos prejuízos que causar à parte, ficará inabilitado, por 2 (dois) anos, a funcionar em outras perícias e incorrerá na sanção que a lei penal estabelecer.
> **1. Responsabilidade.** O perito responde pelos seus atos, tal qual o escrivão e o oficial de justiça (*CPC, art. 144*), se por dolo ou culpa prestar informações inverídicas que venham a causar prejuízos ao processo e para as partes. Além das penalidades administrativas (ficar inabilitado por dois anos), civil (reparação), também poderá sofrer sanções penais.

Já no Código do Processo Penal (Carpez, 2007), em seus artigos 149 a 154, consta:

> **Art. 149.** Quando houver dúvida sobre a integridade mental do acusado, o juiz ordenará de ofício ou a requerimento do Ministério Público, do defensor, do curador, do ascendente, descendente, irmão ou cônjuge do acusado, seja este submetido a exame médico-legal.

§ 1º. O exame poderá ser ordenado ainda na fase do inquérito, mediante representação da autoridade policial ao juiz competente.

§ 2º. O juiz nomeará curador ao acusado, quando determinar o exame, ficando suspenso o processo, se já iniciada a ação penal, salvo quanto às diligências que possam ser prejudicadas pelo adiamento.

Art. 150. Para o efeito do exame, o acusado, se estiver preso, será internado em manicômio judiciário, onde houver, ou, se estiver solto, e o requererem os peritos, em estabelecimento adequado que o juiz designar.

§ 1º. O exame não durará mais de 45 (quarenta e cinco) dias, salvo se os peritos demonstrarem a necessidade de maior prazo.

§ 2º. Se não houver prejuízo para a marcha do processo, o juiz poderá autorizar que sejam os autos entregues aos peritos, para facilitar o exame.

Art. 151. Se os peritos concluírem que o acusado era, ao tempo da infração, irresponsável nos termos do art. 26, *caput* do Código Penal – reforma penal 1984, o processo prosseguirá, com a presença do curador.

Art. 152. Se se verificar que a doença mental sobreveio à infração, o processo continuará suspenso até que o acusado se restabeleça, observado o § 2º do art. 149.

§ 1º. O juiz poderá, nesse caso, ordenar a internação do acusado em manicômio judiciário ou em outro estabelecimento adequado.

§ 2º. O processo retomará o seu curso, desde que se restabeleça o acusado, ficando-lhe assegurada a faculdade de reinquirir as testemunhas que houverem prestado depoimento sem a sua presença.

Art. 153. O incidente da insanidade mental processar-se-á em auto apartado, que só depois da apresentação do laudo será apenso ao processo principal.

Art. 154. Se a insanidade mental sobrevier no curso da execução da pena, observar-se-á o disposto no art. 682.

Responsabilidade e deveres do perito (Brasil, 1973)

- Comprovar sua habilitação para o exercício do encargo ao qual foi nomeado.
- Cumprir o ofício, respeitando o prazo assinalado pelo juiz (Art. 146 e 433).
- Prestar esclarecimentos em audiência sobre as respostas dadas aos quesitos (Art. 435).
- Ser leal, dando opinião técnica imparcial no interesse exclusivo da justiça (Art. 422).
- Respeitar e assegurar o sigilo do que apurar na execução do trabalho.
- Recusar sua nomeação, pelos motivos de impedimento ou suspeição (Arts. 134, 135 e 138).

Penalidades

- INDENIZAÇÃO pelos prejuízos causados, se, por *dolo ou culpa*, prestar informações inverídicas (Brasil, 1973, Art. 147).
- RECLUSÃO: fazer afirmação falsa ou negar ou calar a verdade, como testemunha ou perito em processo judicial, inquérito policial ou juízo arbitral (Brasil, 1940, Art. 342).
- DETENÇÃO: inovar artificiosamente em processo civil, com o fim de induzir o juiz a erro (Brasil, 1940, Art. 347).
- RECLUSÃO: se usar de violência ou ameaça de coação, para favorecer interesse próprio ou alheio em processo judicial ou em juízo arbitral (Brasil, 1940, Art. 344).
- MULTA pelo prejuízo causado, se deixar de cumprir o encargo no prazo indicado (Brasil, 1973, Art. 437 e 438).

- SUSPENSÃO do exercício da profissão, se demonstrar incapacidade técnica na função (Brasil, 1946, Art. 27).

Diante do exposto, faz-se necessário enfatizar os apontamentos de Hilsenroth e Stricker (2004) quanto à atuação do psicólogo no contexto da perícia. Segundo os autores, para atuar na interface com a justiça, é preciso que os profissionais apresentem:

a) qualificação e competência
b) conhecimento das normas jurídicas
c) seleção e utilização adequadas de instrumentos psicológicos

Em relação à avaliação neuropsicológica, que visa à detecção das perturbações psíquicas, comportamentais e cognitivas de origem cerebral, examinam-se as funções motoras, perceptivas e sensitivas; a memória; a linguagem; e as orientações temporal

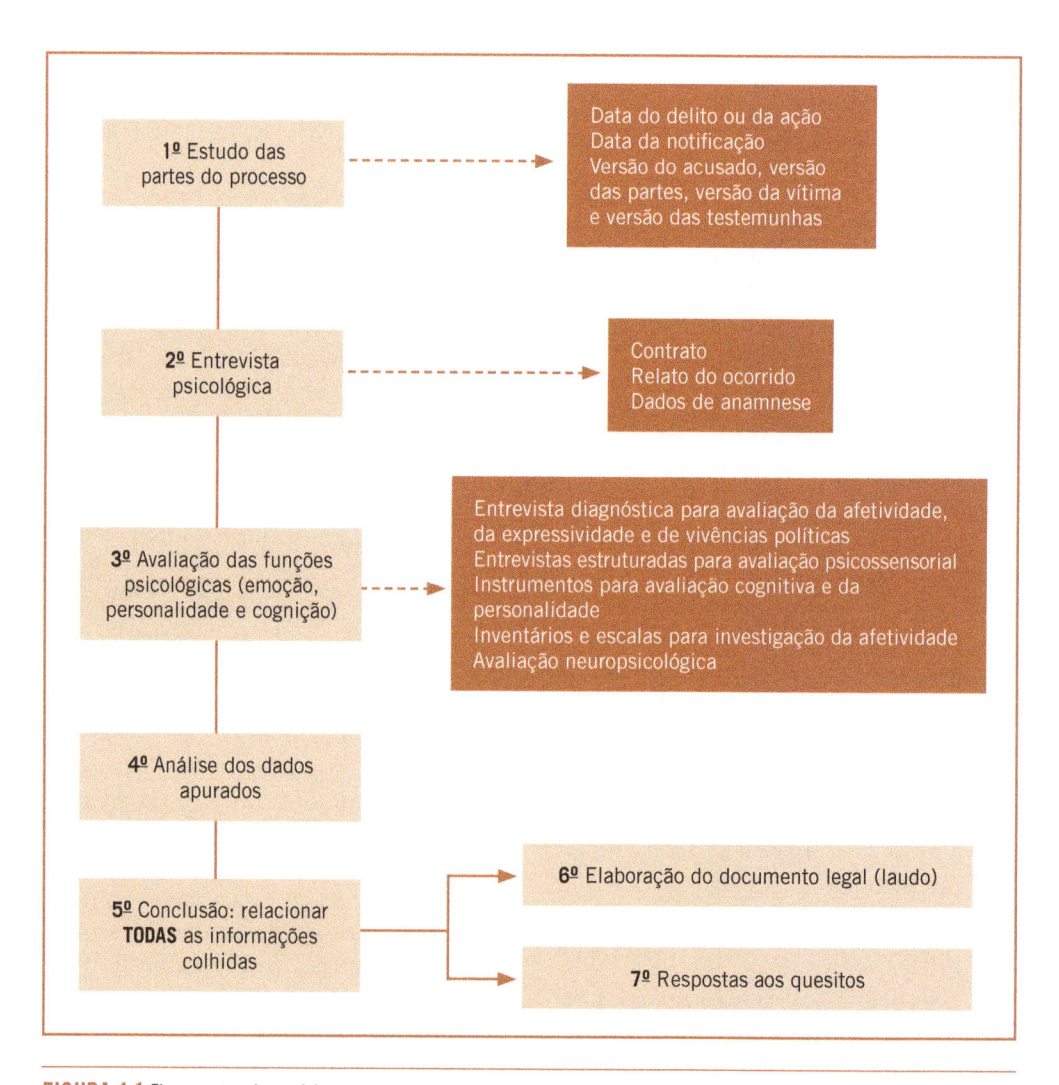

```
1º Estudo das partes do processo  →  Data do delito ou da ação
                                     Data da notificação
                                     Versão do acusado, versão
                                     das partes, versão da vítima
                                     e versão das testemunhas

2º Entrevista psicológica  →  Contrato
                              Relato do ocorrido
                              Dados de anamnese

3º Avaliação das funções  →  Entrevista diagnóstica para avaliação da afetividade,
   psicológicas (emoção,      da expressividade e de vivências políticas
   personalidade e cognição)  Entrevistas estruturadas para avaliação psicossensorial
                              Instrumentos para avaliação cognitiva e da
                              personalidade
                              Inventários e escalas para investigação da afetividade
                              Avaliação neuropsicológica

4º Análise dos dados apurados

5º Conclusão: relacionar  →  6º Elaboração do documento legal (laudo)
   TODAS as informações
   colhidas              →  7º Respostas aos quesitos
```

FIGURA 4.1 Fluxograma da perícia.

e espacial. Cabe ressaltar que os dados levantados nessa avaliação podem atender à necessidade de verificação das capacidades de entendimento e crítica (funções cognitivas), explicitadas nos procedimentos periciais. A avaliação neuropsicológica pode indicar alterações, seja funcionais, seja lesionais, que infiltram/interferem na organização da personalidade. O resultado da *infiltração* reflete no comportamento.

A análise do padrão funcional pode expressar resultados consistentes com a queixa ou hipótese diagnóstica em estudo, sugerindo o nexo causal (fato vs. sequela ou ato vs. agente), ou inconsistentes, indicando simulação – a qual precisaria ser mais investigada.

Tanto os achados da avaliação da personalidade como os do exame neuropsicológico permitem determinar a capacidade de imputação do agente (de entendimento = cognição e de autodeterminação = volição).

Já o laudo é um documento, uma informação técnica, resultante de um trabalho sistemático de correlação dos dados investigados. Sua estrutura compreende: preâmbulo, identificação, métodos e técnicas (procedimento), histórico (descrição da demanda), análise dos dados, discussão, conclusão, respostas aos quesitos, local, data e assinatura.

DEMANDAS PARA PERÍCIA EM SAÚDE MENTAL

1. **Vara criminal**
    - *Natureza*: incidente de insanidade mental.
    - *Espécie da perícia*: apura as condições de higidez mental do periciando. Pode envolver fatores endógenos (doença mental) ou exógenos (farmacodependência).
    - *Finalidade do exame psicológico*: apura as capacidades psicológicas de entendimento e de autodeterminação do indivíduo. Emite o parecer, na condição de exame complementar, em resposta ao médico.

2. **Vara cível**
    - *Natureza*: ocorre nas ações de interdição por alegação de doença mental ou prejuízo neurofuncional do requerido, bem como nas ações indenizatórias/securitárias, anulação de casamento, capacidade de testar – por alegação de transtorno mental ou neuropsicológico e/ou simulação.
    - *Espécie da perícia*: psicológica e neuropsicológica.
    - *Finalidade da perícia*: verifica a capacidade do indivíduo de reger sua pessoa e administrar seus bens por meio da investigação das condições de integridade das capacidades cognitivas, intelectuais e afetivo-emocionais inerentes à queixa e presentes na responsabilidade civil. Emite o laudo, respondendo aos quesitos formulados pelas partes.

3. **Varas da família e da infância e juventude**
    - *Natureza*: ocorre nas ações de modificação de guarda, regulamentação de visita, destituição de pátrio poder, adoção – isto é, sempre que houver alegação de conflitos emocionais, relacionais, de maus-tratos (negligência, abuso, abandono, entre outros), etc.
    - *Espécie da perícia*: psicológica forense.
    - *Finalidade da perícia*: verifica as condições da dinâmica familiar e da integridade das capacidades cognitivas, intelectuais e afetivo-relacionais dos membros principais. Emite o laudo à parte contratante

ou, se perito oficial/nomeado, ao juiz. Responde aos quesitos formulados pelas partes.

4. **Vara trabalhista**
   - *Natureza*: ocorre nas ações indenizatórias por acidente ou doença do trabalho com alegação de sequelas físicas, psíquicas e psicológicas.
   - *Espécie da perícia*: estabelece nexo de causalidade.
   - *Finalidade da perícia*: verifica o grau de sequela psicológica e sua relação de nexo causal com o fato e/ou acidente ou a relação entre doença neuropsiquiátrica e incapacidade laboral. Emite o parecer psicológico, focando as dúvidas do médico perito. Emite também o laudo, correlacionando todos os achados, à parte contratante ou, se perito oficial/nomeado, ao juiz. Responde aos quesitos formulados pelas partes.

5. **Vara de execuções penais**
   - *Natureza*: atende às solicitações de benefícios de progressão de regime, para aqueles que cumprem pena em regime prisional, e de exame de cessação de periculosidade, para os sentenciados que cumprem medida de segurança e de ressocialização.
   - *Finalidade da perícia*: em ambas as solicitações, estudam-se as condições mentais relativas à organização da personalidade, no seu conjunto cognitivo (crítica e julgamento moral), afetivo-emocional (expressão dos afetos e recursos de controle dos impulsos agressivos destrutivos) e capacidade de prospecção (socioafetiva). Emite o parecer psicológico, focando as possibilidades de reinserção social gradual ou de desinternação progressiva do indivíduo, de acordo com a aplicação da pena.

Como destacam Serafim e colaboradores (2011), vivemos uma crescente solicitação de perícias psicológicas e neuropsicológicas, por se entender que essas avaliações expressam não apenas descrições sintomáticas de determinado quadro patológico, mas, principalmente, uma análise funcional deste (o Quadro 4.2 apresenta diversos problemas de saúde mental que implicam questões legais).

CONSIDERAÇÕES FINAIS

A participação da psicologia e da neuropsicologia vem gradativamente ganhando reconhecimento no meio jurídico, dados os processos cada vez mais qualificados para a compreensão dos fenômenos mentais e sua expressão no comportamento. O termo "perícia" advém do latim *peritia*, que significa saber por experiência.

O processo para investigar a expressão das disfunções cerebrais sobre o comportamento, sejam elas decorrentes de lesões, doenças degenerativas, sejam elas consequentes a quadros psiquiátricos, é a parte principal da aplicação da avaliação neuropsicológica, sendo um recurso imprescindível para responder às questões judiciais relativas às capacidades neuropsicológicas do indivíduo em uma ação forense.

Assim, embora a prática forense da psicologia seja fortemente derivada da prática clínica, para atender à demanda judicial – que recebe sustentação teórica do modelo clínico e contempla conhecimentos jurídicos e médico-legais –, a atuação do perito em saúde mental não se limita a uma transposição direta do modelo clínico para o forense. O despreparo quanto à finalidade da perícia e o uso inadequado de determinados instrumentos psicológicos e neuropsi-

Quadro 4.2
Casos de saúde mental e implicações forenses

Situações	Implicações forenses
Abuso/violência doméstica	Avaliação da vítima, do agressor e das testemunhas
Toxicodependência	Avaliação das capacidades civil e laboral, bem como da responsabilidade penal
Outras dependências e impulsos	Avaliação em situações de jogos de azar, compulsão por compras, etc.
Transtorno de adaptação	Avaliação das respostas de ansiedade, estresse agudo ou transtorno de estresse pós-traumático e condições laborais
Síndrome de Asperger/autismo	Avaliação do impacto desses quadros na vida social do indivíduo
Transtorno de déficit de atenção/hiperatividade	Avaliação do impacto desse quadro nas diversas áreas da vida social do indivíduo
Casos de cirurgia bariátrica	Verificação das capacidades psicológicas, principalmente no tocante aos aspectos impulsivos, e sua repercussão na adaptação da pessoa submetida à cirurgia
Transtorno bipolar	Avaliação do impacto desse quadro na vida social do indivíduo, podendo ter implicações de ordem penal ou civil
Depressão	Verificação do impacto de sintomas como baixa motivação e energia, sentimentos persistentes de tristeza e desesperança, baixa autoestima, alterações no sono ou nos padrões alimentares e possibilidade de suicídio, bem como de questões cognitivas que repercutam na capacidade funcional do indivíduo
Retardo mental	Avaliação para verificação das potencialidades e limites, como dos processos previdenciários
Transtorno obsessivo-compulsivo	Avaliação do impacto desse quadro nas diversas áreas da vida social do indivíduo
Esquizofrenia	Avaliação de potencialidades e limites em termos de capacidade civil, bem como verificação da responsabilidade penal em situações que envolvem comportamento violento
Outros quadros psiquiátricos	Repercussões nas capacidades de trabalho

cológicos, associados a um desconhecimento quanto à complexidade que engloba uma doença mental e noções gerais de Direito, podem colaborar com a propagação de estigmas quanto à associação entre transtornos mentais e problemas judiciais.

A consolidação e o reconhecimento de uma prática e de seus profissionais constroem-se em um processo temporal contínuo fundamentado nos estudos, na pesquisa científica e em uma conduta humanitária e ética na busca pelo fator nexo causal de determinado fenômeno. A realização de uma perícia por um profissional não habilitado pode gerar prejuízos, muitas vezes irreversíveis, ao periciando.

REFERÊNCIAS

Barros, D. M., & Serafim, A. P. (2009). Parâmetros legais para a internação involuntária no Brasil. *Revista de Psiquiatria Clínica, 36*(4), 175-7.

Brasil. (1940). Decreto-Lei 2.848 de 7 de dezembro. Institui o Código Penal. Recuperado de http://www.planalto.gov.br/ccivil_03/decreto-lei/del2848.htm.

Brasil. (1946). Decreto-Lei 9.295 de 27 de maio. Cria o Conselho Federal de Contabilidade, define as atribuições do Contador e do Guarda-livros, e dá outras providências. Recuperado de http://presrepublica.jusbrasil.com.br/legislacao/126558/decreto-lei-9295-46.

Brasil. (1973). Código do Processo Civil. Lei 5.869 de 11 de janeiro. Institui o Código de Processo Civil. Recuperado de http://www.planalto.gov.br/ccivil_03/leis/l5869compilada.htm.

Brasil. (2002). Lei 10.406 de 10 de janeiro. Institui o Código Civil. Recuperado de http://www.planalto.gov.br/ccivil_03/leis/2002/l10406.htm.

Brasil. (2008). *Diretrizes assistenciais para a saúde mental na saúde suplementar*. Brasília: Agência Nacional de Saúde Suplementar - ANS.

Capez, F. (2007). *Curso de processo penal*. (14. ed., pp. 370-421). São Paulo: Saraiva.

Gazzaniga, M. S., & Steven, M. S. (2004). Free will in the twenty-first century: a discussion of neuroscience and the law. In B. Garland, *Neuroscience and the law: brain, mind, and the scales of justice* (pp. 51-70). New York: Dana.

Gierowski, J. K. (2006). Complex expertise on the psychiatric health of a criminal. *Psychiatria Polska, 40*(1), 5-17.

Hilsenroth, M. J., & Stricker, G. (2004). A consideration of challenges to psychological assessment instruments used in forensic settings: rorschach as exemplar. *Journal of Personality Assessment, 83*(2), 141-52.

Organização Mundial da Saúde. (2001). *Relatório mundial de saúde*. Genebra: OMS.

Santos, E. G., & Siqueira, M. M. (2010). Prevalência dos transtornos mentais na população adulta brasileira: uma revisão sistemática de 1997 a 2009. *Jornal Brasileiro de Psiquiatria, 59*(3), 238-46.

Serafim, A. P., & Saffi, F. (2012). *Psicologia e práticas forenses*. São Paulo: Manole.

Serafim, A. P., Saffi, F., & Rigonatti, S. P. (2010). Práticas forenses. In: L. F. Malloy-Diniz, D. Fuentes, P. Mattos, & N. Abreu. (Orgs.), *Avaliação neuropsicológica*. Porto Alegre: Artmed.

Serafim, A.P., Saadeh, A., Castelana, G. B., & Barros, D. M. (2011). Perícias psiquiátricas em situações específicas. In E. C. Miguel, V. Gentil, & W. Farid Gattaz. (Orgs.), *Clinica psiquiátrica*. (pp. 2222-31). São Paulo: Manole.

LEITURAS SUGERIDAS

Brasil. (1984). Lei 7.209 de 11 de julho. Altera dispositivos do Decreto-Lei 2.848 de 7 de dezembro de 1940 - Código Penal, e dá outras providências. Recuperado de http://www.planalto.gov.br/ccivil_03/LEIS/1980-1988/L7209.htm#art26.

Brasil. (1992). Lei 8.455 de 24 de agosto. Altera dispositivos da Lei 5.869 de 11 de janeiro de 1973. Código de Processo Civil, referentes à prova pericial. Recuperado de http://www.planalto.gov.br/ccivil_03/leis/1989_1994/L8455.htm.

Brasil. (2002). Lei 10.406 de 10 de janeiro. Institui o Código Civil. Recuperado de http://www.planalto.gov.br/ccivil_03/leis/2002/l10406.htm.

Groth-Marnat, G. (2000). *Neuropsychological assessment in clinical practice: a guide to test interpretation and integration*. New York: John Wiley & Sons.

5
Estruturas cerebrais

MARINA VON ZUBEN DE ARRUDA CAMARGO
IVAN APRAHAMIAN

PECULIARIDADES DO SISTEMA NERVOSO CENTRAL

O sistema nervoso central (SNC) é responsável pela integração de informações sensoriais e pela resposta adequada aos estímulos externos. Todo comportamento é mediado por esse sistema, que consiste essencialmente na medula espinal e no encéfalo. O cérebro é dividido em seis regiões: bulbo, ponte, cerebelo, mesencéfalo, diencéfalo e hemisférios, conforme ilustra a Figura 5.1, gerada a partir de um corte coronal de ressonância magnética. Cada uma dessas regiões pode ser dividida em várias áreas distintas funcional e anatomicamente. A medula espinal, por sua vez, funciona como um condutor de sinais entre o encéfalo e as demais partes do corpo, além de controlar os reflexos musculoesqueléticos a partir de centros medulares. O encéfalo é responsável por integrar a informação sensorial e coordenar o funcionamento corporal voluntário e involuntário. Funções complexas, como o pensamento, o

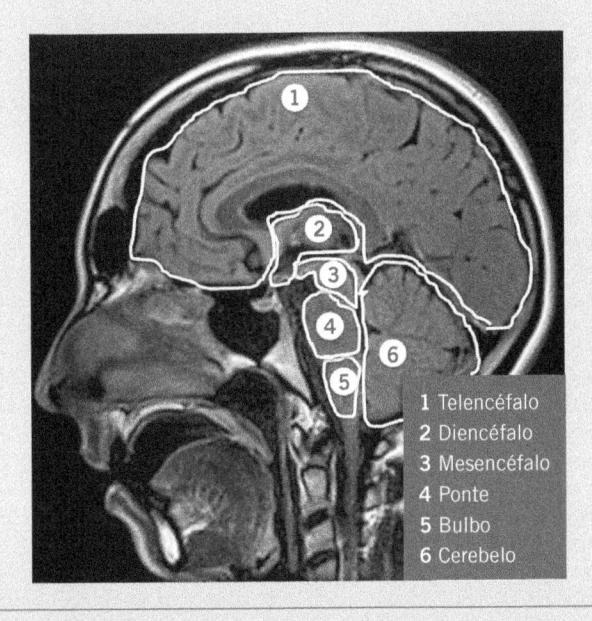

FIGURA 5.1 Corte sagital evidenciando os elementos principais do encéfalo.

1 Telencéfalo
2 Diencéfalo
3 Mesencéfalo
4 Ponte
5 Bulbo
6 Cerebelo

sentimento e a manutenção da homeostase, são atribuídas às suas diferentes partes (Donnelly, 2014; Amaral, 2000).

O tecido nervoso vivo tem a consistência de uma geleia e requer proteção especial para evitar danos a sua estrutura. Assim, todo o SNC está contido em estruturas ósseas: o encéfalo localiza-se dentro do crânio, e a medula espinal atravessa os canais vertebrais. Dentro de tais estruturas, todo o SNC está imerso no líquido cerebrospinal (LCS), que ocupa o espaço subaracnóideo e as cavidades ventriculares com a função primordial de promover a proteção mecânica do SNC: qualquer pressão ou choque que se exerça em um ponto dessa camada líquida protetora será distribuído igualmente a todos os pontos. Desse modo, o LCS se constitui em um eficiente mecanismo amortecedor dos choques que porventura atinjam o SNC (Kandel, 2000; Machado, 2000).

O ambiente químico do tecido nervoso é mantido pelas membranas relativamente impermeáveis dos capilares do SNC. Essa permeabilidade característica é conhecida como barreira hematencefálica. As barreiras encefálicas podem ser descritas como dispositivos que impedem ou dificultam a passagem de substâncias do sangue para o tecido nervoso, do sangue para o LCS ou do LCS para o tecido nervoso. Em última análise, são dispositivos que dificultam a troca de substâncias entre o tecido nervoso e os diversos compartimentos de líquido do SNC. Essas barreiras impedem, entre outras coisas, a passagem de neurotransmissores encontrados no sangue, como adrenalina, noradrenalina e acetilcolina. A adrenalina, em especial quando lançada em grande quantidade na circulação – o que ocorre em certas situações que envolvem respostas emocionais –, pode alterar o funcionamento do cérebro se não for barrada. Portanto, essas barreiras constituem um mecanismo de proteção do encéfalo contra agentes que poderiam lesá--lo ou alterar seu funcionamento (Machado, 2000).

De modo geral, existem dois tipos de tecido no SNC. O primeiro, a substância cinzenta, consiste em corpos celulares, dendritos e axônios. Neurônios na substância cinzenta estão organizados em camadas, como no córtex cerebral, ou em conjuntos denominados núcleos. O segundo, a substância branca, consiste na maior parte em axônios, que têm a coloração esbranquiçada em função da bainha de mielina que os recobre (Mesulam, 2000).

No embrião, o SNC forma-se como um tubo relativamente uniforme. A maioria das regiões cerebrais organiza-se como alargamentos em uma das extremidades desse tubo. O bulbo surge como um inchaço na extremidade superior da medula espinal. Além de responsável pela condução das fibras que conectam a medula espinal a regiões cerebrais superiores, ele contém centros de controle de funções involuntárias, como a pressão sanguínea, a respiração, a deglutição e o reflexo do vômito (Machado, 2000; Amaral, 2000).

Logo acima do bulbo, encontram-se a ponte e o cerebelo, como ilustrado na Figura 5.2. A porção ventral da ponte contém grande quantidade de conjuntos de neurônios, denominados núcleos pontinos, que transmitem informações sobre movimento e sensações do córtex cerebral para o cerebelo. Este, por sua vez, processa informações sensoriais e contribui para a coordenação dos movimentos corporais. Ele recebe sinais da coluna espinal, do córtex cerebral e dos órgãos vestibulares na orelha interna, sendo responsável pela manutenção da postura, pela coordenação dos movimentos da cabeça e dos olhos e pela aprendizagem de habilidades motoras (Amaral, 2000).

O mesencéfalo é a menor parte do tronco encefálico e promove importante conexão entre componentes do sistema motor, especialmente o cerebelo, os gân-

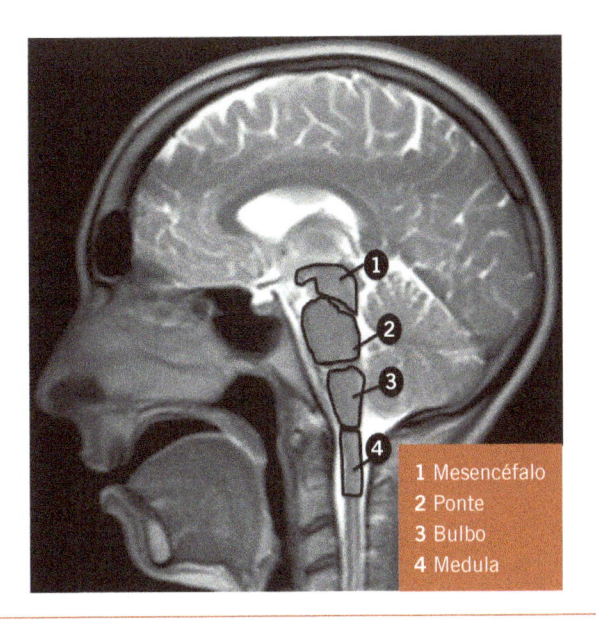

FIGURA 5.2 Corte sagital do encéfalo evidenciando os componentes do tronco encefálico e a medula espinal.

glios da base e os hemisférios cerebrais. Além disso, contém elementos dos sistemas auditivo e visual e tem muitas de suas regiões conectadas à musculatura extraocular, configurando-se como a via mais importante para o controle do movimento dos olhos (Machado, 2000; Amaral, 2000).

Acima dele, encontra-se o diencéfalo, que é composto por duas estruturas principais: o tálamo, que processa e transmite toda a informação sensorial (exceto a olfativa) proveniente dos receptores periféricos para as regiões especializadas nos hemisférios cerebrais; e o hipotálamo, estrutura fundamental para o controle da homeostase e a manutenção do ambiente interno corporal. O hipotálamo é um componente essencial do sistema motivacional encefálico, contribuindo ativamente para a iniciação e a manutenção de comportamentos considerados recompensadores pelo indivíduo. Algumas regiões específicas dessa estrutura estão relacionadas à regulação do ritmo circadiano e ao controle de comportamentos associados ao ciclo "claro-escuro". O controle nervoso de todos os órgãos internos também encontra no hipotálamo seu principal regulador, incluindo funções endócrinas, por meio de seu controle sobre a hipófise (glândula pituitária) (Machado, 2000; Amaral, 2000).

O cérebro é a área mais superior do encéfalo, que inclui ambos os córtices (direito e esquerdo) visíveis e outras estruturas internas. É responsável pela sensação e percepção conscientes e pelo movimento voluntário, assim como por funções importantes e especializadas, como o pensamento, a aprendizagem e as emoções. A divisão do SNC com base em critérios anatômicos, conforme descrita até aqui, está esquematizada na Figura 5.3.

Segundo Machado (2000), o sistema nervoso também pode ser dividido com base em critérios funcionais, tendo em vista a vida de relação dos indivíduos (componente somático) e a vida vegetativa (componente visceral). O componente somático é responsável pela relação do sujeito com o ambiente e, para tal, necessita elaborar as informações que recebe do meio externo e adaptar suas respostas. Para isso, o sis-

```
Sistema nervoso central ─┬─ Encéfalo ─┬─ Cérebro
                         │            ├─ Cerebelo
                         │            └─ Tronco encefálico ─┬─ Mesencéfalo
                         │                                  ├─ Ponte
                         │                                  └─ Bulbo
                         └─ Medula espinal
```

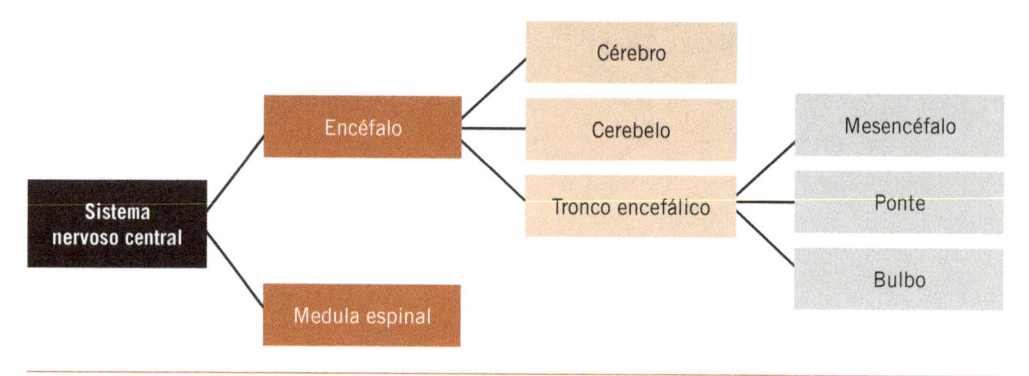

FIGURA 5.3 Sistema nervoso central e suas divisões anatômicas.

tema nervoso da vida de relação apresenta um componente aferente, responsável por conduzir aos centros nervosos os impulsos originados em receptores periféricos, e um eferente, que leva aos músculos estriados esqueléticos o comando proveniente dos centros nervosos.

Já o sistema nervoso visceral é fundamental para a manutenção da constância do meio interno, por meio da inervação e do controle das estruturas viscerais. Esse sistema também é dividido nos elementos aferente e eferente: o primeiro conduz os impulsos nervosos originados em receptores periféricos a áreas específicas do sistema nervoso, enquanto o segundo leva informações originadas em certos centros nervosos até as vísceras, terminando em glândulas, músculos lisos ou músculo cardíaco. A proposta de divisão funcional do SNC é apresentada na Figura 5.4.

PECULIARIDADES DO SISTEMA NERVOSO AUTÔNOMO

Como já dito, o sistema nervoso pode ser dividido em seus componentes somático e visceral (autônomo). Este último relaciona-se com a inervação das estruturas viscerais e é responsável pela manutenção da constância do meio interno (homeostase). Os neurônios eferentes do sistema

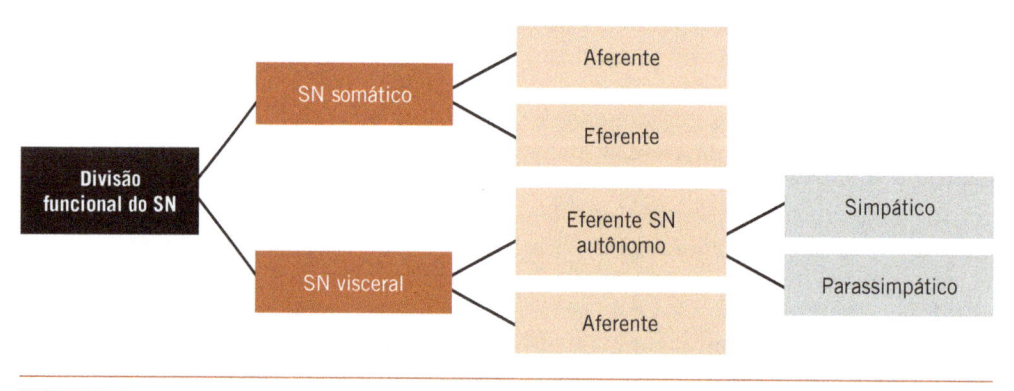

```
Divisão funcional do SN ─┬─ SN somático ─┬─ Aferente
                         │               └─ Eferente
                         └─ SN visceral ─┬─ Eferente SN autônomo ─┬─ Simpático
                                         │                        └─ Parassimpático
                                         └─ Aferente
```

FIGURA 5.4 Sistema nervoso e suas divisões funcionais.

autônomo seguem pelo sistema nervoso e terminam no músculo cardíaco, em outra musculatura lisa ou em glândulas, sendo, portanto, responsáveis pelo aspecto involuntário do comportamento do indivíduo (Machado, 2000; Terry, 2008).

O sistema nervoso autônomo (SNA) é responsável pelo controle das funções viscerais, como pressão arterial, motilidade do trato gastrintestinal, vesical e sudorese. Esse sistema é regulado por centros medulares, pelos núcleos do tronco encefálico e pelo hipotálamo. Transmite impulsos sensoriais dos vasos sanguíneos, do coração e de todos os órgãos no tórax, no abdome e na pelve por meio de nervos para outras partes do sistema nervoso (sobretudo o bulbo, a ponte e o hipotálamo). Com frequência, esses impulsos não atingem a consciência do indivíduo, embora desencadeiem respostas automáticas ou reflexas por meio dos nervos autônomos eferentes. Dessa forma, quando exposto a alterações ambientais, como, por exemplo, variações na temperatura, alterações posturais, ingestão de alimentos, experiências estressoras, entre outras, o indivíduo apresenta reações cardíacas, vasculares, cutâneas e/ou de todos os órgãos do corpo, as quais visam à adaptação a tais mudanças (Terry, 2008; Iversen et al., 2000).

A maior parte do SNA está situada fora do SNC e envolve duas partes principais: uma craniossacral (sistema parassimpático) e outra toracolombar (sistema simpático). Os nervos aferentes de ambos os sistemas transmitem impulsos dos órgãos sensoriais, dos músculos, do sistema circulatório e de todos os órgãos do corpo aos centros de controle situados no bulbo, na ponte e no hipotálamo. A partir desses centros, impulsos eferentes são enviados a todas as partes do organismo pelos nervos parassimpáticos e simpáticos. Esses impulsos percorrem vias pelas quais os nervos autônomos transmitem estímulos que regulam fatores como o diâmetro da pupila, as funções digestivas no estômago e nos intestinos, a frequência respiratória e a dilatação e a constrição de vasos sanguíneos, ou seja, ajustamentos corporais que são em grande parte inconscientes e/ou reflexos e que visam à adaptação do indivíduo às exigências dos ambientes interno (homeostase) e externo (Iversen et al., 2000).

O sistema parassimpático entra em ação quando um estímulo atinge um órgão, como, por exemplo, uma luz forte dirigida aos olhos de alguém. Nesse caso, a mensagem é transmitida pelas fibras sensoriais até o mesencéfalo, que transmite às pupilas um sinal por meio das fibras parassimpáticas dos nervos oculomotores, resultando em uma contração automática da musculatura pupilar que constringe sua abertura e, consequentemente, reduz a quantidade de luz que atingirá os receptores na retina. Da mesma forma, estímulos associados à entrada de alimentos no estômago são enviados por fibras aferentes do nervo vago para os núcleos do vago no cérebro, onde as mensagens são automaticamente transmitidas por fibras eferentes do vago de volta ao estômago. Essas fibras eferentes estimulam os movimentos peristálticos e a secreção de suco gástrico, que será misturado ao alimento a fim de transportar, de modo gradual, o conteúdo do estômago aos intestinos, em que um processo semelhante é iniciado pelas mesmas vias neurais parassimpáticas. O esvaziamento do reto e da bexiga não é de todo automático, mas está sujeito a impulsos parassimpáticos que são controlados voluntariamente (Iversen et al., 2000; Machado, 2000; Terry, 2008).

O sistema nervoso simpático é ainda mais automático e apenas excepcionalmente suscetível a algum controle voluntário. Durante o verão, por exemplo, o aumento da temperatura inicia uma porção de respostas automáticas. Receptores térmicos transmitem estímulos aos centros de controle simpáticos no cérebro, de onde são enviadas, por meio dos nervos simpáticos, mensagens inibitórias aos vasos sanguíneos cutâneos, o que resulta na dilatação destes e aumenta de modo significativo o fluxo de sangue na superfície do corpo por onde se perde calor. O sistema nervoso simpático ainda responde ao aquecimento ambiental de outra forma: o aumento da temperatura corporal é sentido pelo centro hipotalâmico, que transmite sinais para as glândulas sudoríferas pelos nervos simpáticos, o que gera transpiração. Esse mecanismo resfria o corpo por meio da perda de calor decorrente da evaporação do suor. É importante destacar que mecanismos como esse não podem ser controlados voluntariamente (Terry, 2008; Iversen et al., 2000).

O controle da pressão arterial é um bom exemplo de como os sistemas simpático e parassimpático trabalham em conjunto. Em geral, existem duas situações especialmente relacionadas ao aumento da pressão arterial: a velocidade e a força do bombeamento cardíaco e o estreitamento dos vasos sanguíneos. Sob o domínio do sistema nervoso simpático, o coração bombeia o sangue com força e rapidez, os vasos sanguíneos periféricos se estreitam, e a pressão sanguínea fica alta. Em contrapartida, sob o comando do sistema parassimpático, o ritmo cardíaco diminui, e os vasos periféricos se dilatam, causando redução da pressão sanguínea. Ao se levantar rapidamente de uma cadeira após ter permanecido sentado por um longo período, receptores de pressão na parede dos vasos captam a alteração da pressão e enviam mensagens ao tronco encefálico, o qual responde com um reflexo autonômico que aumenta a pressão sanguínea. Diante de uma situação assustadora – um assalto, por exemplo –, a pressão sanguínea aumentará. Antes mesmo que o indivíduo possa pensar em fugir, seu cérebro já identificou o perigo e enviou mensagens ao hipotálamo para que prepare o organismo para iniciar uma ação de autoproteção. O sistema simpático é ativado, o coração começa a bater mais rapidamente, e a pressão sanguínea começa a subir. Embora outros sistemas, como, por exemplo, os hormônios, também exerçam controle sobre a pressão sanguínea, sua influência sobre ela tende a ser lenta e gradual, e não imediata, como o controle exercido pelo SNA (Machado, 2000; Longhurst, 2008).

Devido ao funcionamento descrito, o SNA é visto por muitas das teorias sobre as emoções como um importante componente da resposta emocional. Diversos estudos já estabeleceram que as emoções preparam os indivíduos para enfrentar desafios encontrados no ambiente por meio do ajuste da ativação dos sistemas cardiovascular, musculoesquelético, neuroendócrino e do SNA (Levenson, 2003). As teorias mais atuais (Barrett, Mesquita, Ochsner, & Gross 2007; Damasio & Carvalho, 2013) admitem que as sensações emocionais subjetivas são desencadeadas pela percepção de estados corporais relacionados às emoções que refletem mudanças nos sistemas neuroendócrino, musculoesquelético e autônomo. Os estados emocionais, por sua vez, são desencadeados pela reação do SNA às situações ambientais. Harrison, Gray, Gianaros, e Critchley (2010) observaram que aspectos distintos da sensação de nojo, por exemplo, estavam relacionados a diferentes padrões de resposta do SNA: o enjoo está associado a respostas gástricas e atividade da ínsula direita, enquanto o enjoo percebido por pessoas que têm aversão a sangue está relacionado à regulação parassimpática do coração e à ativação da ínsula esquerda.

LOBOS CEREBRAIS

Os hemisférios cerebrais direito e esquerdo são constituídos por núcleos da base, substância branca e córtex cerebral. Ambos são parcialmente separados pela fissura longitudinal do cérebro e conectados pelo corpo caloso, a maior comissura que liga regiões semelhantes dos hemisférios cerebrais direito e esquerdo (Amaral, 2000). A superfície do cérebro humano, assim como a de outros animais, apresenta depressões denominadas *sulcos* e circunvoluções denominadas *giros*. Guardadas as conhecidas diferenças individuais e aquelas existentes entre os dois hemisférios, a localização da maioria dos sulcos e giros permite a definição de regiões associadas a determinadas funções cerebrais (cognitivas, motoras, etc.), bem como a divisão anatômica do cérebro em lobos (Donnelly, 2014; Kandel, 2000).

Os hemisférios podem ser divididos em quatro lobos principais, os quais são nomeados a partir dos ossos cranianos a que se encontram próximos: frontal, parietal, temporal e occipital (Fig. 5.5). Cada lobo inclui muitos domínios funcionais distintos, definidos por sulcos corticais de localização relativamente constante em diferentes sujeitos. O sulco lateral (ou fissura silviana) separa o lobo temporal dos lobos frontal e parietal. Já o córtex insular delimita a porção medial do sulco lateral, enquanto o sulco central separa os lobos frontal e parietal (Kandel, 2000; Machado, 2000; Donnelly, 2014).

O lobo frontal é aquele localizado na região mais anterior do cérebro e está relacionado com o processamento das funções executivas: funções cognitivas superiores, que são altamente especializadas e estão associadas com julgamento, planejamento, formulação de estratégias e controle inibitório de impulsos, etc. (Saper, Iversen, & Frackowiak, 2000). Além disso, o lobo frontal contém diversas áreas corticais envolvidas no controle do movimento voluntário (Amaral, 2000). O córtex pré-motor recebe informações de outras regiões desse lobo e um número ainda maior de sinais sensoriais provenientes do lobo parietal, o que o permite planejar a ação de alcançar um objeto com as mãos ou identificá-lo apenas pelo tato. O giro frontal inferior no hemisfério dominante (o esquerdo, na maioria dos seres humanos) contém a área motora da fala (área de Broca), que, por sua vez, apresenta importantes conexões com regiões temporais, occipitais e parietais rela-

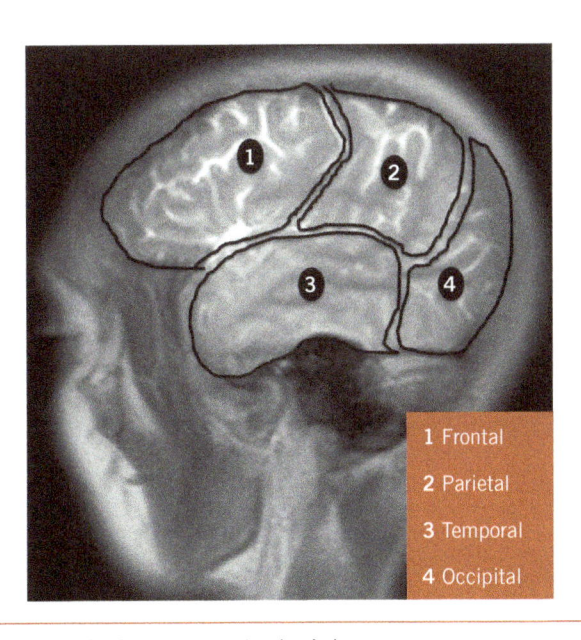

FIGURA 5.5 Corte sagital evidenciando os componentes do cérebro.

cionadas à linguagem (Amaral, 2000; Donnelly, 2014).

O lobo parietal está associado com sensação, incluindo o tato, cinestesia, percepção de temperatura e vibração, assim como com reconhecimento, percepção e orientação espacial. Essas funções são processadas sobretudo pelo lobo parietal de acordo com as informações que recebe da pele, dos músculos, etc. Além disso, as regiões parietais superiores estão relacionadas à consciência do hemicorpo contralateral e à interpretação de informação sensorial. Às regiões inferiores, próximas às áreas associativas visual e auditiva, são atribuídas funções relacionadas à linguagem (Amaral, 2000; Machado, 2000; Donnelly, 2014).

O lobo occipital é responsável pelo processamento de informações visuais, provenientes do núcleo geniculado lateral do tálamo. Cada hemisfério cerebral recebe informações do campo visual contralateral (Machado, 2000; Amaral, 2000).

No lobo temporal está localizada a área auditiva primária. Em seu entorno, situa-se a região de associação auditiva, conhecida como área de Wernicke no hemisfério dominante, a qual está relacionada à compreensão da fala e que se conecta a outras partes do cérebro relacionadas a funções linguísticas. Na região medial inferior dos lobos temporais direito e esquerdo, dentro dos giros para-hipocampais, estão localizados os hipocampos (Fig. 5.6), associados à memória de curto prazo, à formação de novas memórias e a aspectos emocionais do comportamento. Próxima a eles, encontra-se a amígdala, massa de substância cinzenta subcortical que, assim como o giro para-hipocampal, compõe o sistema límbico, conforme veremos mais adiante neste capítulo (Saper et al., 2000)

CÓRTEX

Enquanto as funções vitais são mediadas por regiões da medula espinal, pelo tronco encefálico e pelo diencéfalo, o córtex cerebral é responsável pelas funções de

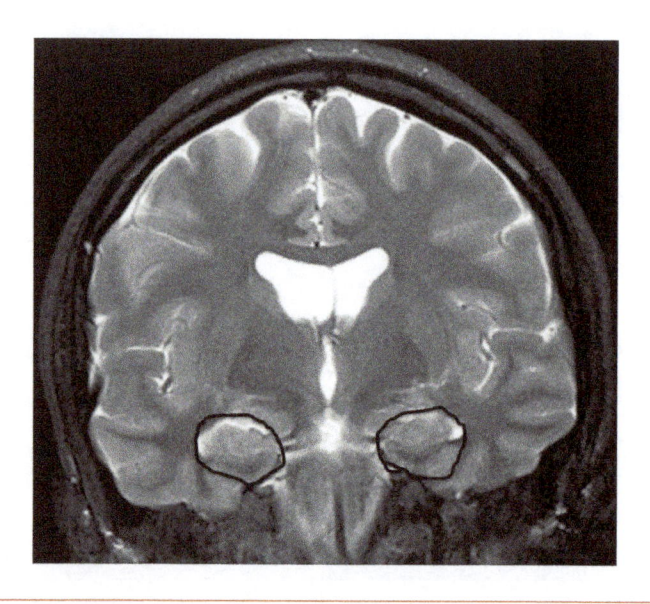

FIGURA 5.6 As formações hipocampais.

planejamento e execução de tarefas da vida diária. Córtex é o nome dado à camada de substância cinzenta que forma a superfície externa de cada hemisfério cerebral, repleta de relevos e depressões. Esse formato parece estar relacionado à necessidade de acomodação de um grande número de neurônios em um espaço restrito ao estojo craniano, aumentando a superfície de contato (Larry, 2008, Amaral, 2000).

O córtex, ou neocórtex, representa um marco importante da evolução do encéfalo dos mamíferos. O termo "neocórtex" tem sua origem no fato de que, evolutivamente, essa camada seria a mais recente. No entanto, estudos já demonstraram a presença de estruturas bastante semelhantes em répteis. Apesar disso, as mudanças necessárias para que a estrutura presente nos répteis possa chegar àquela vista atualmente em mamíferos são enormes e diferentes das encontradas em todos os demais vertebrados (Kaas & Preuss, 2008).

A maioria das áreas do córtex cerebral está envolvida no processamento de informações sensoriais ou na condução de comandos motores. Uma região cerebral associada com o processamento de uma modalidade sensorial ou função motora inclui diversas outras áreas especializadas com papéis distintos no processamento da informação (Kandel, 2000). A maior parte dessas áreas modula diretamente a atividade no lado oposto do corpo (contralateral) por meio de vias descendentes que cruzam a linha média para atingir partes do sistema motor no sistema nervoso contralateral. Além disso, feixes axonais chamados comissuras conectam regiões corticais de um hemisfério com áreas relacionadas no hemisfério oposto. Da mesma forma, áreas corticais diferentes no mesmo hemisfério também estão interconectadas por meio das vias de associação. Assim, as comissuras e as vias de associação são as estruturas que garantem a comparação e a integração de informações das áreas corticais entre os hemisférios cerebrais e no interior de cada um deles (Larry, 2008; Kandel, 2000; Machado, 2000).

O processamento das informações no córtex segue uma organização hierárquica: as chamadas áreas primárias são as primeiras a receber os dados provenientes dos receptores periféricos depois de terem passado pelos núcleos talâmicos. Em seguida, a informação trafega para as chamadas áreas de associação unimodal, que são adjacentes às primárias e responsáveis pelas etapas do processamento em que os dados provenientes de uma única modalidade sensorial ou motora são retirados. Em seguida, a informação é transmitida para uma das três grandes áreas de associação multimodal responsáveis pela integração de dados provenientes de duas ou mais modalidades sensoriais, sendo coordenada com planos de ação. Essa organização hierárquica permite a integração das informações dos meios externo e interno conforme o processamento se aprofunda nas áreas de associação multimodais (Machado, 2000; Kandel, 2000).

Durante a filogênese ocorre um aumento expressivo das áreas de associação, de forma que, nos seres humanos, essas regiões ocupam um espaço muito maior do que o das áreas primárias, fato que parece relacionado ao grande desenvolvimento das funções psíquicas humanas (Machado, 2000).

ESTRUTURAS SUBCORTICAIS – O SISTEMA LÍMBICO

Pode-se dizer que o sistema límbico relaciona-se fundamentalmente com a regulação dos processos emocionais. Além disso, age como controlador do SNA e dos processos motivacionais essenciais para a sobrevivência da espécie e do indivíduo (fome, sede, etc.). O sistema límbico é constituído pelo lobo límbico (giro do cíngulo) e pelas estruturas subcorticais a ele relacionadas: giro para-hipocampal, hipocampo, corpo amigdaloide, área septal, núcleos mamilares, núcleos anteriores do tálamo e núcleos habenulares. Segundo Machado (2000), a participação de todo o hipotálamo nesse sistema é defendida por alguns pesquisadores, mas esse ainda é um tema bastante controverso na literatura.

Segundo Amaral (2000, p. 331):

> ... a habilidade do córtex cerebral de processar informações sensoriais, associá-las a estados emocionais, armazená-las como uma memória e iniciar uma ação é modulada por três estruturas que se encontram profundamente inseridas nos hemisférios cerebrais: núcleos da base, formação hipocampal e a amígdala.

Portanto, fica evidente a interferência de importantes estruturas do sistema límbico no funcionamento humano.

Evidências recentes demonstram que esse sistema pode ser dividido em duas partes: sua porção anterior, que, associada ao córtex orbitofrontal, é responsável pelo processamento das emoções; e a porção posterior do giro do cíngulo, que, associada ao circuito fórnice, a corpos mamilares e ao tálamo anterior, está envolvida no processamento da memória episódica, mas não no das emoções (Rolls, 2013).

Os estados emocionais e os sentimentos são mediados por circuitos neuronais distintos. Os sentimentos conscientes envolvem estruturas como o giro do cíngulo e o córtex frontal. Os estados emocionais, por sua vez, são mediados por respostas provenientes dos circuitos periféricos, autônomos e endócrinos. Além desses circuitos, estruturas sobcorticais como a amígdala, o hipotálamo e o tronco encefálico contribuem para a modulação das reações emocionais (Iversen, Kupfermann, & Kandel, 2000).

O sistema límbico mantém conexões eferentes com o hipotálamo e a formação reticular do mesencéfalo. É por meio dessas ligações que ele desencadeia componentes periféricos e expressivos dos processos emocionais e controla a atividade do sistema autônomo, o que é fundamental para a expressão das emoções (Machado, 2000).

Ainda com relação aos aspectos emocionais e seu processamento pelo sistema límbico, a amígdala está envolvida na análise do significado emocional dos estímulos sensoriais aos quais o indivíduo está exposto, assim como busca garantir que o sujeito emita respostas adequadas a eles coordenando as ações de vários sistemas cerebrais. Ela recebe informações diretamente dos sistemas sensoriais e distribui mensagens a várias estruturas corticais e subcorticais. Por meio dessas projeções, contribui para a modulação de componentes somáticos e viscerais do sistema nervoso periférico, coordenando as respostas do indivíduo às diferentes situações experimentadas. O registro da atividade elétrica dos neurônios do corpo amigdaloide permite observar a ativação dessa estrutura em situações que despertam reações emocionais (Machado, 2000).

REFERÊNCIAS

Amaral, D. G. (2000). The anatomical organization of the central nervous system. In E. R. Kandel, J. H. Schwartz, & T. M. Jessel. (Eds.), *Principles of neural science*. (4th ed., pp. 15-26). New York: McGraw-Hill.

Barrett, L. F., Mesquita, B., Ochsner, K. N., & Gross, J. J. (2007). The experience of emotion. *Annual Review of Psychology, 58*, 373-403.

Damasio, A. R., & Carvalho, G. B. (2013). The nature of feelings: evolutionary and neurobiological origin. *Nature Reviews Neuroscience, 14*(2), 143-52.

Donnelly, L. (2014). The brain: functional divisions. *Anesthesia and Intensive Care Medicine, 15*(4), 195-200.

Harrison, N. A., Gray, M. A., Gianaros, P. J., Critchley, H. D. (2010). The embodiment of emotional feelings in the brain. *The Journal of Neuroscience*, *30*(38), 12878-84.

Iversen S., Iversen L., & Saper C. B. (2000). The autonomic nervous system and the hypothalamus. In: E. R. Kendel, J. H. Schwartz, & T. M. Jessel. (Eds.), *Principles of neural science*. (4th ed., pp. 960–81). New York: McGraw Hill.

Iversen, S., Kupfermann, I., & Kandel, E. R. (2000). Emotional states and feelings. In E. R. Kandel, J. H. Schwartz, & T. M. Jessel. (Eds.), *Principles of neural science*. (4th ed., pp. 981-97). New York: McGraw-Hill.

Kaas, J. H., & Preuss, T. M. (2008). Human brain evolution. In L. Squire, D. Berg, F., Bloom, S. D. Lac, A. Ghosh, & N. Spitzer. (Eds.), *Fundamental neuroscience* (2nd ed., pp. 3-14). Canada: Elsevier.

Kandel, E. R. (2000). Brain and behavior. In E. R. Kandel, J. H. Schwartz, & T. M. Jessel. (Eds.). *Principles of neural science*. (4th ed., pp. 15-26). New York: McGraw-Hill.

Larry, W. S. (2008). Basic plan of the nervous system. In L. Squire, D. Berg, F., Bloom, S. D. Lac, A. Ghosh, & N. Spitzer. (Eds.), *Fundamental neuroscience* (2nd ed., pp. 15-38). Canada: Elsevier.

Levenson, R.W. (2003). Blood, sweat and fears: the autonomic architecture of emotion. In P. Ekman, J. J. Campos, R. J. Davidson, & F. B. M. DeWall, *Emotions inside out*. (pp. 348-66). New York: Annals of the New York Academy of Science.

Longhurst, J. (2008). Neural regulation of the cardiovascular system. In L. Squire, D. Berg, F., Bloom, S. D. Lac, A. Ghosh, & N. Spitzer. (Eds.), *Fundamental neuroscience* (2nd ed., pp. 829-53). Canada: Elsevier.

Machado, A. (2000). *Neuroanatomia funcional*. (2. ed.). Rio de Janeiro: Atheneu.

Mesulan, M-M. (Ed.) (2000). *Principles of behavior and cognitive neurology* (2nd ed.). New York: Oxford University Press.

Rolls, E. T. (2013). Limbic system for emotion and for memory, but no single limbic system. *Cortex*, *30*, 1-39.

Saper, C. B.; Iversen, S., & Frackowiak, R. (2000). Integration of sensory and motor function: the association areas of the cerebral cortex and the cognitive capabilities of the brain. In E. R. Kandel, J. H. Schwartz, & T. M. Jessel. (Eds.), *Principles of neural science*. (4th ed., pp. 304-30). New York: McGraw-Hill.

Terry, L. P. (2008). Central control of autonomic functions: organizations of the autonomic nervous system. In L. Squire, D. Berg, F., Bloom, S. D. Lac, A. Ghosh, & N. Spitzer. (Eds.), *Fundamental neuroscience* (2nd ed., pp 807-28). Canada: Elsevier.

LEITURAS SUGERIDAS

Bloom, F. E. (2008). Fundamentals of neuroscience. In L. Squire, D. Berg, F., Bloom, S. D. Lac, A. Ghosh, & N. Spitzer. (Eds.), *Fundamental neuroscience* (2nd ed., pp 3-14). Canada: Elsevier.

Schwartz, J. R. L., & Roth, T. (2008). Neurophysiology of sleep and wakefulness: basic science and clinical implications. *Current Neuropharmacology*, *6*(4), 367-78.

parte **2**

Funções neuropsicológicas e implicações forenses

6

Atenção

LUCIANA DE CARVALHO MONTEIRO
FABIANA SAFFI

O estudo do funcionamento atencional é de grande interesse para a neuropsicologia, uma vez que a atenção viabiliza a entrada das informações que serão processadas no cérebro. Ou seja, para que determinados estímulos sejam selecionados, codificados e aprendidos, eles precisam, primeiro, ser percebidos.

Segundo Lima (2005), tudo o que percebemos depende diretamente do direcionamento de nossa atenção. Assim, quando prestamos atenção em algo, diversos processos são disparados em nosso cérebro, inibindo vários elementos distratores e priorizando os que são considerados, naquele momento, mais relevantes. Contudo, a capacidade cerebral de processar informações é limitada e depende do funcionamento eficaz de diferentes sistemas, que, por meio de processos sequenciais, os quais compreendem uma série de estágios, visam à seleção e à manutenção de *inputs* (Strauss & Sherman, 2006).

Na execução de atividades cotidianas, a atenção exerce um papel fundamental, pois estamos inseridos em ambientes repletos de estímulos, que podem ser relevantes ou não e que ocorrem de modo contínuo. Esses estímulos, independentemente da modalidade sensorial pela qual são percebidos, são selecionados de acordo com os intentos ou objetivos pretendidos, os quais podem ser conscientes ou não (Lima, 2005; Coutinho, Mattos, & Abreu, 2010). Uma vez que o ambiente contém muito mais informação do que seria possível processar e compreender em determinado momento, a seleção desses dados é necessária. Assim, os processos de atenção funcionariam como um fator de proteção do organismo ao excesso de informações, selecionando apenas alguns estímulos em detrimento de outros.

O CONCEITO DE ATENÇÃO E SEUS COMPONENTES

A atenção é um sistema complexo de componentes que interagem, permitindo que o indivíduo, inicialmente, filtre as informações segundo suas necessidades e intenções para, depois, mantê-las e manipulá-las por meio de operações mentais, as quais possibilitam o monitoramento e a modulação de respostas com relação aos estímulos apreendidos. Nesse sentido, pode-se dizer que a atenção refere-se a um conjunto de processos multifatoriais que vai além da simples codificação da informação (Strauss & Sherman, 2006).

Segundo Gil (2002), atenção é definida como a capacidade de manter a orientação e a concentração dirigidas para uma atividade, inibindo estímulos concorrentes. Dessa forma, podemos afirmar que ela é a base de todos os nossos atos, pois é por meio dela que selecionamos quais informações serão usadas para nosso agir, relegando os outros estímulos a um segundo plano. Fava, Kristensen, Melo e Araujo (2009) apontam a inexistência de um consenso entre os autores sobre a definição do termo, mas referem que o sistema atencional desempenha diversas funções, como a atenção seletiva, que ocorre quando o indivíduo escolhe prestar atenção em alguns estímulos e ignorar outros; a vigilância, quando se espera atentamente detectar o aparecimento de um estímulo específico; a sondagem, na qual se procura de modo ativo por estímulos particulares; e a atenção dividida, que é a habilidade de desenvolver duas tarefas ao mesmo tempo.

Um modelo atencional bastante utilizado em neuropsicologia é aquele proposto pela norte-americana Muriel Lezak, que divide a atenção nos seguintes componentes (Lezak, Howieson, & Loring, 2004):

1. Nível de alerta (*alertness*) – apresenta dois mecanismos relativamente distintos:
   - O tônico, que se refere a um mecanismo sob controle interno, amplamente fisiológico. Tem como função regular a resposta do organismo à estimulação ambiental (p. ex., ciclo sono-vigília), o nível de vigilância e o potencial para "focalizar".
   - A ativação fásica, que está relacionada a modificações momentâneas na responsividade, com frequência sob controle do meio. Ela "dirige" a atenção para qualquer ponto dos campos interno ou externo.

   É importante ressaltar que as demais esferas atencionais dependem da integridade desses dois mecanismos.

2. Amplitude atencional – refere-se à quantidade de informações que pode ser processada ao mesmo tempo. É um processo que tende a ser resistente aos efeitos da idade e a muitas desordens cerebrais. Por exemplo: guardar o nome de um vendedor enquanto ele está lhe atendendo. A informação perde-se quando deixa de ser necessária, pois não foi armazenada.

3. Atenção seletiva ou focalizada – é a capacidade de focalizar um ou dois estímulos ou ideias importantes que ocorrem em determinado momento enquanto se suprime, conscientemente, a presença de distratores concorrentes. Conhecida em termos leigos como concentração. Por exemplo, ser capaz de assistir a uma aula sem se distrair com as conversas paralelas, sons da rua, etc.

4. Atenção sustentada/concentrada ou vigilância – é a capacidade de manter a atividade atencional ao longo da execução de uma tarefa, como, por exemplo, ler um livro ou fazer uma prova.

5. Atenção dividida – envolve a habilidade de responder a mais de uma tarefa ao mesmo tempo ou a múltiplos elementos ou operações de uma tarefa complexa. Podemos perceber a atenção dividida quando um indivíduo cozinha enquanto fala ao telefone ou assiste à televisão e faz a lição de casa simultaneamente.

6. Atenção alternada – implica a disposição para mudar o foco atencional entre tarefas que exigem diferentes níveis de compreensão, de acordo com a demanda, de modo que o indivíduo interrompe determinado raciocínio para estabelecer um novo. Por exemplo,

ser capaz de parar no sinal vermelho e andar no verde.

Diante do exposto, pode-se postular que o déficit de atenção esteja relacionado a falhas em um ou mais componentes desse sistema (Strauss & Sherman, 2006). Além disso, deve-se considerar a interferência de outros fatores, como motivação, estresse, ansiedade e humor, que funcionam como moduladores importantes dos processos cognitivos, em especial da atenção (Lezak et al., 2004; Strauss & Sherman, 2006).

ESTRUTURAS

Diversas estruturas estão envolvidas nos processos atencionais, inibindo ou facilitando a resposta atencional de acordo com a pertinência da informação, o estado motivacional e o direcionamento. A alteração anatômica ou funcional do sistema atencional produz diversas alterações clínicas, desde distração até síndrome comatosa. As estruturas envolvidas na atenção são as seguintes: sistema reticular, tálamo, estriado, córtex parietal posterior não dominante, córtex pré-frontal, giro do cíngulo anterior e sistema límbico.

É preciso ter em mente que a localização das funções nas estruturas cerebrais é uma divisão didática, pois, devido à plasticidade cerebral, uma lesão em determinada região pode ser compensada por outra.

AVALIAÇÃO DA ATENÇÃO: CONSIDERAÇÕES E INSTRUMENTOS DE AVALIAÇÃO

Sendo a atenção um fenômeno complexo que compartilha limites com habilidades perceptivas e outras funções cognitivas, alguns cuidados em sua avaliação são necessários. Como já citado, ao examinar a execução de tarefas de um indivíduo, deve-se considerar seu estado de consciência, motivação, cansaço, humor e ansiedade, bem como a presença de dor ou falhas sensoperceptivas (Coutinho et al., 2010). Se a atenção estiver prejudicada, outras funções também estarão comprometidas.

A desatenção pode se manifestar de diferentes formas, como, por exemplo, lentidão de processamento, oscilações no desempenho, suscetibilidade a interferências e erros. Além disso, é preciso considerar as queixas do sujeito e de seus informantes, bem como observar seu comportamento em diferentes momentos da avaliação.

Quanto aos instrumentos para avaliar a atenção, sabemos que muitos dos testes utilizados acabam acessando vários outros componentes cognitivos, como aqueles que exigem velocidade motora e de processamento da informação, memória de trabalho e respostas verbais. Assim, ao utilizar testes para avaliar processos atencionais, é crucial considerar os requisitos constitutivos de cada tarefa e a interação desses parâmetros com as características do paciente e sua história prévia para garantir a interpretação precisa dos resultados (Strauss & Sherman, 2006).

A Tabela 6.1 lista os principais testes atencionais padronizados para a população brasileira, e a Tabela 6.2, os mais citados na literatura científica.

Segundo Strauss e Sherman (2006), a atenção é um aspecto central da avaliação neuropsicológica. Falhas atencionais podem ser observadas na maioria dos pacientes com quadros neurológicos, como nos casos de epilepsia, traumatismos cranioencefálicos, acidentes vasculares cerebrais e tumores, e também em diversas condições neuropsiquiátricas, como transtorno de déficit de atenção/hiperatividade, transtornos do humor, esquizofrenia, demências e transtornos de ansiedade. Nesse sentido, os instrumentos de avaliação neuropsicológi-

TABELA 6.1
Testes padronizados para a população brasileira

TESTE	APLICAÇÃO	FUNÇÃO REQUISITADA
[1]Dígitos	Individual	Amplitude atencional
[2]D2	Individual ou coletiva	Atenção concentrada
[3]TEACO-FF	Individual ou coletiva	Atenção concentrada
[4]TEADI	Individual ou coletiva	Atenção dividida
[5]TEALT	Individual ou coletiva	Atenção alternada
[6]Trilhas Coloridas	Individual	Atenção sustentada e dividida
[7]Teste AC	Individual ou coletiva	Atenção concentrada

[1]Dígitos (Wechsler, 1997); [2]Teste D2 – Atenção Concentrada (Brickenkamp, 2000); [3]Teste de Atenção Concentrada (Rueda & Sisto, 2009); [4,5]Teste de Atenção dividida (TEADI) e alternada (TEALT) (Rueda, 2010); [6]Teste de Trilhas Coloridas (D'Elia, Satz, Uchiyama, & White, 2010); [7]Teste de Atenção AC (Boccalandro, 2003).

ca podem contribuir muito para o esclarecimento dos processos atencionais envolvidos nesses quadros e do impacto desses déficits no funcionamento do indivíduo e em sua interação com o ambiente.

ALTERAÇÕES

A seguir, listaremos algumas alterações quantitativas da atenção.

Hiperprosexia

A hiperprosexia é um aumento quantitativo da atenção. Consiste em um estado de atenção exacerbado, de modo que o sujeito fica extremamente cansado por prestar atenção a detalhes que são dispensáveis na convivência diária com as demais pessoas (Olivier, Perez, & Behr, 2011). O indivíduo se interessa, ao mesmo tempo, pelas mais variadas solicitações sensoriais, sem se fixar em nenhum objeto. É uma hiperatividade da atenção espontânea. Essa alteração está presente nos episódios de mania, no transtorno hipercinético da infância, nas intoxicações exógenas por estimulantes como a cocaína ou anfetaminas, na embriaguez, na esquizofrenia ou em pessoas saudáveis que passam por momentos de grande excitação.

Hipoprosexia

A hipoprosexia é o rebaixamento quantitativo da atenção. Segundo Olivier e colaboradores (2011),

> ... consiste na perda básica da capacidade de concentração, com o aumento da fadiga, da dificuldade de perceber os estímulos ambientais e para lembrar as

TABELA 6.2
Testes mais citados na literatura científica

TESTE	APLICAÇÃO	FUNÇÃO REQUISITADA
[1]CPT-II	Individual	Atenção concentrada
[2]TEA	Individual	Várias modalidades atencionais

[1]Conners' Continuous Performance Test II (Conners & Staff, 2000); [2]Test of Everyday Attention (Robertson, Ward, Ridgeway, & Nimmo-Smith, 1994).

coisas, bem como em pensar, raciocinar e integrar informações" (p. 998).

É observada nos estados de obnubilação da consciência (neurológicas ou psiquiátricas) e em algumas psicopatologias, como depressão, esquizofrenia, oligofrenia, demências, *delirium* e embriaguez alcoólica aguda ou patológica (com alteração da consciência).

Aprosexia

É a falta absoluta de atenção, presente em quadros de deficiência intelectual severa ou inibição cortical. É observada no estupor e nos estados de demências.

Distração

A distração ocorre quando um indivíduo concentra-se de modo demasiado em determinada tarefa (hiperfoco) (Olivier et al., 2011). O sujeito fica tão absorto que não consegue prestar atenção ao que ocorre a sua volta. Essa alteração pode estar presente na esquizofrenia e no transtorno de déficit de atenção/hiperatividade.

IMPLICAÇÕES FORENSES

As alterações atencionais estão presentes em vários quadros psiquiátricos que podem acarretar situações forenses.

Na demência, por exemplo, tais alterações são muito proeminentes e incluem dificuldades na atenção dividida e baixa velocidade de processamento, sobretudo no início do quadro. Pacientes com essa condição podem estar envolvidos em situações de interdição ou em alguma contenda criminal, sendo necessária avaliação neuropsicológica. As alterações atencionais nesses indivíduos envolvem lentificação e dificuldade na atenção seletiva.

Casos de simulação envolvendo déficits atencionais também podem surgir. Neles, o sujeito tem o intuito de receber indenizações. O psicólogo forense deve estar atento à possibilidade dessas situações e tentar identificar se os déficits apresentados pelo paciente são consistentes, isto é, coerentes com o quadro descrito e com a literatura especializada. As simulações de déficits atencionais e mnésticos são as mais comuns, segundo Suhr e Barrash (2007). De acordo com eles, o subteste Dígitos das Escalas Wechsler é um instrumento valioso na detecção desses casos, pois até pacientes muito comprometidos apresentam desempenho adequado.

Na área trabalhista, são diversos os casos de indivíduos reprovados em concursos públicos para carreira policial por apresentarem dificuldades nas atenções concentrada, alternada e dividida. Para determinadas profissões, é essencial ter controle adequado dos impulsos, agir com rapidez sob pressão e não cometer erros. Os testes neuropsicológicos são usados para esse tipo de seleção, pois fornecem medidas quantitativas, válidas e replicáveis.

VINHETA CLÍNICA

Caso

Um rapaz de 22 anos procurou um psicólogo forense para entrar com um recurso contra avaliação psicológica da seleção de concurso público para polícia civil. Segundo documentação apresentada, a reprovação resultou de dificuldade na atenção dividida. Para contestar o resultado, foi elaborado um parecer, decorrente de uma avaliação neuropsicológica completa. No que tange às tarefas atencionais, tomou-se o cuidado de não utilizar os mesmos instrumentos de que se valeu a avaliação anterior, pois os resultados poderiam ser contaminados. Ainda assim, o exame chegou ao mesmo parecer da avaliação do concurso, a saber: *a amplitude atencional para estímulos audioverbais ficou acima da*

VINHETA CLÍNICA

média, mesmo quando mais de uma variável estava envolvida na tarefa. Os erros que o periciando cometia eram de inversão e exclusão de estímulos. Em tarefa de *sustentação da atenção*, que exige a manutenção da atenção em uma mesma atividade por quatro minutos e 40 segundos, seu desempenho final ficou na faixa média, com porcentagem de erros também normal. O gráfico da Figura 6.1 ilustra a curva de desempenho e os erros.

É importante ressaltar que os erros do periciando nessa atividade foram de omissão de estímulos, e não impulsivos. Além disso, percebe-se que seu desempenho se manteve estável ao longo de toda a tarefa. Quando analisada sua capacidade de realizar duas tarefas simultaneamente (*atenção dividida*) e comparado seu desempenho ao da população em geral, verificou-se que o sujeito se encontrava na faixa inferior: apesar de realizar a tarefa com mais rapidez que a população em geral, cometia muitos erros, justamente por querer terminá-la em menos tempo. Assim, percebemos que o indivíduo, ainda que capaz de manter-se atento em tarefas longas, não conseguia realizar as atividades sem cometer erros quando estava sujeito a pressões e necessitava dividir a atenção para executar tarefas simultâneas. Esse modo de funcionar pode ser perigoso quando alguém está de posse de uma arma em uma situação estressante.

CONSIDERAÇÕES FINAIS

A avaliação da atenção é o início de toda avaliação neuropsicológica, pois, se ela estiver prejudicada, todas as outras funções também estarão. A atenção é a base de todos os nossos atos, pois é por meio dela que selecionamos quais informações serão usadas para nosso agir, deixando os demais estímulos como pano de fundo. A atenção pode ser dividida nos seguinte tipos: amplitude atencional, atenção sustentada, atenção seletiva, atenção dividida e atenção alternada. No âmbito forense, devemos estar atentos à possibilidade de simulação envolvendo déficits atencionais, sendo preciso considerar como esses prejuízos se apresentam e se os resultados são condizentes com a literatura.

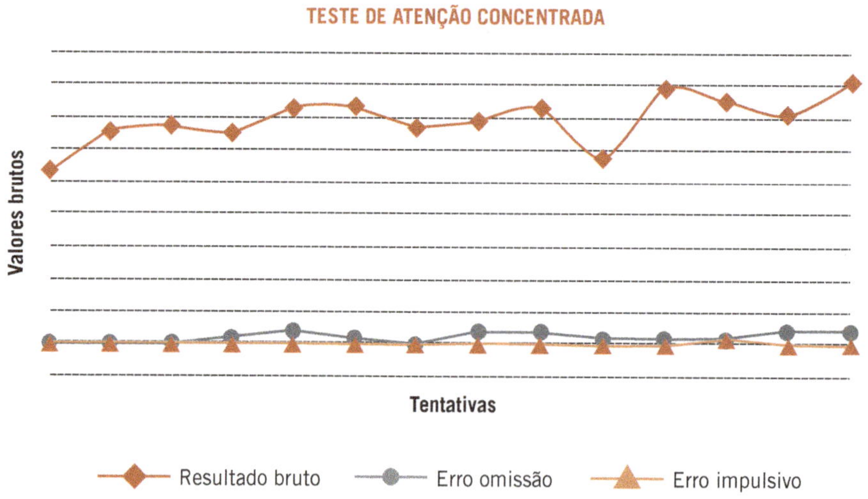

TESTE DE ATENÇÃO CONCENTRADA

FIGURA 6.1 Gráfico da curva de desempenho e erros.

REFERÊNCIAS

Boccalandro, E. R. (2003). *Teste de atenção concentrada (AC)*. (3. ed.). São Paulo: Vetor.

Brickenkamp, R. (2000). *Teste D2: atenção concentrada: manual: instruções, avaliação, interpretação*. São Paulo: Centro Editor de Testes e Pesquisa em Psicologia.

Conners, C. K., & Staff, M. H. S. (2000). *Conners' continuous performance test (CPT II) computer programs for Windows technical guide and software manual*. North Tonawanda: Multi-Health Systems.

Coutinho, G., Mattos, P., & Abreu, N. (2010). Atenção. In Malloy-Diniz, L. F., Fuentes, D., Mattos, P. & Abreu, N. (Orgs.), *Avaliação neuropsicológica* (pp. 86-93). Porto Alegre: Artmed.

D'Elias, L. F., Satz, P., Uchiyama, C. L., & White, T. (2010). *Teste de trilhas coloridas (TTC): manual profissional*. São Paulo: Casa do Psicólogo.

Fava, D. C., Kristensen, C. H., Melo, W. V. & Araujo, L. B. (2009). Construção e validação de tarefa de Stroop Emocional para avaliação de viés de atenção em mulheres com Transtorno de Ansiedade Generalizada. *Paideia, 19*(43), 159-65.

Gil, R. (2002). *Neuropsicologia* São Paulo: Santos.

Lezak, M. D., Howieson, D. B. & Loring, D.W. (2004). *Neuropsychological assessment* (4th ed.). New York: Oxford University Press.

Lima, R. F. (2005). Compreendendo os mecanismos atencionais. *Ciências & Cognição, 6*, 113-22.

Olivier, M., Perez, C. S., & Behr, S. C. F. (2011). Trabalhadores afastados por transtornos mentais e de comportamento: o retorno ao ambiente de trabalho e suas consequências na vida laboral e pessoal de alguns bancários. *Revista de Administração Contemporânea,* 15(6), 993-1015.

Robertson, I. H., Ward, T., Ridgeway, V., & Nimmo-Smith, I. (1994). *The test of everyday attention*. Bury St. Edmunds. England: Thames Valley Test Company.

Rueda, F. J. M. (2010). *Teste de atenção dividida (TEADI) e teste de atenção alternada (TEALT): manual*. São Paulo: Casa do Psicólogo.

Rueda, F. J. M., & Sisto, F. F. (2009). *Teste de atenção concentrada: TEACO-FF*. São Paulo: Casa do Psicólogo.

Strauss, E., & Sherman, E. M. S. (2006). *A compendium of neuropsychological tests: administration, norms, and commentary* (3rd ed., pp. 546-655), New York: Oxford University Press.

Suhr, J.A., & Barrash, J. (2007). Performance on standard attention, memory and psychomotor speed tasks as indicators of malingering. In Larrabee, G. J. *Assessment of malingered neuropsychological deficits*. New York: Oxford University Press.

Wechsler, D. (1997). *WAIS-III: escala de inteligência Wechsler para adultos: manual David Wechsler*. São Paulo: Casa do Psicólogo.

7

Memória

MERY CANDIDO DE OLIVEIRA
ANTONIO DE PÁDUA SERAFIM

CONCEITOS

A memória possibilita ao indivíduo remeter-se a experiências impressivas e compará-las com as atuais, projetando-se nas prospecções e nos programas futuros, do mesmo modo como aprendizados passados podem levar a novos comportamentos ou à alteração de hábitos antigos (Abreu & Mattos, 2010).

Além de atuar na adaptação social da pessoa, a memória apresenta relação estreita com outras funções cognitivas, com destaque para a atenção. Essa associação torna praticamente impossível reter qualquer informação, seja de que natureza for (visual, auditiva, etc.), sem que a atenção tenha sido envolvida na tarefa.

Memória significa aquisição, formação, conservação e evocação de informações. A aquisição também é chamada de aprendizado: só se grava aquilo que foi aprendido. O conjunto de lembranças de cada um determinará aquilo que se denomina personalidade ou forma de ser (Izquierdo, 2011). Para que ocorra o armazenamento de informações, é necessária a vivência do indivíduo, a qual se traduz em experiências perceptivas, motoras, afetivas (experiências emocionais) e cognitivas (pensamento) (Kandel, Schwartz, & Jessell, 1997).

Em seu escopo, a memória comporta processos complexos pelos quais o sujeito codifica, armazena e resgata dados. Na codificação, a informação que será armazenada poderá ser facilitada, por exemplo, pelo emprego de informações visuais, ou prejudicada, como acontece nos casos de estresse prévio, que parece piorar as memórias dependentes de contexto (Schwabe, Böhringer, & Wolf, 2009).

Para Baddeley (1999), a memória é uma aliança de sistemas que trabalham em conjunto, permitindo aprender com as experiências passadas e predizer acontecimentos futuros. O processo de memorização é composto por três fases: a de percepção, registro e fixação; a de retenção e conservação; e a de reprodução e evocação. Além disso, a capacidade de memorizar relaciona-se com o nível de consciência, da atenção e do interesse afetivo. Os processos relacionados ao aprendizado dependem intimamente da capacidade de memorizar (Dalgalarrondo, 2008).

ESTRUTURAS CEREBRAIS E MEMÓRIA

Várias regiões cerebrais participam do processo de memorização, conforme aponta a Figura 7.1.

O lobo temporal contém o neocórtex temporal, que pode ser um sítio de armazenamento da memória de longa dura-

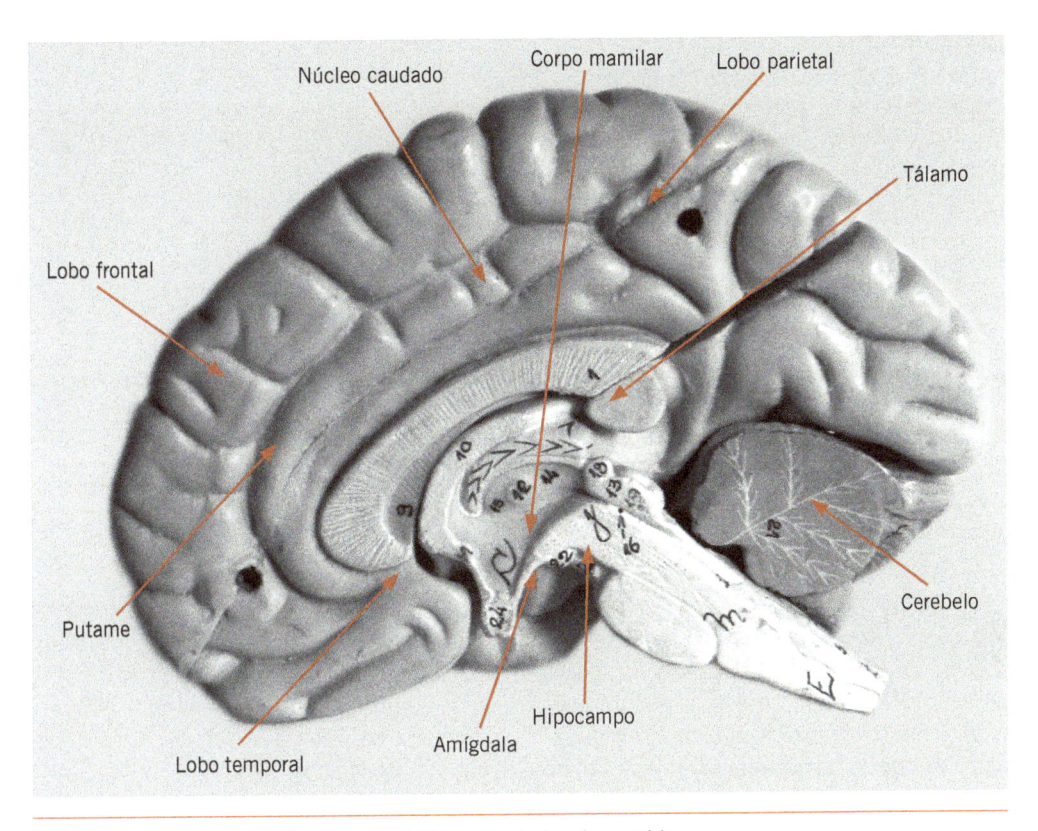

FIGURA 7.1 Esquematização das áreas cerebrais responsáveis pela memória.

ção. Em seu interior estão o hipocampo e outras estruturas fundamentais para a formação das memórias declarativas. Esse lobo processa os eventos imediatos na memória recente e remota, permite que sons e imagens sejam interpretados, armazena os eventos sob a forma de lembrança e evoca os já memorizados.

Os lobos temporais mediais são grupos de estruturas interconectadas que estão associadas com a consolidação da memória declarativa. Assim, uma lesão nessas estruturas gera uma grave amnésia anterógrada.

O hipocampo (estrutura que é encontrada em pares) localiza-se em ambos os lados do cérebro no sistema límbico e tem um importante papel na memória de longo prazo e na navegação espacial. É nessa estrutura que toda experiência se transforma em memória. Quando lesionado, o indivíduo não consegue armazenar nenhum dado, como, por exemplo, nome de pessoas ou informações. Em idosos no início de processos demenciais, como a doença de Alzheimer, é o hipocampo a primeira área a ser afetada (Heijer et al., 2010). Outras regiões (Tab. 7.1) participam no processamento da memória de reconhecimento, como os núcleos anterior e dorsomedial, o tálamo, os corpos mamilares e o hipotálamo, as quais recebem aferentes de estruturas no lobo temporal medial. Em geral, lesões nessas áreas causam a síndrome de Korsakoff.

Ressalta-se também o papel fundamental da amígdala cerebral nas memórias de eventos de alto conteúdo emocional,

TABELA 7.1
Estruturas cerebrais associadas à memória

ESTRUTURA	FUNÇÃO
Lobo parietal	Associação com memórias espaciais
Tálamo	Responsável pela direção da atenção
Núcleo caudado	Associação com memória de habilidades instintivas
Corpo mamilar	Associação com memória episódica
Lobo frontal	Participação na memória de trabalho
Putame	Associação com habilidade e procedimentos
Amígdala	Associação com memórias de eventos emocionais
Cerebelo	Associação com memórias condicionadas e eventos ligados ao fator tempo

Fonte: Com base em Baddley (1999).

seja ele aversivo ou não. Indivíduos com lesões na amígdala basolateral são incapazes de lembrar corretamente os aspectos mais emocionantes de textos ou cenas presenciadas. Em sujeitos saudáveis, essa região sofre hiperativação quando da exposição a textos e cenas emocionantes ou capazes de produzir maior grau de alerta.

TIPOS E PROCESSOS DA MEMÓRIA

Considerando o contexto estrutural, de acordo com Russo, Nichelli, Gibertoni e Cornia (1995), a memória pode ser dividida em dois tipos: a memória explícita, ou consciente, se caracteriza pela habilidade do indivíduo de recordar os detalhes de eventos passados, incluindo tempo, lugar e circunstâncias, enquanto a implícita, ou inconsciente, é a habilidade de realizar algum ato ou comportamento aprendido de forma mais ou menos automática, sem que o sujeito perceba com clareza o que está aprendendo. Podemos incluir nessa definição a modelagem de comportamento, definida como um aprendizado que se dá de forma relacional e inconsciente.

Quanto ao aspecto funcional, há basicamente dois tipos de sistemas de memória (Fig. 7.2) (Schacter, 2001):

a) conteúdo, composto pelas memórias declarativa, não declarativa e memória de trabalho (*working memory*)
b) duração, composta pelas memórias de curta e longa duração e remota

Ressalta-se, ainda, que, para entendermos o processo da memória, faz-se necessário considerar três fatores moduladores (Rotta, Ohlweiler, & Riesgo, 2006):

- *Atenção*: a atenção exerce um papel fundamental na memória. Alteração na qualidade da atenção repercutirá na qualidade do armazenamento da informação.
- *Motivação*: um indivíduo com baixo nível de motivação apresentará dificuldades com relação à atenção. Consequentemente, haverá um impacto sobre o processo de aquisição de novas infor-

```
┌─────────────────────────┐              ┌─────────────────────────┐
│ Memória de curto prazo  │              │  Memória de longo prazo │
└───────────┬─────────────┘              └────────────┬────────────┘
            ▼                                ┌────────┴────────┐
┌─────────────────────────┐                  ▼                 ▼
│      Operacional        │          ┌──────────────┐  ┌──────────────┐
└───────────┬─────────────┘          │  Declarativa │  │Não declarativa│
            ▼                        └──────┬───────┘  └──────┬───────┘
┌─────────────────────────┐                 ▼                 ▼
│   Gerencia a realidade  │          ┌──────────────┐  ┌───────────────────────────┐
└─────────────────────────┘          │ Episódica    │  │ De procedimentos          │
                                     │ (eventos)    │  │ (habilidades)             │
                                     │ Semântica    │  │ Dicas de fragmentos       │
                                     │ (fatos)      │  │ de objetos, palavras, etc.│
                                     └──────────────┘  │ Associativa               │
                                                       │ (condicionamento          │
                                                       │ clássico e operante)      │
                                                       │ Não associativa           │
                                                       │ (aprendizagem não         │
                                                       │ associativa)              │
                                                       └───────────────────────────┘
```

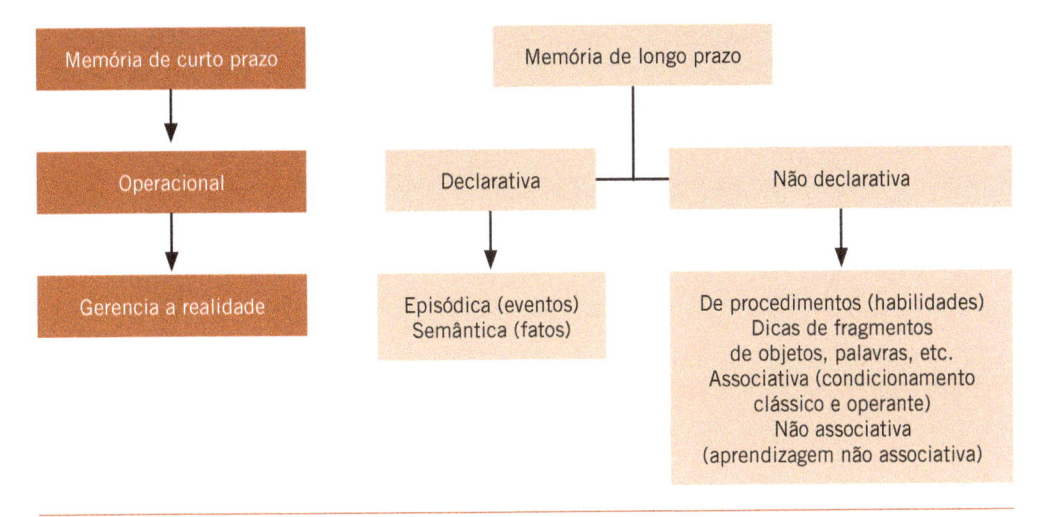

FIGURA 7.2 Esquematização dos tipos e processos de memória.
Fonte: Sternberg (2000).

mações, ou seja, não haverá a formação de registros (memórias). Assim, a motivação exerce uma influência importante sobre o aprendizado.

- *Nível de ansiedade*: a ansiedade exerce um impacto importante sobre o sistema nervoso central. Respostas elevadas de ansiedade podem gerar um efeito inibitório, levando a uma redução significativa no desempenho do cérebro em adquirir e, principalmente, consolidar novas memórias.

SISTEMAS DE MEMÓRIA

Quanto ao conteúdo

Memória declarativa

A memória declarativa está relacionada com a habilidade de armazenar e recordar fatos e eventos por meio da evocação consciente de diversos estímulos, como palavras, cenas, faces e histórias (recuperação explícita da informação). Nela, existe a participação direta do hipocampo e do lobo temporal. É composta por dois tipos:

a) **Episódica:** memórias relacionadas aos eventos, dos quais podemos ter participado ou simplesmente assistido. Essas memórias são autobiográficas.
b) **Semântica:** memórias referentes aos nossos conhecimentos gerais. Diz respeito ao registro e à retenção de conteúdos em função do significado que têm.

Memória não declarativa

Esse tipo está associado a memórias de capacidades ou habilidades motoras ou sensoriais, sendo o que chamamos popularmente de "hábitos". Essas lembranças são adquiridas de forma implícita, de certa forma automática e repetitiva e sem que a pessoa perceba com clareza que está aprendendo (p. ex., jogar bola, dirigir, amarrar os sapatos). Podem ocorrer por:

a) **Condicionamento simples:** a aprendizagem associativa simples. Configura-se como memórias adquiridas pela associação de um estímulo com outro ou com uma resposta.
b) **Pré-ativação (*priming*):** são as memórias evocadas por meio de dicas (fragmentos). Corresponde à imagem de um evento, preliminar à compreensão do que ele significa. Um objeto pode ser retido nessa memória antes que saibamos o que é, para que serve, etc.

Memória de trabalho (working memory)

A memória de trabalho pode ser considerada um armazenamento temporário de informações recentes que serão úteis para o raciocínio imediato e para a resolução de problemas, de modo que elas serão mantidas durante alguns segundos ou poucos minutos, enquanto são processadas. De maneira geral, essa memória não produz arquivos duradouros nem deixa traços bioquímicos. No entanto, ela se configura como um fator determinante para o desempenho eficiente das funções executivas; implica que as informações, para atingir um determinado objetivo, sejam conhecidas e conservadas mnesticamente; regula e limita a distribuição das fontes atencionais; e coordena a informação, controlando a capacidade das memórias visual e espacial. Além disso, participa de forma essencial na compreensão de textos e na modulação do comportamento (Carreti, Borella, Cornoldi, & De Beni, 2009).

Essa memória é sustentada pela atividade elétrica de neurônios do córtex pré-frontal, os quais interagem com outros por intermédio do córtex entorrinal e do hipocampo no momento da percepção, da aquisição ou da evocação (Gathercole & Alloway, 2007).

Quanto à duração

Memória imediata ou de curtíssimo prazo

Essa memória envolve a habilidade de reter a informação logo após sua percepção. Tem capacidade limitada e depende da concentração e da fatigabilidade.

Memória recente ou de curto prazo

Em geral, essa memória é limitada em tamanho e duração, sendo essencialmente bioquímica. Pode ser definida como a capacidade de guardar a informação durante um tempo muito curto (menos de 3 minutos) e recuperá-la durante esse intervalo. É limitada pelo campo de apreensão instantâneo de um conjunto, ou seja, o número de elementos que a mente poder reter simultaneamente, o chamado *span* mnésico, que gira em torno de sete e varia muito pouco de um indivíduo para outro.

Memória remota ou de longo prazo

A memória remota engloba a habilidade de evocação de informações e acontecimentos passados, mesmo após muitos meses ou anos. Sua capacidade é bem mais ampla. Está relacionada a áreas corticais (sobretudo frontais e temporais) e refere-se a todas as lembranças, com a ajuda da memória imediata, que se fazem ao fim de alguns minutos, indo até o período de muitos anos (Schacter, 2001).

As memórias não são adquiridas imediatamente na sua forma final. Durante os primeiros minutos ou horas após sua aquisição, são suscetíveis às interferências de outras memórias, substâncias, tratamentos ou estresse. De fato, a formação de uma memória de longo prazo envolve uma série de processos metabólicos no hipocampo e em outras estruturas cerebrais, compreendendo diversas fases e demandando de 3 a 8 horas (Izquierdo, 2011).

O PROCESSO DA MEMÓRIA

Três condições são indispensáveis para o processo de memorização, as quais são descritas a seguir.

Aquisição. Engloba a atenção e a recepção da informação. Nessa fase, há participação direta dos cinco sentidos (audição, tato, paladar, visão e olfato), os quais captarão os detalhes daquilo em que o indivíduo presta atenção e enviarão a mensagem ao cérebro, que, por sua vez, seleciona as informações, armazenando aquilo que é importante e descartando o restante. Dessa forma, a concentração é fundamental, pois o cérebro só consegue guardar aquilo em que prestamos atenção.

Consolidação. Consiste exatamente na capacidade de armazenamento da informação. Esse processo se dá no hipocampo, onde, por meio de reações químicas específicas, ocorrem mudanças que possibilitam a memorização. Ressalta-se que o excesso de informação confunde essa estrutura, impedindo o estabelecimento de associações adequadas.

Evocação da informação. Equivale à capacidade de recuperação ou resgate. Essa fase acontece quando acessamos os dados armazenados na memória. É o que chamamos de lembrança.

As informações ambientais são, de início, recebidas pelos armazenamentos sensoriais e retidas por um breve período. Algumas delas recebem mais atenção, sendo processadas no armazenamento de curto prazo e transferidas para o de longo prazo. Esse arquivo, ou estocagem, depende de como a informação é referida, havendo uma relação direta entre a quantidade de referências e a força do traço de memória armazenada. A estocagem representa um conjunto de processos que conduzem à conservação dos traços mnésicos. Já a recuperação corresponde ao estágio de resgate da lembrança e é uma fase muito elaborada, na qual os traços mnésicos são procurados ativamente, seja de modo consciente, seja de modo inconsciente.

Destaca-se que um aspecto importante para o resgate da lembrança é o contexto no qual ela se formou: o local, o ambiente geral, a presença de pessoas, a atividade do momento (contexto externo) e os estados emocionais de humor, satisfação, alerta, ansiedade, etc. modulam fortemente as memórias (contexto interno), dando origem à expressão *aprendizagem dependente do estado* (Petgher, Grassi-Oliveira, De Ávila, & Stein, 2006).

Segundo Schwabe e colaboradores (2009) e Izquierdo (2011), a exposição ao estresse prévio pode piorar as memórias dependentes de contexto, possibilitando a modulação alterada das lembranças em relação à realidade.

PRINCIPAIS ALTERAÇÕES DA MEMÓRIA

As agressões diretas ao sistema nervoso central, como traumatismo craniencefálico, tumores e degenerações, produzem alterações significativas nas funções cognitivas, inclusive na memória. Tais alterações podem ser de ordem quantitativa ou qualitativa. As de ordem quantitativa englobam:

- *Hipermnésia:* a pessoa expressa um excesso de memória, ganhando-se em quantidade e perdendo em clareza e precisão; pode estar presente em pacientes com retardo mental.

- *Hipomnésia:* caracteriza-se por uma diminuição da memória, comum após traumas, infartos, infecções ou doenças degenerativas.
- *Amnésia:* compreende a perda da memória por falha da capacidade de fixar, manter ou evocar antigos conteúdos.
- *Amnésia psicogênica:* compreende a perda de elementos mnêmicos focais com um valor psicológico específico (simbólico, afetivo). O esquecimento pode ser devido a conteúdo emocional forte e recuperado por meio de psicoterapia.
- *Amnésia orgânica:* similar à psicogênica, mas menos seletiva. Em geral, ocorre primeiro a perda primária da capacidade de fixação, e, em estados avançados, o indivíduo perde os conteúdos antigos.
- *Amnésia anterógrada e retrógrada:* na primeira, os prejuízos incluem a perda de conteúdos posteriores ao acidente; na segunda, perde-se o que estava gravado antes do trauma.
- *Amnésia lacunar:* envolve a perda da memória de eventos dentro de um intervalo de tempo, gerando uma lacuna – ou seja, lembra-se de tudo o que ocorreu antes e depois daquele período. É comum nas convulsões e na intoxicação alcoólica.
- *Amnésia irreversível:* representa uma quase total impossibilidade na recuperação de informações. Ocorre em algumas epilepsias e na doença de Alzheimer.

Já as alterações de ordem qualitativa incluem:

- *Alomnésia ou ilusão mnêmica:* pessoas que apresentam essa alteração expressam uma elevação de conteúdos falsos a um núcleo verdadeiro de memória, de modo que a lembrança adquire um caráter fictício; o fato ocorreu, mas o indivíduo distorce sua lembrança. É comum em situações de traumas emocionais, como no caso de pessoas que sofreram violência sexual na infância.
- *Paramnésia ou alucinações mnêmicas:* nesses quadros, o fato não ocorreu, mas a pessoa o relata como se tivesse realmente acontecido. Não há distorção dos fatos, mas sua criação.

Outro importante aspecto que pode interferir no desempenho da memória está relacionado com os fatores que retardam o desenvolvimento cortical em função de privação e negligência em idades precoces. Esses fatores podem afetar o papel adaptativo da modulação cortical e das respostas do sistema límbico, do mesencéfalo e do tronco cerebral para o perigo e o medo.

No que tange à memória, a modulação da aquisição e das fases iniciais da consolidação ocorre basicamente ao mesmo tempo e envolve dois aspectos (Izquierdo, 2011):

a) distinção entre as memórias com maior carga emocional e as demais, fazendo as primeiras serem mais bem gravadas
b) acréscimo, em determinadas circunstâncias, de informação neuro-hormonal ou hormonal ao conteúdo das memórias

Quando focamos nos processos mnêmicos e seus funcionamentos, sabemos que a compreensão das etapas de organização da memória permite explicar o comportamento e o julgamento social. É por meio da memória que o ser humano pode se lembrar de sua história pessoal. A representação é definida como a codificação de alguma informação que o indivíduo constrói, retém na memória, acessa e utiliza de várias formas para descrever, avaliar ou tomar decisões comportamentais.

Um esquema de acessibilidade mnêmica reforçado pela utilização frequente, em grau elevado, com fortes componentes emocionais ou com a presença de estresse poderá passar a ser acessado de forma desorganizada e involuntária. Isso possibilita a natureza do processamento dado ao estímulo, provocando distorções ou dissociações na recuperação (Garrido & Garcia-Marques, 2003).

Estudos também enfatizam que aquelas vivências desencadeadoras de transtorno de estresse pós-traumático (TEPT), com destaque para experiências de violência, podem interferir no desenvolvimento do hipocampo, confirmando danos posteriores na anatomia e na funcionalidade cognitiva, especialmente no que se refere às perturbações da memória (Mello, 2006; Peres & Nasello 2005).

Os pesquisadores brasileiros Borges, Kristensem e Dell'Aglio (2006) investigaram 20 adolescentes do sexo feminino, com ou sem TEPT, que transgrediram a lei e 22 que viviam com seus familiares, pareando-as por idade, nível socioeconômico e escolaridade. As jovens infratoras apresentaram escores mais baixos em provas de atenção visual, e aquelas que apresentavam diagnóstico de TEPT, independentemente do *status* infracional, evidenciaram prejuízos em provas de memória de curto prazo e em questionário de autorrelato.

Navalta, Polcari, Webster, Boghossian e Teicher (2008) avaliaram 26 universitárias vítimas de abuso sexual na infância com um protocolo de avaliação que incluía teste de memória por meio da *Memory Assessment Scale*. Comparadas ao grupo-controle, as vítimas do trauma por abuso em idade precoce mostraram prejuízo significativo na memória de curto prazo.

IMPLICAÇÕES FORENSES

Nas questões jurídicas imbricadas pelas disfunções da memória, duas linhas dividem e determinam a especificidade da aplicação da avaliação neuropsicológica forense. A primeira refere-se à verificação, quantitativa ou qualitativa, dos prejuízos da memória, decorrentes de fatores orgânicos, que se relacionam com a capacidade civil. A segunda linha compreende as alegações de déficits de memória, por vezes fulcro dos processos de simulação, que aparecem tanto na esfera do direito penal, quando, por exemplo, o acusado declara "não lembrar nada", como na do direito do trabalho e previdenciário, em que a queixa do possível déficit está ligada a interesses de aposentadoria ou afastamentos.

No escopo da primeira linha que motiva a avaliação neuropsicológica forense, estão inseridas com maior evidência a doença de Alzheimer e outras demências (Miguel, Moreira, & Colón, 2012). Nesse sentido, Andreasen (2001) fala dos quatro "As" demenciais relevantes aos processos de memória:

- Amnésia – redução da memória
- Agnosia – diminuição da capacidade de reconhecer objetos
- Apraxia – diminuição do conhecimento de como fazer as coisas
- Afasia – dificuldade para falar em função da perda da capacidade de recordar a palavra

No contexto civil, e incluindo não só os quadros de demências, mas também outras patologias que afetam a memória, o objetivo principal da avaliação neuropsicológica forense é responder as dúvidas do operador do direito quanto à real capacidade de o indivíduo exercer determinadas funções.

Em sua essência, o direito civil quer saber se o indivíduo realmente apresenta a capacidade de exercício (ou de fato), relativa à capacidade civil plena, qualidade conferida às pessoas naturais que têm a plena condição de exercer de modo livre, pleno e pessoal seus direitos, bem como de cumprir seus deveres, como consta nos artigos 3º e 4º (Brasil, 2002).

Art. 3º. São absolutamente incapazes de exercer pessoalmente os atos da vida civil:
I – os menores de dezesseis anos;
II – os que, por enfermidade ou deficiência mental, não tiverem o necessário discernimento para a prática desses atos;
III – os que, mesmo por causa transitória, não puderem exprimir sua vontade.

Art. 4º. São incapazes, relativamente a certos atos, ou à maneira de os exercer:
I – os maiores de dezesseis e menores de dezoito anos;
II – os ébrios habituais, os viciados em tóxicos e os que, por deficiência mental, tenham o discernimento reduzido.

Na segunda linha, Scott (2012) ressalta que não é incomum as pessoas simularem déficits cognitivos com o objetivo de obter algum ganho, sobretudo financeiro. De acordo com a literatura, os déficits de memória representam a maior incidência nas simulações psicopatológicas (García-Domingo, Negredo-López & Férnandez-Guinea, 2004).

Na esfera criminal, cerca de um terço dos réus em casos de homicídio alega amnésia com relação a seu suposto ato (Grøndahl, Vaerøy, & Dahl, 2009). Examinar a autenticidade da reivindicação é um desafio especial para os profissionais forenses, uma vez que os peritos não utilizam avaliações psicológicas de memória ou testes adequados para a detecção de uma possível simulação.

Tanto Scott (2012) como García-Domingo e colaboradores (2004) enfatizam que detectar processos de simulação não é uma tarefa fácil, exigindo do avaliador, tanto da área civil quanto da penal, formação sólida com relação ao desenvolvimento da memória, sistemas de memória e causas relativas da amnésia, bem como o desenvolvimento de diretrizes ou procedimentos padronizados. Essas estratégias visam a contribuir para avaliações mais confiáveis e válidas por peritos forenses e a aumentar a confiabilidade nos processos jurídicos.

Merece destaque, ainda, o papel da memória nos depoimentos de testemunhas, acusados e vítimas, seja em delegacias, seja em tribunais. Essa área de atuação, conhecida como psicologia do testemunho, surge com o objetivo de medir, por meio dos processos psicológicos, o grau de confiabilidade do que for dito pelos sujeitos do processo jurídico (Youngs, 2009). Durante as situações de depoimentos, a pessoa submetida ao interrogatório passa por um processo ansiogênico, o qual gera mudanças psicofisiológicas, que vão desde a ativação do sistema nervoso autônomo e a alteração das frequências cardíaca e respiratória até o aumento no nível de tensão, que pode causar redução da qualidade da função atencional e, consequentemente, distorções na qualidade da informação prestada decorrentes das repercussões no processamento da memória.

CONSIDERAÇÕES FINAIS

A capacidade de processar, reter e evocar uma informação representa um complexo funcionamento, envolvendo uma gama de estruturas cerebrais, fatores emocionais e sociais, que resulta na aprendizagem. Na vida cotidiana, em síntese, representa a capacidade de ater-se à leitura de um livro, aprender novas informações, solucionar problemas, desempenhar papéis, realizar escolhas, interagir, etc. A integridade funcional da memória deriva de um conjunto de procedimentos que permite ao indivíduo manipular e compreender o mundo, com base em seu momento atual e pautado em suas experiências próprias.

A preservação da memória se traduz na existência do ser, dando-lhe um sentido de passado, presente e futuro, ao passo que seus déficits representam mudanças estruturais e funcionais que exigem um olhar minucioso, capaz de apontar limitações sem segregar ou inutilizar. Esse é o papel da avaliação neuropsicológica forense.

REFERÊNCIAS

Abreu, N. & Matos, P. (2010). Memória. In L. Malloy-Diniz, D. Fuentes, P. Mattos, & N. Abreu. (Orgs.). *Avaliação neuropsicológica*. (1. ed., pp. 22-30). Porto Alegre: Artmed.

Andreasen, N. C. (2001). *Brave new brain: conquering mental illness in the era of the genome*. New York: Oxford University Press.

Baddeley, A. D. (1999). *Human memory: theory and practice*. UK: Psychology Press.

Borges, J. L., Kristensen, C. H., & Dell'Aglio, D. D. (2006). Neuroplasticidade e resiliência em crianças e adolescentes vítimas de maus-tratos In: *Resiliência e psicologia positiva: interfaces do risco à proteção*. (1. ed., vol. 1, pp. 259-83). São Paulo: Casa do Psicólogo.

Brasil. (2002). Lei 10.406 de 10 de janeiro. Institui o Código Civil. Recuperado de http://www.receita.fazenda.gov.br/Legislacao/leis/2002/lei10406.htm

Carreti, B., Borella, E., Cornoldi, C., & De Beni, R. (2009). Role of working memory in explaining the performance of individuals with specific reading comprehension difficulties: a meta-analysis. *Learning and Individual Differences*, 19, 246-51.

Dalgalarrondo, P. (2008). *Psicopatologia e semiologia dos transtornos mentais*. Porto Alegre: Artmed.

García-Domingo, G., Negredo-López, L., & Fernández-Guinea. S. (2004). Evaluating the simulation of memory problems within the legal and forensic fields. *Revista de Neurologia*, 38(8), 766-74.

Garrido, M. & Garcia-Marques, L. (2003). Em busca da distinção perdida: acessibilidade *versus* disponibilidade mnésicas em cognição social. *Análise Psicológica*, 3(21), 323-39.

Gathercole, S. E., & Alloway, T. P. (2007). *Understanding working memory: a classroom guide*. London: Harcourt Assessment, Procter House.

Grøndahl, P., Vaerøy, H., & Dahl, A. A. (2009). A study of amnesia in homicide cases and forensic psychiatric experts' examination of such claims. *International Journal of Law and Psychiatry*, 32(5), 281-7.

Heijer, T., Lijn, F., Koudstaall, P. J., Hofman, A., Lugt, A., Krestin G.P., ... Breteler, M. M. (2010). A 10-year follow-up of hippocampal volume on magnetic resonance imaging in early dementia and cognitive decline. *Brain*, 133, 1163-72.

Izquierdo, I. (2011). *Memória* (2. ed.). Porto Alegre: Artmed.

Kandel, E. R., Schwartz, J. H., & Jessell, T. M. (1997). *Essentials of neural science and behaviour*. New York: Appleton & Lange.

Mello, M. F. (2006). *Transtorno de estresse pós-traumático, diagnóstico e tratamento*. Barueri: Manole.

Miguel, F., Moreira, A., & Colón, M. (2012). The donating capacity of the elderly: a case report of vascular dementia. *Journal of Forensic and Legal Medicine*, 19 (7), 426-7.

Navalta, C. P., Polcari, A., Webster, D. M., Boghossian, A., & Teicher, M. H. (2008). Effects of childhood sexual abuse on neuropsychological and cognitive function in college women. *Journal of Neuropsychiatry & Clinical Neurosciences*, 18(1), 45-53.

Peres, J. F. P. & Nasello, A. G. (2005). Achados de neuroimagem em transtornos de estresse pós-traumático. *Revista de Psiquiatria Clínica*, 4(32), 189-98.

Pergher, G. K., Grassi-Oliveira, R., De Ávila, L. M., & Stein, L. M. (2006). Memória, humor e emoção. *Revista de Psiquiatria Clínica*, 28(1), 61-8.

Rotta, N. T., Ohlweiler, L., & Riesgo, R. dos S. (2006). *Transtornos da aprendizagem, abordagem neurobiológica e multidisciplinar*. Porto Alegre: Artmed.

Russo, R., Nichelli, P., Gibertoni, M., & Cornia, C. (1995). Developmental trends in implicit and explicit memory: a picture completion study. *Journal of Experimental Child Psychology*, 59, 566-78.

Schacter, D. L. (2001). *The seven sins of memory: how the mind forgets and remembers*. Boston: Hougthon Mifflin.

Schwabe, L., Böhringer, A. & Wolf, O. T. (2009). Stress disrupts context-dependent memory. *Learning & Memory*, 16(2), 110-3.

Scott, C. L. (2012). Evaluating amnesia for criminal behavior: a guide to remember. *Psychiatric Clinics of North America*, 35(4), 797-819.

Sternberg, R. J. (2000). *Psicologia cognitiva*. Porto Alegre: Artmed.

Youngs, D. (2009). Investigative psychology in the courtroom: beyond the offender profile. *Journal of Investigative Psychology and Offender Profiling*, 1(6), 1–9.

8 Pensamento

MARIA FERNANDA F. ACHÁ
VANESSA FLABOREA FAVARO

Enquanto lia estas palavras, meu sistema nervoso recebia com admirável cuidado a notícia que me trazia grande felicidade. Porém minha alma, isto é, eu mesmo, e em suma o principal interessado, ainda a ignorava. ... Uma folha de papel coberta de caracteres, o pensamento não a assimila de imediato; porém, logo que terminei a carta, pensei nela, ela tornou-se um objeto de fantasia, tornou-se, ela também, *cosa mentale*, e eu já a amava tanto que a cada cinco minutos precisava relê-la, beijá-la. (Proust, 2006, p. 387)

DEFINIÇÃO

A etimologia da palavra "pensamento" é avaliar o peso de algo. No inglês, o termo *thought* vem da ideia de considerar ou conceber na mente. A própria definição de pensamento é fluida, mudando de um autor para outro e de acordo com o momento histórico. Pertence, portanto, ao domínio da Filosofia. Descartes chamava de pensamento qualquer processo mental consciente, fosse uma emoção, um raciocínio ou uma percepção, e o caracterizava por sua essência imaterial, em oposição à matéria, cuja essência seria a ocupação do espaço. Para ele, o pensar propiciava a certeza na existência do próprio ser (*cogito, ergo sum*) e era um dado epistemológico.

No século XIX, vários autores começam a tentar diferenciar os atos mentais a fim de estudá-los. William James acredita que a consciência e o pensamento são iguais e cunha as expressões "fluxo da consciência" e "fluxo do pensamento". Ele nomeia cinco características do pensamento consciente: *subjetividade* (trata-se de uma experiência pessoal), *mudança* (varia ao longo do tempo), *continuidade* (é possível percebê-lo subjetivamente), *conteúdo* (o pensamento é sobre algo) e *atenção seletiva* (algumas partes do conteúdo são escolhidas em detrimento de outras). Contudo, cria-se uma distinção entre consciência e pensamento: o primeiro seria o estado subjetivo de lucidez, podendo ser uma percepção, um sentimento, uma imagem mental, um discurso interno, uma memória ou um ato volicional; e o segundo se restringiria a processos conscientes relacionados ao raciocínio, à formação de conceitos e ao julgamento. Jaspers (2000), Kurt Schneider (1968) e outros psicopatologistas do início do século XX criam as bases do exame do pensamento a partir da observação dos doentes e da sistematização de seus achados. Os principais aspectos do processo de pensamento que interessam a esses autores é o fluxo de pensamento direcionado a um objetivo que vem de forma natural ao indivíduo e a experiência subjetiva de tal fluxo. Uma das funções do pensamento é o julgamento, ou seja, o processo de estabelecimento de relações entre conceitos.

A neuropsicologia se estabelece no fim do século XX, desenvolvendo métodos que associam alterações em rendimentos a lesões cerebrais. Em várias funções, como na linguagem, atenção ou memória, a diferenciação dos exames neuropsicológicos é capaz de mapear com sutileza os déficits do examinando. Dessa forma, é possível um estudo da funcionalidade cerebral que demonstre a coerência biológica de uma alteração das capacidades do indivíduo. No âmbito jurídico, a neuropsicologia forense possibilita que alegações de dano na esfera criminal e civil possam se tornar mais objetivas e ser dimensionadas, permitindo que o juízo a respeito do caso se ampare em fatos.

As medidas aferidas pelos testes neuropsicológicos são fruto do resultado do pensamento e das consequências de seu funcionamento. Não é possível avaliar diretamente o pensamento por meio dos vários testes de desempenho. O interesse recai sobre a natureza da solução de problemas, os vários tipos de raciocínio (analógico, indutivo ou dedutivo), a formação da crença e a natureza da lógica, assim como a interferência da imaginação e da criatividade nesses processos. Os estudos têm sido cada vez mais complexos e rendido dados preciosos ao mostrar de modo indireto o funcionamento cerebral, abrindo espaço para a criação de várias hipóteses sobre como funcionam a mente e suas patologias.

No entanto, até agora não existe uma teoria abrangente para um assunto tão vasto, e ainda não conseguimos unir suas duas pontas – a experiência subjetiva do pensamento e suas vicissitudes e as observações cognitivas detalhadas. A tradição da psiquiatria clínica preocupa-se com os relatos dos sujeitos que apresentam patologia nesse domínio, os quais são úteis quando o neuropsicólogo forense pode reconhecê-los e identificar alterações do pensamento que podem prejudicar a fidedignidade dos resultados nos testes aplicados. No futuro, o corpo de conhecimento neuropsicológico será suficiente e coerente para ser usado na prática clínica e forense. Neste momento, é necessário voltar ao estudo dos autores em psicopatologia a fim de obter uma base que sirva para a avaliação atual do pensamento em pacientes clínicos ou forenses.

Portanto, o pensamento é uma vivência na qual o indivíduo reconhece a existência de um processo pessoal de fluxo coerente de ideias, o qual ocorre de modo natural e sem esforço e é direcionado a algum objetivo. Esse processo é claro para o sujeito, e ele mesmo mantém um relacionamento consciente, até certo ponto, com seus próprios pensamentos.

ESTRUTURA

De modo prático, é possível estudar os componentes do pensamento sem que se necessite da definição absoluta do termo. Os componentes intelectivos do pensamento são: conceitos, juízo e raciocínio.

Conceitos (do latim *concipere*; reunir). Consiste na abstração de memórias derivadas da repetição de estímulos constante associada à negação de estímulos desnecessários. É a extração da essência de vários objetos semelhantes e se forma a partir de uma generalização e abstração, fazendo a separação do fundamental e do circunstancial. O conceito mental, então, associa-se à linguagem, podendo ser compartilhado e enriquecido com outras pessoas e usado no relacionamento pessoal. Assim, os conceitos se transformam ao longo do tempo em decorrência de novas experiências, ou seja, são representações flexíveis. Têm características específicas para cada modalidade de percepção e são armazenados em áreas motoras e sensoriais distintas, dependendo de qual de suas características está sendo utilizada. Durante o processamento conceitual, existe ativação motora e sensorial. É controversa a função da ativação no lobo temporal anterior, a qual poderia servir como facilitadora da integração de diferentes aspectos do conceito para a formação de um todo coerente ou codificar um conhecimento sem uso de modalidades perceptivas ou motoras (Kiefer & Pulvermüller, 2012). Essa é a região lesionada com mais frequência em pacientes com demência semântica, com déficits gerais no uso de conceitos, independentemente da modalidade conceitual. O pensamento tem sua origem na relação dos conceitos.

Juízo. É o produto mais complexo do intelecto, que faz uso da lógica para estabelecer associações entre conceitos. É o resultado do julgamento que o indivíduo realiza a respeito da realidade objetiva. Por meio dos conceitos introjetados, do processo associativo entre eles e da capacidade cognitiva, o homem avalia os dados que lhe chegam para se posicionar no mundo. Para sua execução, são necessárias: percepção, memória, formação de conceitos e associação de ideias preservadas.

Raciocínio. O pensamento lógico conduz ao juízo, e os relacionamentos entre juízos constituem o raciocínio. Pode ser igualado ao pensar ou considerado uma forma de pensar. O raciocínio oscilaria entre os pensamentos fantasiosos, sem direcionamento determinado, as representações do mundo na forma de imagens e representações simbólicas e o raciocínio ou pensamento conceitual, no qual existe uma lógica envolvida para teorizar a respeito do mundo. Faz uso de analogias, dedução, abstração e indução. Na analogia utilizam-se soluções já encontradas para problemas semelhantes. A dedução realiza uma conexão de elementos conhecidos para se chegar a uma conclusão ainda desconhecida, em geral por silogismo. Já o raciocínio indutivo ou inferencial expande o conhecimento sobre determinado objeto a outros, semelhantes, em geral por meio de generalização. Um teste para avaliar o estado desses processos é o de analogia: a/b assim como c/d (p. ex., alto está para baixo, assim como céu está para terra). Os testes de inteligência medem de forma ampla a cognição global, sem, no entanto, avaliar alterações específicas do pensamento. Seria uma medida da potencialidade do raciocínio. A fluência fonêmica (gerar, em 1 minuto, o maior número possível de palavras que comecem com certa letra) e a fluência semântica (falar nomes de animais, p. ex., dentro de 1 minuto) medem a capacidade de gerar estratégias para a solução de um problema, a função executiva. O funcionamento executivo, também chamado de regulação cognitiva ou de sistemas de controle executivo, inclui três categorias de funções: funções inibitórias (a habilidade de suprimir uma resposta em favor de outra), memória de trabalho (a habilidade de manter ou manipular múltiplas peças de informação ao mesmo tempo) e flexibilidade cognitiva (a habilidade de ajustar a resposta ou atenção rapidamente em função de demandas cambiantes). As funções executivas mais complexas, como solução de problemas ou planejamento, são construídas em cima desses três componentes (Etkin, Gyurak, & O'hara, 2013).

O pensamento vago e desconexo da fantasia e do devaneio, em geral, não tem significação, sendo característico dos momentos de relaxamento. Já na reflexão, um pensamento se encadeia ao anterior e amplia o significado da trilha associativa, aumentando o conhecimento do indivíduo. O raciocínio permite criar e usar no ambiente novas relações entre objetos.

FUNCIONAMENTO

As imagens perceptivas e as representações fornecem substrato ao processo do pensar; novos conceitos são criados, e o fluxo de juízos liga conceitos indefinidamente. A construção do pensamento pode ser estudada de acordo com seu curso, forma e conteúdo.

O curso é o modo como o pensamento transcorre, ou seja, o encadeamento dos processos mentais ao longo do tempo. A associação dos pensamentos em certa direção é influenciada por uma tendência determinante de motivos imediatos e mais profundos, apesar de haver inúmeras possibilidades associativas. No curso, observam-se a velocidade, o ritmo e a chegada ou não a uma conclusão.

Já a forma seria a arquitetura do pensamento. Tem importância fundamental para o estudo do pensamento, pois, apesar de o conteúdo deste poder ter muita variabilidade, a forma é semelhante entre diversas pessoas e pode ser mais objetivamente estudada. Quando examinamos a forma do pensamento, estamos avaliando se ele é coerente e compreensível; qual é o tipo de associação utilizado entre as ideias – fonética ou lógica –; se os conceitos são abstratos ou concretos; e se o pensamento é mais voltado à realização de desejos ou se é embasado na realidade externa.

Por fim, o conteúdo consiste nos tópicos que preenchem o pensamento, sua substância por excelência, o assunto que o domina, ou seja, aquilo que toma a mente do entrevistado em geral.

ALTERAÇÃO DO PENSAMENTO

Quando falamos que duas pessoas apresentam alterações do pensamento, é possível que suas patologias sejam completamente diferentes; por exemplo, um pode ter delírios, outro, desagregação do pensamento.

Em primeiro lugar, é preciso pensar em outras funções mentais que prejudicam a formulação do pensamento. A predominância dos afetos sobre a reflexão consciente gera ideias sobrevalorizadas, prevalentes ou superestimadas. É aquela situação na qual o pensamento se fixa em um ponto em que há grande carga afetiva (chamada catatimia). Um exemplo de ideia sobrevalorizada ocorre na anorexia nervosa, transtorno no qual o paciente tem a convicção de estar acima do peso e passa grande parte de seu tempo tentando aumentar o gasto de energia ou diminuir a ingesta calórica, a fim de se encaixar em seu ideal de corpo. Sua ideia a respeito de sua aparência corporal é distorcida e sobrevalorizada.

Nos casos em que há alteração da consciência, o pensamento necessariamente estará alterado, porém a existência de uma perda mais primária, como o rebaixamento do nível de consciência, previne o diagnóstico de um transtorno específico do pensamento.

Alteração do curso

O pensamento pode ter seu curso acelerado (taquipsiquismo) até um ponto extremo de fuga de ideias, na qual novos pensamentos perturbam os anteriores e impedem que se observe a progressão natural entre um conceito e outro, a despeito de haver uma lógica em sua associação. Por vezes, essa associação passa a ocorrer pela fonética em vez de pela lógica, chamando-se *assonância*.

Ao contrário, no pensamento lentificado (bradipsiquismo), o processamento das ideias está lento, havendo perda da clareza do fluxo e pobreza na formação de associações. Em casos extremos, ele está inibido. Durante uma entrevista, por exemplo, o paciente pode apresentar grande demora antes de iniciar sua resposta, a chamada *latência de resposta*. Tanto no caso do pensamento acelerado como no do identificado, o afeto muda o curso do pensamento; no primeiro, por humor elevado, como no transtorno bipolar, e, no segundo, por humor depressivo.

Uma alteração valorizada no exame psíquico é o *bloqueio do pensamento*, ou seja, uma interrupção na linha associativa em que o entrevistado se encontrava. É um fenômeno que o paciente relata ao entrevistador como parada do pensamento e pode estar ou não associado com a sensação de que a ideia foi roubada de sua mente (roubo do pensamento). Alterações desse tipo costumam estar presentes na esquizofrenia. O oposto também pode ocorrer, no qual há compulsão a pensar, como se as ideias se atropelassem umas às outras na mente do indivíduo.

No *pensamento circunstancial* também existe um curso lento do pensamento, mas que não é causado pela influência afetiva, e sim por uma dificuldade intelectual em se ater ao tema da ideia central do pensamento. O paciente explora todas as possibilidades associativas antes de chegar à conclusão desejada. Ocorre, muitas vezes, em pacientes com epilepsia e com retardo mental e é um tipo de prolixidade (ver a seguir).

Alteração dos conceitos

Na desintegração dos conceitos, significado e significante não têm mais ligação como anteriormente, e o indivíduo passa a dar significados idiossincráticos às palavras. Já a condensação dos conceitos consistiria na fusão de ideias prévias que não se depreendiam da mesma palavra. Por vezes, criam-se novas palavras (alteração da linguagem: neologismo) para designar esses significados novos, os quais são pessoais e não são compartilhados socialmente. Mostra-se, assim, uma alteração dos elementos fundamentais do pensamento, vista na esquizofrenia. Por exemplo, "ateu" pode significar o ato de obedecer a Deus para um paciente com esquizofrenia, tornando-se o exato oposto do conceito compartilhado, assim como "justiça" pode se tornar um conceito hipertrofiado para alguns indivíduos epilépticos, os quais podem querer matar um colega por este ter pegado sua escova sem pedir (Bleuler, 1934). Podem também ser criados novos conceitos, inacessíveis às pessoas comuns, para designar o estado mental incomum do paciente psicótico.

Nos casos de deficiência mental, pode existir a formação de conceitos, no entanto, estes podem ser simples, pobres e concretos (pensamento deficitário). No princípio de quadros de demência, a formação de novos conceitos fica prejudicada, sendo seguida da perda dos conceitos já armazenados e do relacionamento entre eles. Esse desaparecimento se dá de forma desigual, podendo haver preservação de conceitos abstratos em algumas áreas, os quais, em certas situações, podem ser acessados, o que não aconteceria em outras (pensamento demencial).

Os pensamentos obsessivos são identificados como próprios ao paciente, porém são intrusivos e geram desconforto quando de seu aparecimento. O sujeito reconhece a falsidade de seu conteúdo, mas só consegue diminuir temporariamente a ansiedade gerada por ele.

A perseveração é a incapacidade de conclusão de uma ideia que permite mudança para outro tema. Já a prolixidade cursa com incapacidade de diferenciar o principal do acessório, tornando o discurso arrastado e repleto de termos e fatos desnecessários para a fluidez do raciocínio.

Há uma teoria da esquizofrenia a respeito do excesso de inclusão de ideias em um mesmo conceito por falha na manutenção das delimitações de cada conceito. Testes feitos com pacientes mostram que metade deles apresenta essa inabilidade, sobretudo aqueles que têm doença mais aguda (Oyebode, 2008).

Alteração dos juízos

A formação dos juízos pode ser deficiente nos casos em que o indivíduo não apresenta a bagagem cognitiva necessária para poder realizar um raciocínio menos influenciado pelo meio social e dotado de conceitos firmes. Os erros de juízo, nessas situações, são mutáveis, e não fixos, como no delírio, cedendo com o questionamento e a argumentação. Em geral, nesses casos, o juízo está prejudicado por déficit intelectual.

Uma das alterações do juízo mais importantes para a diferenciação de patologia ou normalidade é o **delírio**. Questiona-se a existência de ideias delirantes quando o sujeito forma juízo diferente do que é publicamente válido e insiste na veracidade de tal julgamento, o que gera perturbação para a vida dele ou de seus próximos. Só se pode chamar de delírios aqueles juízos falsos criados em momentos nos quais não há perturbação da inteligência ou da consciência, já que estas são condições básicas para existir o pensar.

Ao que parece, os argumentos contrários às ideias delirantes são refutados prontamente para favorecer a existência do delírio. Sempre se acreditou que isso não se devesse a déficits na lógica do raciocínio, mas a processos afetivos que interferiam no raciocínio (Bleuler, 1934). Há estudos neuropsicológicos que mostram que os pacientes tendem a chegar a conclusões apressadamente (*jumping-to-conclusions bias*), exagerar em ajustes quando confrontados com mudanças nas demandas de raciocínio probabilístico e apresentar déficits no desempenho em testes de teoria da mente (Langdom, 2010).

Os delírios mais comuns são os de perseguição, de pobreza, de ciúmes, de grandeza, de influência e de referência.

Alteração da forma

A associação de ideias pode, aos poucos, afrouxar-se, de modo que a ligação entre fatos mentais passa a ser mais leve e distante. No *descarrilhamento do pensamento*, por vezes há perda do encadeamento dos conceitos ao longo do discurso, porém é possível retomar o fluxo das associações e continuar a linha inicial.

O sujeito pode, em casos extremos, apresentar desagregação ou fragmentação do pensamento, na qual se perde a coerência da associação das ideias. Não há articulação compreensível na fala, denotando uma alteração grave do aparelho em seu pensamento. Essa característica aparece no paciente com esquizofrenia, o qual perde a sequência lógica das ideias. Nesses casos, os testes de analogia se mostram alterados: indivíduos com esquizofrenia se saem pior do que controles em todos os testes e domínios cognitivos, principalmente na atenção, na memória de trabalho e nas funções executivas, sendo as áreas mais afetadas a velocidade de processamento e a memória episódica (Schaefer, Giangrande, Weinberger, & Dickinson, 2013). Quem viria primeiro, esses déficits cognitivos ou a doença? Alguns achados tendem a estabelecer que as alterações cognitivas são anteriores ao surgimento do pródromo da psicose (Bora & Murray, 2013). Isso gerou muitas teorias psicológicas que visavam a explicar as alterações do pensamento psicótico. Como não existe uma teoria geral sobre o pensar, ainda não é possível integrar os novos conhecimentos de maneira coerente e conclusiva.

Alteração do conteúdo

O tema do pensamento pode estar alterado em decorrência da presença de delírios ou de alterações da afetividade. Em geral, o tema é o que mais angustia a pessoa:

ruminações sobre culpa para o sujeito depressivo, grandes conquistas futuras para quem tem mania e medo do que poderá acontecer para o indivíduo que apresenta delírios persecutórios.

AVALIAÇÃO NEUROPSICOLÓGICA E IMPLICAÇÕES FORENSES

Desde o primeiro contato com o paciente já é possível avaliar a estrutura de seu pensamento. A forma como o sujeito comunica suas ideias, seus objetivos e necessidades, bem como o conteúdo e o curso de seu pensamento, são características observadas no exame clínico e não necessitam de testes formais.

Em algumas situações, é possível identificar imediatamente alterações graves que impossibilitam a realização da avaliação neuropsicológica formal. Nesses casos, o paciente deve ser encaminhado para avaliação psiquiátrica, e o relatório de atendimento deverá consistir da descrição dos aspectos comportamentais observados na interação clínica.

VINHETAS CLÍNICAS

Caso 1

Ao exame, o paciente apresentou oscilação quanto à orientação alo e autopsíquica, verbalizando por vezes respostas contraditórias e sem sentido. Não foi possível avaliar as questões relacionadas à orientação temporal e espacial, pois o indivíduo não respondeu às perguntas que lhe foram feitas. Evidenciou, ainda, comportamento pueril, estereotipado, com movimentos repetitivos de autoestimulação. Da observação clínica, foram identificadas oscilação da sustentação atencional e dificuldade para manter o foco de atenção. O paciente não foi capaz de repetir informações recentes nem relatar dados pregressos de forma satisfatória. Seu discurso mostrava-se empobrecido e restrito a uma única temática.

Contudo, algumas vezes, embora o paciente demonstre alteração do pensamento, é capaz de responder e realizar as atividades propostas, facilitando a aplicação dos testes e a compreensão de seu quadro clínico. A avaliação neuropsicológica, nesse contexto, tem o objetivo de auxiliar na conduta terapêutica e indicar o melhor manejo terapêutico, tendo como base a atual condição dos desempenhos cognitivo, afetivo e emocional do paciente.

VINHETAS CLÍNICAS

Caso 2

Jovem, sexo masculino, 24 anos, internado em hospital psiquiátrico com história de crise convulsiva e surto psiquiátrico ocorrido há seis meses. Ao exame, o paciente encontrava-se agitado e com dificuldades em manter a atenção voluntária. Seu pensamento mostrava-se desorganizado, pouco elaborado e com conteúdos fantasiosos. Observou-se perseveração do conteúdo do pensamento, tendo o paciente verbalizado por repetidas vezes frases como: "Doutora, quando eu vou pra casa?" (sic) "Doutora, tenho que controlar os pensamentos, né, controlar os pensamentos" (sic). Não foi possível a aplicação de testes formais em razão do comprometimento atencional do paciente. Observou-se, durante o contato espontâneo, que, embora tenha apresentado capacidade preservada de compreensão das instruções fornecidas, demonstrava dificuldades na elaboração e construção da fala espontânea. Seu vocabulário era simples e pobre, e seus diálogos, curtos e pouco elaborados.

Neste último relato, observamos que, ainda que o sujeito tenha demonstrado dificuldades na elaboração espontânea do discurso e na realização de diversas atividades propostas, foi possível concluir a avaliação neuropsicológica e estabelecer condutas para o seguimento terapêutico.

Nesses dois primeiros casos, a avaliação neuropsicológica aconteceu no contexto clínico e não fazia parte de um processo jurídico. Qual seria, então, a diferença entre uma avaliação neuropsicológica clínica e uma perícia? A primeira é um exame complementar que tem como uma de suas finalidades o auxílio diagnóstico e o estabelecimento de condutas e metas terapêuticas futuras. Já a segunda busca correlacionar os achados neuropsicológicos com o nexo causal do processo em questão, e, para isso, o perito deve estar atento a algumas perguntas-chave que irão nortear e conduzir o raciocínio clínico do caso. Tais questões incluem: o municípiociando apresenta algum transtorno mental? Em caso positivo, qual a gravidade e o impacto desse transtorno nos diferentes contextos ambientais? O municípiociando apresenta crítica em relação a sua doença? Esse transtorno interfere no entendimento e na capacidade de se autodeterminar? E, por fim, essa condição é permanente ou transitória?

VINHETAS CLÍNICAS

Caso 3

Homem de 75 anos, com história de hiperplasia de próstata. Teve diagnóstico de pielonefrite, sendo internado em grande hospital da cidade de São Paulo. Seu filho, alegando medo de perder o pai, tomou providências e pediu para que assinasse alguns papéis que lhe passavam a administração de todos os bens da família. O idoso recuperou-se adequadamente e relata não se lembrar de ter assinado tais documentos. Nesse momento, os outros irmãos questionam a validade da ordem assinada pelo pai, alegando que ele, na época, estava confuso e não tinha plena capacidade de decisão.

Nesse caso, concluímos que o municípiociando apresentava, à época dos fatos, uma alteração do pensamento caracterizada por quadro de *delirium*, que comprometia suas capacidades de julgamento e tomada de decisão. Era, portanto, incapaz de exercer determinados atos da vida civil.

Quando as alterações do pensamento cursam com quadros clínicos demenciais, é preciso cautela na avaliação. Nesses casos, quase sempre, o que se requer é a administração de bens do municípiociando, sendo muito comum a simulação por parte do próprio sujeito e/ou a exaltação, por parte dos familiares e cuidadores, dos sinais e sintomas que o paciente apresenta, a fim de supervalorizar o quadro clínico quando lhes for conveniente.

VINHETAS CLÍNICAS

Caso 4

Homem, 86 anos, encaminhado para exame neuropsicológico por solicitação do médico psiquiatra como parte do processo de avaliação da sua capacidade civil. É graduado em Economia e em Direito e exerceu atividades laborativas como advogado e procurador do Estado. Em 2009, perdeu a visão em decorrência de um quadro de degeneração da retina ocular. Nesse mesmo período, assinou uma procuração em nome de uma das filhas para que ela pudesse administrar seus bens e realizar movimentações bancárias. Cerca de quatro meses depois, passou a apresentar alterações do comportamento e do humor, descritas pelos familiares como agitação, confusão mental, sonolência e irritabilidade. À avaliação, o paciente mostrou-se desorientado com relação a tempo e espaço, apático e desinteressado. Evidenciou sinais de torpor e cansaço. No discurso espontâneo, apresentou sinais de ecolalia. Quanto ao pensamento, foram observadas lentificação e oscilação do curso e do conteúdo (confabulação e contaminação).

Tendo em mente as perguntas-chave descritas anteriormente, fica claro que o paciente deste último caso não apresentava, no momento da avaliação, condições plenas para o exercício dos atos concernentes à vida civil. São necessários exames complementares e acompanhamento clínico para confirmar se trata de um caso de incapacidade permanente ou transitória. Contudo, por ora, pode-se afirmar que o paciente não apresenta condições de responder por nenhum dos atos da vida civil.

REFERÊNCIAS

Bleuler, E. (1934). *Textbook of psychiatry*. New York: The Macmillan Company.

Bora, E., & Murray, R. M. (2013 jun.). Meta-analysis of cognitive deficits in ultra-high risk to psychosis and first-episode psychosis: do the cognitive deficits progress over, or after, the onset of psychosis? *Schizophrenia Bulletin*, 14 p.

Etkin, A., Gyurak, A., & O'hara, R. (2013). A neurobiological approach to the cognitive deficits of psychiatric disorders. *Dialogues in Clinical Neuroscience, 15*, 419-29.

Jaspers, K. (2000). Psicopatologia geral (Pt. 1 e 2, 8. ed.). *Psicologia compreensiva, explicativa e fenomenologia*. São Paulo: Atheneu.

Kiefer, M., & Pulvermüller, F. (2012). Conceptual representations in mind and brain: theoretical developments, current evidence and future directions. *Cortex, 48*, 805-25.

Langdom, R., Ward, P. B., & Coltheart, M. (2010). Reasoning anomalies associated with delusions in schizophrenia. *Schizophrenia Bulletin, 36*(2), 321-30.

Oyebode, F. (2008). *Sims' Symptoms in the mind: an introduction to descriptive psychopathology* (4th ed.). Edinburgh: Saunders/Elsevier.

Proust, M. (2006). À sombra das moças em flor. In *Em busca do tempo perdido* (Vol. 2). São Paulo: O Globo.

Schaefer, J., Giangrande, E., Weinberger, D. R., & Dickinson, D. (2013). The global cognitive impairment in schizophrenia: consistent over decades and around the world. *Schizophrenia Research, 150*, 42-50.

Schneider, K. (1968). *Psicopatologia clínica*. São Paulo: Mestre Jou.

LEITURAS SUGERIDAS

Dalgalarrondo, P. (2000). *Psicopatologia e semiologia dos transtornos mentais*. Porto Alegre: Artmed.

Paim, I. (1993). *Curso de psicopatologia*. (11. ed). São Paulo: EPU.

9

Inteligência

NATALI MAIA MARQUES
MARIA FERNANDA F. ACHÁ
MARIANNE ABT

INTELIGÊNCIA: CONCEITO E FUNCIONAMENTO

O termo "inteligência" é utilizado em diferentes contextos, mas nem sempre com a conotação correta. Quantas vezes não utilizamos esse termo para definir uma ação, uma conquista ou um feito de uma pessoa, como, por exemplo, em "Ele é muito inteligente, foi o primeiro colocado no vestibular da USP"; "Até parece que não é inteligente"; "Por que você fez isso? Pensei que fosse inteligente o suficiente para saber que não devia fazê-lo"?

Inteligência é um conceito amplo e não envolve uma habilidade específica ou uma única área de conhecimento ou destreza. O termo, do ponto de vista do conceito psicológico, reflete uma capacidade ampla e profunda de compreender a si mesmo e ao ambiente circundante. Dessa forma, a inteligência pode ser distinguida de acordo com a habilidade ou área da cognição a que se refere, podendo-se falar, por exemplo, de inteligência verbal ou não verbal, aritmética, para abstração, criativa, etc. Portanto, ao conceituarmos uma pessoa como inteligente por ter alcançado destaque ou sucesso em determinada área, estamos dizendo que ela tem mais habilidade e destreza nesse campo de atuação. Vejamos um exemplo: um matemático que ganha diferentes prêmios por sua atuação na área apresenta inteligência para as habilidades aritméticas, e inferimos que tem boa capacidade para raciocínio analógico; contudo, não sabemos se ele tem o mesmo perfil de desempenho em tarefas que envolvem outras áreas cognitivas.

Outra questão muito peculiar quando falamos de inteligência se refere a sua "origem". Muitas pessoas se perguntam como essa capacidade se constrói, se é inata ou se é possível adquiri-la ou modificá-la ao longo do desenvolvimento humano.

As teorias sobre a inteligência são relativamente antigas. Acredita-se que foi Spencer quem primeiro introduziu o termo à psicologia e, junto a Francis Galton, elaborou os primeiros estudos psicométricos de que se tem conhecimento (Yehia, 1987). Binet e Cattel foram os pioneiros dos testes psicológicos para medi-la. Alfred Binet elaborou uma das primeiras escalas para desenvolvimento mental e, em suas teorias, defendia a ideia de que a inteligência consistiria nas capacidades de adaptar-se às circunstâncias do meio, com senso de autocrítica e julgamento, e de compreender e raciocinar (Yehia, 1987, Mäder, Thais, & Ferreira, 2004).

Charles Spearman buscou incansavelmente, em suas pesquisas, conciliar as diferentes definições de inteligência e, sobretudo, estabelecer se havia uma correlação entre as aptidões intelectuais. A teoria dos dois fatores – ou, como também é conhecida, a teoria bifatorial da inteligência – revolucionou o conceito de inteligência e, até hoje, é considerada uma das principais na área. A base desse postulado estabelece que as habilidades humanas são compostas por dois fatores de inteligência, um geral (fator *g*) e um específico (fator *e*), sendo que a implicação de cada um nas diferentes habilidades cognitivas estaria relacionada à demanda das atividades em questão (habilidades específicas vs. habilidade geral). O fator *g* relaciona-se com as operações de natureza dedutiva; é responsável pelas habilidades necessárias à sobrevivência humana e foi definido por Spearman como a "energia mental" subjacente e indispensável a todas as operações psíquicas. Por sua vez, o fator *e* está relacionado à natureza específica de cada habilidade, variando de acordo com o indivíduo e também em um mesmo sujeito, ou seja, uma pessoa pode ter melhor desempenho em atividades que envolvam habilidades manuais e não apresentar bons resultados em tarefas de ordem verbal.

Segundo Schelini (2006), Raymond Cattell constatou a existência de dois fatores gerais. Alguns anos depois, John Horn confirmou esse achado, e os fatores gerais passaram a ser subdivididos em inteligência "fluida" e "cristalizada". A inteligência fluida (*Gf – fluid intelligence*) está associada a componentes não verbais, pouco dependentes de conhecimentos previamente adquiridos e da influência de aspectos culturais. As operações mentais que as pessoas utilizam ante uma tarefa relativamente nova e que não podem ser executadas automaticamente representam *Gf*. Além disso, a inteligência fluida é mais determinada pelos aspectos biológicos (genéticos), estando, consequentemente, pouco relacionada aos aspectos culturais. Nesse sentido, as alterações orgânicas (como lesões cerebrais ou problemas decorrentes da má nutrição) influenciam mais a inteligência fluida do que a cristalizada. A capacidade fluida opera em tarefas que exigem: a formação e o reconhecimento de conceitos, a identificação de relações complexas, a compreensão de implicações e a realização de inferências. A carga fatorial de *Gf* sobre *g* poderia demonstrar uma unidade, o que implica entender o fator *g* como equivalente a *Gf*.

Já a inteligência cristalizada (*Gc – crystallized intelligence*) representa tipos de capacidades exigidos na solução da maioria dos complexos problemas cotidianos, sendo conhecida como "inteligência social" ou "senso comum". Ela seria desenvolvida a partir de experiências culturais e educacionais, estando presente na maioria das atividades escolares. Daí decorre o fato de as capacidades cristalizadas serem demonstradas, por exemplo, em tarefas de reconhecimento do significado das palavras. Provavelmente por estar relacionada às experiências culturais, a *Gc* tende a evoluir com o aumento da idade, ao contrário da *Gf*, que parece declinar após os 21 anos, devido à gradual degeneração das estruturas fisiológicas.

Embora alguns autores defendam a ideia de que, em parte, a inteligência também é influenciada e constituída por herança genética, hoje sabemos que o construto apoiado na teoria de Piaget apresenta melhores respaldos e veracidade. Para esse autor, a construção da inteligência ocorre ao longo de todo o desenvolvimento do homem e se estende para além do processo de adição de habilidades cognitivas, ou seja, a inteligência não é um processo puramente inato, tampouco um processo que ocorre apenas pelo aprendizado quando adulto. Seu desenvolvimento pode acontecer tanto pelo processo de substituição de esquemas cognitivos antigos como pela aquisição e integração de novos. Piaget postulou, ainda, que a inteligência, além de um processo de desenvolvimento progressivo, seria também um processo hierárquico dividido em quatro estágios (sensório-motor, pré-operatório, operacional concreto e operacional formal), cada um representando uma maneira específica da organização cognitiva. Os estágios sucedem um ao outro na complexidade e representam a necessidade de adaptação biológica do indivíduo nos ambientes interno e externo.

Nos anos de 1990, o conceito de inteligência emocional ganhou força e prestígio. Contudo, suas primeiras denominações são de longa data e referiam-se à importância da emoção para a sobrevivência, adaptação, compreensão e motivação na interação social. O termo se relaciona com o

> ... monitoramento dos sentimentos e emoções em si mesmo e nos outros, na discriminação entre ambos e na utilização dessa informação para guiar o pensamento e as ações (Salovey & Mayer, 1990, p. 189).

Os processos relacionados à inteligência emocional passam a ser utilizados quando uma informação carregada de afeto entra no sistema perceptual. Eles envolvem os seguintes componentes:

a) avaliação e expressão das emoções em si e nos outros
b) regulação da emoção em si e nos outros
c) utilização da emoção para adaptação

AVALIAÇÃO DA INTELIGÊNCIA

Ainda hoje, o método mais utilizado para medir o nível intelectual é o psicométrico. Esse procedimento consiste em determinar o coeficiente intelectual e a capacidade mental do sujeito, avaliada em anos. Os testes psicométricos baseiam-se na teoria da medida, utilizando-se de números para descrever os fenômenos psicológicos e fazendo uso obrigatório da estatística, e sendo padronizados em suas tarefas e interpretação. Existem diversos instrumentos que realizam essa medida, entre os quais destacamos:

- Escala de Inteligência Wechsler para Adultos (WAIS): publicada originalmente em 1955, foi desenvolvida como resultado da revisão, extensão e padronização da Forma I da Wechsler-Bellueeve Scale, ou W-B (1939), tendo-a substituído como instrumento para medida de inteligência de sujeitos acima de 16 anos. Em 1981, foi publicada sua versão revisada, a WAIS-R, padronizada para adultos de 16 a 74 anos. Em 1997, foi concluído, nos Estados Unidos, um extenso trabalho de revisão e renormatização da WAIS-R, resultando na terceira edição dessa escala (Wechsler, 1997). A WAIS-III representa uma continuidade da WAIS-R, porém com aperfeiçoamentos substanciais, e compreende dois módulos: verbal e de execução. A escala verbal (QI V) inclui os subtestes Vocabulário, Informação, Compreensão, Aritmética, Semelhanças, Dígitos e Sequência de Números e Letras. A escala de execução (QI E) abrange os subtestes Completar Figuras, Cubos, Arranjo de Figuras, Armar Objetos, Código, Raciocínio Matricial e Procurar Símbolos. Também foram introduzidos os Índices Compreensão Verbal (ICV), Organização Perceptual (IOP), Memória de Trabalho (IMT) e Velocidade de Processamento (IVP) como medidas mais puras das habilidades cognitivas anteriormente agrupadas em QI V e QI E. Os subtestes avaliam diferentes aspectos do funcionamento intelectual e, nesse sentido, podem ser considerados uma bateria, em que os resultados globais são convertidos para obtenção do quociente de inteligência total (QI T). É significativo ressaltar a possibilidade de aplicar alguns subtestes, conforme a demanda específica, sem a obrigatoriedade de utilizar a bateria completa, caso a mensuração do QI não seja solicitada. Nessa situação, realiza-se uma análise qualitativa ou mesmo abreviada da escala. De aplicação individual, o WAIS demanda aproximadamente quatro horas para ser completado, podendo ser fracionado para evitar fadiga do examinando. Cada subteste tem um critério específico de execução, e a questão de cronometrar ou não o tempo para cada atividade varia. Largamente utilizado nos contextos clínico e forense, seus parâmetros psicométricos foram validados, normatizados e adaptados para aplicação à população brasileira.

- Escala Geral das Matrizes Progressivas: é um teste de múltipla escolha, em que o sujeito precisa encontrar o padrão lógico entre as figuras que lhe são apresentadas. Não é fornecida informação sobre a relação entre as imagens e o método sistemático ou raciocínio para estabelecê-la. Por não utilizar palavras (linguagem verbal), o Teste das Matrizes Progressivas pode ser considerado um instrumento de acesso à capacidade cognitiva de resolução de problemas compostos por símbolos não verbais (raciocínio não verbal). Além da primeira Escala Geral, em 1947, foram criadas duas outras, derivadas dela: as "Matrizes Progressivas Coloridas" e as "Matrizes Progressivas – Escala Avançada". A primeira é indicada para crianças e idosos, estudos antropológicos e trabalho clínico, e a segunda destina-se a maiores de 11 anos com inteligência média ou superior (Pasquali, 2001).

- Teste Não Verbal de Inteligência Geral BETA III: Subtestes Raciocínio Matricial e Códigos, também conhecido como *Revised Beta Examination* (BETA-III). Esse instrumento tem como objetivo avaliar a velocidade de processamento e a capacidade para resolver novos problemas, estabelecer ideias entre diferentes informações e induzir conceitos abstratos. O BETA-III pode ser aplicado em adolescentes e adultos nos âmbitos forense, educacional e organizacional, bem como em contextos relacionados com o trânsito e quaisquer outros em que a avaliação da inteligência seja necessária (Rabelo, Pacanaro, Leme, Ambiel, & Alves, 2011).

- *Multifactor Emotional Intelligence Scale* (MEIS): utilizada para avaliação da inteligência emocional, é composta por 12 tarefas que visam a investigar quatro aspectos da inteligência emocional, a saber: identificação, utilização, compreensão e gerenciamento das emoções.

No contexto da perícia psicológica, a avaliação neuropsicológica tem como meta não apenas realizar o diagnóstico clínico, mas, especificamente, auxiliar os profissionais da área do direito a tomar decisões que envolvam processos legais (Schlindwein-Zanini, 2010).

IMPLICAÇÕES FORENSES

Conforme já exposto, o entendimento de inteligência envolve o ambiente; portanto, a cultura influencia as implicações forenses de modo direto. Um dos mais importantes debates atuais acerca do que podemos aprender e descobrir sobre a condição humana está relacionado aos fenômenos ligados a evolução de inteligência, sociabilidade e linguagem, os quais podem ser classificados como aspectos não físicos da evolução. Em sua direção convergem as mais variadas disciplinas, como etologia cognitiva e psicologia evolucionista, e algumas das mais importantes discussões contemporâneas.

Um dos aspectos centrais dessas contendas está no reconhecimento da existência de várias espécies animais que têm o chamado "cérebro social" (Dunbar, 2003). Isso está associado ao entendimento de que à vida em grupo são necessárias certas habilidades cognitivas (capacidades de reconhecimento, cooperação, interação e comunicação; aprendizado de padrões de comportamento adequados ao grupo; inteligência; etc.). A espécie humana apresenta o "cérebro social" mais desenvolvido, ou seja, os humanos têm o maior neocórtex em relação ao tamanho do encéfalo e, por essa razão, desenvolveram sua inteligência. Em suma, para Dunbar, nossa inteligência foi fruto de uma adaptação evolutiva aos desafios da vida em grupo.

Assim, uma causa fundamental da mudança evolutiva é "a construção de nicho", pela qual os organismos modificam estados do ambiente e, consequentemente, as pressões de seleção, agindo como co-diretores de sua própria evolução e da de outras espécies. Os cientistas sociais não costumam descrever o comportamento do homem como sendo determinado de todo por genes naturalmente selecionados e demonstram como os humanos são agentes ativos e construtivos, em vez de receptores passivos de seleção. Para estar alinhada com esse ponto de vista, a biologia evolutiva deve reconhecer de modo explícito as mudanças que a humanidade traz em seu mundo para ser condutora de eventos evolutivos (Pinker, 2010).

Dentro da perspectiva jurídica, é fundamental entender a capacidade de apreensão intelectual das coisas, ou seja, a consciência que o indivíduo tem daquilo que é certo ou errado. Sua compreensão de determinado fato abarca diferentes áreas do funcionamento psíquico, entre elas a inteligência. Assim, a quantificação da eficiência intelectual do sujeito, realizada por meio de testagem neuropsicológica, pode auxiliar e fornecer subsídios em esclarecimentos de casos de capacidade civil e penal.

No Brasil, o Código Penal de 1830 referia, em seu artigo 2º, que eram "irresponsáveis os loucos que não tiverem intervalos lúcidos". Mais tarde, o Código Penal de 1890 referia, em seu artigo 27, que não eram criminosos os que, "por imbecilidade nativa ou enfraquecimento senil", fossem "absolutamente incapazes de imputação" e os que se achassem "em estado de completa privação de sentidos e de inteligência no ato de cometer o crime" (Brasil, 1998).

Hoje, a legislação brasileira sobre inimputabilidade diz o seguinte:

> Art. 26 – É isento de pena o agente que, por doença mental ou desenvolvimento mental incompleto ou retardado, era, ao tempo da ação ou da omissão, inteiramente incapaz de entender o caráter criminoso do fato ou de determinar-se de acordo com esse entendimento. Parágrafo único – A pena pode ser reduzida de um a dois terços, se o agente, em virtude de perturbação da saúde mental ou por desenvolvimento mental incompleto ou retardado, não era inteiramente capaz de entender o caráter ilícito do fato ou de determinar-se de acordo com esse entendimento (Brasil, 1984).

A quantificação da capacidade intelectual do indivíduo em um contexto forense é de suma importância para que o classifiquemos como imputável, semi-imputável ou inimputável, sobretudo em quadros de transtornos mentais.

VINHETAS CLÍNICAS

Caso 1

Homem, 34 anos, vítima de traumatismo craniencefálico no parto decorrente do uso de fórceps. Apresentou atraso na aquisição motora e na linguagem: não aprendeu a ler nem a escrever, mas reconhece letras e assina seu nome. Ao exame, mostrou-se cooperativo, disposto e orientado no tempo e espaço. Os resultados da avaliação da maturidade mental indicaram a faixa esperada para uma criança de 8,5 anos. Além disso, mostraram que o paciente consegue estabelecer relações entre pares, é capaz de realizar determinadas atividades apenas sob treino e supervisão e apresenta crítica e julgamento social de acordo com sua maturidade mental. Do ponto de vista da neuropsicologia forense, o sujeito apresenta retardo mental moderado, sendo apenas parcialmente capaz de entender suas circunstâncias e de autodirecionar seu comportamento.

Caso 2

Paciente do sexo feminino, 18 anos. À época da avaliação, encontrava-se em cumprimento de medida socioeducativa em decorrência de atos infracionais tipificados no Código Penal brasileiro como homicídio. Ao exame, apresentou-se orientada no tempo e espaço. Demonstrou bom desempenho para a memória de evocação e de fixação, juízo de realidade preservado, sem evidências de delírios, com boa capacidade de crítica sobre si e seu entorno. Os resultados da escala de avaliação da inteligência indicaram faixa média superior para sua idade (QI T = 117). A avaliação da personalidade apontou capacidade reduzida de estabelecer contato social, controle dos impulsos baixo e tendência a manifestar suas emoções de acordo com o meio; nas relações interpessoais, não consegue nível de abstração suficiente para que se proceda à empatia de forma adequada. A análise dos resultados revela uma personalidade caracterizada por alterações significativas no espectro constitucional. Essas características, no contexto das intervenções, sofrem pouquíssimas mudanças. Sabe-se, também, que indivíduos com tais traços necessitam de reguladores externos para que inibam a expressão de comportamentos antissociais.

Em casos como o recém-descrito, em que o paciente sofre de transtorno da personalidade antissocial, existem limitações no campo das emoções, sendo a avaliação da inteligência de suma importância para descartar hipóteses de comprometimento cognitivo ou intelectual que agravem o quadro clínico.

CONSIDERAÇÕES FINAIS

A avaliação intelectual no contexto forense é de extrema importância para estabelecer se existe ou não comprometimento cognitivo/intelectual e como ele afeta o convívio do sujeito em sociedade. A inteligência é um construto amplo e envolve, além das habilidades cognitivas, a capacidade de estabelecer relações e interagir com o meio externo. Assim, um dos pontos cruciais para o debate da capacidade civil é o fato de que cada indivíduo apresenta habilidades e aptidões únicas, não podendo a inteligência ser baseada apenas em um fator ou uma habilidade específicos.

Destacamos, ainda, a relevância da avaliação de inteligência emocional, sendo de suma importância a realização de mais estudos sobre esse assunto no contexto forense, pois, conforme apontamos, tal aspecto encontra-se prejudicado, sobretudo no transtorno da personalidade antissocial. Assim, poder diferenciar e/ou caracterizar os aspectos intelectuais e emocionais é fundamental para fornecer, também, auxílio jurídico.

REFERÊNCIAS

Brasil. (1984). Lei 7.209 de 11 de julho. Altera dispositivos do Decreto-Lei n. 2.848, de 7 de dezembro de 1940 – Código Penal, e dá outras providências. Recuperado de http://www.planalto.gov.br/ccivil_03/leis/1980-1988/l7209.htm.

Brasil. (1998). *Código de Processo Penal*. (3. ed.). São Paulo: Revista dos Tribunais.

Dunbar, R. I. M. (2003). The social brain: mind, language, and society in evolutionary perspective. *Annual Review of Anthropology*, *32*, 163-81.

Mäder, M. J., Thais, M. E. R. de O., & Ferreira, M. G. R. (2004). Inteligência: um conceito amplo. In V. M. Andrade, F. H. Santos, & O. F. Bueno, *Neuropsicologia hoje*. São Paulo: Artes Médicas.

Pasquali, L. (Org.). (2001). *Técnicas de exame psicológico: T.E.P. manual* (Vol.1: Fundamentos das técnicas psicológicas). São Paulo: Casa do Psicólogo; Conselho Federal de Psicologia.

Pinker, S. (2010). The cognitive niche: coevolution of intelligence, sociality, and language. *Proceedings of the National Academy of Sciences*, *107*, 8893-9.

Rabelo, I. S., Pacanaro, S. V., Leme, I. F. A. S., Ambiel, R. A. M. & Alves, G. A. S. (2011). Teste não verbal de inteligência geral BETA III: subtestes raciocínio matricial e códigos. São Paulo: Casa do Psicólogo.

Salovey, P. & Mayer, J. D. (1990). Emotional intelligence. *Imagination, Cognition and Personality*, *9*, 185-211.

Schelini, W. P. (2006). Teoria das inteligências fluída e cristalizada: início e evolução. *Estudo de Psicologia (Natal)*, *11*, 323-32.

Schlindwein-Zanini, R. (2010). Avaliação neuropsicológica de adultos. In L. F. Malloy-Diniz, D. Fuentes, P. Mattos, N. Abreu. *Avaliação neuropsicológica*. Porto Alegre: Artmed.

Wechsler, D. (1997). *Wechsler adult intelligence scale III: techinical manual*. San Antonio: The Psychological Corporation.

Yehia, G.Y. (1987). A natureza e o conceito de inteligência. In C. R. Rappaport, *Avaliação da inteligência*. São Paulo: EPU.

10

Linguagem

FABIANA SAFFI
MARIA INÊS FALCÃO

A avaliação neuropsicológica caracteriza-se pela investigação do funcionamento cognitivo e de sua relação com o comportamento humano, abrangendo as áreas da linguagem, atenção, funções executivas, praxia construtiva, memória, entre outras. Considera dados demográficos, como idade e gênero, e aspectos biológicos, psicossociais e de desenvolvimento, permitindo a compreensão do funcionamento neuropsicológico global do sujeito (Lezak, 1999); ou seja, para se compreender a cognição do indivíduo, é necessário considerar sua história e como ele se relaciona com o meio (Chaves, 2013).

DEFINIÇÃO

Segundo o neuropsicólogo soviético Alexander Romanovich Luria (Luria, 1981), a linguagem é uma função psicológica bastante complexa que incorpora diversos elementos, sendo uma "forma especial de comunicação social", um "instrumento para a atividade intelectual" e um "método para regular ou organizar processos mentais humanos". O autor ainda enfatiza que a linguagem torna o homem capaz de analisar e generalizar informações recebidas para tomar decisões e efetuar conclusões, o que a torna um "... método para regular o comportamento e para fixar o curso de processos mentais" (p. 269-70).

Para Luria, a linguagem receptiva e expressiva caracteriza-se pela atividade consciente e de grande interação com o ambiente, além de ser influenciada pelos processos histórico, social e cultural (Bastos & Alves, 2013).

A linguagem é um processo que envolve a comunicação de várias áreas cerebrais. O desenvolvimento do cérebro caracteriza-se pela plasticidade neuronal, a qual é responsável pela capacidade de reorganização dos sistemas de conexões sinápticas para adequar o crescimento do organismo às novas capacidades intelectuais e comportamentais. Em comparação ao cérebro adulto, essas conexões ocorrem com maior rapidez entre o nascimento e os 6 anos (Guerreiro, 2013), período que é marcado por um grande desenvolvimento e maturação cerebral. No processo de envelhecimento normal, a sintaxe e o vocabulário se encontram estáveis, variando de acordo com o grau de instrução; a compreensão pode ser ligeiramente comprometida no tocante à compreensão de mensagens mais complexas; o discurso pode ser impreciso e repetitivo; e a fluência e a nomeação sofrem leve prejuízo, pois ocorrem lapsos ocasionais em encontrar palavras (Vieira, 2012).

Podemos entender a linguagem como a capacidade humana de compreender e utilizar um sistema dinâmico e complexo de símbolos convencionados, em modalidades diversas, para pensar e comunicar (Vieira, 2012). É, portanto, uma das funções humanas mais complexas, sendo objeto de estudo desde os primórdios da neuropsicologia e servindo de intermediária para avaliação de funções cognitivas pela via verbal (Pagliarin, 2013).

ESTRUTURA

Vygotsky (1896-1934) e Luria (1902-1977) foram os pioneiros no estudo da linguagem considerada como um processo mental superior. Os trabalhos anatômicos de Broca (1824-1880) sobre a localização da produção da linguagem e de Wernicke (1848-1905) acerca da área da compreensão linguística contribuíram para a definição posterior de Luria sobre os processos cognitivos superiores, caracterizando uma complexa organização funcional do cérebro (Bastos & Alves, 2013).

Quanto à lateralização da linguagem, historicamente, o hemisfério esquerdo foi considerado dominante para a maioria da população destra. Lesões nesse hemisfério promovem déficits articulatórios, agramatismos, anomias, dificuldades compreensivas, discalculia, apraxias e prejuízos sintáticos ou lexicais. Assim, a avaliação neuropsicológica deve investigar a compreensão e a expressão, tanto oral como escrita, além de examinar a forma, o conteúdo e o uso da linguagem, seja com relação à palavra em si, seja com relação à sentença e ao discurso.

Estudos apontam, porém, que o hemisfério direito também participa desse processo e é fundamental para a comunicação, principalmente no discurso, na prosódia pragmática e no processamento léxico-semântico (Pagliarin, Oliveira, Silva, Calvanette, & Fonseca, 2013). Dessa forma, podemos dizer que se costuma relacionar ao hemisfério esquerdo os aspectos linguísticos de ordem formal, como os fonológicos, morfológicos, sintáticos e semânticos, ao passo que ao direito atribuímos fatores funcionais, como pragmatismo, prosódia, demandas inferenciais, ou seja, a contextualização da linguagem. De qualquer modo, tais funções lateralizadas agem em tarefas análogas, como discurso, processamento léxico-semântico, repetição de verbos, compreensão e processamento da linguagem, configurando uma complementaridade inter-hemisférica (Pagliarin, 2013).

A estrutura cerebral do complexo processo de linguagem pode ser visualizada na Figura 10.1.

A especialização hemisférica de determinadas funções está bastante demonstrada, mas não deve ser entendida em termos absolutos, ainda que, na maioria das pessoas, as capacidades de linguagem dependam primariamente do hemisfério esquerdo, ao passo que as habilidades não verbais e visuoespaciais, a percepção da música e a expressão de emoções se relacionam sobretudo à atividade do hemisfério direito (Oliveira, 2013).

Segundo Pagliarin (2013), a construção da representação mental de um texto requer a participação de ambos os lados do cérebro, que compartilham e integram informações. A autora menciona que tarefas de compreensão metafórica ativam áreas do hemisfério direito homólogas às áreas de Broca e Wernicke em sujeitos sem lesão cerebral, enquanto o julgamento sobre morais de fábulas e a comparação com julgamentos sobre o significado literal de uma história estão relacionados a ativações em regiões frontais e temporais do hemisfério direito.

FUNCIONAMENTO

As neurociências contribuíram muito para a compreensão do processamento da linguagem, uma vez que estudam a percepção e o reconhecimento da linguagem falada, a representação e o processamento das palavras e o discurso. Muitos trabalhos buscam demonstrar a complexidade da percepção da fala como algo que ouvimos, vemos e sentimos.

Na concepção de Luria (1981), o cérebro é um sistema dinâmico, e, portanto, a linguagem não está estruturada em locais anatômicos específicos, mas sofre modificações ao longo da vida e de acordo com o ambiente. Assim, é uma atividade consciente humana constituída por sistemas funcionais complexos e diferenciados.

De acordo com Vygotsky, a abstração mental é um plano semiótico consolidado do pensamento representativo de natureza simbólica da linguagem. Por esse motivo, podemos dizer que as funções cognitivas superiores, que envolvem processos como a linguagem, o pensamento e o comportamento emocional, são influenciadas pelo meio social e pelo ambiente cultural, sendo importantes para a aprendizagem (Bastos & Alves, 2013).

Linguagem e cognição são amplamente influenciadas por gênero, nível socioeconômico, idade, escolaridade e outros aspectos socioculturais, bem como por quadros neurológicos de base. Quanto ao gênero, embora o desenvolvimento da linguagem seja mais rápido em mulheres e as dificuldades linguísticas sejam mais frequentes em homens, de acordo com Shriberg e colaboradores (1986 citado por Pagliarin, 2013), não há diferença significativa no rendimento em testes que avaliam essa função. Entretanto, no envelhecimento masculino, há diminuição da linguagem espontânea, ao passo que a produção desta permanece preservada no sexo feminino.

O desempenho em tarefas de linguagem sofre influência direta da escolaridade, sendo necessária a normatização dos testes para esse critério, notadamente no Brasil, em função de sua ampla variedade sociocultural, o que repercute em diferentes níveis de aquisição e recrutamento das habilidades de linguagem. Pacientes com al-

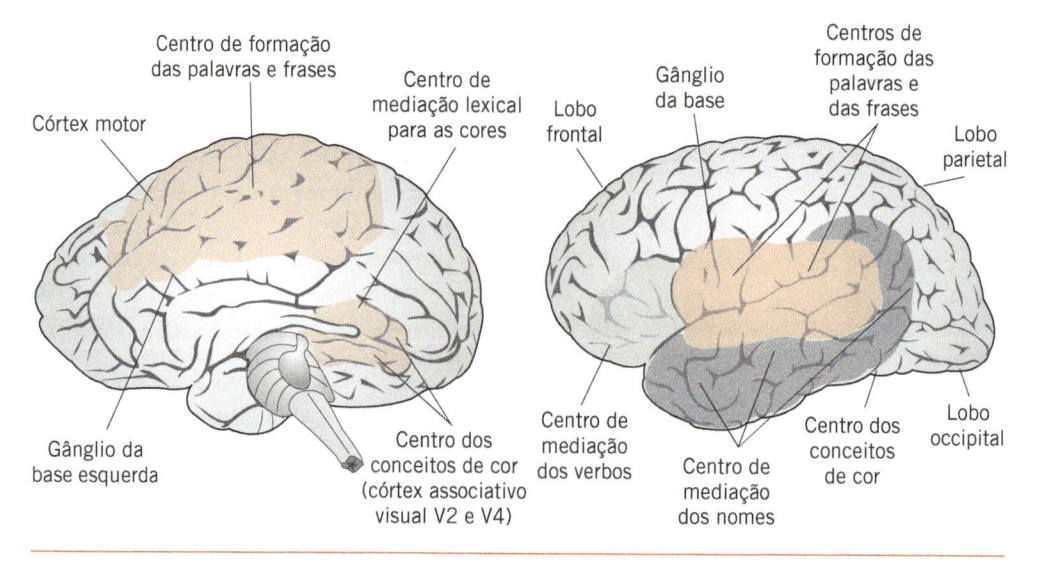

FIGURA 10.1 Estruturas cerebrais envolvidas na linguagem.

to grau de escolarização podem apresentar melhor desempenho na avaliação neuropsicológica quando comparados a sujeitos sem comprometimento neurológico, mas com baixo nível de escolaridade. O nível educacional e o hábito da leitura parecem mais significativos no desempenho linguístico do que a faixa etária ou mesmo a escolarização formal.

ALTERAÇÕES

Transtornos específicos da linguagem

De acordo com Coelho, Albuquerque e Simões (2013), transtorno específico da linguagem é uma alteração de linguagem primária sem perda auditiva caracterizada por alteração no desenvolvimento motor da fala, perturbações globais do desenvolvimento, alterações sensoriais e lesões neurológicas adquiridas que impedem o desenvolvimento adequado da linguagem.

Crianças com essa condição, quando comparadas a um grupo-controle, apresentam alterações em fluência verbal semântica, atenção seletiva e sustentada, funções executivas e visuoperceptivas, memória visual, memória para histórias e velocidade de processamento.

Déficits de nomeação

A nomeação é uma das atividades mais importantes no processamento da linguagem, pois envolve recuperação de informações fonológicas e semânticas, que são organizadas em um sistema de memória e acessadas em função das particularidades de um estímulo. A nomeação por confrontação visual se dá por meio da identificação visual do objeto, a qual ativa a representação de sua estrutura; em seguida, o sujeito acessa sua representação semântica, o que permite o reconhecimento do objeto; por fim, ocorre a lexicalização, ou seja, a ativação da representação fonológica, o que permite a evocação da figura e sua posterior nomeação (Spezzano, Mansur, & Radanovic, 2013).

Assim como outras habilidades de linguagem, a escolaridade influencia o desenvolvimento da capacidade de nomeação. Por esse motivo, devem-se considerar o nível e as condições de escolarização, tão díspares em uma sociedade como a brasileira. Ademais, também vemos que muitos anos de escolaridade possibilitam maior desenvolvimento do léxico e, assim, facilitam a capacidade de nomeação (Ishigaki, Iobrigate, Fonseca, Parente, & Ortiz, 2013; Spezzano, Mansur, & Radanovic, 2013). Torna-se necessária, pois, a padronização de testes específicos para o português brasileiro, de modo a se avaliar com mais coerência esse aspecto da linguagem.

No envelhecimento normal, embora a capacidade semântica se mantenha, de alguma forma, inalterada, a habilidade de nomeação espontânea sofre declínio decorrente do enrijecimento no processamento das informações e de falhas no acesso fonológico, não estando diretamente relacionada ao vocabulário (Vieira, 2012).

Dislexia

De acordo com a The International Dyslexia Association (c1996-2007), essa condição reflete uma dificuldade de aprendizagem de origem neurológica:

> [A dislexia é] caracterizada pela dificuldade no reconhecimento preciso e/ou fluente da palavra e por dificuldade nas habilidades de decodificação e soletração. Essas dificuldades normalmente resultam de um déficit no componente fonológico da linguagem, muitas vezes inesperado

em relação a outras habilidades cognitivas e à provisão de instrução escolar efetiva. Consequências secundárias podem incluir problemas na compreensão da leitura e experiência de leitura reduzida, o que pode impedir o incremento do vocabulário e a experiência do conhecimento. (Tradução nossa)

Só no Brasil, segundo pesquisas, há 15 milhões de indivíduos que apresentam algum tipo de dislexia; em outros países, cerca de 15 a 20% das pessoas têm deficiências de leitura ou escrita (Harris, 2000 citado por Batista, 2012). No processo cerebral de leitura sujeitos disléxicos, somente a área cerebral de processamento de fonemas é acionada, em detrimento da capacidade de diferenciar fonemas de sílabas.

Na Tabela 10.1 são mostrados os subtipos de dislexia (Batista, 2012).

Afasia

De acordo com Pagliarin e colaboradores (2013), a afasia é resultante de lesão cerebral focal no hemisfério dominante para a linguagem, podendo estar presente em todos os seus componentes (fonologia, morfologia, sintaxe, semântica e pragmática), em todas as suas modalidades (fala, leitura, escrita, canto) e nos seus modos de entrada (compreensão) e saída (expressão). Esse transtorno prejudica não apenas a comunicabilidade como também o funcionamento social e a qualidade de vida do sujeito e dos familiares.

Os principais déficits linguísticos são: anomias, parafasias, agramatismos, estereotipias e supressão, os quais afetam, por exemplo, a codificação de palavras e sentenças, bem como o próprio discurso, dependendo da área afetada, da extensão da lesão, do tempo de doença, da idade e da escolaridade.

Epilepsia

Os pacientes que convivem com a epilepsia há longo tempo sofrem seus efeitos, os quais afetam notadamente as funções cognitivas relacionadas à linguagem, as funções executivas e a velocidade psicomotora, bem como a memória, que é a mais vulnerável (Marques, Ferreira, Horácio, Reis, & Jacinto, 2013).

Como em outras doenças, a reserva cognitiva cerebral é variável moderadora dos déficits, sendo necessário um estudo de cada caso.

TABELA 10.1
Subtipos de dislexia

SUBTIPOS DE DISLEXIA	ALTERAÇÕES
Disgrafia	Dificuldade na leitura oral das palavras, com comprometimento fonoaudiológico e lexical de ortografia e pronúncia
Disortografia	Dificuldade na transcrição correta da linguagem, decorrente de trocas ortográficas e confusões com as letras
Discalculia	Ausência da habilidade para efetuar cálculos iniciais aritméticos de adição e subtração e para solucionar operações matemáticas decorrente de déficits sensoriais e motores
Dislexia visual ou "diseidética"	Troca de letras associada a disfunção do lobo occipital
Dislexia auditiva	Dificuldade de memorização auditiva e atenção e de comunicação verbal

Fonte: Batista (2012).

Acidente vascular cerebral

Segundo estudos de Scheffer, Klein e Almeida (2013), o acidente vascular cerebral (AVC) pode causar prejuízos cognitivos em memória, linguagem, funções visuoespaciais, funções executivas e atenção, além de alterações no humor. De acordo com os autores, os pacientes que sofreram AVC costumam se deparar com incapacidades residuais após um período de mais ou menos seis meses, as quais incluem dificuldades motoras, sensoriais, linguísticas e de memória. De um mês a dois anos depois, pode ocorrer tanto a deterioração como a melhora da funcionalidade ou, ainda, a estabilização dos déficits, sendo necessário investir em atividades de reabilitação. Por fim, Scheffer e colaboradores (2013) salientam que os prejuízos cognitivos, sobretudo aqueles relacionados à linguagem e às funções executivas, parecem estar intimamente relacionados às dificuldades em tarefas da vida diária e na participação em atividades sociais.

Envelhecimento e processo demencial

O envelhecimento normal, de acordo com Vieira (2012), caracteriza-se por um processo progressivo de alterações morfológicas, bioquímicas, funcionais e psicológicas, culminando em perda progressiva da capacidade de adaptação ao meio. Essas mudanças podem ocorrer em termos de habilidades motoras, sensoriais, mnésticas e de linguagem e, portanto, comprometem a qualidade de vida do idoso.

No processo de envelhecer, segundo a autora, o idoso pode apresentar alterações de linguagem relacionadas à funcionalidade dos órgãos fonoarticulatórios, à lentificação dos processos práxicos orofaciais e da fala, à dificuldade em manter a fonação equilibrada no discurso encadeado e ao acesso aos sistemas de informação conceitual e perceptiva (linguística e não linguística), além de alterações auditivas que comprometem a comunicação.

Obviamente, tais alterações variam conforme o caso. Isso se deve às diferenças individuais com relação a constituição genética, processos biológicos, arsenal cognitivo, história de vida, condições de saúde e ocupação ou profissão, bem como a estruturas social, econômica e cultural.

Segundo a Organização Mundial da Saúde, a demência é considerada uma síndrome – geralmente de natureza crônica ou progressiva – caracterizada por declínio cognitivo além do esperado para o envelhecimento normal. O processo demencial afeta a memória e ao menos uma das demais funções executivas e cognitivas, como linguagem, praxia, gnosias e abstração. A deterioração da função cognitiva costuma vir acompanhada, e em algumas ocasiões é precedida, pelo declínio do controle emocional, do comportamento social ou da motivação (World Health Organization, c2014).

A American Psychiatric Association (2014), na quinta edição do *Manual diagnóstico e estatístico de transtornos mentais* (DSM-5), define a demência como o declínio da memória associado a déficit em pelo menos uma outra função cognitiva – como linguagem, gnosias e praxia – e funções executivas. Além disso, deve haver interferência no funcionamento social ou profissional, prejuízo nas atividades da vida diária e ausência de outras patologias.

Esse diagnóstico, segundo Canedo (2013), baseia-se na avaliação objetiva do funcionamento cognitivo e do desempenho em atividades da vida diária simples e complexas, sendo útil a apreciação de exames laboratoriais e de neuroimagem, além do perfil neuropsicológico característico. Entre os principais tipos de demência, temos a doença de Alzheimer (mais comum), a demência vascular (bastante frequente), a demência com corpos de Lewy e as demências frontotemporais, estas últimas com menor incidência (Caramelli & Barbosa, 2002).

INSTRUMENTOS DE AVALIAÇÃO DA LINGUAGEM

Obviamente, as funções linguísticas devem ser avaliadas de acordo com a língua utilizada pelo paciente. Contudo, não temos instrumentos padronizados para o português brasileiro que tenham sido aprovados pelo Conselho Federal de Psicologia com o objetivo principal de avaliar a linguagem. Ainda que a observação clínica da linguagem, por meio da análise dos aspectos verbais – como condição articulatória, organização do discurso, construção gramatical, fluência e conhecimento semântico, entre outros –, seja fundamental, provas psicológicas podem ser criadas para esse tipo de investigação, como, por exemplo, em atividades não verbais de escrita espontânea, sob ditado ou habilidade para cálculo.

Entre os testes aprovados no País, temos o Teste de Desempenho Escolar (TDE) ou os subtestes verbais das Escalas Wechsler de Inteligência, que são utilizados para avaliar os aspectos da linguagem (Stein, 1994; Wechsler, 2013; Wechsler, 2004).

Na área da neuropsicologia, temos o Instrumento de Avaliação Neuropsicológica Breve (NEUPSILIN), que fornece um rastreamento das funções cognitivas, entre elas a linguagem (Fonseca, Salles, & Parente, 2008).

Com relação às provas de uso não exclusivo para os psicólogos, podemos apontar a bateria *Consortium to Establish a Registry for Alzheimer's Disease* (CERAD; Bertolucci, Okamoto, Brucki, Siviero, Tomiolo, & Ramos, 2001) e *Alzheimers Disease Assessment Scale* (ADAS-Cog; Schultz, Siviero, & Bertolucci, 2001). Publicações sobre normatização para a população brasileira também estão disponíveis, como o Teste de Nomeação de Boston (Miotto, Sato, Lucia, Camargo, & Scaff, 2010) e a Tarefa de Discriminação de Fonemas com Pseudopalavras (Rothe-Neves, Lapate, & Pinto, 2004), a qual objetiva examinar subprocessos de produção e compreensão de linguagem para avaliar o funcionamento adequado dos diversos processos envolvidos na linguagem.

Recentemente, Spezzano, Mansur e Radanovic (2013) publicaram um artigo sobre a aplicação da Bateria de Nomeação de Objetos e Verbos (BNOV), com o objetivo de avaliar o desempenho de adultos falantes do português brasileiro de acordo com o grau de escolaridade. Pagliarin (2013), em sua tese de doutoramento, publicou as evidências de validade e fidedignidade da Bateria Montreal-Toulouse (MTL-BR) de Avaliação da Linguagem para adultos saudáveis e com lesão cerebral unilateral com e sem afasia. Esse instrumento visa a avaliar aspectos da linguagem após lesão cerebral.

IMPLICAÇÕES FORENSES

Na Vara Civil, em casos de interdição, o psicólogo pode se deparar, por exemplo, com um paciente afásico. O Código Civil, no Artigo 1.767, afirma serem incapazes de exercer os atos da vida civil aqueles que, "por enfermidade ou deficiência mental, não tiverem o necessário discernimento para os atos da vida civil" ou que, "por outra causa duradoura, não puderem exprimir a sua vontade". Nesses casos, a avaliação neuropsicológica deve estabelecer se a afasia é de expressão ou de compreensão, bem como determinar a extensão dos déficits apresentados pelo paciente. Isso serve para orientar a sugestão do perito de interdição parcial ou total (Brasil, 2002).

A avaliação da capacidade civil é muito comum em idosos e, não raro, motivo de disputas familiares. Para tanto, o perito deve estar muito seguro sobre o que é esperado no envelhecimento normal.

Outro aspecto importante a ser lembrado diz respeito aos casos de simulação. Por exemplo, imagine a situação de um pedido de indenização por erro médico, o qual supostamente teria sido a causa de um AVC que ocasionou, entre outros aspectos, uma dificuldade específica de nomeação. Em casos como esse, o perito deve ficar atento a inconsistências nos diversos instrumentos utilizados, não só naqueles específicos para a linguagem, mas na avaliação de modo geral.

Na Vara Criminal, temos várias complicações possíveis. Uma delas pode ocorrer com pacientes afásicos que não conseguem expressar o que de fato ocorreu, ou seja, não conseguem testemunhar. Outro exemplo típico seria o de um paciente com déficit na compreensão que se envolveu em algum ato ilícito. Vale lembrar que, em nosso Código Penal, para alguém ser responsabilizado criminalmente por seus atos, o sujeito deve ter tanto a capacidade de entendimento como a de autodeterminação preservadas (Art. 26 do Código Penal). Se o paciente apresenta um déficit de compreensão, a avaliação neuropsicológica servirá para eximi-lo de sua responsabilidade (Brasil, 1940).

REFERÊNCIAS

American Psychiatric Association (2014). *Manual diagnóstico e estatístico de transtornos mentais: DSM-5*. Porto Alegre: Artmed.

Bastos, L. S., & Alves, M. P. (2013). As influências de Vygotsky e Luria à neurociência contemporânea e à compreensão do processo de aprendizagem. *Revista Práxis, 10*, 41-53.

Batista, A. R. (2012). *Dislexia: as múltiplas funções da linguagem escrita*. (Monografia). Graduação em Pedagogia, Universidade Estadual da Paraíba. Guarabira. 26 p.

Bertolucci, P. H., Okamoto, I. H., Brucki, S. M., Siviero, M. O., Toniolo, J. N. & Ramos, L. R. (2001). Applicability of the CERAD neuropsychological battery to Brazilian Elderly. *Arquivos de Neuropsiquiatria, 59*(3), 532-6.

Brasil (1940). Código Civil. Decreto-Lei 2.848 de 07 dezembro. Institui o Código Penal. Recuperado de http://www.planalto.gov.br/ccivil_03/decreto-lei/del2848.htm.

Brasil. (2002). Código Civil. Lei 10. 406 de 10 de janeiro. Institui o Código Civil. Recuperado de http://www.planalto.gov.br/ccivil_03/leis/2002/L10406.htm.

Canedo, B. S. (2013). *Mini-exame do estado mental como instrumento de avaliação cognitiva: uma revisão bibliográfica*. (Trabalho de Conclusão de Curso). Centro Universitário de Brasília. Brasília. 16 p.

Caramelli, P. & Barbosa, M. T. (2002). Como diagnosticar as quatro causas mais frequentes de demência? *Revista Brasileira de Psiquiatria, 24*(Supl. I), 7-10.

Chaves, A. T. T. (2013). *Análise neuropsicológica de influências sócio-históricas e culturais em crianças de sociedade urbana e de comunidade rural Quilombola Kalunga*. (Dissertação). Programa de Pós-Graduação em Ciências do Comportamento, Universidade de Brasília. Brasília. 56 p.

Coelho, S, Albuquerque, C. P., & Simões, M. R. (2013). Distúrbio específico de linguagem: caracterização neuropsicológica. *Paidéia, 23*(54), 31-41.

Fonseca, R. P., Salles, J. F., & Parente, M. A. M. P. (2008). Development and content validity of a brazilian brief neuropsychological assessment battery: NEUPSILIN. *Psychology and Neuroscience, 1*, 55-62.

Guerreiro, E. (2013). *A linguagem e a fala de criança em idade pré-escolar: principais características, estudo de prevalência das suas perturbações e necessidade de encaminhamento para terapia da fala*. (Relatório de Investigação). Licenciatura em Terapia da Fala, Universidade Atlântica. Barcarena. 63 p.

Ishigaki, E. C. S. S., Lobrigate, N. L., Fonseca, R. P., Parente, M. A. P. M., & Ortiz, K. Z. (2013). Análise do reconhecimento das figuras do Teste MT beta-86 modificado para uma adaptação: descrição e discussão de aspectos metodológicos. *CoDAS, 25*(3), 282-8.

Lezak, M. D. (1999). *Neuropsychological assessment* (3rd ed.). New York: Oxford University.

Luria, A. R. (1981). *Fundamentos de neuropsicologia*. Rio de Janeiro: Livros Técnicos e Científicos; São Paulo: Universidade de São Paulo.

Marques, D., Ferreira, N., Horácio, G., Reis, A., & Jacinto, G. (2013). Perfil neuropsicológico em doentes com epilepsia do lobo temporal. *Avances en Psicología Latinoamericana, 31*(1), 97-109.

Miotto, E. C., Sato, J., Lucia, M. C. S., Camargo, C. H. P., & Scaff, M. (2010). Desenvolvimento de uma versão adaptada do Boston Naming Test para a língua portuguesa. *Revista Brasileira de Psiquiatria, 32*(3), 279-82.

Oliveira, A. M. R. O. H. (2013). As neurociências ao serviço da linguagem. *LINGVARVM ARENA: Revista do Programa Doutoral em Didática de Línguas da Universidade do Porto, 4*, 39-63.

Pagliarin, K. C. (2013). *Bateria Montreal-Toulouse de Avaliação da Linguagem: evidências de validade e de fidedignidade com adultos saudáveis e com lesão cerebral unilateral com e sem afasia*. (Tese). Programa de Pós-Graduação em Psicologia da Pontifícia Universidade Católica do Rio Grande do Sul. Porto Alegre.

Pagliarin, K. C., Oliveira, C. R., Silva, B. M., Calvette, L. F., & Fonseca, R. P. (2013). Instrumentos para avaliação da linguagem pós-lesão cerebrovascular esquerda. *Revista CEFAC,15*(2), 444-54.

Psiquiatria Geral (2003-2014). Cérebro e a linguagem (Imagem 1). Recuperado de http://www.psiquiatriageral.com.br/cerebro/cerebro_e_a_linguagem/cerebro-e-a-linguagem.jpg.

Psiquiatria Geral (2003-2014). Cérebro e a linguagem (Imagem 2). Recuperado de http://www.psiquiatriageral.com.br/cerebro/cerebro_e_a_linguagem/cerebro-e-a-linguagem_02.jpg.

Rothe-Neves, R, Lapate, R. C., & Pinto, J. S. (2004). Tarefa de discriminação de fonemas com pseudopalavras. *Revista de Estudos da Linguagem,12*(2), 159-67.

Scheffer, M., Klein, L.A., & Almeida, R. M. M. (2013). Reabilitação neuropsicológica em pacientes com lesão vascular cerebral: uma revisão sistemática da literatura. *Avances en Psicología Latinoamericana (Bogotá), 31*(1), 46-61.

Schultz, R. R., Siviero, M. O., & Bertolucci, P.H. (2001). The cognitive subscale of the "Alzheimer's disease assessment scale" in a brazilian sample. *Brazilian Journal of Medical and Biological Research, 34*, 1295-302.

Spezzano, L. C., Mansur, L. L., & Radanovic, M. (2013). Aplicabilidade da "bateria de nomeação de objetos e verbos" no português brasileiro. *CoDAS, 25*(5), 437-43.

Stein, L. M. (1994). *Teste de desempenho escolar (TDE)*. São Paulo: Casa do Psicólogo.

The Internacional Dyslexia Association. (c1996-2007). *FAQ: what is dyslexia?* Recuperado de http://www.interdys.org/FAQWhatIs.htm.

Vieira, M. C. E. (2012). *Perfil de nomeação do idoso em processo de senescência em meio urbano: contributo para a validação do teste de nomeação de Armstrong*. (Monografia) . Licenciatura em Terapia da Fala, Universidade Atlântica. Barcarena.

Wechsler, D. (2004). *Escala Wechsler de inteligência para adultos (WAIS III)*. São Paulo: Casa do Psicólogo.

Wechsler, D. (2013). *Escala Wechsler de inteligência para crianças (WISC IV)*. São Paulo: Casa do Psicólogo.

World Health Organization. (c2014). *Health topics: dementia*. Recuperado de http://www.who.int/topics/dementia/en/.

11

Emoção

ANA JÔ JENNINGS MORAES
ANTONIO DE PÁDUA SERAFIM

Nossa compreensão acerca da influência da emoção sobre as funções cognitivas de ordem superior, como atenção, compreensão, fala/linguagem, memória, orientação espaçotemporal, cálculo, julgamento, capacidade de planejamento e tomada de decisão, vem crescendo com as pesquisas, importantes tanto na aplicação clínica como no contexto forense. Embora não haja um consenso, os autores em geral concordam que a emoção configura-se como um fenômeno multifatorial complexo que exerce importante influência sobre o comportamento humano, possibilitando ou não a adaptação deste ao meio (Bradley & Lang, 2000).

A emoção representa um estado de excitação do organismo que se expressa diferentemente em três dimensões (Krech & Crutchfield, 1973):

a) a experiência emocional, que seria a vivência cognitiva e afetiva de uma situação
b) o comportamento emocional, que engloba o padrão de ações do indivíduo
c) as alterações fisiológicas, ou a ativação do sistema nervoso autônomo (Krech & Crutchfield, 1973)

Gray (1990) destaca a integração das estruturas cerebrais (sistema límbico, lobo frontal, etc.), apontando os aspectos da personalidade e os processos cognitivos de cada indivíduo como moduladores da resposta emocional.

As concepções das dimensões nos estudos da emoção não são recentes. Wundt, em 1896, postulou que a estrutura afetiva constituía-se de três dimensões básicas: o prazer, a tensão e a inibição. A tensão e a inibição representariam uma resposta de esquiva quando uma situação era percebida como ameaçadora (Moltó et al., 2001). Já em 1964, Shachter postulou a teoria cognitivo-fisiológica, na qual a resposta emocional resulta de um complexo mecanismo periférico e central associado à cognição. Assim, a cognição desempenha um papel de interpretação, sendo representada no cérebro pela memória dos eventos que ocorrem nos meios interno (reações fisiológicas) e externo (ativação por estímulos) (Bradley & Lang, 2000). As contribuições de Shachter ainda hoje têm aceitação, uma vez que corroboram o espectro atual das investigações da emoção, que abordam os aspectos cognitivos (pensamento, atenção, concentração, compreensão e memória); somáticos (sudorese, aumento da pressão sanguínea, tensão muscular, alterações gástricas e intestinais); motores (tremores); e do humor (tensão, medo, pânico, apreensão) (Bradley & Lang, 2000).

Os pressupostos de Dalgleish e Power (1999) estabelecem que a experiência emocional é modulada por três mecanismos integrados:

1. *Intensidade do sentimento*: a raiva de um indivíduo, por exemplo, pode variar de uma leve irritação a uma fúria violenta.
2. *Nível de tensão*: grau de tensão que a situação geradora de resposta emocional, isto é, o impulso para a ação, desperta no sujeito. Assim, a pessoa pode sentir-se obrigada a responder a uma ameaça com enfrentamento ou fuga. O que vai caracterizar essa resposta é o grau de excitação, fundamentado nas experiências anteriores e nas interpretações (memória, pensamento) de cada indivíduo.
3. *Caráter hedonista*: as experiências emocionais variam quanto às sensações de prazer ou desprazer, interpretadas dentro do espectro de adequação. A mesma resposta emocional em diferentes contextos pode ser interpretada como socialmente adequada ou não.

ESTRUTURAS CEREBRAIS E EMOÇÃO

As estruturas cerebrais envolvidas na emoção são muito interligadas, e nenhuma delas é exclusivamente responsável por um ou outro estado emocional. Todavia, algumas contribuem mais que outras para determinado tipo de emoção (Fig. 11.1) (Barreto & Silva, 2010).

Sistema límbico

Localizado na superfície medial do cérebro dos mamíferos, é unidade com importante participação na modulação das emoções.

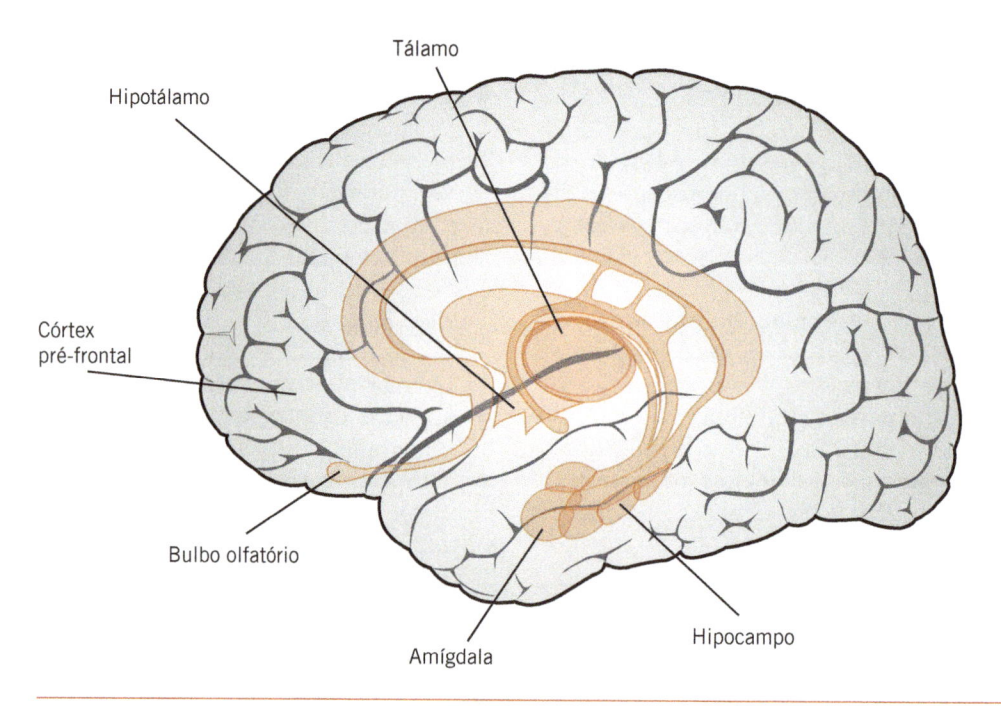

FIGURA 11.1 Estruturas cerebrais associadas à emoção.

Constitui-se de uma região de neurônios, células que formam uma massa cinzenta denominada *lobo límbico*. Originou-se a partir da emergência dos mamíferos inferiores, os mais antigos. É composto por uma série de estruturas cerebrais, sendo as principais: os giros corticais, os núcleos de substância cinzenta e os tratos de substância branca dispostos nas superfícies mediais de ambos os hemisférios e em torno do terceiro ventrículo (Kandel, Schwartz, & Jessell, 1997). Por meio do sistema nervoso autônomo, comanda certos comportamentos necessários à sobrevivência de todos os mamíferos, interferindo positiva ou negativamente no funcionamento visceral e na regulamentação metabólica de todo o organismo.

Amígdala cerebral

Estrutura envolvida na mediação e no controle das atividades emocionais de ordem maior, como amizade, amor e afeição, nas exteriorizações do humor e, sobretudo, nos estados de medo e ira e na agressividade. É fundamental para a autopreservação, pois é o centro identificador do perigo, sendo a responsável pela geração do medo e da ansiedade. A destruição experimental das amígdalas (são duas, uma para cada um dos hemisférios cerebrais) torna o animal dócil, sexualmente indiscriminativo, descaracterizado do ponto de vista afetivo e indiferente às situações de risco (Garavan, Pendergrass, Ross, Stein, & Risinger, 2001).

Hipocampo

Essa estrutura está envolvida nos fenômenos de memória, em especial na formação da chamada memória de longa duração. Com a destruição de ambos os hipocampos, nada mais é gravado na memória. Quando intactos, possibilitam ao animal comparar as condições de uma ameaça atual com experiências passadas similares, permitindo-lhe, assim, escolher qual a melhor decisão a ser tomada para garantir sua preservação. Também tem grande participação na chamada memória afetiva (Jacobs, 2003).

Tálamo

Lesões ou estimulações dos núcleos dorsomedial e anteriores do tálamo estão correlacionadas com alterações da reatividade emocional, no homem e nos animais.

Hipotálamo

A lesão dos núcleos hipotalâmicos interfere em diversas funções vegetativas e em alguns dos chamados comportamentos motivados, como regulação térmica, sexualidade, combatividade, fome e sede. Suas partes laterais parecem estar envolvidas no prazer e na raiva, enquanto sua porção mediana parece mais ligada à aversão, ao desprazer e à tendência ao riso incontrolável (gargalhada).

Giro cingulado

Essa estrutura regula odores e visões com memórias agradáveis de emoções anteriores. Além disso, participa da reação emocional à dor e da regulação do comportamento agressivo (Barreto & Silva, 2010).

Tronco cerebral

Além da função de alerta e vigília, essa região responde pelas alterações fisionômicas dos estados afetivos: expressões de raiva, alegria, tristeza, ternura, etc.

Área tegmentar ventral

Essa área é responsável por sensações de prazer, algumas delas similares ao orgasmo.

Defeitos genéticos ou redução no número de receptores das células neurais dessa área tornam a pessoa incapaz de se sentir recompensada pelas satisfações comuns da vida, levando-a a buscar alternativas "prazerosas" atípicas e nocivas, como, por exemplo, alcoolismo, adição à cocaína, compulsividade por alimentos doces e jogo patológico.

Área pré-frontal

Essa estrutura mantém conexões bidirecionais com o tálamo, a amígdala e outras áreas subcorticais, desempenhando papel importante na expressão dos estados afetivos. Lesões nessa região podem desencadear perda do senso de responsabilidades sociais e das capacidades de concentração e de abstração. Lesões nesta região podem, ainda, provocar um tamponamento afetivo, no qual o paciente não consegue expressar, de forma clara, sinais de alegria, de tristeza, de esperança ou de desesperança.

CLASSIFICAÇÃO DAS REAÇÕES EMOCIONAIS

Damásio (1996) classifica as emoções em primárias (raiva, medo, tristeza e alegria) e secundárias (ciúme, inveja, vergonha). As primárias seriam inatas, evolutivas e partilhadas por todos, enquanto as secundárias seriam sociais, resultantes de processos de aprendizagem.

A raiva pode ser entendida como a emoção que se manifesta por meio de comportamentos agressivos, dependendo de diversas estruturas e sistemas para ser expressa. É acompanhada por um impulso ao ataque (Esperidão-Antonio et al., 2008). Estruturas como o hipotálamo posterior estariam envolvidas com a expressão da raiva e agressividade, enquanto o telencéfalo mediaria os efeitos inibitórios desse comportamento (Esperidão-Antonio et al., 2008).

O medo caracteriza-se por uma experiência desagradável acompanhada do impulso de fuga. A amígdala e o hipotálamo estariam intimamente relacionados a essa emoção, sendo a amígdala responsável pela detecção, geração e manutenção das sensações relacionadas ao medo; pelo reconhecimento de suas expressões faciais; e pela coordenação de respostas apropriadas à ameaça e ao perigo. Projeções da amígdala para o córtex contribuem para o reconhecimento da vivência dessa emoção (Barreto & Silva, 2010).

A tristeza configura-se como uma resposta humana universal às situações de perda, derrota, desapontamento e outras adversidades. Tem valor adaptativo, do ponto de vista evolucionário, uma vez que, por meio do retraimento, poupa energia e recursos para o futuro. Em contrapartida, constitui um sinal de alerta, para os demais, de que a pessoa pode estar precisando de ajuda (Del Porto, 1999). Estudos demonstram que atividades que evocam esse sentimento relacionam-se à ativação de áreas centrais, como os giros occipitais inferior e medial, o giro fusiforme, o giro lingual, os giros temporais posteromedial e superior, a amígdala dorsal e o córtex pré-frontal dorsomedial (Goldin, Hutcherson, Ochsner, Glover, Gabrieli, & Gross, 2005).

As emoções teriam evoluído de comportamentos funcionais que facilitaram a sobrevivência de indivíduos e espécies. O sistema emocional funciona como um instrumento de adaptação, proveniente de comportamentos que vão dos menos elaborados aos mais elaborados e que preparam o organismo para ação e preservação. Assim, configura-se como um sistema ativo que prepara o corpo para agir de forma específica em situações particulares (Pôrto, 2006).

A emoção funciona como modulador do desenvolvimento da interação social, uma vez que a confluência de mecanismos biológicos e cognitivos possibilita a capacidade de analisar, planejar e executar um padrão de ação diante dos estímulos agradáveis ou desagradáveis (Dalgalarrondo, 2008).

A ocorrência de alterações e interferências no modo de funcionamento do sistema emocional pode gerar comprometimentos no indivíduo. Falhas ou inadequações dessa complexa estrutura põem em risco o sujeito tanto em relação ao meio como em relação ao outro, além de causarem inferências na qualidade cognitiva (Serafim & Saffi, 2012). São inúmeras as formas pelas quais esse sistema pode ser alterado, uma vez que o cérebro, órgão responsável pelo gerenciamento do funcionamento do organismo, atua de forma integrada.

EMOÇÃO E COGNIÇÃO

A dimensão emocional contribui e medeia o contato do homem com a realidade. Estudos demonstram que a emoção facilita o processo de tomada de decisão, guiando a cognição. Craig (2002) e Paulus e Stein (2006) ressaltam que a experiêcia subjetiva humana tem muita relação com os estados afetivos, e estes, por extensão, afetam os processos cognitivos. Em particular, a emoção participa de forma consistente no controle inibitório (Miyake, Friedman, Emerson, Witzki, Howerter, & Wager, 2000).

A regulação afetiva se dá pela análise da valência de um estado emocional, a qual fornece informações sobre a disposição da pessoa com relação a estímulos ou ações ambientais (Schwarz & Clore, 1983). Uma valência positiva promove uma estratégia de enfrentamento; enquanto uma negativa, evasão (fuga).

Diante do exposto, Harlé, Senoy e Paulus (2013) sugerem que a emoção pode exercer influência sobre o comportamento, modulando as expectativas de encontrar os requisitos de ação específicos (ou seja, tipos de ensaios) relevantes para a tarefa de controle inibitório. Por exemplo, no paradigma do *go/no-go*, é preciso escolher entre dois tipos de respostas comportamentais, ou seja, *go*, ação/abordagem, ou *no-go*, resposta de inibição. Para os autores, a valência positiva pode promover ações de aproximação, aumentando a expectativa da necessidade de implementar uma ação de aproximação, enquanto a negativa teria o efeito oposto (Harlé et al., 2013).

Ainda sob o escopo das características do comportamento inibitório, as concepções de processos de neurotransmissão também são abordadas. Os autores têm os processos que são mais suscetíveis à participação da dopamina e da serotonina no corpo estriado dorsal. Assim, a ação de enfretamento por estados positivos/gratificantes está associada à via dopaminérgica (receptores D1), enquanto a serotonina e os receptores D2 estão mais envolvidos na valência negativa/aversiva à inibição (Frank, Seeberger, & O'Reilly, 2004; Montague, Hyman, & Cohen, 2004; Dayan & Huys, 2008).

Na Tabela 11.1, estão expressas, de forma sintética, as principais alterações emocionais com repercussão na cognição e, consequentemente, com implicações forenses.

IMPLICAÇÕES FORENSES

A cognição se configura como um processo capaz de promover a adaptação do sujeito ao ambiente. Também pode-se pensar nela como a capacidade para enfrentar adversidades utilizando-se de funções como atenção, memória, juízo, pensamento, raciocínio, planejamento, etc. Paralelamente à cognição, temos o sistema emocional, que nos guia quanto à intensidade das vivências

TABELA 11.1
Associação entre alterações da emoção e cognição

QUADROS	DÉFICITS COGNITIVOS
Depressão	Alteração no desempenho cognitivo, principalmente em provas de atenção e memória Velocidade lenta de processamento cognitivo Alteração da estruturação de estratégias de planejamento Dificuldade para tomar decisões Falha nos processos inibitórios
Transtorno bipolar	Marcado por alterações na atenção sustentada e no controle inibitório, tanto na fase de mania como na de depressão, semelhantes aos quadros depressivos
Ansiedade	Decréscimo na qualidade da atenção seletiva
Transtorno de estresse pós-traumático	Prejuízos nas funções de memória e atenção e, sobretudo, funções executivas

positivas e negativas na interação socioambiental, com enfoque também na adaptação.

Diante do exposto, concluímos que tanto a cognição como a emoção são cruciais para os processos adaptativos dos indivíduos. Assim, ainda que uma pessoa se apresente com preservação das funções cognitivas, se suas questões emocionais não forem suficientemente amadurecidas, a cognição por si só não bastará para uma adaptação plena. Essa imaturidade emocional tende a resultar em uma inabilidade para expressar emoções ou impulsos de maneira adaptada ou socializada. De maneira geral, indica enfraquecimento dos dispositivos reacionais e, em casos mais acentuados, colabora para sugestionabilidade, influenciabilidade, passividade e submissão, além de sentimentos de inferioridade e de insuficiência. Os pacientes imaturos do ponto de vista emocional tendem a se prender a padrões convencionais, de forma rígida e com insuficiência para flexibilidade em seu dia a dia. Essas características têm importante repercussão no cotidiano, dada a dificuldade de organização e administração do tempo para cumprir compromissos. Portanto, é importante alertar que, no escopo da avaliação neuropsicológica, o profissional deve ampliar seu perímetro de investigação, avaliando também os aspectos psicoafetivos – e não só os cognitivos –, visto que, em muitos casos, caracterizar a eficiência intelectual pode se configurar em falso-negativo.

No cerne do debate jurídico, a emoção não se configura como um fator incapacitante ou de inimputabilidade *a priori*. Por exemplo, no artigo 28 do Código Penal, consta que a emoção não exclui a imputabilidade, mesmo que o operador do Direito entenda que é uma alteração afetiva importante, mas temporária, passageira, que pode consistir no susto, na raiva, na alegria, etc., e que a paixão é uma alteração duradoura do estado psíquico, sendo responsável pelo ciúme, amor, ódio, etc. (Brasil, 1941). De fato, tais condições *per se* não implicariam automaticamente um nexo de causalidade. No entanto, uma avaliação neuropsicológica detalhada, associada a investigações dos aspectos psicoafetivos, por certo levará o operador do Direito a um entendimento mais funcional do impacto das condições emocionais sobre a cognição e, consequentemente, sobre o comportamento, determinando se elas comprometeram ou não a capacidade de autodeterminação do periciando.

CONSIDERAÇÕES FINAIS

A emoção não é o único fator que afeta a cognição. Há outros aspectos em jogo, como, por exemplo, mecanismos cerebrais distintos e aqueles mais comuns no processamento da informação emocional. No entanto, há de se investigar o papel da emoção em cada função cognitiva, como memória, atenção, percepção, pensamento, planejamento, etc. Em síntese, no estudo do psiquismo humano, as emoções e as cognições não podem ser analisadas de maneira isolada. As primeiras afetam as segundas, e estas demandam respostas possíveis, adequadas ou não, que um organismo pode expressar em determinada situação e que, no contexto forense, podem ser imprescindíveis para a tomada de decisão.

REFERÊNCIAS

Agora Fobia [Blog] (2014). Imagem sistema límbico. Recuperado de http://agorafobiablog.com/wp-content/uploads/2014/06/post_005_sistema_limbico.jpg

Barreto, J., & Silva, L. (2010). Sistema límbico e as emoções: uma revisão. *Revista Neurociências*, *18*(3), 386-94.

Bradley, M. M., & Lang, P. J. (2000). Measuring emotion: behavior, feeling and physiology. In: Lane, R. D., & Nadel, L. (Eds.), *Cognitve neurosciense of emotion* (pp. 242-76). New York: Oxford University Press.

Brasil. (1941). Código Civil. Decreto-Lei 3.689 de 3 de outubro. Institui o Código de Processo Penal. Recuperado de http://www.planalto.gov.br/ccivil_03/decreto-lei/del3689.htm.

Craig, A. D. (2002). How do you feel? Interoception: the sense of the physiological condition of the body. *Nature Reviews Neuroscience*, *3*, 655-66.

Dalgalarrondo, P. (2008). *Psicopatologia e semiologia dos transtornos mentais* (2. ed.). Porto Alegre: Artmed.

Dalgleish, T., & Power, M. J. (1999). *Handbook of cognition and emotion*. New York: John Wiley & Sons.

Damásio, A. R. (1996). *O erro de Descartes: emoção, razão e o cérebro humano*. São Paulo: Companhia das Letras.

Dayan, P., & Huys, Q. J. (2008). Serotonin, inhibition, and negative mood. *PLoS Computational Biology*, e4, 4.

Del Porto, J. A. (1999). Conceito e diagnóstico. *Revista Brasileira de Psiquiatria*, *21*(Supl. 1), 6-11.

Esperidião-Antonio, V., Majeski-Colombo, M., Toledo-Monteverde, D., Moraes-Martins, G., Fernandes, J. J., Assis, M. B., ... Siqueira-Batista, R. (2008). Neurobiologia das emoções. *Revista de Psiquiatria Clínica*, *35*(2), 55-65.

Frank, M. J., Seeberger, L. C., & O'Reilly, R. C. (2004). By carrot or by stick: cognitive reinforcement learning in parkinsonism. *Science*, *306*.

Garavan, H., Pendergrass, J. C., Ross, T. J., Stein, E. A., & Risinger, R. C. (2001). Amygdala response to both positively and negatively valenced stimuli. *NeuroReport*, *12*(12), 2779-83.

Goldin, P. R., Hutcherson, C. A. C., Ochsner, K. N., Glover, G. H., Gabrieli, J. D.E., & Gross, J.J. (2005). The neural bases of amusement and sadness: a comparison of block contrast and subject-specific emotion intensity regression approaches. *NeuroImage*, *27*, 26-36.

Gray, J. A. (1990). Brain systems that mediate both emotion and cognition. Special Issue: Development of relationships between emotion and cognition. *Cognition and Emotion*, *4*, 269-88.

Harlé, K. M., Shenoy, P. & Paulus, M. P. (2013). The influence of emotions on cognitive control: feelings and beliefs - where do they meet? *Frontiers in Human Neuroscience*, *07*(508), 16 p.

Jacobs, L. F. (2003). The evolution of the cognitive map. *Brain, Behavior and Evolution*, *62*(2), 128-39.

Kandel, E. R., Schwartz, J. H., & Jessell, T. M. (1997). *Essentials of neural science and behaviour*. New York: Appleton & Lange.

Krech, D., & Crutchfield, R. S. (1973). *Elementos de psicologia*. São Paulo: Pioneira.

Miyake, A., Friedman, N. P., Emerson, M. J., Witzki, A. H., Howerter, A., & Wager, T. D. (2000). The unity and diversity of executive functions and their contributions to complex "frontal lobe" tasks: a latent variable analysis. *Cognitive Psychology*, *41*, 49-100.

Moltó, J., Poy, R., Pastor, M. C., Segarra, P., Montanés, M. P., Tormo, M. P., ... Herrero, M. (2001). Psychopathy and emotional response to specific contents form the international affective picture system. *Annals of 41st Annual Meetinof the Society for Psychophysiological*, 2001.

Montague, P. R., Hyman, S. E., & Cohen, J. D. (2004). Computational roles for dopamine in behavioural control. *Nature, 431*, 760-767.

Paulus, M. P., & Stein, M. B. (2006). An insular view of anxiety. *Biological Psychiatry, 60*, 383-7.

Pôrto, W. G. (2006). Emoção e memória em geriatria e gerontologia. In W. G. Pôrto, *Emoção e memória* (pp. 89-132). São Paulo: Artes Médicas.

Shachter, S. (1964). The interaction of cognitive and physiological determinants of emotional states. In L. Berkowitz. (Ed.), *Advances in experimental social of psychology*, (Vol. 1). New York: Academic Press.

Schwarz, N., & Clore, G. L. (1983). Mood, misattribution, and judgments of well-being: Informative and directive functions of affective states. *Journal of Personality and Social Psychology, 45*, 513.

Serafim, A. P., & Saffi, F. (2012). *Psicologia e práticas forenses*. Barueri: Manole.

Wundt, W. (1896). *Grundriss der psychologie*. Leipzig: Angel-mann.

LEITURA SUGERIDA

Prado-Lima, P. A. S. (2009). Tratamento farmacológico da impulsividade e do comportamento agressivo. *Revista Brasileira de Psiquiatria, 31*(Supl. 2), S58-S65.

12

Funções executivas

ANTONIO DE PÁDUA SERAFIM
AIRES EVANDRO JOSÉ RIBEIRO
LEANDRO F. MALLOY-DINIZ

A noção de psicologia como ciência que estuda a relação entre funções psicológicas e comportamento teve início no cenário científico de meados do século XIX. Nessa época, Wundt criou o primeiro laboratório experimental com recursos capazes de mensurar sensações, emoções, memória, etc., e realizou estudos que priorizavam os fenômenos conscientes (corroborando a psicologia clássica). Já Freud, opondo-se à psicologia clássica, traz à tona os fenômenos inconscientes, os quais, apesar de ocultos, são dinâmicos e responsáveis por grande parte de nossa vida psíquica consciente. Surge, assim, a psicanálise.

Tanto a psicologia clássica como a psicanálise nasceram dentro do corpo doutrinário das ciências médicas. O marco entre as ciências médicas e psicológicas se estabelece a partir da psicologia neoclássica, cuja produção resulta nas técnicas mensuráveis para apurar os fenômenos mentais (instrumentos psicológicos), e, mais recentemente, a partir da neuropsicologia e seus recursos de avaliação.

Na interface com o Direito, que também objetiva o entendimento da conduta humana para o enquadre jurídico, responder às questões sobre a relação entre o comportamento e o funcionamento mental requer um processo amplo, que atenda sua complexidade.

Já em relação à conceituação clara que o Direito faz das normatizações das sociedades, surge o princípio da determinação da racionalidade, ou seja, a pessoa precisa provar que é saudável do ponto de vista mental (lucidez, ausência de loucura), capaz de perceber, compreender, raciocinar, planejar e executar (capacidade de entendimento), e que tem controle sobre suas emoções e seus impulsos (capacidade de autodeterminação) (Serafim & Saffi, 2012). Caso prevaleça o domínio da razão e do autocontrole, tem-se a imputabilidade para as questões penais e a capacidade para as questões cíveis; se prevalecem a ausência de razão e a falha no autocontrole, o sujeito é considerado inimputável para as questões penais e incapaz (relativa ou absolutamente) para as questões cíveis.

De fato, viver em um contexto civilizado requer o uso competente dos processos cognitivos, afetivos e emocionais que nos permitem atender diferentes tipos de demandas sociais. Precisamos apreender regras socialmente estabelecidas e orientar nosso comportamento a partir delas. Nossas decisões devem levar em conta a conciliação (muitas vezes difícil) entre desejos pessoais e o bem-estar coletivo. Além disso, analisar decisões em termos de seus custos e benefícios em curto, médio e longo prazos, postergar gratificações, compreender e usar pistas sociais para nortear condutas, etc., são processos estritamente relacionados a nossa funcionalidade e competência nos diferentes contextos em que estamos inseridos. Alguns autores sugerem que nossas habilidades para lidar com demandas tão complexas só se tornaram viáveis a partir do aparecimento das chamadas funções executivas, durante a filogênese de nossa espécie (Goldberg, 2001; Barkley, 2012; Ardila, 2008). Embora tais funções apareçam em outros mamíferos (Beuk, Beringer, & Pare, 2014), sobretudo primatas (Makaron et al., 2013), elas atingiram sua maior complexidade na espécie humana.

Ainda que existam diferentes definições de funções executivas, há uma idéia geral de que tais funções estejam diretamente relacionadas ao comportamento dirigido a metas. Elas envolvem a definição de um objetivo; seleção de métodos para que ele seja alcançado; e escolha, implementação e monitoramento de estratégias, processo que permite resolver problemas considerando suas repercussões em curto, médio e longo prazos (Malloy-Diniz, Fuentes, Schlottfeldt, Sedó, & Leite, 2014). As funções executivas se configuram pela capacidade de iniciar ações, planejar e prever meios de resolver problemas, antecipar consequências e mudar as estratégias de modo flexível, monitorando o comportamento passo a passo e comparando os resultados parciais com o plano original (Lezak, 1995). Vários processos cognitivos têm sido relacionados a essas funções, tais como memória operacional, controle inibitório, autorregulação afetiva, planejamento, solução de problemas, tomada de decisão e flexibilidade cognitiva, entre outros. Tal diversidade processual tem levado autores como Pennington (1991) a propor que o conceito de funções executivas pode ser encarado como um rótulo guarda-chuva, que abarcaria diferentes funções cognitivas.

Partindo desse princípio, podemos conceber a importância das funções executivas para a prática forense, uma vez que sua avaliação está diretamente relacionada aos seguintes objetivos:

a) caracterizar insanidade
b) avaliar capacidades mentais para exercer determinadas funções
c) avaliar capacidade de autodeterminação
d) avaliar incapacidade decorrente dos quadros psicopatológicos
e) avaliar déficits e incapacidades nos quadros neuropsiquiátricos
f) avaliar condição funcional

De fato, estamos abordando funções que têm relação estreita com aspectos adaptativos, visto que envolvem várias habilidades cognitivas, tais como capacidade para inibir elementos irrelevantes; seleção, integração e manipulação das informações relevantes; intenção; planejamento e efetivação das ações; flexibilidade cognitiva e comportamental; monitoramento de atitudes; etc. (Lezak, Howieson, Bigler, & Tranel 2004). Vários processos cognitivos têm sido relacionados às funções executivas, como memória operacional, controle inibitório, autorregulação afetiva, planejamento, solução de problemas, tomada de decisão, flexibilidade cognitiva, entre outros.

Lezak e colaboradores (2004) entendem as funções executivas como uma das três dimensões funcionais relacionadas à forma como o comportamento é expresso, ao lado da cognição, que é o aspecto responsável pela manipulação da informação, e da emotividade, que se refere a sentimentos e aspectos motivacionais. Os autores destacam, ainda, que as funções executivas são desempenhadas em uma sequência temporal de processos: volição, planejamento, ação intencional e desempenho efetivo.

- A volição diz respeito ao caráter intencional do comportamento, envolven-

do a capacidade de formular um objetivo, e depende fortemente de fatores motivacionais (p. ex., para iniciar uma ação), além da consciência de si e do entorno.
- O planejamento envolve a identificação e a organização de elementos e passos necessários para se executar um plano ou atingir um objetivo, o que demanda do sujeito um bom controle dos impulsos, pois ele deve ser capaz de examinar opções e elementos contextuais, de forma a otimizar sua ação sobre si ou o meio, e preservar suas capacidades mnésticas e atencionais (especialmente quanto à sustentação da atenção).
- A ação intencional só se torna produtiva para o indivíduo quando estão preservadas suas capacidades de iniciar, manter, alternar e parar sequências complexas de ações, de forma ordenada e integrada.
- O desempenho efetivo do sujeito será fruto de suas capacidades de automonitorar, autodirigir e autorregular aspectos qualitativos do comportamento e da ação.

Miyake e colaboradores (2000) analisaram a relação entre três componentes das funções executivas: as capacidades de alternar a atenção, de atualizar e monitorar representações na memória operacional e de inibir (deliberadamente) respostas dominantes ou prepotentes. Concluíram, por meio de seu estudo, que tais componentes não são de todo independentes, embora sejam diferenciáveis, e consideraram a possibilidade de eles envolverem a necessidade de processos inibitórios subjacentes para que operem de modo apropriado. Em uma revisão recente, Diamond (2013) sugere que esses componentes seriam as três funções executivas nucleares, a partir das quais outras, mais complexas – como planejamento, solução de problemas e raciocínio lógico –, seriam estruturadas (Fig. 12.1). A despeito da popularidade dessa proposta, ela deixa de contemplar algumas funções executivas mais relacionadas ao afeto e à motivação. De acordo com Zelazo e Carlson (2012), as funções supracitadas seriam *frias*, mais relacionadas a mecanismos predominantemente cognitivos. Em contrapartida, funções como a tomada de decisão afetiva estariam mais relacionadas a emoções e motivação, sendo classificadas como funções executivas *quentes*. A literatura tem apresentado evidências que sustentam essa separação a partir de estudos de dupla dissociação em pacientes com lesões pré-frontais que predominam em re-

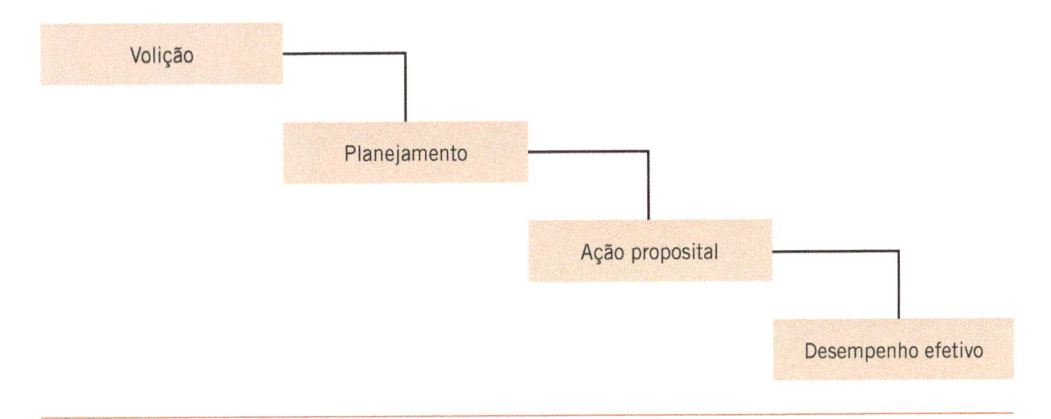

FIGURA 12.1 Etapas sucessivas no processo das funções executivas.

giões específicas. Por exemplo, enquanto o circuito pré-frontal dorsolateral parece estar mais relacionado com as funções executivas frias, os circuitos frontoestriatais que envolvem o córtex pré-frontal orbitofrontal parecem estar mais ligados às funções executivas quentes (Welsh & Peterson, 2014).

No que se refere às estruturas cerebrais, as funções executivas são mediadas e organizadas no córtex pré-frontal. No entanto, mantêm conexões com as demais áreas do encéfalo no que tange ao recrutamento e à extração de informações de outros sistemas (p. ex., perceptivo, motor, linguístico, mnéstico, emocional, etc.), conforme mostra a esquematização da Figura 12.2.

Para Luria (1981), as capacidades essenciais do córtex pré-frontal são controlar o estado geral do córtex e dirigir o curso das formas fundamentais de atividade mental humana. De maneira geral, as funções frontais englobam, de acordo com Dubois, Slachevsky, Litvan e Pillon (2000):

a) raciocínio abstrato
b) conceitualização
c) flexibilidade mental
d) programação motora
e) resistência à interferência
f) autorregulação
g) controle inibitório

As funções executivas têm como base o funcionamento de uma rede complexa de estruturas, as quais envolvem, sobretudo, três circuitos frontoestriatais: o pré-frontal dorsolateral, o pré-frontal medial e o

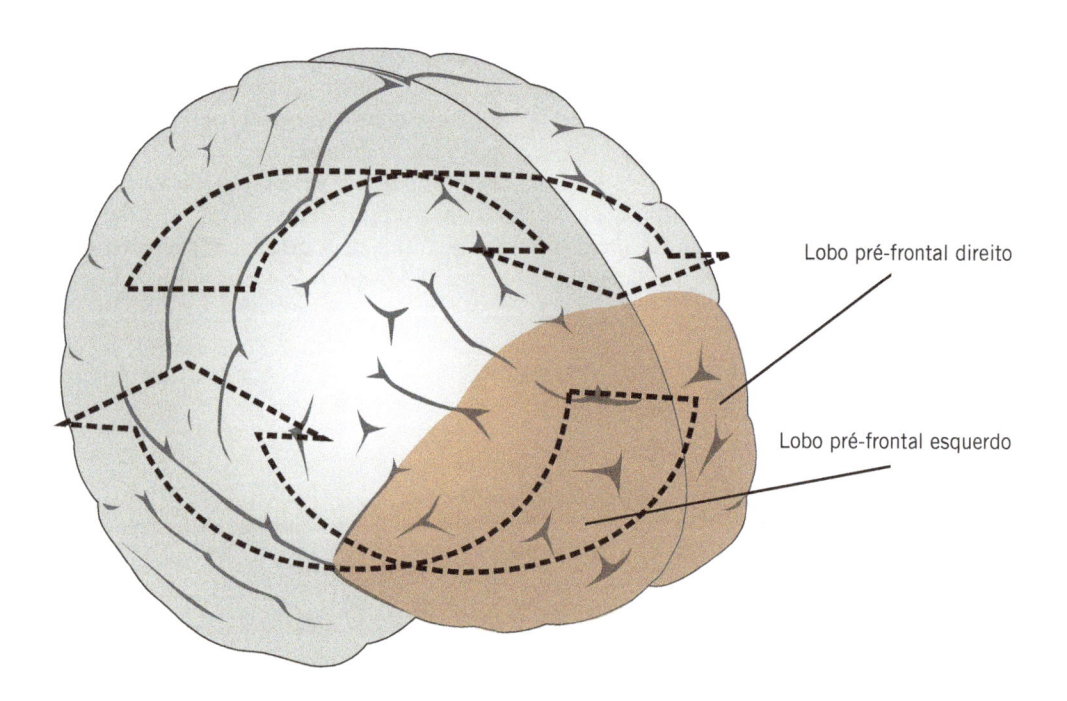

FIGURA 12.2 Lobo pré-frontal executor, conectado às demais regiões cerebrais.

pré-frontal orbitofrontal (Fuster, 1980). Outras regiões corticais (Duncan, 2013) e subcorticais, como o cerebelo (Stoodley, 2012), também estão envolvidas com essas funções.

Uma consequência natural da estreita relação dos circuitos pré-frontais com as funções executivas é o extenso tempo requerido ao longo da ontogênese para que essas funções atinjam sua maturidade. De fato, tal maturação não estará completa antes do fim da adolescência e início da idade adulta jovem (De Luca & Leventer, 2008). Como resultado, a entrada na vida adulta coincide justamente com o amadurecimento de funções que permitirão diversos comportamentos que não são esperados ou até mesmo cobrados em idades anteriores.

Não obstante, as funções executivas iniciam seu desenvolvimento ainda no primeiro ano de vida, quando aparecem os indícios iniciais de controle inibitório e memória operacional (Diamond, 2013). É também importante frisar que os primeiros blocos do desenvolvimento de habilidades complexas, como postergação da gratificação e tomada de decisão afetiva (Mata, Sallum, Miranda, Bechara, & Malloy-Diniz, 2014), surgem nos anos pré-escolares. Embora de forma rudimentar, o desenvolvimento inicial de algumas dessas funções, como a capacidade de postergar gratificação, parece determinar as próximas etapas do desenvolvimento no que se refere a uma série de outras habilidades, como a capacidade de controlar impulsos, processar informações emocionalmente carregadas, competência social, etc. (Mischel et al., 2011).

Ainda sobre esse assunto, Elbert, Weierstall e Shauer (2010) argumentam que o desenvolvimento das funções executivas na infância possibilita o controle sobre comportamentos mais instintivos, como os impulsivos agressivos e sua canalização para práticas socialmente aceitas, como as atividades esportivas. No entanto, a ausência de modelos saudáveis, a exposição à violência e o treino militar na infância impediriam o desenvolvimento desse controle, levando o indivíduo a uma expressão da agressividade de forma demasiada e com requintes de crueldade. As evidências usadas pelos autores para sustentar essa argumentação provêm de seus estudos com crianças guerrilheiras oriundas de países africanos.

AVALIAÇÃO NEUROPSICOLÓGICA DAS FUNÇÕES EXECUTIVAS

O padrão socializado de uma pessoa pode sofrer modificações em decorrência de lesões ou disfunções de certas áreas cerebrais. No escopo dos comportamentos violentos, os estudos centram-se no papel de circuitos frontoestriatais, em função de sua participação ativa na regulação do comportamento (Séguin, Sylves, & Lilienfeld, 2007).

Dada a importância das funções executivas para a adaptação do ser humano, qualquer fenômeno que as altere, a nosso ver, será objeto de interesse crescente, seja de pesquisadores, seja de profissionais da área clínica e/ou do contexto forense. Há pesquisadores que afirmam que, pelo fato de as funções executivas estarem envolvidas com uma ampla gama de funções cognitivas, em diferentes quadros patológicos, os recursos que as avaliam devem conter testes também sensíveis a essa abrangência (Royall et al., 2002). A Tabela 12.1 apresenta alguns instrumentos de avaliação das funções executivas e suas respectivas funções avaliadas.

Inquestionavelmente, o número de pesquisas em neuropsicologia clínica é maior em comparação à área forense (Heilbronner, 2004), no entanto, já se percebe

TABELA 12.1
Instrumentos de avaliação das funções executivas e suas respectivas funções avaliadas

FUNÇÃO	INSTRUMENTO
Flexibilidade cognitiva	Wisconsin Card Sorting Test (WCST) Teste de Trihas Coloridas Trail Making Test A e B
Controle inibitório	D2 – Teste de Atenção Concentrada – Erros por Ação Stroop Test Continuous Performance Test CPT-II
Memória operacional	Subteste Dígitos Ordem Direta e Inversa (WISC-IV/WAIS-III) Aritmética (WISC-IV/WAIS-III)
Tomada de decisão	Iowa Gambling Task Children Gambling Task Dice Task
Planejamento e solução de problemas	Torre de Londres Torre de Hanoi
Categorização	Semelhanças (WISC-IV/WAIS-III)
Controle atencional	D2 – Teste de Atenção Concentrada Teste de Atenção Concentrada Teste de Atenção Alternada Teste de Atenção Dividida Teste de Trihas Coloridas
Instrumentos de triagem e baterias de avaliação de múltiplas funções executivas	Behavioral Assessment of the Dysexecutive Syndrome (BADS) Frontal Assessment Batery (FAB)

Fonte: Malloy-Diniz e colaboradores (2014).

um aumento no volume destas publicações, como apresentaremos a seguir.

Os estudos relativos à verificação de danos cognitivos em pacientes psiquiátricos forenses se concentram na investigação dos quadros psicóticos, sendo, em sua maioria, transversais. Nestor, Kimble, Berman e Haycock (2002) analisaram 26 condenados por homicídio com transtornos mentais internados em um hospital forense de segurança máxima, investigando funções como memória, inteligência, atenção, funções executivas e habilidades acadêmicas. Os resultados produziram dois subgrupos distintos: um definido por alta incidência de psicose e baixo nível de psicopatia e outro caracterizado por baixa incidência de psicose e alto nível de psicopatia, cada um apresentando diferenças neuropsicológicas em habilidades intelectuais, dificuldades de aprendizagem e inteligência social. Apesar dos resultados, os autores ressaltaram a necessidade de estudos com amostras maiores para melhor entendimento e confiabilidade de medidas neuropsicológicas nessa população.

Analisando as funções executivas de 33 pacientes com história de violência e 49 não violentos, Fullam e Dolan (2008) não encontraram diferenças significativas entre os grupos com relação ao desempenho da tarefa neuropsicológica. No entanto, consideraram que, quanto menor o quociente de inteligência (QI), maior a associação com violência. Os autores consideram também que a associação entre déficits neuropsicológicos e violência em pacientes com esquizofrenia é limitada, e os resultados desses estudos, em sua maioria, são inconsistentes.

Em outro estudo, foram investigados história de violência e aspectos neuropsicológicos de 301 pessoas com relato de primeiro surto psicótico (Hodgins et al., 2011). Os resultados demonstraram que 33,9% dos homens e 10% das mulheres tinham um registro de condenações criminais e que 19,9% dos homens e 4,6% das mulheres tinham sido condenados por pelo menos um crime violento. Além disso, verificou-se que os pacientes infratores apresentaram os menores escores quanto a variáveis neuropsicológicas (memória de trabalho, funções executivas e QI). Os autores consideram que intervenções pontuais nos serviços de saúde para pacientes de primeiro surto psicótico podem reduzir tanto a ocorrência como a reincidência de comportamentos violentos.

Dolan (2012) avaliou aspectos neuropsicológicos relacionados aos circuitos frontoestriatais em 96 infratores com diagnóstico de transtorno da personalidade antissocial (TPAS) do sexo masculino, pareados por idade e QI, os quais completaram uma bateria de testes neuropsicológicos. Os infratores com TPAS apresentaram deficiências sutis em tarefas que avaliam funções executivas relacionadas a planejamento e capacidade de inibição comportamental se comparados ao grupo-controle. Sumariamente, Dolan concluiu que indivíduos criminosos com traços antissociais expressam comprometimento das funções executivas.

Outros estudos buscam usar a avaliação neuropsicológica para verificar a presença de dano cognitivo em pacientes psiquiátricos forenses, investigando as consequências do transtorno de estresse pós-traumático (TEPT) em pacientes com lesões cerebrais. Rosen e Powel (2003) descrevem um caso de utilização do Teste de Validação de Sintomas (SVT) para verificar a memória de um indivíduo com TEPT. Esses autores argumentam que o uso do SVT pode ser um procedimento válido para investigações forenses, posto que dados da literatura apontam para prejuízos da atenção, das funções executivas e da interação social em pacientes com disfunções cerebrais orgânicas.

IMPLICAÇÕES FORENSES

As funções executivas incorporam os seguintes componentes: intenção, volição, julgamento e planejamento. Além disso, permitem ao indivíduo mudar de estratégias quando necessário (utilização de *feedback*); monitorar o comportamento passo a passo, comparando os resultados parciais aos planos originais; focalizar e sustentar a atenção; autorregular a motivação, o que se configura como a capacidade de manutenção consistente da energia e do esforço nas tarefas. Falhas nessas funções incapacitam a pessoa para a vida independente; impossibilitam as tomadas de decisão diante do inesperado; e impedem a mudança flexível no comportamento e no uso de estratégias, o que, indubitavelmente, se associa a questões forenses de todas as naturezas jurídicas (penal, cível, trabalhista).

As funções executivas também devem ser consideradas quando se aborda uma temática recheada de controvérsia, como a responsabilidade penal para menores de 18 anos ou, como se discute na atualidade, "redução da maioridade penal". Em que aspecto, de fato, se insere o contexto da questão delinquência juvenil e sua responsabilidade? Ora, não se questiona a relevância dessas funções no processo adaptativo do ser humano. Conforme apresentado neste capítulo, essas funções, quando preservadas, participam de maneira abrangente na geração de intenções (volição), na iniciação de ações, na seleção de alvos, no planejamento de meios para resolução de problemas complexos e, em destaque, *na capacidade de antecipar e prever consequências.*

Nesse tópico destacado, é importante frisar que o indivíduo, além de não apresentar nenhum dano físico de área pré-frontal, exibe uma estrutura emocional mais adaptada e menos instável (i. e., maturidade emocional). Ademais, a consolidação das funções executivas é um indicativo do marco de desenvolvimento humano. O maior pico do processo de desenvolvimento neuropsicológico ocorre entre os 6 e 8 anos; porém, ainda que em menor ritmo, estende-se até o início da vida adulta. (Vale lembrar que a integridade e a maturidade dos circuitos frontoestriatais são cruciais para o comportamento intencional.)

Assim, é fundamental que nos coloquemos em uma posição bastante cautelosa, para não nivelarmos jovens que ainda não atingiram a maturidade, seja biológica, seja psicológica, com aqueles que já a alcançaram, mesmo que tenham cometido atos de grande comoção social.

Por fim, direcionamos à área forense dois apontamentos de Tirapu-Ustárroz, Muñoz-Céspedes e Pelegrín-Valero (2002), referentes à prática da avaliação neuropsicológica das funções executivas, com os quais concordamos. O primeiro diz respeito à escolha dos instrumentos, que deve ser pautada na capacidade de fornecer informações com validade ecológica sobre os mecanismos subjacentes aos déficits. O segundo determina que essa avaliação deve ser realizada por pessoas especializadas, que saibam interpretar os dados em função de um corpo de conhecimentos sobre as relações entre cérebro e comportamento, sobretudo em questões que envolvem dúvidas jurídicas.

REFERÊNCIAS

Ardila, A. (2008). On the evolutionary origins of executive functions. *Brain and Cognition, 68*(1), 92-9.

Barkley, R. A. (2012). *Executive functions: what they are, how they work, and why they evolved.* New York: Guilford Press.

Beuk, J., Beninger, R. J., & Pare, M. (2014). Investigating a race model account of executive control in rats with the countermanding paradigm. *Neuroscience, 263,* 96-110.

De Luca, C. R., & Leventer, R. J. (2008). Developmental trajectories of executive functions across the lifespan. In V. Anderson, R. Jacobs, P. J. Anderson, *Executive functions and the frontal lobes: a lifespan perspective* (pp. 3-21). New York: Taylor & Francis.

Diamond, A. (2013). Executive functions. *Annual Review of Psychology, 64,* 135-68.

Dolan, M. (2012). The neuropsychology of prefrontal function in antisocial personality disordered offenders with varying degrees of psychopathy. *Psychological Medicine, 42*(8), 1715-25.

Dubois, B., Slachevsky, A., Litvan, I., & Pillon, B. (2000). The FAB: a frontal assessment battery at bedside. *Neurology, 55,* 1621-26.

Duncan, J. (2013). The structure of cognition: attentional episodes in mind and brain. *Neuron, 80*(1), 35-50.

Elbert, T., Weierstall, R., & Schauer, M. (January 01, 2010). Fascination violence: on mind and brain of man hunters. *European Archives of Psychiatry and Clinical Neuroscience, 260,* 100-5.

Fullam, R. S., & Dolan, M. C. (2008). Executive function and in-patient violence in forensic patients with schizophrenia. *The British Journal of Psychiatry, 193*(3), 247-53.

Fuster, J. M. (1980). *The prefrontal cortex: anatomy, physiology, and neuropsychology of the frontal lobe.* New York: Raven Press.

Goldberg, E. (2001). *The executive brain: frontal lobes and the civilized mind.* Oxford: Oxford University Press.

Heilbronner, R. L. (2004). A status report on the practice of forensic neuropsychology. *The Clinical Neuropsychology*, *18*(2), 312-26.

Hodgins, S., Calem, M., Shimel, R., Williams, A., Harleston, D., Morgan, C., ... Jones, P. (2011). Criminal offending and distinguishing features of offenders among persons experiencing a first episode of psychosis. *Early Intervention Psychiatry*, *5*(1), 15-23.

Lezak, M. (1995). *Neuropsychological assessment*. New York: Oxford University Press.

Lezak, M. D., Howieson, D. B., Bigler, E. D., & Tranel, D. (2004). *Neuropsychological assessment* (4th ed.). New York: Oxford University Press.

Luria, A. R. (1981). *Fundamentos de neuropsicologia*. Rio de Janeiro: Livros Técnicos e Científicos.

Makaron, L., Moran, C. A., Rowlett, J. K., Namjoshi, O., Rallapalli, S., & Cook, J. M. (2013). Cognition-impairing effects of benzodiazepine-type drugs: role of GABA$_A$ receptor subtypes in an executive function task in rhesus monkeys. *Pharmacology Biochemistry and Behavior*, *104*(1), 62-8.

Malloy-Diniz, L. F., Fuentes, D., Schlottfeldt, C. G., Sedó, M., Leite, W. (2014). Funções executivas. In D. Fuentes, L. F. Malloy-Diniz, R. Cosenza, C. Camargos, *Neuropsicologia: teoria e prática*. Porto Alegre: Artmed.

Mata, F. I., Sallum, D. M., Miranda, A., Bechara, & Malloy-Diniz, L. F.. (2013). Do general intellectual functioning and socioeconomic status account for performance on the children's gambling task? *Frontiers in Neuroscience*, *7*, 68 p.

Mischel, W., Ayduk, O., Berman, M., Casey, B. J., Gotlib, I., Jonides, J., ... Shoda, Y. (2011). "Willpower" over the life span: decomposing self-regulation. *Social Cognitive and Affective Neuroscience*, *6*, 252-6.

Miyake, A., Friedman, N. P., Emerson, M. J., Witzki, A. H., Howerter, A., & Wager, T. D. (2000). The unity and diversity of executive functions and their contributions to complex "frontal lobe" tasks: a latent variable analysis. *Cognitive Psychology*, *41*, 49-100.

Nestor, P. G., Kimble, M., Berman, I., & Haycock, J. (2002). Psychosis, psychopathy, and homicide: a preliminary neuropsychological inquiry. *The American Journal of Psychiatry*, *159*(1), 138-40.

Pennington, B. F. (1991). *Diagnosing learning disorders: a neuropsychological framework*. New York: Guilford Press.

Pinel, J. P. J. (2005). *Biopsicologia* (5. ed.). Porto Alegre: Artmed.

Rosen, G. M., & Powel, J. E. (2003). Use of a symptom validity test in the forensic assessment of posttraumatic stress disorder. *Journal of Anxiety Disorders*, *17*(3), 361-7.

Royall, D. R., Lauterbach, E. C., Cummings, J. L., Reeve, A., Rummans, T. A., Kaufer, D. I., ... Coffey, C. E. (2002). Executive control function: a review of its promise and challenges for clinical research. A report from the Committee on Research of the American Neuropsychiatric Associations. *Journal of Neuropsychiatry Clinical Neuroscience*, *14*(4), 377-405.

Séguin, J. R., Sylves, P., & Lilienfeld, S. 0. (2007). The neuropsychology of violence. In A. D. Waldman, D. J. Flannery, & A. T. Vazsonyi (Eds.), *The Cambridge handbook of violent behavior and aggression* (pp. 187-214). New York: Cambridge University Press.

Serafim, A. P., & Saffi, F. (2012). *Psicologia e práticas forenses*. Barueri: Manole.

Stoodley, C. J. (2012). The Cerebellum and cognition: evidence from functional imaging studies. *The Cerebellum*, *11*(2), 352-65.

Tirapu-Ustárroz, J., Muñoz-Céspedes, J. M., & Pelegrín-Valero, C. (2002). Funciones ejecutivas: necesidad de uma integración conceptual. *Revista de Neurología*, *34*, 673-85.

Welsh, M., & Peterson, E. (2014). Issues in the conceptualization and assessment of hot executive functions in childhood. *Journal of the International Neuropsychological Society*, *20*(2), 152-6.

Zelazo, P. D., & Carlson, S. M. (2012). Hot and cool executive function in childhood and adolescence: development and plasticity. *Child Development Perspectives*, *6*(4), 354-60.

parte 3

Avaliação neuropsicológica forense: quadros neuropsiquiátricos

13

Esquizofrenia

GRAÇA MARIA RAMOS DE OLIVEIRA
TÂNIA MARIA ALVES
FABIANA SAFFI

A esquizofrenia é um dos diagnósticos mais pesquisados da psiquiatria contemporânea. Sua apresentação se caracteriza por alterações neurocognitivas – sobretudo no que se refere a atenção, memória episódica, funções executivas e cognição social, que está diretamente ligada ao comportamento social. As pessoas com esquizofrenia têm dificuldade de inferir os estados mentais ou intenções alheias, identificar e discriminar emoções em faces, bem como tendem a atribuir valência negativa a faces neutras. Além disso, suas percepções da realidade são distorcidas, podendo levar o indivíduo a perder o contato com o meio externo. É comum que esses pacientes vejam ou ouçam coisas que não existem, criem formas diferentes de falar e acreditem que os outros os estejam perseguindo ou vigiando.

Mais de um século se passou desde o delineamento de demência precoce por Kraepelin; mesmo assim, a etiologia, a neuropatologia e a fisiopatologia da esquizofrenia ainda não são completamente compreendidas. Apesar da disponibilidade de critérios diagnósticos confiáveis, essa condição permanece essencialmente como uma síndrome clínica ampla, definida por experiências subjetivas relatadas (sintomas), perda da funcionalidade (deficiências comportamentais) e padrões variáveis de curso. As pesquisas têm identificado uma série de marcadores biológicos associados ao transtorno, os quais incluem disfunção neurocognitiva, dismorfologia cerebral e anormalidades neuroquímicas. No entanto, nenhuma dessas variáveis estabeleceu um diagnóstico preciso. Estudos genéticos ainda não conseguem mostrar associação estatisticamente significativa entre as alterações encontradas e um gene específico. Por enquanto, o conceito clínico de esquizofrenia é apoiado em evidência empírica de que suas múltiplas facetas formam uma ampla síndrome, com coesão interna e evolução característica ao longo do tempo (Jablensky, 2010).

EPIDEMIOLOGIA

Ao descrever padrões de distribuição da doença nas populações, identificar fatores de risco e encontrar associações, os estudos epidemiológicos têm contribuído para o entendimento da esquizofrenia. Idade paterna avançada e associação com doenças autoimunes são algumas das constatações epidemiológicas mais recentes.

As diferentes estimativas da incidência desse transtorno sugerem a ocorrência de aproximadamente quatro casos novos por ano para uma população de 10 mil habitantes. A incidência real deve estar entre 1 e 7 casos novos por ano a cada 10 mil habitantes, dependendo do critério diagnóstico adotado na estimativa. Os estudos epidemiológicos realizados no Brasil originam estimativas de incidência e prevalência compatíveis com as observadas em outros países (Mari & Leitão, 2000).

A idade de início da doença varia de acordo com o gênero, sendo nos homens, em geral, mais precoce. O pico de incidência para ambos os sexos é na faixa que vai dos 15 aos 24 anos, sendo mais acentuado para jovens adultos do sexo masculino, enquanto as mulheres têm um segundo pico entre os 55 e 64 anos. Os homens têm um risco de 30 a 40% maior de desenvolver a patologia.

Vários estudos, tanto retrospectivos quanto prospectivos, que acompanharam pacientes ao longo do curso da doença sugerem ampla variedade de sinais, sintomas, condições e comportamentos que podem estar associados com risco elevado para esquizofrenia, mas nenhum com a força ou a singularidade característica de um preditor confiável. Alguns trabalhos que acompanharam filhos de pais com o transtorno mostraram que esses indivíduos são mais propensos a ter quociente de inteligência (QI) mais baixo, habilidades atencionais pobres, má adaptação social e outros sintomas psiquiátricos se comparados a controles de pais sem esquizofrenia (Messias, Chen, & Eaton, 2007).

Estudos longitudinais recentes realizados no Reino Unido, na Suécia, na Finlândia e na Nova Zelândia forneceram evidências de que indivíduos com esquizofrenia diferem de seus pares, já no início da infância, em uma variedade de marcadores de desenvolvimento, como idade de alcançar etapas de desenvolvimento, níveis de funcionamento cognitivo, grau de escolaridade, desenvolvimento neurológico e motor, competência social e transtornos psicológicos. Evidências mais recentes também sugerem associação entre baixo QI e esquizofrenia.

Identificar o risco e esforçar-se para proteger esses pacientes contra os efeitos catastróficos do primeiro episódio da doença são ações que facilitarão estudos prospectivos de indivíduos com elevado potencial para o desenvolvimento do transtorno, cujo critério não deverá ser simplesmente a história familiar. Em geral, as pesquisas epidemiológicas construíram, nos últimos anos, uma base sólida de conhecimentos sobre esse transtorno, a qual vai continuar a contribuir para os esforços de saúde pública que visam à prevenção da esquizofrenia nas próximas décadas (Messias et al., 2007).

ASPECTOS CLÍNICOS DA ESQUIZOFRENIA

Início

O início da esquizofrenia é variado; no estudo de acompanhamento de longo prazo realizado por Ciompi (1980), cerca de 50% dos casos tinham início agudo, e 50% já apresentavam sintomas prodrômicos, que são aqueles sinais, muitas vezes inespecíficos, que antecedem o início do quadro patológico. Outro estudo com prodrômicos, realizado por Häfner e an der Heiden (1999), sugere que o início dos sintomas negativos tende a ocorrer cerca de cinco anos antes do episódio psicótico inicial, com o aparecimento de sintomas positivos muito mais perto do momento da primeira hospitalização.

Curso

O curso sintomático da esquizofrenia também é variado. No estudo de Ciompi (1980), cerca de metade dos casos tinha curso ondulante, com remissão parcial ou completa dos sintomas seguida de recorrências, com padrão pouco previsível. Cerca de um terço tinha curso relativamente crônico, incessante, com mau prognóstico. Uma pequena minoria apresentava um padrão constante de recuperação, com bom resultado. Acompanhar estudos que não são estritamente prospectivos, como esse, pode ser enganoso, pois eles tendem a se concentrar em casos crônicos, fazendo a doença parecer mais crônica do que de fato é.

Sintomas

A definição de esquizofrenia tem evoluído ao longo das edições dos manuais de classificação – o *Manual diagnóstico e estatístico de transtornos mentais* (DSM), publicação da American Psychiatric Association (APA), atualmente em sua quinta edição, e a *Classificação internacional de doenças* (CID), décima edição, publicação da Organização Mundial da Saúde (1993). Ambas as obras colocam os sintomas psicóticos como elemento central para o diagnóstico, embora a precisão e a definição desses sinais tenham variado ao longo das várias edições.

A esquizofrenia se caracteriza pelas seguintes dimensões psicopatológicas: presença de sintomas psicóticos ou positivos (delírios e alucinações, sendo as auditivas as mais frequentes), sinais de desorganização (do pensamento e da conduta), sintomas negativos (embotamento afetivo-volitivo), perdas cognitivas (sobretudo déficit da capacidade de abstração e *insight*) e sintomas depressivos e ansiosos (Elkis et al., 2011)

Ainda segundo Elkis e colaboradores (2011), trata-se de um transtorno psicótico, mas nem todo transtorno psicótico é esquizofrenia. Outras patologias podem apresentar sintomas psicóticos, daí a necessidade de um diagnóstico diferencial. Exames físicos e neurológicos, bioquímica (hemograma completo, funções tireoidianas e hepáticas), eletrencefalograma, detector de substâncias psicoativas na urina ou na corrente sanguínea, tomografia ou ressonância magnética do encéfalo, cálcio e cobre séricos, sorologia para sífilis e HIV e, eventualmente, líquido cerebrospinal são fundamentais para o diagnóstico correto, sobretudo em se tratando de um primeiro episódio psicótico. Alguns medicamentos podem produzir sintomas psiquiátricos (em geral depressivos) e, às vezes, psicóticos, como é o caso de antivirais, antibióticos, antiparkinsonianos, ansiolíticos, antidepressivos, anticonvulsivantes, corticosteroides, digitálicos, psicoestimulantes (em especial anfetaminas), entre outros.

Deve-se ressaltar que uma única característica não pode determinar o diagnóstico de esquizofrenia; história abrangente de desenvolvimento dos sintomas, história familiar, entrevista clínica cuidadosa, que explore todas as dimensões dos sintomas, e revisão de quaisquer sinais físicos, em conjunto com exames laboratoriais, são necessários para um diagnóstico preciso.

Subtipos

Na quinta versão do DSM (DSM-5), encontramos cinco subtipos de esquizofrenia apresentados na Tabela 13.1 (American Psychiatric Association, 2013).

DSM-5

O *Manual diagnóstico e estatístico* da APA teve sua versão atualizada em maio de 2013, a qual substituiu o DSM-IV-TR, de 2002. O atual manual propõe a revisão não só do diagnóstico como também dos

TABELA 13.1
Subtipos de esquizofrenia segundo o DSM

SUBTIPO DE ESQUIZOFRENIA	CARACTERÍSTICA
Paranoide	O paciente mostra delírios de perseguição e/ou de grandeza; alucinações auditivas frequentes; não apresenta desorganização da fala e do comportamento; tende a se mostrar tenso, desconfiado e reservado; pode apresentar também ansiedade, raiva indiferenciada e argumentação extrema. O aparecimento da doença é, muitas vezes, tardio em comparação a outros subtipos de esquizofrenia.
Desorganizado	Equivalente à esquizofrenia hebefrênica na CID-10. Esse tipo é marcado por afeto inapropriado, discurso desorganizado e comportamento mal-adaptado; o comportamento desorganizado pode levar a interferência significativa nas atividades.
Catatônico	Tipo marcado por perturbações motoras que vão da imobilidade à atividade excessiva sem sentido, sendo dominado por sintomas psicomotores; o paciente apresenta estupor ou mutismo, excitação não influenciada por estímulos externos, posturas bizarras, resistência sem sentido a instruções ou tentativas de ser movido, rigidez, diminuição da resposta a estímulos, tendência a permanecer em uma postura imóvel e ecolalia ou ecopraxia; esse subtipo exige um diagnóstico diferencial que inclua doença cerebral, instabilidade metabólica, abuso de substâncias ou transtornos do humor, como o transtorno bipolar.
Indiferenciado	Combinação de sintomas de outros subtipos.
Residual	É o estado em que o indivíduo não está sob influência de delírios graves ou alucinações. O paciente não apresenta discurso e comportamento desorganizados, mas carece de motivação e interesses no dia a dia.

subtipos presentes na edição anterior (paranoico, desorganizado, catatônico, indiferenciado e tipos residuais), os quais foram excluídos devido a sua baixa confiabilidade (American Psychiatric Association, 2013). No lugar deles, foram introduzidas uma abordagem dimensional e a classificação pela gravidade dos sintomas nucleares, em função da heterogeneidade da condição. Duas mudanças foram feitas para o Critério A do DSM-IV-TR para o diagnótico de esquizofrenia: a primeira foi a eliminação da atribuição especial de delírios bizarros e schneiderianos, alucinações auditivas de primeira linha (p. ex., duas ou mais vozes conversando); a segunda foi a adição da exigência, no Critério A, de que o indivíduo deva ter pelo menos um dos três sintomas seguintes: delírios, alucinações e discurso desorganizado.

TEORIAS ETIOLÓGICAS

Teoria genética

A esquizofrenia é um transtorno hereditário, existindo, portanto, uma correlação direta entre carga genética e risco para o desenvolvimento da doença. Ter um parente com esquizofrenia é o fator de risco mais consistente e significativo para seu desenvolvimento (Silva, 2006; Vallada Filho & Busatto Filho, 1996). A herdabilidade para esse transtorno é estimada em 0,83, uma das mais altas entre as doenças psiquiátricas. Entre parentes de primeiro grau de um paciente com diagnóstico positivo, o índice gira em torno de 10%. A taxa de concordância para gêmeos monozigóticos é de 44%, o que implica que ser gêmeo monozigótico de um paciente com esquizofrenia constitui o maior fator de risco isolado para se apresentar o transtorno. Apesar disso, esses dados nos mostram que, ainda que a hereditariedade seja um fator importante, a carga genética não determina o desenvolvimento da doença, o que favorece um modelo aditivo de interação entre fatores genéticos e ambientais (Araripe Neto, Bressan, & Bussato Filho, 2007).

Teorias neuroquímicas

Foram desenvolvidas várias hipóteses bioquímicas para explicar a gênese da esquizofrenia. Neste capítulo, vamos nos deter na mais bem investigada e aceita atualmente, ou seja, a da hiperfunção dopaminérgica central. É importante ressaltar que, além do dopaminérgico, outros sistemas de neurotransmissores centrais desempenham algum papel, sendo provável que vários estejam envolvidos ao mesmo tempo (Lieberman et al., 1998).

Hipótese dopaminérgica e glutamatérgica

A clorpromazina foi sintetizada, originalmente, na década de 1950, como um anti-histamínico para ser usado como agente pré-anestésico. Após o cirurgião francês Henri Laborit ter observado seu particular efeito calmante sobre os pacientes, recomendou a seus colegas psiquiatras que usassem a clorpromazina para tratar indivíduos agitados. Eles logo descobriram os benefícios desse fármaco em pacientes com esquizofrenia; todavia, observaram efeitos colaterais parkinsonianos em doses mais altas. A descoberta acidental da utilidade da clorpromazina na esquizofrenia levou, por fim, ao desenvolvimento da hipótese da dopamina, uma das teorias mais influentes sobre a etiologia desse transtorno. Ela postula que os sintomas da doença são subprodutos de disfunção da neurotransmissão de dopamina. As principais linhas de evidência que apoiam essa ideia provêm do trabalho de Carlsson e Lindqvist (1963), o qual determinou que a administração de fenotiazinas em animais bloqueia os efeitos comportamentais de agonistas de dopamina (como a anfetamina) e resulta em *turnover* aumentado desse neurotransmissor. Inversamente, a administração de anfetamina, que era conhecida por aumentar os níveis sinápticos de dopamina, resultava em anormalidades comportamentais e sintomas reminiscentes de esquizofrenia. Além dessa pesquisa, um estudo posterior especificou, ainda, que o receptor de dopamina mais importante pode ser o D2, uma vez que a potência clínica está mais bem correlacionada com ligação a esse subtipo de receptor (Hales, Youdofsky, & Gabbard, 2012). No entanto, é improvável que a disfunção dopaminérgica, por si só, possa ser unicamente responsável pela vasta gama de sintomas e déficits cognitivos observados na esquizofrenia.

O sistema glutamatérgico envolve uma série de receptores que são ativados pelo aminoácido glutamato (GLU), o principal neurotransmissor excitatório no cérebro dos mamíferos. Por conseguinte, sua função é fundamentalmente diferente daquela da dopamina e de outros neurotransmissores monoaminérgicos, que são, a princípio, moduladores de neurotransmissão excitatória ou inibitória. O envolvimento do sistema de glutamato na fisiopatologia da esquizofrenia é fundamentado sobretudo na observação de que as pessoas intoxicadas com substâncias que agem no receptor desse neurotransmissor, como a fenciclidina (PCP) e a quetamina, com frequência manifestam um transtorno do comportamento semelhante à esquizofrenia (Hales et al., 2012). Os modelos glutamatérgicos fornecem uma abordagem alternativa para conceituar as anormalidades cerebrais associadas à esquizofrenia. Ainda não se sabe se os déficits glutamatérgicos são motivados por disfunção dopaminérgica ou se podem variar entre os pacientes e os subtipos da doença. Os dois modelos podem representar visões complementares do transtorno (Lieberman, Stroup, & Perkins, 2006).

Distúrbio do neurodesenvolvimento

Existem evidências que associam a esquizofrenia a distúrbios do neurodesenvolvimento. Intercorrências na vida intrauterina, como infecções ou síndromes virais e desnutrição acentuada na gestação, são condições que podem vir a afetar o desenvolvimento do sistema nervoso central em fase precoce e ser um fator determinante para o aparecimento da doença (Lara, Gama, & Abreu, 2004).

Alterações estruturais

Estudos usando ressonância magnética nuclear (RMN) confirmam a presença de reduções volumétricas nos lobos temporais mediais, as quais foram mais pronunciadas no hemisfério esquerdo. Outras áreas temporais têm sido implicadas, sobretudo aquelas envolvidas na produção da linguagem, como o giro temporal superior. A consistência dos achados de RMN e neuropatológicos tem levado diversos pesquisadores a sugerir que alterações estruturais nos lobos temporais estão invariavelmente presentes na doença, variando apenas em intensidade entre os pacientes. Já estudos realizados com indivíduos com esquizofrenia de início precoce comparados a controles identificaram mudanças progressivas no volume do cérebro em várias regiões, as quais incluem alargamento dos ventrículos laterais e perda de massa cinzenta cortical frontal, temporal e parietal (Araripe Neto et al., 2007).

NEUROCOGNIÇÃO

A neurocognição é afetada de forma moderada a grave nesses pacientes, e quase todos eles apresentam algum declínio no nível de funcionamento neurocognitivo. Assim, o comprometimento cognitivo associado com a esquizofrenia é visto, hoje, como um alvo potencial para o tratamento psicofarmacológico. Embora a cognição não seja uma categoria formal dos critérios diagnósticos no *Manual diagnóstico e estatístico de transtornos mentais, quarta edição, texto revisado* (DSM-IV-TR), este inclui sete referências à disfunção cognitiva na descrição da doença. A deficiência neurocognitiva é uma característica fundamental no transtorno, e não apenas o resultado de seus sintomas ou tratamentos (Keefe & Fenton, 2007).

O desempenho gravemente prejudicado nos testes neuropsicológicos é a evidência mais forte para a importância dos déficits cognitivos presentes na esquizofrenia. Em vários domínios cognitivos, o valor do desvio padrão pode chegar a 2 pontos abaixo do encontrado em controles saudáveis (Keefe & Fenton, 2007).

Keefe e colaboradores (2006) enfatizam que, embora o número de publicações sobre déficits neurocognitivos na esquizofrenia tenha crescido muito ao longo das duas últimas décadas, a maioria dos relatórios foi gerada a partir de amostras consideradas pequenas, dada a heterogeneidade de desempenho entre esses pacientes. Além disso, os autores ainda citam que a maioria dos estudos de cognição utilizou amostras de conveniência, as quais incluíam grupos de pacientes que poderiam completar extensos protocolos de pesquisa devido a sua crônica institucionalização ou que estariam disponíveis porque fariam parte de um ensaio clínico ou outro estudo de pesquisa especializada. Amostras com vastos critérios de exclusão, como, por exemplo, ausência de abuso de substâncias e comorbidades médicas, apresentam recorte relativamente estreito de um grupo de pacientes e podem não refletir o perfil neurocognitivo desses indivíduos.

O estudo Clinical Antipsychotic Trialsof Intervention Effectiveness (CATIE), de Lieberman e colaboradores (2005), foi desenhado especificamente para avaliar a eficácia do tratamento da segunda geração de medicamentos antipsicóticos disponíveis para pessoas com esquizofrenia. Esse estudo representou uma oportunidade de avaliar a gravidade do desempenho neurocognitivo, sintomas e fatores demográficos em indivíduos considerados esquizofrênicos típicos, incluindo aqueles que normalmente não participariam de protocolos de pesquisa ou ensaios clínicos. Keefe e colaboradores (2007), ao analisarem os resultados desse estudo, verificaram que, após dois meses de tratamento, todos os grupos obtiveram melhora na neurocognição, não havendo diferenças importantes entre os antipsicóticos. Essa melhora foi preditora para interrupção do tratamento, independentemente da melhora de outra sintomatologia.

Os estudos disponíveis permitem fazer algumas considerações com alto grau de confiabilidade, como, por exemplo:

1. As funções cognitivas que sofrem maior impacto na esquizofrenia são: memória episódica, velocidade de processamento, fluência verbal, atenção, funções executivas, memória de trabalho e cognição social (Tab. 13.2).
2. Esses déficits cognitivos já se encontram presentes na fase prodrômica e persistem ao longo do curso da esqui-

TABELA 13.2
Principais alterações cognitivas na esquizofrenia (Zimmer et al., 2008)

FUNÇÃO	DEFINIÇÃO
Velocidade de processamento	Habilidade associada à taxa de rapidez do processamento cognitivo em tarefas simples (p. ex., nomear cores)
Atenção/vigilância	Habilidade de manter a atenção voltada para uma tarefa – foco ao longo do tempo (p. ex., assistir a um filme)
Memória de trabalho (*working memory*)	Habilidade de reter certa quantidade de informações para utilização imediata (p. ex., dizer se determinada sequência de letras apresentada é igual a uma sequência anterior)
Aprendizado verbal e memória	Habilidade de aprender e lembrar informações verbalizadas (memória imediata preservada e memória de longo prazo/reconhecimento prejudicada)
Aprendizado visual e memória	Habilidade de gerar, reter e manipular imagens visuais (associada aos diferentes aspectos de processamento de imagens, como geração, transformação, armazenamento e recuperação)
Raciocínio/solução de problemas	Habilidade de raciocinar em situações novas, minimamente dependentes de conhecimentos adquiridos (capacidade de resolver problemas novos, associar ideias, extrapolar e reorganizar informações)
Cognição social	Habilidade relacionada à capacidade de perceber e compreender as regras sociais (capacidade de estabelecer relações sociais)

zofrenia, com poucas melhoras expressivas no decorrer do tratamento medicamentoso.
3. O padrão de comprometimento cognitivo de menor grau é encontrado em familiares não psicóticos, o que provavelmente está relacionado com a predisposição genética do paciente.
4. O comprometimento cognitivo é um forte fator preditor para baixo desempenho nas áreas social e profissional, com grandes prejuízos na cognição social.

AVALIAÇÃO NEUROPSICOLÓGICA

Os vários estudos disponíveis trazem concordância quanto às áreas cognitivas que sofrem maior impacto nos pacientes com esquizofrenia; porém, a falta de critérios metodológicos quanto às abordagens e a variabilidade de funções avaliadas produzem resultados diversos. Isso também ocorre quando se passa a pesquisar os testes neuropsicológicos utilizados para avaliar essa população.

A revisão sistemática realizada por Zimmer e colaboradores (2008), no período de 1995 a 2006, mostrou que um mesmo teste pode ser adotado para avaliar mais de uma função. A Tabela 13.3 apresenta os instrumentos mais utilizados.

A ausência de consenso quanto a uma bateria cognitiva tem sido um grande impedimento para a avaliação padronizada de novas formas de intervenção que visam à melhora da cognição desses pacientes (Nuechterlein et al., 2008). Além disso, ba-

TABELA 13.3
Principais testes utilizados para avaliar esquizofrenia (Zimmer et al., 2008)

INSTRUMENTO	O QUE AVALIA
Wechsler Adult Intelligence Scale (WAIS-III)	Inteligência e outras áreas específicas
Wisconsin Card Sorting Test (WCST)	Funções executivas e flexibilidade cognitiva
Trail Making Test – Forma B (TMT-B)	Funções executivas e flexibilidade cognitiva
Continuous Performance Test (CPT)	Atenção
Trail Making Test – Forma A (TMT-A)	Atenção
Stroop Test	Atenção
Controlled Oral Word Association (COWA)	Fluência verbal e linguagem
Wide Range Achievement Test ou *Revised* ou *Wide Range Achievement Test 3* (WRAT)	Fluência verbal e linguagem
WAIS-III	Linguagem
Wechsler Memory Scale (WMS)	Memória
Auditory-Verbal Learning Test (AVLT)	Memória
California Verbal Learning Test (CVLT)	Memória
WAIS-III	Memória
Finger-Tapping Test (FTT)	Desempenho motor
Grooved Pegboard	Desempenho motor

terias muito extensas se mostram impraticáveis, pois podem provocar altos índices de desgaste, comprometendo, assim, os resultados finais, sobretudo entre aqueles indivíduos que apresentam maior comprometimento (Kraus & Keefe, 2007).

Por essa razão, um grupo de especialistas, com apoio do National Institute of Mental Health (NIMH), iniciou, em 2002, um projeto cujo principal objetivo era desenvolver uma bateria cognitiva para utilização em ensaios clínicos sobre esquizofrenia, denominado *Measurement and Treatment Research to Improve Cognition in Schizophrenia* (MATRICS) (Nuechterlein et al., 2008). Essa bateria passou a ser recomendada em estudos clínicos norte-americanos. Entre os mais de 90 testes nomeados para inclusão, foram selecionados apenas 10, que abrangem sete domínios de funcionamento cognitivo (Tab. 13.4). Esses instrumentos foram escolhidos a partir dos critérios de praticidade na administração e alta confiabilidade (Kraus & Keefe, 2007).

A MATRICS ainda sofre algumas críticas, sobretudo no Brasil, pelo fato de alguns de seus testes ainda necessitarem de validação e padronização específicas para nossa população. Além disso, essa bateria pode ser considerada extensa e limitada – a inclusão de testes computadorizados, por exemplo, dificulta seu manejo com alguns pacientes mais comprometidos e em algumas instituições.

IMPLICAÇÕES FORENSES

Como descrito, a esquizofrenia tem como característica principal a desorganização, tanto do pensamento como da conduta, em decorrência das alterações cognitivas e sensoperceptivas. Assim, esse tipo de paciente pode se envolver em diversas formas de situações com implicações forenses.

Na área criminal, durante a vigência de um surto, o sujeito, ao apresentar delírios persecutórios, por exemplo, pode tor-

TABELA 13.4
MATRICS Consensus Cognitive Battery (MCCB)

TESTE	DOMÍNIO COGNITIVO AVALIADO
Brief Assessment of Cognition in Schizophrenia (BACS): *Symbol-Coding* *Category Fluency: Animal Naming* *Trail Making Test: Part A*	Velocidade de processamento
Continuous Performance Test – Identical Pairs (CPT-IP)	Atenção e vigilância
Wechsler Memory Scale® – 3rd Ed. (WMS®-III): *Spatial Span* *Letter-Number Span*	Memória de trabalho verbal e não verbal
Neuropsychological Assessment Battery® (NAB®): Mazes	Raciocínio e solução de problemas
Brief Visuospatial Memory Test – Revised (BVMT-R™)	Aprendizagem visual
Hopkins Verbal Learning Test – Revised™ (HVLT-R™)	Aprendizagem verbal
Mayer-Salovey-Caruso Emotional Intelligence Test (MSCEIT™): *Managing Emotions*	Cognição social

Fonte: Nuechterlein e colaboradores (2008).

nar-se agressivo. Imagine o caso de um rapaz de 25 anos que havia sido preso acusado de agressão. Durante a entrevista inicial, percebeu-se que o rapaz estava muito desconfiado, questionava se a entrevista estava sendo gravada e ficava olhando para todos os cantos da sala à procura de microfones ou câmeras escondidas. Ao pedir que o paciente contasse o motivo de sua detenção, ele relatou que estava apenas se defendendo. Todas as agressões que cometera foram contra homens em banheiros públicos. Em seguida, relatou que suas vítimas achavam que ele era homossexual e observavam-no enquanto usava o mictório.

É importante ressaltar que apenas uma pequena parcela dos crimes é cometida por pessoas com algum transtorno psiquiátrico (Teixeira, Pereira, Rigacci, & Dalgalarrondo, 2007; Gattaz, 1999). Porém, é comum comportamentos motivados por influência de quadro delirante serem tratados como atos criminosos. Um outro exemplo: foi comunicada a invasão de uma igreja no centro de São Paulo. O invasor, um rapaz de 20 anos, uma vez dentro do templo, começou a quebrar as imagens de santos espalhadas nas paredes (sua religião não faz uso de imagens). A polícia foi chamada e o levou para interrogatório na delegacia. Logo perceberam seu estado mental alterado, e ele foi liberado. Minutos depois, o jovem jogou-se do alto de um viaduto. Com ferimentos graves, foi levado para atendimento emergencial e, mais tarde, transferido para a enfermaria psiquiátrica, com a suspeita de que não voltaria a andar. Ao ser perguntado sobre o que teria motivado tal atitude, disse que Deus conversou com ele, dizendo-lhe que poderia sair voando, pois nada aconteceria.

Já na área civil, lida-se com as questões relativas às interdições, tanto parciais como totais. Os pacientes com diagnóstico de esquizofrenia apresentam várias alterações cognitivas, como dificuldades de memória, baixa velocidade de processamento, pouca flexibilidade mental e incapacidade de resolver problemas, o que acarreta incapacidade funcional (Ferreira Junior, Barbosa, Barbosa, Hara, & Rocha, 2010). Assim, pedidos de interdição envolvendo esses indivíduos são comuns.

Por fim, na vara trabalhista, são comuns casos nos quais pacientes em vigência de delírios persecutórios acusam chefes e até mesmo colegas de assédio moral. Outra situação comum ocorre nas perícias previdenciárias, em que profissionais com esquizofrenia solicitam afastamento devido à cronicidade do quadro.

CONSIDERAÇÕES FINAIS

A esquizofrenia é um transtorno com apresentação heterogênea de sintomas, os quais podem afetar praticamente todas as áreas de funcionamento do indivíduo. Incide em pacientes jovens e se caracteriza por alterações de várias dimensões psicopatológicas, sobretudo sintomas psicóticos, negativos, cognitivos e depressivos, bem como desorganização do pensamento e da conduta. A etiologia desse transtorno é, hoje, compreendida como o produto da interação de múltiplos fatores genéticos e ambientais, não havendo uma causa única (Elkis et al., 2011).

A cognição é profundamente afetada na esquizofrenia, já aparecendo indícios desses déficits nos níveis pré-mórbidos da doença. A inclusão dessa alteração como critério na avaliação do quadro pode aumentar a eficiência do diagnóstico e levar tanto a um prognóstico mais preciso como a melhores resultados terapêuticos.

A determinação do comprometimento cognitivo como parte de um padrão de avaliação diagnóstica pode representar um desafio aos profissionais da área devido à limitação dos recursos disponíveis ou à insuficiência de conhecimentos. São discutidos vários métodos de avaliação cognitiva, incluindo testes breves e fundamentados em entrevistas. Dada a atual ênfase no desenvolvimento de tratamentos cognitivos, o exame da cognição na esquizofrenia é um componente essencial da formação em saúde mental (Keefe & Fenton, 2007).

REFERÊNCIAS

American Psychiatric Association. (2013). *Diagnostic and statistical manual of mental disorders: DSM-5*. Arlington: American Psychiatric Association.

American Psychiatric Association. (2002). *Manual diagnóstico e estatístico de transtornos mentais: DSM-IV-TR*. Porto Alegre: Artmed.

Araripe Neto, A. G. A., Bressan, R. A., & Bussatto Filho, G. (2007). Fisiopatologia da esquizofrenia: aspectos atuais. *Revista de Psiquiatria Clínica, 34*(Supl 2), 198-203.

Carlsson, A., & Lindqvist, M. (1963).Effect of chlorpromazine or haloperidol on formation of 3-methoxytyramine and normetanephrine in mouse brain. *Acta Pharmacologica et Toxicologica (Copenh.), 20*: 140-4.

Ciompi, L. (1980). The natural history of schizophrenia in the long term. *The British Journal of Psychiatry,136*, 413-20.

Elkis, H., Kayo, M., Oliveira, G. M., Hiroce, V. Y., Barrivieira, J., Tassell, Y. (2011). Esquizofrenia. In E. C. Miguel, V. Gentil, W. F. Gattaz, (Eds.). *Clínica psiquiátrica: a visão do Departamento e do Instituto de Psiquiatria do HCFMUSP* (pp. 603-57). São Paulo: Manole.

Ferreira Junior., B. C., Barbosa, M. A., Barbosa, I. G., Hara, C., & Rocha, F. L. (2010). Alterações cognitivas na esquizofrenia: atualização. *Revista de Psiquiatria do Rio Grande do Sul, 32*(2), 57-63.

Gattaz, W. F. (1999). Violência e doença mental: fato ou ficção? *Revista Brasileira de Psiquiatria,21*(4), 196.

Häfner, H., & an der Heiden, W. (1999). The course of schizophrenia in the light of modernfollow-up studies: the ABC and WHO studies. *European Archives of Psychiatry and Clinical Neuroscience, 249*(Suppl 4), 14-26.

Hales, R. E., Yudofsky, S. C., & Gabbard, G. O.(2012). *Tratado de psiquiatria clínica* (5. ed.). Porto Alegre: Artmed.

Jablensky, A. (2010).The diagnostic concept of schizophrenia: its history, evolution, and future prospects. *Dialogues in Clinical Neuroscience,12*(3), 271-87.

Keefe, R. S. E., & Fenton, W. S. (2007). How should DSM-V criteria for schizophrenia include cognitive impairment? *Schizophrenia Bulletin, 33*(4), 912-20.

Keefe, R. S. E., Bilder, R. M., Davis, S. M., Harvey, P. D., Palmer, W. B., Gold, J. M., … Neurocognitive Working Group. (2007). Neurocognitive effects of antipsychotic medications in patients with chronic schizophrenia in the CATIE. *Archives of General Psychiatry, 64*(6), 633-47.

Keefe, R. S. E., Bilder, R. M., Harvey, P. D, Davis, S. M., & Palmer, B. W. (2006). Baseline neurocognitive deficits in the CATIE. *Schizophrenia Trial Neuropsychopharmacology, 31*, 2033-46.

Kraus, M. S., & Keefe, R.S. E. (2007).Cognition as an outcome measure in schizophrenia. *The British Journal of Psychiatry - Supplement , 50*, s46-51.

Lara, D. R., Gama, C. S. & Abreu, P. S. B. (2004). Esquizofrenia. In F. Kapcinski, J. Quevedo, & I. Izquierdo, *Bases biológicas dos transtornos psiquiátricos* (pp. 285-99). Porto Alegre: Artmed.

Lieberman, J. A., Mailman, R. B., Duncan, G. Sikich, L., Chakos, M., Nichols, D. E., Kraus, J. E. (1998). Serotonergic basis of antipsychotic drug effects in schizophrenia. *Biological Psychiatry, 44*(11), 1099-117.

Lieberman, J. A., Stroup, T. S., McEvoy, J. P., Swartz, M. S., Rosenheck, R. A., Perkins, D.O., … Clinical AntipsychoticTrials of Intervention Effectiveness (CATIE) Investigators. (2005). Effectiveness of antipsychotic drugs in patients with chronic schizophrenia. *The New England Journal of Medicine, 353*(12), 1209-23.

Lieberman, J. A., Stroup, T. S., Perkins, D. O. (2006). *The American Psychiatric Publishing textbook of schizophrenia*. Arlington: American Psychiatric Publishing Inc.

Mari, J., & Leitão, R. J. (2000). A epidemiologia da esquizofrenia. *Revista Brasileira de Psiquiatria, 22*(Supl 1), 15-7.

Messias, E. L., Chen, C.Y, & Eaton, W. W. (2007). Epidemiology of Schizophrenia: review of findings and myths psychiatric. *Clinics of North America, 30*(3), 323-38.

Nuechterlein, K. H., Green, M. F., Kern, R. S., Baade, L. E., Barch, D. M., Cohen, J. D., ... Marder, S. R. (2008).The MATRICS consensus cognitive battery - Part 1: test selection, reliability, and validity. *The American Journal of Psychiatry, 165*(2), 203-13.

Organização Mundial da Saúde. (1993). *Classificação de transtornos mentais e de comportamento da CID-10: descrições clínicas e diretrizes diagnósticas.* Porto Alegre: Artmed.

Silva, R. C. B. (2006). Esquizofrenia: uma revisão. *Psicologia USP, 17*(4), 263-85.

Teixeira, E. H., Pereira, M. C., Rigacci, R., & Dalgalarrondo, P. (2007). Esquizofrenia, psicopatologia e crime violento: uma revisão das evidências empíricas. *Jornal Brasileiro de Psiquiatria, 56*(2), 127-33.

Vallada Filho, H., & Busatto Filho, G. (1996). Esquizofrenia. In P. Almeida, L. Dractu & R. Laranjeira (Orgs.), *Manual de psiquiatria clínica* (pp. 127-50). Rio de Janeiro: Guanabara Koogan.

Zimmer, M., Jou, G. D, Sebastiany, C., Guimarães, E., Boechat, L., Soares, T., Belmonte-de-Abreu, P. S. (2008). Avaliação neuropsicológica da esquizofrenia: revisão sistemática. *Revista de Psiquiatria do Rio Grande do Sul, 30*(Supl 1).

LEITURAS SUGERIDAS

Nemeroff, C. B., Weinberger, D., Rutter, M., MacMillan, H. L. Bryant, R. A., Wessely, S., ... Lysaker, P. (2013). DSM-5: a collection of psychiatrist views on the changes, controversies, and future directions. *BMC Medicine, 11,* 202

Strauss, E., Sherman, E. M. S., & Spreen, O. (2006). *A compendium of neuropsychological tests: administration, norms, and commentary.* (3. ed.). New York: Oxford University Press.

14

Psicoses orgânicas

MONICA KAYO
FABIANA SAFFI

A psicose não é patognomônica de nenhuma doença psiquiátrica: é apenas um agrupamento de sintomas que pode ocorrer em várias condições clínicas e cirúrgicas ou, ainda, ser decorrente do uso de certos medicamentos ou drogas de abuso (Dilsaver, 1992).

As psicoses orgânicas são um amplo grupo de anormalidades psicológicas e comportamentais devidas a uma lesão ou disfunção cerebral, sendo também chamadas de psicoses secundárias. As anormalidades cerebrais podem ser temporárias ou permanentes.

Deve-se sempre suspeitar de uma causa orgânica quando não houver uma indicação clara de síndrome psiquiátrica ou "funcional". Entretanto, conforme aumenta o conhecimento sobre as alterações bioquímicas que ocorrem no cérebro de indivíduos com transtornos psiquiátricos, mais complexa se torna a distinção entre processos orgânicos e funcionais.

A ideia de que os transtornos psicóticos podiam ser claramente divididos entre aqueles que apresentam substrato orgânico detectável e aqueles que são apenas funcionais prevaleceu por mais de um século. Isso levou a algumas interpretações errôneas no início do século XX, quando a classificação funcional foi equiparada à "psicogênica", o que fez muitos considerarem a esquizofrenia um transtorno decorrente apenas de fatores psicológicos, como, por exemplo, a criação dada aos filhos pelos pais (Keshavan & Kaneko, 2013).

Aos poucos, os termos "orgânico" e "funcional" vêm sendo, portanto, abandonados; em seu lugar, tem-se preferido utilizar as expressões "psicoses secundárias" e "psicoses primárias". A vantagem dessa nomenclatura é que o fato de um transtorno psiquiátrico ser considerado primário (p. ex., esquizofrenia) não descarta um substrato neurobiológico do transtorno. O termo "primário" poderia, de certa forma, ser substituído por "idiopático".

PRINCIPAIS CAUSAS DE PSICOSES SECUNDÁRIAS

As principais causas de psicoses secundárias estão listadas no Quadro 14.1.

Podemos dividir as psicoses secundárias, de modo resumido e didático, em quatro grandes grupos, com sobreposições entre si:

1. distúrbios endócrinos, metabólicos e estados de deficiência
2. doenças internas
3. transtornos neurológicos
4. intoxicações e iatrogenias

Veremos, a seguir, um panorama das principais causas de psicoses orgânicas/secundárias. O tema é muito vasto, por isso alguns quadros de maior relevância (demências e abuso de drogas) serão aborda-

> **Quadro 14.1**
> **Principais causas de psicoses secundárias**
>
> - Traumatismo craniano
> - Doenças degenerativas e desmielinizantes
> - Distúrbios congênitos/citogenéticos
> - Doenças cerebrovasculares
> - Processos expansivos (tumores)
> - Epilepsias
> - Iatrogenias (produzidas por medicamentos)
> - Transtornos induzidos por substâncias
> - Distúrbios metabólicos
> - Distúrbios endócrinos
> - Distúrbios dietéticos (p. ex., deficiência de vitamina B12)
> - Infecções
> - Doenças autoimunes

dos em outros capítulos deste livro. Não é o objetivo deste capítulo abordar em detalhes todas as causas de psicoses secundárias, e sim alertar para o fato de que elas são comuns e devem ser sempre consideradas no diagnóstico diferencial.

PSICOSES SECUNDÁRIAS A DISTÚRBIOS ENDÓCRINOS, METABÓLICOS E ESTADOS DE DEFICIÊNCIA

Distúrbios endócrinos

Os sintomas psicóticos podem estar presentes em diversas doenças do sistema endócrino, como, por exemplo, hipertireoidismo, hipotireoidismo, hiperparatireoidismo e hipercalcemia.

Em geral, os quadros associados à disfunção da tireoide apresentam-se como transtornos do humor, e, nesses casos, os quadros psicóticos são raros. Os hormônios tireoidianos exercem um papel na regulação do humor e do comportamento, visto que são comuns alterações nessas características em pacientes com hiper ou hipotireoidismo. Entretanto, pouco se sabe sobre a patogênese da psicose nos quadros de hipertireoidismo (Lee et al., 2013).

A tireoidite de Hashimoto é a causa mais comum de hipotireoidismo no adulto. Recentemente, foi descrito um quadro de encefalopatia de Hashimoto, condição imunomediada que pode se manifestar em qualquer idade e caracterizada por deterioração intelectual, convulsões, agitação, alterações do humor e alucinações, independentemente da função tireoidiana (Alink & de Vries, 2008).

A associação entre hiperparatireoidismo e hipercalcemia com sintomas psiquiátricos é conhecida, embora não se saiba a prevalência dos quadros psicóticos relacionados. Os relatos de casos descrevem pacientes com alucinações visuais, delírios persecutórios e desorganização do pensamento. Apesar de mais raro, o hipoparatireoidismo também pode levar a quadro psicótico (Keshavan & Kaneko, 2013).

Os pacientes com distúrbios na tireoide costumam apresentar diminuição na flexibilidade mental, dificuldades atencionais e mnésticas (Siervi, 2013; Sérgio, Adan, Lucena, Silva, & Tavares-Leite, 2007) e problemas de aprendizagem, provavelmente secundários ao déficit atencional (Sérgio et al., 2007).

Distúrbios metabólicos

As doenças metabólicas podem ocasionar perda de função ou morte neuronal. Doenças como Niemann-Pick tipo C, Tay-Sachs e alfa-manosidose podem produzir sintomas psicóticos em decorrência de mudanças no neurodesenvolvimento, incluindo mielinização e poda neuronal (*prunning*) (Keshavan & Kaneko, 2013). Também foi relatada a ocorrência desse tipo de sintoma em doenças mitocondriais e na leucodistrofia metacromática.

A doença de Wilson, caracterizada pela deposição anormal de cobre no fígado e no cérebro, pode cursar com quadros psicóticos, com a presença, além de delírios e alucinações, de sintomas como euforia, hebefrenia, catatonia e disfunções cognitivas.

Deficiências nutricionais

Os estados de deficiência nutricional que levam a caquexia, desidratação, desequilíbrio hidreletrolítico e deficiências multivitamínicas com frequência estão associados a depressão, mania e psicoses. A deficiência de vitamina B12 é conhecida de longa data, desde a década de 1940, e há relatos de casos que se manifestam quase exclusivamente pelo quadro psicótico (Masalha et al., 2001). Em idosos, a deficiência dessa vitamina é causa comum de sintomas neuropsiquiátricos, incluindo quadros psicóticos, em geral causados por problemas de má absorção (Lachner, Steinle, & Regenold, 2012).

Existem várias outras causas endócrinas, metabólicas e nutricionais para as psicoses, como, por exemplo, as doenças de Addison e de Cushing, desidratação, hipoglicemia, deficiência de vitamina D, doença de Wilson, uremia e síndrome de Wernicke-Korsakoff (Dilsaver, 1992; Keshavan & Kaneko, 2013; Testa et al., 2013). Essas condições podem acarretar dificuldades mnêmicas, déficits nas funções executivas e rebaixamento cognitivo geral (Feldato, 2012).

PSICOSES SECUNDÁRIAS A DOENÇAS INTERNAS

Diversas patologias podem se manifestar com quadros psicóticos, incluindo as autoimunes, infecciosas e inflamatórias (Keshavan & Kaneko, 2013; Testa et al., 2013).

Doenças autoimunes

Sintomas psicóticos foram descritos em praticamente todas as doenças autoimunes, incluindo artrite reumatoide, esclerose múltipla, lúpus eritematoso sistêmico (LES) e doença de Hashimoto. Entre essas, a psicose lúpica é a mais conhecida. De modo geral, os quadros psicóticos não são as manifestações psiquiátricas mais comuns dessas doenças, sendo mais frequentes a ansiedade e a depressão.

Diversas manifestações psiquiátricas podem ocorrer no LES: alterações cognitivas, ansiedade, depressão e psicoses. A psicose, nessa condição, tende a aparecer nas fases iniciais da doença. Um estudo prospectivo de três anos determinou a prevalência de psicose aguda em 4,3% (Kampylafka et al., 2013). Já um estudo transversal conduzido no Brasil apontou uma prevalência de 6,3% entre pacientes com LES em tratamento ambulatorial (Beltrão et al., 2013).

Outra causa comum de psicose em pacientes com doenças autoimunes é o uso de glicocorticoides. Sintomas neuropsiquiátricos graves podem ocorrer em aproximadamente 6% dos indivíduos que fazem uso dessas substâncias, sendo o fator de risco mais importante a dose administrada (Dubovsky, Arvikar, Stern, & Axelrod, 2012).

Dada a complexidade dos quadros de psicose orgânica, a utilização da avaliação neuropsicológica deve compreender a cognição social, a atenção (Ayache & Costa, 2005), a linguagem (Melo & Da-Silva, 2012), déficits de memória e de atenção e dificuldades no aprendizado e no raciocínio (Sato et al., 2004).

Doenças infecciosas

A psicose pode se manifestar em várias doenças infecciosas, sendo possível que ocorra tanto em infecções agudas – visto que febre e septicemia podem se apresentar como sintomas psicóticos ("febre delirante") –, como em infecções crônicas.

Historicamente, a neurossífilis sempre foi relacionada a internações psiquiátricas, correspondendo a cerca de 5% dessas situações no ano de 1900 (Keshavan & Kaneko, 2013). Hoje em dia, pesquisas recentes têm mostrado aumento da incidência de sífilis, apesar do tratamento já estabelecido da doença. De acordo com a Organização Mundial da Saúde (OMS), 10 a 12 milhões de casos novos da doença ocorrem todos os anos (Organização Mundial da Saúde, 1993). Sem tratamento, cerca de 30% desses indivíduos podem desenvolver neurossífilis, que se manifesta anos após a infecção inicial (Friedrich et al., 2013; Testa et al., 2013) e cuja psicose pode ser idêntica a quadros de esquizofrenia, com início tanto agudo como insidioso (Keshavan & Kaneko, 2013; Sobhan, Rowe, Ryan, & Munoz, 2004). Assim, testes sorológicos para sífilis devem ser parte da avaliação de rotina em pacientes com sintomas psicóticos (Friedrich et al., 2013; Sobhan et al., 2004). Além disso, indivíduos com transtornos mentais podem apresentar maior risco de contrair essa doença (Friedrich et al., 2013).

Os achados neuropsicológicos da neurossífilis evidenciam deterioração cognitiva, com dificuldade de concentração, irritabilidade, alterações de memória e diminuição da capacidade de julgamento (Vargas, Carod-Artal, Del Negro, & Rodrigues, 1999).

A infecção pelo HIV é associada com mais frequência à depressão, mas pode também se manifestar como psicoses, sobretudo em fases mais tardias da doença. A psicose relacionada ao HIV é caracterizada por delírios persecutórios e somáticos, grandiosidade e alucinações. A avaliação neuropsicológica desses pacientes engloba funções atencionais e mnêmicas, processo de aprendizagem, velocidade de processamento e capacidade de resolução de problemas – funções executivas (Christo, 2010). Outro agente infeccioso associado à ocorrência de psicoses é o *Toxoplasma gondii*. A toxoplasmose tem sido relacionada ao aparecimento de sintomas psicóticos, incluindo delírios e alucinações auditivas (Keshavan & Kaneko, 2013).

PSICOSES SECUNDÁRIAS A TRANSTORNOS NEUROLÓGICOS

Entre os quadros neurológicos que podem levar à psicose estão traumatismo craniencefálico (TCE), tumores cerebrais, doenças cerebrovasculares, esclerose múltipla, patologias degenerativas, como as demências, e epilepsias (Keshavan & Kaneko, 2013; Testa et al., 2013). As demências e a doença de Parkinson serão abordadas em outros capítulos.

Embora o TCE já tenha sido apontado como um fator de risco para psicoses, há poucos estudos sistemáticos que investigam essa correlação. Aparentemente, ele aumenta um pouco o risco de psicoses, sobretudo em indivíduos com alguma predisposição genética. Os TCEs graves, difusos, envolvendo lobos temporais e com alterações eletrencefalográficas e de neuroimagem parecem cursar com maior risco de desenvolvimento de psicoses. Estas, quando associadas ao TCE, costumam ser caracterizadas pela predominância de delírios persecutórios e alucinações auditivas e por poucos sintomas negativos (Keshavan & Kaneko, 2013).

Os tumores cerebrais são causas raras, porém importantes, de psicoses secundárias. Os sintomas podem ser indistinguíveis da esquizofrenia, mas esta costuma ser mais associada a uma maior presença de alucinações visuais e delírios frouxos. Os tumores localizados nos lobos temporais são os mais propensos a produzir sintomas psicóticos (Keshavan & Kaneko, 2013).

Os prolactinomas são os tumores mais comuns da hipófise. Normalmente, são tratados com agonistas dopaminérgicos, que podem induzir quadros psicóticos, cujos sintomas, por sua vez, são tratados com antagonistas dopaminérgicos. Estes, além de associados com frequência ao surgimento de prolactinomas, podem aumentar os níveis de prolactina. Entre os sintomas psíquicos da hiperprolactinemia estão depressão, ansiedade e transtornos alimentares. Contudo, outros sinais podem surgir em decorrência do efeito de massa, em casos de tumores maiores (macroadenomas), tais como alucinações visuais e olfativas e episódios de perda de tempo e apatia (Ali, Miller, & Freudenreich, 2010; Testa et al., 2013; Zahajszky, Quinn, Smith, & Stern, 2007).

Os sintomas psicóticos também podem se manifestar após acidente vascular cerebral (AVC) em qualquer região do cérebro, porém são mais frequentes em lesões temporais, parietais e occipitais. Diferem daqueles observados na esquizofrenia, pois apresentam maior frequência de alucinações visuais, táteis e olfativas. Outro achado comum é a presença de alucinoses, que são percepções falsas de cuja realidade o indivíduo não tem muita convicção (Keshavan & Kaneko, 2013).

Ao se realizar a avaliação neuropsicológica desses pacientes, deve-se primeiramente saber qual região foi atingida pelo AVC ou tumor; em seguida, é preciso fazer um levantamento das funções da área afetada, para só então estabelecer a bateria de avaliação.

As demências vasculares com frequência cursam com manifestações psicóticas, mas, atualmente, a porcentagem de contribuição dos distúrbios vasculares para tais sintomas é controversa. Os quadros de mania recente em idosos devem sempre ser investigados quanto à possibilidade de decorrerem de AVC (Testa et al., 2013). Como nos casos de AVCs e tumores, nas demências vasculares, deve-se primeiramente buscar a localização, para depois montar a bateria neuropsicológica em busca de déficits específicos. Ainda assim, de modo geral, as dificuldades encontradas nos quadros demenciais referem-se a memória, linguagem, praxia, funções executivas, aprendizagem de novas informações e orientação.

A epilepsia tem importante correlação com quadros psiquiátricos. Os pacientes com epilepsia focal, especialmente nos lobos temporal e frontal, apresentam maior incidência de transtornos de ansiedade, depressão e psicoses. As psicoses epilépticas podem ser ictais (durante as crises epilépticas), pós-ictais (até sete dias após uma crise ou um agrupamento de crises) e interictais (nos intervalos livres de crises) (Adachi et al., 2010). O desenvolvimento de quadros psicóticos crônicos associados a essa doença já é bem estabelecido (Adachi et al., 2010; Keshavan & Kaneko, 2013). É difícil especificar os achados neuropsicológicos de pacientes epilépticos, devido aos diferentes tipos de apresentação dessa patologia (Souza-Oliveira, 2010). De modo geral, envolvem déficits de atenção, de linguagem, de memória, de abstração, de funções executivas (Stella, 1998) e em processos de aprendizagem (Schlindwein-Zanini, Izquierdo, Cammarota, & Portuguez, 2009).

PSICOSES SECUNDÁRIAS A INTOXICAÇÕES E IATROGENIAS

Diversos medicamentos com ação central podem provocar sintomas psicóticos: glicocorticoides, fármacos com propriedades anticolinérgicas (p. ex., alguns antipsicóticos e antidepressivos tricíclicos), agonistas dopaminérgicos utilizados no tratamento da doença de Parkinson e dos prolactinomas, metanfetaminas, benzodiazepínicos, entre outros. Os pacientes idosos têm maior risco de desenvolver quadros psicóticos em função do uso de medicamentos (Dilsaver, 1992; Keshavan & Kaneko, 2013). Os fármacos utilizados no tratamento da malária, como a cloroquina e a mefloquina, também têm sido associados a maior risco de desenvolvimento de psicoses, sobretudo em indivíduos com doenças psiquiátricas prévias (Keshavan & Kaneko, 2013). Outra substância que pode levar o paciente a desenvolver sintomas psicóticos reversíveis é a naftalina, quando utilizada como droga de abuso (Liu, Garakani, Krauskopf, & Robinson-Papp, 2013).

Diversas substâncias químicas, incluindo pesticidas e metais pesados, podem provocar quadros de encefalopatia tóxica, que, por sua vez, podem se manifestar como psicoses. Em geral, nesses casos, os sintomas são dose-dependentes e simétricos. A presença de assimetria neurológica, como, por exemplo, fraqueza ou perda sensorial em apenas um membro ou em apenas um lado do corpo, sugere etiologias alternativas. Além disso, é possível observar uma relação temporal entre a exposição ao agente e o quadro encefalopático, que pode ser agudo ou crônico (Kim & Kim, 2012).

As drogas de abuso também podem levar ao desenvolvimento de sintomas psicóticos agudos e crônicos. Os primeiros podem ser decorrentes de intoxicação aguda ou de abstinência da substância. Os quadros psicóticos dessa natureza iniciam-se com o consumo da droga e persistem dias a semanas, mesmo sem o uso continuado da substância. As drogas mais associadas a quadros psicóticos são os estimulantes (anfetaminas, cocaína), a maconha, a fenciclidina e a quetamina.

Já o álcool e os benzodiazepínicos podem induzir psicoses em estados de abstinência aguda. O ácido lisérgico e a 3,4-metilenodioxi-N-metanfetamina (MDMA), por sua vez, são capazes de produzir alucinações na intoxicação aguda, mas não há, até o momento, evidência de indução de transtorno psicótico. É importante lembrar que a vulnerabilidade genética tem uma complexa interação com a dependência química. O Capítulo 25 trata de adição, avaliação neuropsicológica desses pacientes e aspectos jurídicos.

DELIRIUM

O *delirium* é uma síndrome cerebral orgânica aguda, etiologicamente não específica, caracterizada por perturbações simultâneas da atenção e da consciência, da percepção, do pensamento, da memória, da psicomotricidade e do ciclo sono-vigília (Organização Mundial da Saúde, 1993; Vasilevskis, Han, Hughes, & Ely, 2012). Trata-se de um estado transitório e flutuante, em geral de início rápido, e que acomete mais a população idosa (Organização Mundial da Saúde, 1993).

O *delirium* é uma situação muito comum em internações, sobretudo nos casos de pacientes com mais de 65 anos. No momento da internação em hospitais gerais, 11 a 25% dos idosos apresentam a síndrome, e 29 a 30% desenvolvem quadros de *delirium* após a internação (Vasilevskis et al., 2012); nas unidades de terapia intensiva, essa incidência é ainda maior, podendo ocorrer em até 80% dos pacientes com ventilação mecânica e em 20 a 50% daqueles que respiram sem ajuda de aparelhos (Brummel & Girard, 2013). Sintomas de *delirium* são comuns também em pacientes residentes em instituições de longa permanência, cuja prevalência varia de 6,5 a 50% (Teodorczuk, Reynish, & Milisen, 2012). Apesar de ser muito comum, é frequente a síndrome não ser diagnosticada (Khan, Zawahiri, Campbell, & Boustani, 2011; Teodorczuk, Reynish, & Milisen, 2012). Ela costuma ser confundida com a própria demência e com depressão. Portanto, para auxiliar o profissional no reconhecimento do *delirium*, ferramentas de *screening*, como o Método de Avaliação da Confusão (CAM – *Confusion Assessment Method*) (Inouye et al., 1990) e a Escala para Avaliação Inicial do *Delirium* (DOSS – *Delirium Observation Screening Scale*) (Schuurmans, Shortridge-Baggett, & Duursma, 2003), foram desenvolvidas.

O *delirium* é um fator preditivo de pior prognóstico. Por isso, é importante verificar os fatores de risco, os quais podem ser classificados em modificáveis (precipitantes, relacionados ao hospital e tratamento) e não modificáveis (vulnerabilidade) (Brummel & Girard, 2013; Vasilevskis et al., 2012).

O principal fator de vulnerabilidade é a presença de demência. Quanto mais grave o quadro demencial, maior o risco de *delirium*. Outros fatores de vulnerabilidade incluem idade avançada, baixo nível socioeducacional, depressão, história de alcoolismo, problemas de visão e uso crônico de benzodiazepínicos e opioides. Entre os fatores modificáveis, estão as infecções, a desidratação e outras condições clínicas potencialmente tratáveis a curto prazo (Vasilevskis et al., 2012). Os pacientes com alta vulnerabilidade (p. ex., um idoso com demência) podem apresentar *delirium* em função de uma simples infecção urinária.

Não é possível realizar a avaliação neuropsicológica em um paciente quando ele se encontra com *delirium*, uma vez que estão presentes perturbações no nível de consciência.

DIAGNÓSTICO

A avaliação de um primeiro episódio psicótico deve sempre contemplar a possibilidade de uma causa orgânica identificável. Assim, os seguintes passos são recomendados:

- exame médico detalhado, incluindo avaliação neurológica
- exame psiquiátrico minucioso
- testes neuropsicológicos
- exames laboratoriais: hemograma completo, velocidade de hemossedimentação (VHS), glicemia, eletrólitos, funções tireoidianas, testes de função hepática e *screening* de drogas na urina, teste rápido para sífilis

Quando os resultados dessas avaliações sugerirem a possibilidade de diagnóstico de psicose secundária/orgânica, o profissional deve considerar os seguintes exames:

- Laboratoriais: teste para HIV, pesquisa de metais pesados, níveis de cobre e ceruloplasmina; calcemia, autoanticorpos (p. ex., anticorpos antinucleares para LES), níveis de B12, folato, urocultura, toxicologia
- Neuroimagem: tomografia computadorizada, imagem por ressonância magnética
- Eletrencefalografia (EEG)
- Líquido cerebrospinal: glicose, proteínas, cultura, antígeno criptocócico;
- Cariotipagem.

ASPECTOS NEUROPSICOLÓGICOS

Como descrito ao longo deste capítulo, as psicoses secundárias/orgânicas são causadas por uma série de fatores e podem acarretar diversas alterações cognitivas. Assim, ao se suspeitar de determinada patologia, é importante pesquisar quais alterações cognitivas ela causa e montar a bateria neuropsicológica a partir dessa investigação.

IMPLICAÇÕES FORENSES

As psicoses secundárias podem causar ao indivíduo inúmeras complicações. A seguir, descreveremos algumas situações nas quais elas podem interferir.

Na área trabalhista, a intoxicação por metais pesados e pesticidas pode gerar processos contra o empregador. Nesses casos, a perícia neuropsicológica deve, a princípio, fazer um levantamento da literatura quanto à substância que o paciente alega tê-lo intoxicado e quais alterações cognitivas ela provoca, a fim de poder elaborar uma bateria neuropsicológica adequada. É importante também que o perito saiba identificar essas alterações, mesmo durante a entrevista, para reconhecer casos de simulação. Além disso, é importante determinar como ocorre a contaminação, quais materiais de proteção devem ser usados no manejo da substância e qual empresa fornecia ao periciando.

Os pedidos de interdição (Vara Cível) são frequentes em casos de demências e abuso de substâncias. Nestes, a perícia deve verificar, por meio do exame neuropsicológico, as alterações cognitivas que o periciando demonstra e, a partir disso, estabelecer se ele apresenta ou não condições de responder por seus atos, ou seja, determinar sua capacidade civil.

Já na área criminal, quando for alegado ou se suspeitar de um quadro psicótico, deve-se determinar se o crime ocorreu durante a vigência do surto e, caso tenha tido uma causa orgânica, tentar identificar o que teria desencadeado o quadro. Isso é fundamental, pois, se for estabelecido que, no momento do crime, o indivíduo não tinha preservada sua capacidade de entendimento e autodeterminação, e for-lhe imputada uma medida de segurança, nos exames de cessação de periculosidade o perito deve atestar que o sujeito recuperou essas capacidades, podendo responder pelos seus atos. Se a causa do quadro psicótico for orgânica, é importante verificar se ela ainda está presente e, em caso positivo, se está controlada ou não. Uma das maneiras de atestar a capacidade de entendimento e autodeterminação do periciando é por meio do exame neuropsicológico.

CONSIDERAÇÕES FINAIS

A distinção histórica das psicoses entre orgânicas e funcionais tem-se mostrado cada vez mais insustentável, sendo mais útil e preciso classificá-las de acordo com a presença ou não de etiologias identificáveis. São inúmeras as possíveis causas de psicoses secundárias (orgânicas), e as manifestações atípicas de seus sintomas devem sempre ser avaliadas quanto à possibilidade de haver uma etiologia orgânica identificável. Do mesmo modo, as alterações neuropsicológicas decorrentes de quadros psicóticos são as mais variadas possíveis, devendo a avaliação ser planejada caso a caso.

REFERÊNCIAS

Adachi, N., Akanuma. N., Ito, M., Kato, M., Hara, T., Oana, Y., ... Onuma, T. (2010). Epileptic, organic and genetic vulnerabilities for timing of the development of interictal psychosis. *British Journal of Psychiatry, 196*(3), 212-6.

Ali, S., Miller, K. K., & Freudenreich, O. (2010). Management of psychosis associated with a prolactinoma: case report and review of the literature. *Psychosomatics, 51*(5), 370-6.

Alink, J., & de Vries, T. W. (2008). Unexplained seizures, confusion or hallucinations: think Hashimoto encephalopathy. *Acta Paediatrica, 97*(4), 451-3.

Ayache, D. C. G & Costa, I. P. (2005). Alterações da personalidade no lúpus eritematoso sistêmico. *Revista Brasileira de Reumatologia, 45*(5), 313-8.

Beltrão, S. M., Gigante, L. B., Zimmer, D. B., Zimmermann, P. R., Schmoeller, D., Batistella, F., ... Staub, H. L. (2013). Psychiatric symptoms in patients with systemic lupus erythematosus: frequency and association with disease activity using the Adult Psychiatric Morbidity Questionnaire. *Revista Brasileira de Reumatologia, 53*(4), 328-34.

Brummel, N. E., & Girard, T. D. (2013). Preventing delirium in the intensive care unit. *Critical Care Clinical, 29*(1), 51-65.

Christo, P.P. (2010). Alterações cognitivas na infecção pelo HIV e Aids. *Revista da Associação Médica Brasileira, 56*(2), 242-7.

Dilsaver, S. C. (1992). Differentiating organic from functional psychosis. *American Family Physician, 45*(3), 1173-80.

Dubovsky, A. N., Arvikar, S., Stern, T. A., & Axelrod, L. (2012). The neuropsychiatric complications of glucocorticoid use: steroid psychosis revisited. *Psychosomatics, 53*(2), 103-15.

Feldado, A. L.T. (2012). *Avaliação neuropsicológica da memória episódica e das funções executivas no Diebetes Mellitus Tipo 2 (DM2)*. (Dissertação). Programa de Pós-Graduação Mestrado em Psicologia da Universidade Federal de Curitiba. Recuperado de http://www.humanas.ufpr.br/portal/psicologiamestrado/files/2012/05/Ana-Lucia-Teixeira-Fedalto-Disserta%C3%A7%C3%A3o.pdf.

Friedrich, F., Aigner, M., Fearns, N., Friedrich, M. E., Frey, R., & Geusau, A. (2013). Psychosis in neurosyphilis: clinical aspects and implications. *Psychopathology, 47*(1), 3-9.

Inouye, S. K., van Dyck, C. H., Alessi, C. A., Balkin, S., Siegal, A. P., & Horwitz, R. I. (1990). Clarifying confusion: the confusion assessment method. A new method for detection of delirium. *Annual of Internal Medicine, 113*(12), 941-8.

Kampylafka, E. I., Alexopoulos, H., Kosmidis, M. L., Panagiotakos, D. B., Vlachoyiannopoulos, P. G., Dalakas, M. C., …, Tzioufas, A. G. (2013). Incidence and prevalence of major central nervous system involvement in systemic lupus erythematosus: a 3-year prospective study of 370 patients. *PLoS One, 8*(2), e55843.

Keshavan, M. S., & Kaneko, Y. (2013). Secondary psychoses: an update. *World Psychiatry, 12*(1), 4-15.

Khan, B. A., Zawahiri, M., Campbell, N. L., & Boustani, M. A. (2011). Biomarkers for delirium: a review. *Journal of the American Geriatrics Society, 59*(Suppl 2): S256-261.

Kim, Y., & Kim, J. W. (2012). Toxic encephalopathy. *Safety and Health at Work, 3*(4), 243-56.

Lachner, C., Steinle, N. I., & Regenold, W. T. (2012). The neuropsychiatry of vitamin B12 deficiency in elderly patients. *Journal of Neuropsychiatry Clinical Neuroscience, 24*(1), 5-15.

Lee, K. A., Park, K. T., Yu, H. M., Jin, H. Y., Baek, H. S., & Park, T. S. (2013). Subacute thyroiditis presenting as acute psychosis: a case report and literature review. *Korean Journal of Internal Medicine, 28*(2), 242-6.

Liu, M. C., Garakani, A., Krauskopf, K. A., & Robinson-Papp, J. (2013). A case of reversible neuropsychiatry symptoms in HIV due to toxic leukoencephalopathy. *Innovations in Clinical Neuroscience, 10*(9-10), 26-9.

Masalha, R., Chudakov, B., Muhamad, M., Rudoy, I., Volkov, I., & Wirguin, I. (2001). Cobalamin-responsive psychosis as the sole manifestation of vitamin B12 deficiency. *IMAJ, 3*(9), 701-3.

Melo, L. F., & Da-Silva, S. L. (2012) Análise neuropsicológica de distúrbios cognitivos em pacientes com fibromialgia, artrite reumatoide e lúpus eritematoso sistêmico. *Revista Brasileira de Reumatologia, 52*(2).

Organização Mundial de Saúde (OMS). (1993). *Classificação de transtornos mentais e de comportamento da CID-10: descrições clínicas e diretrizes diagnósticas*. Porto Alegre: Artes Médicas.

Sato, E. I., Bonfá, E. D., Costallat, L. T. L., Silva, N. A., Brenol, J. C. T., Santiago, M. B., ... Vasconcelos, M. (2004). Lúpus eritematoso sistêmico: tratamento do acometimento sistêmico. *Revista Brasileira de Reumatologia, 44*(6).

Schlindwein-Zanini, R., Izquierdo, I., Cammarota, M., & Portuguez, M. W. (2009). Aspectos neuropsicológicos da epilepsia do lobo temporal na infância. *Revista Neurociências, 17*(1), 46-50.

Schuurmans, M. J., Shortridge-Baggett, L. M., & Duursma, S. A. (2003). The Delirium Observation Screening Scale: a screening instrument for delirium. *Research and Theory Nursing Practice, 17*(1), 31-50.

Sérgio, J., Adan, L., Lucena, R. C., Silva, A. C. C., & Tavares-Leite, L. (2007). Perfil Cognitivo de Adolescentes com Hipertireoidismo em Salvador – Bahia – Brasil. *Revista Brasileira de Ciências da Saúde, 11*(2): 125-30.

Siervi, V.C. (2013). *Relação entre hipotireoidismo e déficit cognitivo em idosos: uma revisão bibliográfica*. (Monografia). Faculdade de Medicina da Bahia, Universidade Federal da Bahia. Salvador.

Sobhan, T., Rowe, H. M., Ryan, W. G., & Munoz, C. (2004). Unusual case report: three cases of psychiatric manifestations of neurosyphilis. *Psychiatric Services, 55*(7), 830-2.

Souza-Oliveira, C.; Escosi-Rosset, S.; Funayama, S. S.; Terra, V. C.; Machado, H. R., & Sakamoto, A. C. (2010). Funcionamento intelectual em pacientes pediátricos com epilepsia: comparação de crianças controladas com medicação, não controladas com medicação e controladas com cirurgia. *Jornal de Pediatria (Rio de Janeiro)*, *86*(5), 377-83.

Stela, F. (1998). *Distúrbios cognitivos na epilepsia*. (Tese). Programa de Pós-Graduação em Ciências Médicas. Campinas: UNICAMP.

Teodorczuk, A., Reynish, E., & Milisen, K. (2012). Improving recognition of delirium in clinical practice: a call for action. *BMC Geriatrics, 12*, 55.

Testa, A., Giannuzzi, R., Daini, S., Bernardini, L., Petrongolo, L., & Gentiloni Silveri, N. (2013). Psychiatric emergencies (part III): psychiatric symptoms resulting from organic diseases. *European Review for Medical and Pharmacological Science*, *17*(Suppl 1), 86-99.

Vargas, A.P., Carod-Artal, F.J., Del Negro, M.C., Rodrigues, M.P.C. (2000). Demência por neurosífilis: evolução clínica e neuropsicológica de um paciente. *Arquivos de Neuropsiquiatria*, *58*(2-B), 578-82.

Vasilevskis, E. E., Han, J. H., Hughes, C. G., & Ely, E. W. (2012). Epidemiology and risk factors for delirium across hospital settings. *Best Practice & Research Clinical Anaesthesiology, 26*(3), 277-87.

Zahajszky, J., Quinn, D. K., Smith, F. A., & Stern, T. A. (2007). Cognitive and perceptual disturbances in a young man. Primare Care Companion. *Journal of Clinical Psychiatry, 9*(1), 59-63.

LEITURAS SUGERIDAS

Girard, T. D., Pandharipande, P. P., Carson, S. S., Schmidt, G. A., Wright, P. E., Canonico, A. E., ... MIND Trial Investigators. (2010). Feasibility, efficacy, and safety of antipsychotics for intensive care unit delirium: the MIND randomized, placebo-controlled trial. *Critical Care Medicine, 38*(2), 428-37.

Kostas, T. R., Zimmerman, K. M., & Rudolph, J. L. (2013). Improving delirium care: prevention, monitoring, and assessment. *The Neurohospitalist*, *3*(4), 194-202.

Lonergan, E., Britton, A. M., Luxenberg, J., & Wyller, T. (2007). Antipsychotics for delirium. *Cochrane Database of Systematic Reviews*, (2), CD005594.

Schrøder Pedersen, S., Kirkegaard, T., Balslev Jørgensen, M., Lind Jørgensen, V. (2013). Effects of a screening and treatment protocol with haloperidol on post-cardiotomy delirium: a prospective cohort study. *Interactive CardioVascular and Thoracic Surgery, 18*(4), 438-45.

15

Transtorno de déficit de atenção/ hiperatividade em adultos

LUCIANA DE CARVALHO MONTEIRO
ANTONIO DE PÁDUA SERAFIM

A capacidade atencional é a função psicológica básica contra a qual as demais funções serão contrastadas, uma vez que é o fundamento de todo exame da atividade mental. Toda tarefa realizada diariamente implica atividade cerebral, a qual requer direcionamento e seleção durante certo período. Para Sternberg (2000), a atenção como processo consciente permite ao indivíduo monitorar sua interação com o ambiente, adaptar-se ao meio e arquivar informações (memória), além de fornecer-lhe a capacidade de planejar e controlar futuras ações por meio do referido monitoramento. Quando a pessoa não consegue executar essas etapas do processo da atenção, dependendo do grau de dificuldade, poderá vir a se configurar um transtorno.

O transtorno de déficit de atenção/hiperatividade (TDAH) é uma doença do neurodesenvolvimento que afeta 5% das crianças e adolescentes (Dias et al., 2013). Caracteriza-se por capacidade atencional diminuída, impulsividade e hiperatividade, tendo importantes repercussões na vida acadêmica, profissional, afetiva e social do indivíduo, em contextos tanto clínicos como forenses. Sua incidência é maior em homens do que em mulheres, com proporção de aproximadamente 9:1 (Kuljis, 1999; Petribú, Valença, & Oliveira, 1999).

Além das dificuldades inerentes ao quadro, boa parte desses pacientes apresenta também outras comorbidades psiquiátricas, o que traz consequências negativas ainda mais significativas dos pontos de vista funcional e social e, consequentemente, na qualidade de vida desses sujeitos.

CARACTERÍSTICAS CLÍNICAS

A sintomatologia do TDAH se estrutura na tríade desatenção, impulsividade e hiperatividade, que deve gerar impacto importante no funcionamento dos indivíduos para caracterizar o diagnóstico. Embora os sintomas permaneçam na vida adulta na maioria dos casos, pode-se observar uma mudança de suas características: a hiperatividade motora, normalmente verificada em crianças, dá lugar a uma agitação interna (inquietação) e a excesso de atividades no adulto (Mattos, 2010).

As queixas relatadas com mais frequência pelos indivíduos com TDAH são de ordem cognitiva e estão relacionadas no Quadro 15.1.

ASPECTOS NEUROPSICOLÓGICOS E COMPORTAMENTAIS

Vários estudos apontam as alterações neuropsicológicas como um importante componente do TDAH (Willcutt, Doyle, Nigg, Faraone, & Pennington, 2005; Seidman, 2006; Tucha, 2008), o que tem sugerido que as funções executivas, sobretudo o controle inibitório, exercem um papel central nas características dos sintomas, considerando os estudos realizados com os medicamentos estimulantes, baseados no modelo dos circuitos frontais que envolvem as vias dopaminérgicas relacionadas ao córtex pré-frontal (Seidman, 2006; Brown, 2007; Monteiro et al., 2010).

Atualmente, dois modelos têm sido utilizados na compreensão dos déficits cognitivos e comportamentais observados nas pessoas com esse transtorno: o cognitivo e o motivacional. As principais características desses modelos são resumidas na Tabela 15.1.

Alguns autores, como Travela (2001), têm enfatizado as alterações de funções

> **Quadro 15.1**
> **Queixas cognitivas no TDAH**
>
> a) Dificuldades para tomar iniciativa
> b) Dificuldades de planejamento, estabelecimento de metas e prioridades
> c) Dificuldades de organização para o trabalho
> d) Procrastinação
> e) Falhas no monitoramento de tempo, prazos e finanças
> f) Lentidão e inconsistência no desempenho
> g) Declínio rápido da motivação
> h) Constante interrupção de tarefas
> i) Baixa tolerância à frustração
> j) Dificuldades de memória
>
> Fonte: Com base em Monteiro, Russo, Lunardi e Louzã Neto (2010).

Do ponto de vista neurobiológico, estudos mostram que as mesmas alterações cerebrais que envolvem sobretudo o córtex pré-frontal (Seidman, 2006; Monteiro et al., 2010) podem ser observadas nos diversos estágios do desenvolvimento.

TABELA 15.1
Modelos neuropsicológicos

	MODELO	PRINCIPAIS CARACTERÍSTICAS
1.	Cognitivo	• Falhas das funções executivas • Envolve os circuitos frontais (córtex pré-frontal) • Dificuldades com o gerenciamento do controle da inibição do comportamento
2.	Motivacional	• Falhas no processo motivacional • Envolve sistema de recompensa (circuito frontoventral, estriado e ramificações mesolímbicas [*nucleus accumbens*]) • Forte tendência a adiar tarefas, dificuldades ao esperar por resultados que não tenham forte implicação motivacional e evitação de trabalhos que se estendam por um longo período

Fonte: Monteiro et al. (2010).

executivas nesses pacientes, como descrito a seguir:

Capacidade de organização, hierarquização e ativação da informação:
a) Necessidade de ser pressionado para iniciar ou concretizar uma tarefa, em função tanto da desorganização como da procrastinação.
b) Marcada dificuldade para estabelecer prioridades na atividade, que geralmente é interposta por trocas de estratégias infrutíferas.

Capacidade para focar e sustentar a atenção:
a) Facilidade para se distrair em função de estímulos internos ou externos.
b) Inabilidade para filtrar estímulos.
c) Perda de foco em atividades cognitivas, como, por exemplo, a leitura.
d) Oscilação, seguida de abandono, nas atividades que inicia.

Capacidade de alerta e velocidade de processamento:
a) Tendência a apresentar excessiva sonolência, falta de motivação, cansaço constante e esgotamento fácil ante o esforço mobilizado.
b) Redução da velocidade de processamento, significando baixa capacidade de seguir instruções sob pressão de tempo, além da diminuição da atenção seletiva, da concentração (resistência à distração) e da persistência motora em tarefas sequenciais.

Manejo da frustração e modulação do afeto:
a) Tendência a expressar baixa tolerância à frustração e baixa autoestima, associada a aumento da sensibilidade a críticas.
b) Presença de irritabilidade é comum, bem como preocupações excessivas e perfeccionismo.

Qualidade da memória de trabalho:
a) Tendência a esquecer-se de responsabilidades e objetivos pessoais, sobretudo em função do distraimento.
b) Prejuízo na conservação da informação.

As observações de outros autores não se distanciam dos apontamentos apresentados. Sanchez-Carpintero e Narbona (2002) destacam a dificuldade para organizar, planejar e sustentar uma tarefa, além da incapacidade de inibir a ação de estímulos distratores.

Alguns autores consideram que os prejuízos cognitivos apresentam estreita relação com os subtipos do transtorno (Souza, Serra, Mattos, & Franco, 2001). Nos quadros em que não consta hiperatividade, os déficits estão associados com atenção seletiva e velocidade de processamento de informações. Naqueles em que consta, há uma relação direta com prejuízos na sustentação da atenção, sobretudo em atividades de longa duração.

Embora os exames neuropsicológicos não exerçam um papel diagnóstico no TDAH, que é predominantemente clínico, eles podem contribuir muito para a compreensão do funcionamento desses pacientes, definindo seus pontos fortes e fracos, bem como seu impacto no comportamento e na relação com o ambiente. A Tabela 15.2 apresenta os principais instrumentos para avaliar os prejuízos atencionais nos quadros de TDAH em adultos.

É importante ressaltar, ainda, o papel do afeto e do humor no processo atencional. Condições do estado de ânimo ou de interesse podem facilitar ou inibir a mobilização da atenção. Por exemplo, durante os episódios depressivos, nos quais o prazer e o interesse estão muito comprometidos, a atenção e a memória também sofrerão mudanças importantes em seus desempenhos. O interesse e a atenção estão intimamente

TABELA 15.2
Instrumentos de avaliação da atenção nos quadros de TDAH em adultos

INSTRUMENTO	CRITÉRIO DE AVALIAÇÃO
D-2 Teste de Atenção Concentrada	Teste de cancelamento que tem como objetivo medir a atenção concentrada e a capacidade de concentração, bem como analisar a flutuação da atenção.
Teste de Atenção Concentrada – TEACO	Investiga o processo de atenção concentrada, que se caracteriza pela capacidade do indivíduo de selecionar apenas uma fonte de informação diante de vários estímulos distratores em um tempo predeterminado.
Teste de Atenção Dividida – TEADI	Investiga a capacidade da pessoa de dividir a atenção, por meio de dois ou mais estímulos que devem ser acompanhados simultaneamente, em um tempo predeterminado, na presença de vários distratores.
Teste de Atenção Alternada – TEALT	Avalia a capacidade do indivíduo de alternar a atenção, ou seja, sua habilidade em focá-la ora em um estímulo, ora em outro, por determinado período de tempo, diante de vários estímulos distratores.
Teste de Classificação de Cartas de Wisconsin (WCST)	Avalia o raciocínio abstrato e a habilidade para trocar estratégias cognitivas como resposta a eventuais modificações ambientais. Pode ser considerada uma medida da função executiva, que requer habilidade para desenvolver e manter estratégias de solução de problemas em que ocorrem trocas de estímulos. O WCST costuma ser utilizado para avaliação do funcionamento frontal e pré-frontal. Assim, qualquer irregularidade médica ou psicológica que desorganize as funções executivas total ou parcialmente é sensível a esse instrumento.
Figuras Complexas de Rey	Teste de cópia e reprodução a partir da memória de figuras geométricas complexas, visando a avaliar a atividade perceptiva e a memória visual e verificar o modo como as crianças aprendem os dados perceptivos que lhes são apresentados, bem como o que foi conservado espontaneamente pela memória.
Escala de Inteligência Wechsler para Adultos (WAIS-III): IMO – Índice de Memória Operacional	Avalia o Índice de Memória de Trabalho composto pelos subtestes Aritmética, Dígitos e SNL – Sequência de Números e Letras – do WAIS-III. Esse instrumento avalia a capacidade para focar, manter e processar uma informação para, em seguida, dar uma resposta.

ligados, de modo que não é possível existir atenção sem um mínimo de interesse – daí a necessidade da investigação dos aspectos psicoafetivos de personalidade por meio de testes projetivos, questionários e/ou escalas.

TDAH EM ADULTOS E IMPLICAÇÕES FORENSES

No contexto geral dos códigos de Lei do Brasil (Penal e Civil), não há referências diretas à condição de déficit atencional. No entanto, comportamentos decorrentes de possíveis alterações na capacidade e na qualidade da atenção podem ser analisados sob a perspectiva do contexto forense.

Uma vez que a desorganização geral é uma marca proeminente do TDAH, e esta condição costuma levar os pacientes a não cumprir suas responsabilidades, esquecer-se de pagar contas, não atingir metas de trabalho por incapacidade de estabelecer prioridades e cumprir uma rotina, etc., esse transtorno pode ter implicações cíveis e trabalhistas.

No campo das relações profissionais, o diagnóstico de TDAH pode se configurar como uma condição incapacitante para execução de determinada atividade. Operar guilhotinas, máquinas de prensar e empilhadeiras, por exemplo, exige da pessoa alta capacidade de concentração, dado o risco de acidente de trabalho. Candidatos a piloto de helicóptero ou avião com o transtorno também terão problemas nos processos seletivos (exames psicológicos) para atestar a plena capacidade de desenvolver atividades tão complexas. Nos casos de necessidade de aferição da qualidade atencional, esta é feita mediante avaliação neuropsicológica.

Ao que pese o contexto jurídico dos quadros de TDAH, não nos parece incoerente estabelecer que sujeitos com sintomas prevalentes de déficit de atenção têm implicações mais de ordem cível.

Na esfera penal, indivíduos com TDAH apresentam maior probabilidade de ter problemas com a justiça ao longo da vida quando comparados a sujeitos saudáveis (Soderstrom, Sjodin, Carlstedt, & Forsman, 2004; Mannuzza, Klein, & Moulton, 2008).

Mannuzza e colaboradores (2008) estudaram 93 adultos com TDAH sem transtorno da conduta na infância, demonstrando que eles apresentavam maior frequência de crimes e delitos do que o grupo-controle, bem como maior índice de detenção (47 vs. 24%), condenações (42 vs. 14%) e encarceramentos (15 vs. 1%). Pesquisadores suecos verificaram, em uma amostra de 100 indivíduos avaliados em contexto psiquiátrico forense por crimes violentos, que 55% apresentavam história de TDAH na infância associada com padrões complexos de comorbidade em termos de transtornos da personalidade na vida adulta (Soderstrom et al., 2004). Outro estudo, realizado em uma amostra randomizada de 319 detidos, mostrou que a prevalência de TDAH era de 21% (Westmoreland et al., 2010).

Outra questão legal está relacionada com os acidentes de viação, nos quais jovens adultos com TDAH apresentam uma probabilidade 2 a 4 vezes maior de se envolverem (Cox, Humphrey, Merkel, Penberthy, & Kovatchev, 2004). Alguns autores apontam que as principais causas desses acidentes são a menor capacidade de concentração, características agressivas e condutas arriscadas (Richards, Deffenbacher, Rosen, & Rodricks, 2006).

Na esfera da personalidade, considerando o modelo biopsicológico de Cloninger, Przybeck, e Svrakic (1993), estão presentes, nesses indivíduos, as dimensões do temperamento de busca de novidades (*novelty seeking*) e de redução de danos (*harm avoidance*) com elevada expressão. Essas características tornam esses pacientes mais impulsivos, irritáveis, ansiosos e pessimistas (Anckarsater, Stahlberg, & Larson, 2006).

Ainda no contexto penal, é importante destacar que de 20 a 40% dos adultos com TDAH apresentam história de abuso de substâncias, tendo maior propensão a desenvolver quadro de dependência química e a manter os comportamentos aditivos durante períodos mais longos, aspecto este que pode corroborar condutas delitivas (Schubiner, 2005).

Diante de todo o exposto, depreende-se que, no que concerne ao controle dos impulsos, este se reflete de forma insidiosa no dia a dia do indivíduo com TDAH, contribuindo, assim, para que apresente dificuldade em manter a inibição social e comportar-se de modo socialmente adequado; ou seja, a alteração neurobiológica do autocontrole resulta mais em questões de ordem penal.

CONSIDERAÇÕES FINAIS

Sob a ótica da neuropsicologia, há um complexo conjunto de questões que levam ao problema da adaptação social em adultos com TDAH, as quais incluem: dificuldade para tomar iniciativas, planejar e estabelecer prioridades, bem como organizar-se para o trabalho; falha de monitoramento em relação ao tempo; inconsistência no desempenho; declínio rápido da motivação e baixa tolerância à frustração; interrupção das tarefas antes de sua conclusão; e declínio da capacidade mnemônica. Além disso, o transtorno tem repercussão nas funções executivas, com maior destaque para o controle inibitório, processo que tem por objetivo suprimir interferências internas ou externas durante uma ação em curso. Redução da habilidade para manter a informação na mente enquanto esta é processada e manipulada (memória de trabalho) e falha da autorregulação do afeto e da motivação também estão presentes.

É importante ressaltar que as alterações do TDAH incidem de maneira abrangente na vida pessoal. Contudo, esse diagnóstico não implica uma associação direta com questões jurídicas. Estudos mostram fatores de risco, e é neles que se deve centrar todo o processo de avaliação neuropsicológica forense.

Diante do exposto, a avaliação neuropsicológica dos quadros de TDAH com implicações forenses não é uma tarefa facial, exigindo do avaliador discernimento, conhecimento da psicopatologia, da neuropatologia e, impreterivelmente, do Direito.

REFERÊNCIAS

Anckarsäter, H., Stahlberg, O., Larson, T., Hakansson, C., Jutblad, S. B., Niklasson, L., ... Rastam, M. (2006). The impact of ADHD and autism spectrum disorders on temperament, character, and personality development. *American Journal of Psychiatry, 163*(7), 1239-44.

Brown, T. E. (2007). *Transtorno de déficit de atenção: a mente desfocada em crianças e adultos.* Porto Alegre: Artmed.

Cloninger, C., Przybeck, T., & Svrakic, D. (1993). A psychobiological model of temperament and character. *Archives of General Psychiatry,50*, 975-90.

Cox, D., Humphrey, J., Merkel R, Penberthy, J., & Kovatchev, B. (2004). Controlled-release methylphenidate improves attention during on-road driving by adolescents with attention-deficit/hyperactivity disorder. *Journal of the American Board of Family Medicine, 17*(4), 235-9.

Dias, T. G. C., Kieling, C., Graeff-Martins, A. S., Moriyama, T. S., Rohde, L. A. & Polanczyk, G. V. (2013). Developments and challenges in the diagnosis and treatment of ADHD. *Revista Brasileira de Psiquiatria, 35:* S40-S50.

Kuljis, R. O. (1999). Evaluación neurológica de los transtornos del aprendizaje. *Revista de Neurologia, 29*(4), 326-31.

Mannuzza, S., Klein, R. G., & Moulton, J. L. (2008). Lifetime criminality among boys with attention deficit hyperactivity dis- order: a prospective follow-up study into adulthood using official arrest records. *Psychiatry Research, 160*(3), 237-46.

Mattos, P. (2010). Quadro clínico e diagnóstico do adulto. In M. R. Louzã Neto e colaboradores. *TDAH: transtorno de déficit de atenção / hiperatividade ao longo da vida.* (pp.161-72). Porto Alegre: Artmed.

Monteiro, L. C., Russo, M. M., Lunardi, L. L. & Louzã Neto, M. R. (2010). Neuropsicologia. In M. R. Louzã Neto e colaboradores. *TDAH: transtorno de déficit de atenção / hiperatividade ao longo da vida.* (pp.61-81). Porto Alegre: Artmed.

Petribú, K., Valença, A. M., & Oliveira, I. R. (1999). Transtorno de déficit de atenção e hiperatividade em adultos: considerações sobre diagnóstico e o tratamento. *Neurobiologia, 62*(1), 53-60.

Richards, T. L, Deffenbacher, J. L., Rosen, L. A., Barkley, R. A., & Rodricks, T. (2006). Driving anger and driving behavior in adults with ADHD. *Journal of Attention Disorders, 10*(1), 54-64.

Sanchez-Carpintero, R., & Narbona, J. (2002). Revisión conceptual del sistema ejecutivo y su estudio en el niño con trastorno por déficit de atención e hiperactividad. *Revista de Neurologia, 33*(1), 47-53.

Schubiner, H. (2005). Substance abuse in patients with attention deficit hyperativity disorder: therapeutic implications. *CNS Drugs, 19*(8), 643-55.

Seidman, L. J. (2006). Neuropsychological functioning in people with ADHD across the lifespan. *Clinical Psychological Review, 26*(4), 466-85.

Soderstrom, H., Sjodin, A. K., Carlstedt, A., & Forsman A. (2004). Adult psychopathic personality with childhood-onset hyperactivity and conduct disorder: a central problem constellation in forensic psychiatry. *Psychiatry Research, 121*(3), 271-80.

Souza, I., Serra, M. A., Mattos, P., & Franco, V. A. (2001). Comorbidade em crianças e adolescentes com transtorno de déficit de atenção. *Arquivos de Neuropsiquiatria, 59*(2-B), 401-6.

Sternberg, R. J (2000). *Psicologia cognitiva.* Porto Alegre: Artmed.

Travella, J. (2001). Sindrome da atención dispersa, hiperactividad en pacientes adultos *(ADHD).* *Revista Argentina de Clínica Neuropsiquiátrica, 10*(2). Recuperado de http://www.alcmeon.com.ar/10/38/travella.htm

Tucha, L., Tucha, O., Laufkotter, R., Walitza, S., Klein, H. E. & Lange, K. W. (2008). Neuropsychological assessment of attention in adult with different subtypes of attention-deficit/hyperactivity disorder. *Journal of Neural Transmission, 115*(2), 269-78.

Westmoreland, P., Gunter, T., Loveless, P., Allen, J., Sieleni, B., & Black, D. W., (2010). Attention deficit hyperactivity disorder in men and women newly committed to prison: clinical characteristics, psychiatric comorbidity, and quality of life. *International Journal of Offender Therapy and Comparative Criminology, 54*(3), 361-77.

Willcutt, E. G., Doyle, A. E., Nigg, J. T., Faraone, S. V., & Pennington, B. F. (2005). Validity of the executive function theory of attention-deficit/hyperactivity disorder: a meta-analytic review. *Biological Psychiatry, 57*(11), 1336-46.

Quadros depressivos

FABIANA SAFFI
ANTONIO DE PÁDUA SERAFIM

TRANSTORNOS DO HUMOR

O espectro dos transtornos relacionados ao humor é, hoje, uma das grandes causas de consultas médicas e afastamento das atividades sociais, profissionais e pessoais, visto que a maioria deles tende a ser recorrente. Além disso, a ocorrência dos episódios individuais com frequência está relacionada com situações ou fatos estressantes (Schoepf, Uppal, Potluri, Chandran, & Heun et al., 2014).

As alterações do humor na depressão acarretam um processo de intensa incapacidade para administrar um conjunto de sintomas, abrangendo desde a tristeza patológica e a irritabilidade até prejuízos cognitivos, que, em casos extremos, tornam a pessoa incapaz (Davison & Neale, 2001).

De maneira geral, os transtornos do humor representam uma importante alteração do humor e do afeto, manifestando-se desde como uma depressão até uma elação. De acordo com a *Classificação internacional de doenças* (Organização Mundial de Saúde, 1993), em seu capítulo referente aos transtornos mentais e de comportamento, a alteração do humor costuma ser acompanhada de uma modificação do nível global de atividade que envolve os transtornos depressivos e os transtornos bipolares. A Tabela 16.1 apresenta os principais sintomas das alterações do humor.

Além das alterações no nível global de atividade e da associação com déficits cognitivos, neste capítulo será abordada a relação entre depressão e déficits cognitivos, bem como suas possíveis implicações forenses.

No processo de investigação dos transtornos do humor, o profissional deve analisar tanto as alterações quantitativas como as qualitativas, descritas no Quadro 16.1.

DEPRESSÃO

A depressão é um quadro que engloba, de forma intensa, perda de prazer nas atividades diárias (anedonia), apatia e alterações cognitivas (diminuição da capacidade de raciocinar adequadamente, de se concentrar e/ou de tomar decisões), levando a prejuízo funcional significativo (como muitas faltas ao trabalho ou queda no desempenho escolar). Além disso, também estão presentes retraimento social e ideação suicida (Organização Mundial de Saúde 10, 1993).

Para o *Manual diagnóstico e estatístico de transtornos mentais* (American Psychiatric Association, 2013), a depressão compreende uma tristeza profunda e baixa autoestima, podendo ser desencadeada por estresse, assédio moral, jornada de trabalho muito extensa, problemas financeiros, desemprego, cobrança pessoal,

TABELA 16.1
Principais sintomas das alterações do humor

SINTOMA	CARACTERÍSTICA
Distimia	Alteração básica do humor, tanto no sentido da inibição como no da exaltação.
Disforia	Distimia de caráter desagradável, frequentemente tido como "mau humor".
Irritabilidade	Hiperatividade desagradável, hostil, agressiva aos estímulos.
Elação	Configura-se como um quadro de euforia com expansão do "eu", uma sensação subjetiva de grandeza e poder.
Êxtase	Estado de euforia mais avançado, em que há uma experiência de beatitude, uma sensação de dissolução do "eu" no todo, de compartilhamento íntimo do estado afetivo interior com o mundo exterior.
Apatia	A pessoa se apresenta inerte, não esboçando nem alegria, nem tristeza.
Puerilidade	Alteração do humor caracterizada por estado infantilizado, ingênuo, simplório, regredido. A pessoa ri ou chora por motivos banais, tem a vida afetiva superficial (ausente de momentos profundos, introspectivos, consistentes ou duradouros).
Moria	Quadro de alegria muito pueril, ingênua, que ocorre principalmente em pacientes com lesão extensa dos lobos frontais, déficits mentais e quadros demenciais acentuados.
Ansiedade	Humor desconfortável; apreensão negativa em relação ao futuro; inquietação interna desagradável.

Fonte: Cheniaux (2011), Dalgarrondo (2008), Jasper (1987), Sadock e Sadock (2007).

frustrações e luto, bem como por causas biológicas.

A nova versão do DSM manteve os critérios citados no Quadro 16.2 para o diagnóstico desse transtorno e inseriu os sintomas de ansiedade que podem indicar depressão, a saber: preocupação irracional, preocupação com preocupações desagradáveis, problemas para relaxar, tensão e medo de que algo terrível possa acontecer.

De maneira geral, para estabelecer um possível diagnóstico de depressão, devem estar presentes pelo menos quatro dos seguintes sintomas por um período igual ou superior a duas semanas: humor depressivo, anedonia, fatigabilidade, diminuição da atenção, da concentração e da autoestima, ideias de culpa e inutilidade, ideias ou atos autolesivos, suicídio e distúrbios do sono e alterações no apetite.

Os transtornos mentais atingem, no mundo, cerca de 450 milhões de pessoas. O episódio depressivo é altamente prevalente na população atendida na atenção primária e está associado com o aumento de risco para doenças clínicas, repercutindo com a diminuição do nível de funcionamento pessoal e profissional (Ansseau et al., 2004).

O transtorno depressivo maior é uma das principais causas de incapacidade em todo o mundo, com uma estimativa de 350 milhões de pessoas afetadas (Organização Mundial da Saúde, 2012). Um estudo da realidade brasileira mostrou que cerca de 17% da população apresentarão o transtorno ao longo da vida (Viana & Andrade, 2012). Em termos ocupacionais, os episódios depressivos são uma das principais causas de incapacidade. Esse quadro se configura, ainda, como a quarta causa de incapacidade no mundo, e estima-se que, até 2020, será a segunda patologia que mais incapacita para o trabalho (Ustun, Ayuso-Mateos, Chatterji, Matthers, &

> **Quadro 16.1**
> **Alterações quantitativas e qualitativas nos transtornos do humor**
>
> **Alterações quantitativas**
>
> - *Hipotimia*: diminuição dos afetos em intensidade e duração, como na depressão. Obs.: hipomodulação do afeto – incapacidade do paciente de formular a resposta afetiva de acordo com a situação existencial, indicando rigidez em sua relação com o mundo.
> - *Hipertimia*: aumento na intensidade e duração da afetividade. É uma alegria vital, presente na fase maníaca do transtorno do humor bipolar e no uso de psicoestimulantes (cocaína, anfetaminas, etc.).
> - *Incontinência emocional*: perda do controle das emoções, tanto para mais como para menos. O paciente não controla suas reações emotivas, rindo, por exemplo, em momentos inapropriados.
> - *Labilidade afetiva*: alternações súbitas, abruptas e inesperadas de um estado afetivo a outro. O paciente pode conversar de modo tranquilo e, de repente, passar a chorar convulsivamente, voltando a sorrir em seguida. É comum na adolescência, no acidente vascular cerebral (AVC) e nos quadros psico-orgânicos (encefalites, tumores cerebrais, síndromes frontais e pseudobulbar).
> - *Embotamento afetivo*: é a perda profunda de todo tipo de vivência afetiva. É observável pela mímica, postura e atitude do paciente. Típico dos sintomas negativos da esquizofrenia.
>
> **Alterações qualitativas**
>
> - *Paratimias (inadequação do afeto)*: reação completamente incompatível com a situação vivencial ou com determinados conteúdos ideativos; contradição profunda entre as esferas ideativa e afetiva. O que deveria despertar alegria, gera tristeza. Pode ser normal, dependendo do grau.
> - *Ambitimia (ambivalência afetiva)*: é a existência de dois sentimentos antagônicos, ao mesmo tempo, em relação a um mesmo objeto. A forma radical e intensa é característica da esquizofrenia.
> - *Neotimia*: sentimentos e experiências inteiramente novos, vivenciados por pacientes psicóticos ou que fizeram uso de alucinógenos (patológica) ou, ainda, por gestantes (fisiológica).
>
> Fonte: Hammi e colaboradores (2014).

Murray, 2004), daí sua relevância no espectro forense.

NEUROPSICOLOGIA E DEPRESSÃO

É indiscutível o impacto social que o quadro depressivo causa na vida das pessoas. Parte dele está relacionada com as alterações das funções cognitivas. Os prejuízos cognitivos, de maneira geral, englobam as funções executivas, a memória e a velocidade de processamento da informação (Hammi et al., 2014). Outras funções cognitivas, como atividades visuoespaciais e a atenção sustentada, também apresentam inadequações nos quadros depressivos (Fried & Nesse, 2014). No Quadro 16.3, estão resumidos os principais achados de alterações cognitivas em pacientes com depressão.

Considerando os vários estágios do ciclo vital, autores como Steibel e Almeida (2010) enfatizam que a prevalência de coocorrência de perdas cognitivas e depressão dobra a cada cinco anos após os 70 anos e que cerca de 25% dos idosos com mais de 85 anos apresentam depressão com prejuízos cognitivos. Esse dado corrobora de maneira ímpar, no contexto forense, a distinção entre os sintomas cognitivos decorrentes da depressão e aqueles que resultam de quadros demenciais. Assim, a avaliação neuropsicológica, como recurso para o diagnóstico diferencial, terá grande relevância para a compreensão jurídica das possíveis limitações cognitivas.

O impacto da depressão nas funções executivas é de relevância tanto para a área clínica como para a forense, dada sua importância na vida diária da pessoa. Por fun-

> **Quadro 16.2**
> **Critérios diagnósticos para depressão**
>
> - Humor deprimido ou perda de interesse ou prazer nas atividades diárias por mais de duas semanas.
> - Mau funcionamento – social, laboral e educacional.
> - Humor deprimido ou mais irritável ao longo do dia, quase todos os dias, conforme indicado por relato subjetivo (p. ex., sente-se triste ou vazio) ou observação feita por terceiros (p. ex., chora muito).
> - Diminuição do interesse ou prazer na maioria das atividades, na maior parte do dia.
> - Mudança significativa de peso (5%) ou alterações no apetite.
> - Alterações no padrão do sono: insônia ou hipersonia.
> - Mudança na atividade: agitação ou retardo psicomotor.
> - Fadiga ou perda de energia.
> - Culpa/inutilidade: sentimentos de inutilidade ou culpa excessiva ou inadequada."
> - Concentração: capacidade diminuída de pensar, concentrar-se ou de tomar decisões.
> - Tendências suicidas: pensamentos de morte ou suicídio ou ter plano de suicídio.

ções executivas entende-se os processos cognitivos que controlam e integram outras atividades cognitivas, como memória episódica. Além disso, envolvem comportamentos cognitivos que incluem: lidar com a novidade, selecionar estratégias, ser capaz de inibir respostas incorretas ou inadequadas, monitorar o desempenho e usar o *feedback* para ajustar reações futuras. Essas funções integram um conjunto de recursos altamente necessários para que a pessoa consiga atingir um objetivo, passando pelo controle intencional de inibir uma resposta ou adiá-la em função das circunstâncias e pelo estabelecimento de estratégias para a realização de uma sequência de ações, processada tanto pela atenção quanto pela memória. Destaca-se, nesse processo, o papel da atenção, que permite ao indivíduo selecionar, filtrar e organizar estímulos em unidades controláveis e significativas (Coutinho, Mattos, & Abreu, 2010), o que, na depressão, também estaria alterado (Canpolat et al., 2014).

Os pacientes depressivos tendem a expressar prejuízos cognitivos, sobretudo déficits de atenção, dificuldades para solução de problemas e falhas na capacidade de planejamento. De maneira geral, esses déficits interferem tanto na qualidade da abstração quanto nas funções psicomotoras e, quando presentes, podem levar os pacientes a processar informações irrelevantes, prejudicando, consequentemente, a qualidade desse processamento e sua resposta. Já em relação ao processo de planejamento da ação, tarefa estritamente relacionada ao lobo frontal, existe grande interferência do quadro de alteração do humor, uma vez que o paciente não consegue usar o *feedback* negativo como um impulso motivacional para melhorar seu desempenho (Alexopoulos, Kiosses, Klimstra, Kalayam, & Bruce, 2002).

A depressão e seus sintomas estão associados a vários prejuízos cognitivos, incluindo a memória, sobretudo na população mais idosa. Pesquisas longitudinais têm fornecido evidências de que os sintomas depressivos medidos no início dos estudos

> **Quadro 16.3**
> **Achados neuropsicológicos da depressão**
>
> 1. Alterações da atenção
> 2. Lentificação motora e cognitiva
> 3. Prejuízo na memória
> 4. Prejuízo na velocidade de processamento das informações
> 5. Prejuízo na função executiva (flexibilidade mental e processo de iniciação da tarefa)
>
> Fonte: Hammi e colaboradores (2014).

predizem declínio cognitivo subsequente em adultos mais velhos (Chodosh, Kado, Seeman, & Karlamangla, 2007). Essa associação foi observada para estado geral cognitivo da memória episódica, habilidade visuoespacial, velocidade de processamento e funções executivas.

Os prejuízos na memória de longo prazo, em parte, são mais caracterizados por recordação tardia empobrecida, seja para estímulos verbais, seja para não verbais (Vythilingam et al., 2004). Além de dificuldade na recordação desses estímulos, alguns estudos também demonstram que pacientes deprimidos têm prejudicado também o reconhecimento de aspectos familiares (Drakerfor et al., 2010). Esses déficits mnemônicos são atribuídos a uma disfunção do hipocampo decorrente da redução de seu volume (Frodl et al., 2006).

Também há evidências de redução da atividade na área cortical pré-frontal e de uma assimetria hemisférica, que produz uma ativação menor da região frontal esquerda em pacientes depressivos (Coan & Allen, 2004). Estudos indicam que essa região é hiperativada nas atividades que envolvem o processamento de informação semântica (p. ex., codificação e fluência verbal) e também tem participação no processo de elaboração de estratégias. A região direita, por sua vez, também é hiperativada durante tarefas de reconhecimento de informações e que envolvem controle inibitório, estando ligada à evitação de intromissão de memórias indesejáveis e à expressividade, funções estas significativamente alteradas nos quadros depressivos (Levin, Heller, Mohanty, Herrington, & Miller, 2007).

Já Pizzagalli e colaboradores (2001) enfatizam a relevância da participação da área dorsal do giro cingulado no processo de seleção de respostas adequadas, monitoramento de informações concorrentes, identificação de erros e memória de trabalho, enquanto as regiões corticais posteriores à direita estão envolvidas sobretudo no processamento de estímulos faciais, tendo participação direta na capacidade de reconhecimento de faces (Bunce, Batterham, Christensen, & Mackinnon, 2014).

IMPLICAÇÕES FORENSES

Conforme descrito, os estudos têm enfatizado um significativo quadro de déficits neurocognitivos durante o estado depressivo, incluindo redução das habilidades atencionais e mnêmicas e lentidão do pensamento. Em termos de memória, há prejuízos na memória tardia e de reconhecimento, associados ao hipocampo e ao núcleo medial do diencéfalo. A memória explícita também se mostra prejudicada, sobretudo nos processos de recordação livre, e ocorrem lentificação e insegurança no processo de tomada de decisão.

A avaliação neuropsicológica vem aprimorando cada vez mais seu método, no sentido de diferenciar e identificar os possíveis fatores neurocognitivos pertinentes aos quadros depressivos, de relevância tanto para a área clínica quanto para o contexto jurídico, uma vez que permite detalhar os prejuízos cognitivos e suas implicações na vida diária do paciente.

Embora a natureza psicopatológica dos quadros depressivos seja variada e de grande importância para as pessoas afetadas, de maneira geral esses pacientes tendem a apresentar maior envolvimento com questões relativas à capacidade civil, em comparação à responsabilidade penal, salvo alguns exemplos, como nos casos de depressão pós-parto, em que a gestante pode agredir o recém-nascido. Ressalta-se, também, que sintomas como a irritabilidade podem precipitar a manifestação de comportamentos agressivos, assim como a redução da qualidade das funções cognitivas é capaz de prejudicar a capacidade de dirigir e levar a pessoa a se envolver em um acidente de trânsito com vítima. Situações como essas terão implicações forenses, e a avaliação neuropsicológica será imprescindível para o entendimento do caso.

Não obstante, ainda na Vara Penal, a tomada de depoimento de testemunhas para fundamentar as provas é uma prática comum. Por vezes, pessoas são convocadas pela autoridade policial para depor, por serem vítimas ou por terem presenciado determinada situação. Tendo isso em vista, é possível afirmar, com base nas descrições dos prejuízos de memória associados à depressão, que a inserção de uma testemunha com sintomas depressivos acarretará riscos de reconhecimento, podendo ocasionar uma falsa identificação.

Destaca-se que o mecanismo que envolve a aquisição da informação abrange várias regiões cerebrais, além das áreas corticais, como o lobo frontal. As estruturas subcorticais do sistema límbico como a amígdala, por exemplo, relacionam-se com as experiências afetivas de medo e fuga. O hipocampo é responsável pelos fenômenos das memórias de longa duração e afetiva, e o tronco cerebral controla os mecanismos de alerta, vitais para a sobrevivência e para a manutenção do ciclo sono-vigília. Assim, os relatos de várias pessoas que presenciaram um mesmo episódio podem se revestir de diferenças substanciais, dada a especificidade emocional de cada uma. Dependendo das circunstâncias, o processamento da informação pode sofrer inúmeras distorções, que repercutirão diretamente na qualidade da retenção e da evocação da informação, em virtude da alteração da percepção, da atenção, do pensamento e da memória, acarretando falhas de raciocínio e até falsas memórias, como nos casos da depressão. Nessas situações, a avaliação neuropsicológica reduziria o risco desse tipo de ocorrência.

Em tais quadros, outro aspecto importante, que não necessariamente depende de uma avaliação neuropsicológica forense, é o suicídio, cujo contexto jurídico diz respeito ao seguro de vida. Nessas situações, é mais comum a prática da necropsia psicológica, ou a avaliação retrospectiva. Esta, embora não se caracterize estritamente como uma perícia, configura-se como um processo de investigação das circunstâncias que levaram um indivíduo a óbito, procurando determinar a intencionalidade de sua ação e demonstrar se houve suicídio (Zhang & Lv, 2014).

Com a realização da necropsia psicológica, busca-se reconstruir a biografia da pessoa falecida (história clínica completa) por meio de entrevista com terceiros (cônjuge, filhos, pais, amigos, professores, médicos, colegas de trabalho, etc.). Seu objetivo é determinar a relação entre o morrer e a causa da morte. De modo geral, essa avaliação se caracteriza como perícia e é baseada na análise de dados, fatos e circunstâncias passadas, relacionados a um indivíduo que não pode se submeter ao exame direto, identificando os aspectos psicológicos de uma morte específica, esclarecendo como ocorreu e determinando a intenção letal ou não do falecido.

Já no contexto do Direito Civil, os efeitos da depressão sobre o pensamento e a ação, bem como o livre-arbítrio em relação à capacidade jurídica para testamento, adoção, venda, compra, capacidade para o desempenho de determinadas funções ou práticas profissionais, caracterizam-se como potenciais considerações de interdição, que deve ser examinada por meio de uma avaliação neuropsicológica forense.

No Direito da Família, em casos de separação, por exemplo, o quadro depressivo pode afetar a capacidade de um dos cônjuges de entender todo o processo da divisão dos bens. Além disso, a pessoa acometida pelo transtorno pode não apresentar as condições mínimas necessárias para cuidar de filhos menores. Em mulheres, a depressão pode colaborar para uma acentuada redução da qualidade da prestação de cuidados instrumentais e emocionais (Raposo et al., 2011). Para Raposo e colaboradores (2011), mães com sintomas depressivos exibem mais afeto negativo, comportamentos negligentes e hostis e menos consistência educativa e disponibilidade emocional, o que pode levá-las a, por exemplo, perder a guarda da prole.

Já no Direito do Trabalho, seja para fins de afastamento, seja para aposentadoria ou verificação da capacidade laboral nos quadros depressivos, a avaliação neuropsicológica supre as necessidades do operador do Direito no tocante ao detalhamento da qualidade dos processos cognitivos do periciando.

Ainda na área trabalhista, outra situação que pode desencadear sintomas depressivos é o assédio moral, que se configura como a "... exposição dos trabalhadores a situações humilhantes e constrangedoras, repetitivas e prolongadas durante a jornada de trabalho e relativas ao exercício de suas funções" (Brasil, 2010, p. 11) e como a ocorrência de "... atos cruéis e desumanos que caracterizam uma atitude violenta e sem ética nas relações de trabalho, praticada por um ou mais chefes contra seus subordinados" (Brasil, 2010).

REFERÊNCIAS

Alexopoulos, G. S., Kiosses, D. N., Klimstra, S., Kalayam, B., & Bruce, M. L. (2002). Clinical presentation of the depression executive dysfunction syndrome of late life. *American Journal of Geriatric Psychiatry*, 10(1), 98-106.

American Psychiatric Association (2013). *Diagnostic and statistical manual of mental disorders: DSM-5* (5. ed.). Arlinton: American Psychiatry Association.

Ansseau, M., Dierick, M., Buntinkx, F., Cnockaert, P., De Smedt, J., Van Den Haute, M., Vander Mijnsbrugge, D. (2004). High prevalence of mental disorders in primary care. *Journal of Affective Disorders*, 78(1), 49-55.

Brasil. Ministério do Trabalho e Emprego. (2010). *Assédio moral e sexual no trabalho*. Brasília: MET. Recuperado de http://portal.mte.gov.br/data/files/8A7C812D3CB9D387013CFE571F747A6E/CARTILHAASSEDIOMORALESEXUAL%20web.pdf.

Bunce, D., Batterham, P. J., Christensen, H., & Mackinnon, A. J. (2014). Causal associations between depression symptoms and cognition in a community-based cohort of older adults. *American Journal of Geriatric Psychiatry*. [e-pub ahead of print].

Canpolat, S., Kırpınar, I., Deveci, E., Aksoy, H., Bayraktutan, Z., Eren, I., ... Aydın, N. (2014). Relationship of asymmetrical dimethylarginine, nitric oxide, and sustained attention during attack in patients with major depressive disorder. *Scientific World Journal*, 16, 624395.

Cheniaux, E. (2011). *Manual de psicopatologia* (4. ed.). Rio de Janeiro: Guanabara Koogan.

Chodosh, J., Kado, D. M., Seeman, T. E., & Karlamangla, A. S. (2007). Depressive symptoms as a predictor of cognitive decline: MacArthur Studies of Successful Aging. *American Journal of Geriatric Psychiatry*, 15(5), 406-15.

Coan, J. A., & Allen, J. J. B. (2004). Frontal EEG asymmetry as a moderator and mediator of emotion. *Biological Psychology*, 67(1-2), 7-49.

Coutinho, G., Mattos, P., & Abreu, N. (2010). Atenção. In L. F. Diniz, et al., *Avaliação neuropsicológica* (pp. 86-93). Porto Alegre: Artmed.

Dalgalarrondo, P. (2008). *Psicopatologia e semiologia dos transtornos mentais*. Porto Alegre: Artmed.

Davison, G., & Neale, J. M. (2001). *Abnormal psychology*. New York: John Willey & Sons.

Drakeford, J. L., Edelstyn, N. M., Oyebode, F., Srivastava, S., Calthorpe, W. R., & Mukherjee, T. (2010). Recollection deficiencies in patients with major depressive disorder. *Psychiatry Research*, 175(3), 205-10.

Fried, E. I., & Nesse, R. M. (2014). The impact of individual depressive symptoms on impairment of psychosocial functioning. *PLoS One*, 9(2), e90311.

Frodl, T., Schaub, A., Banac, S., Charypar, M., Jager, M., Kummler, P., ... Meisenzahl, E. M. (2006). Reduced hippocampal volume correlates with executive dysfunctioning in major depression. *Journal of Psychiatry Neuroscience, 31*(5), 316-23.

Hammi, E. E., Samp, J., Rémuzat, C., Auray, J-P., Lamure, M., Aballéa, S., ... Toumi, M. (2014). Difference of perceptions and evaluation of cognitive dysfunction in major depressive disorder patients across psychiatrists internationally. *Therapeutic Advances in Psychopharmacology, 4*(1), 22-9.

Jaspers, K. (1987). *Psicopatologia geral.* Rio de Janeiro: Atheneu.

Levin, R. L., Heller, W., Mohanty, A., Herrington, J. D., & Miller, G. A. (2007). Cognitive deficits in depression and functional specificity of regional brain activity. *Cognitive Therapy and Research, 31*(2), 211-33.

Organização Mundial da Saúde. (1993). *Classificação de transtornos mentais e de comportamento da CID 10*: descrições clínicas e diretrizes diagnósticas. Porto Alegre: Artmed.

Organização Mundial de Saúde. (2012). Depressão. Folha Informativa, 396. Geneva: WHO. Recuperado de http://www.who.int/mediacentre/factsheets/fs369/en/index.html.

Pizzagalli, D., Pascual-Marqui, R. D., Nitschke, J. B., Oakes, T. R., Larson, C. L., Abercrombie, H. C., ... Davidson, R. J. (2001). Anterior cingulate activity as a predictor of degree of treatment response in major depression: evidence from brain electrical tomography analysis. *American Journal of Psychiatry, 158* (3), 405-15.

Raposo, H. S., Figueiredo, B. F. C., Lamela, D. J. P. V., Nunes-Costa, R. A., Castro, M. C., & Prego, J. (2011). Ajustamento da criança à separação ou divórcio dos pais. *Revista de Psiquiatria Clinica, 38*(1), 29-33.

Sadock, B. J., & Sadock, V. A. (2007). *Compêndio de psiquiatria: ciência do comportamento e psiquiatria clínica.* Porto Alegre: Artmed.

Schoepf, D., Uppal, H., Potluri, R., Chandran, S., & Heun, R. (2014). Comorbidity and its relevance on general hospital based mortality in major depressive disorder: A naturalistic 12-year follow-up in general hospital admissions. *Journal of Psychiatric Research, 52*, 28-35.

Steibel, N. M., & Almeida, R. M. M. (2010). Estudo de caso: avaliação neuropsicológica: depressão x demência. *Aletheia, 31*, 111-20.

Üstün, T. B., Ayuso-Mateos, J. L., Chatterji, S., Mathers, C., & Murray, C. J. (2004). Global burden of depressive disorders in the year 2000. *British Journal of Psychiatry, 184*, 386-92.

Viana, M. C., & Andrade, L. H. (2012). Lifetime Prevalence, age and gender distribution and age-of-onset of psychiatric disorders in the São Paulo Metropolitan Area, Brazil: results from the São Paulo Megacity Mental Health Survey. *Revista Brasileira de Psiquiatria, 34*(3), 249-60.

Vythilingam, M., Vermetten, E., Anderson, G.M., Luckenbaugh, D., Anderson, E. R., Snow, J., ... Bremner, J. D. (2004). Hippocampal volume, memory, and cortisol status in major depressive disorder: effects of treatment. *Biological Psychiatry, 56*, 101-12.

Zhang, J., & Lv, J. (2014). Psychological strains and depression in Chinese rural populations. *Psychology Health and Medicine,* 19(3), 365-73.

17

Transtorno bipolar

CRISTIANA CASTANHO DE ALMEIDA ROCCA
FABIANA SAFFI

CARACTERÍSTICAS CLÍNICAS E DIAGNÓSTICO

O transtorno bipolar (TB) é uma doença psiquiátrica grave, crônica, caracterizada pela recorrência de episódios de hipomania, mania e depressão, bem como de episódios considerados mistos (nos quais ocorrem sintomas característicos tanto das fases de mania/hipomania como da depressão). Os episódios variam em intensidade, duração e frequência, e as oscilações do humor acompanham alterações nas funções vegetativas e cognitivas que se expressam no comportamento como um todo. Além disso, esse transtorno pode se associar a comportamentos agressivos, impulsivos, suicidas e de alto risco, que são conhecidos por diminuir a qualidade de vida do paciente e que podem, inclusive, gerar problemas de ordem legal (Doerfler et al., 2010).

Na quinta edição do *Manual diagnóstico e estatístico de transtornos mentais*, da American Psychiatric Association (2013), o transtorno bipolar foi separado dos transtornos depressivos, tendo sido incluídos os seguintes diagnósticos: transtorno bipolar tipo I, transtorno bipolar tipo II, transtorno ciclotímico, transtorno bipolar e transtorno relacionado induzido por substância/medicamento, transtorno bipolar e transtorno relacionado devido a outra condição médica, outro transtorno bipolar e transtorno relacionado especificado, e transtorno bipolar e transtorno relacionado não especificado.

A ocorrência de sintomas psicóticos tende a ser um indicador da gravidade do episódio nas diferentes fases da doença, enquanto a alta frequência desses acontecimentos costuma ser associada à cronicidade da condição (Goodwin & Jaminson, 1990; Kaplan, Sadock, & Grebb, 1997; Belmaker, 2004). Além disso, os transtornos bipolares estão aparecendo em idade cada vez mais precoce, provavelmente em função da antecipação e da acumulação do risco genético ao longo das gerações (Dubovsky & Dubovsky, 2004).

O risco de suicídio dessa patologia é de 15%, e sua taxa de prevalência na população é de 3 a 5% (Kessler, 1997; Kessler et al., 2005), sendo que, para o transtorno bipolar tipo I, é de 1,2% (Kessler, 1997). Assim, considerando-se a prevalência, a morbidade e a mortalidade, esse transtorno constitui um importante problema de saúde pública, comprometendo o desempenho social e ocupacional dos pacientes (Altshuler, 1993).

EXPRESSÃO COMPORTAMENTAL NOS EPISÓDIOS DO HUMOR

Nos episódios do humor, o comportamento do paciente sofre alterações, e suas atitudes são balizadas pela expressão do comportamento. Quando em mania, hipomania ou depressão, o comportamento muda drasticamente, e implicações na vida familiar, social, acadêmica e ocupacional tendem a ocorrer.

- *Episódio maníaco:* o humor é eufórico e acompanhado de labilidade afetiva, caracterizada por intensa irritabilidade, que pode se manifestar por demonstrações de raiva. O paciente não tem uma percepção clara desse estado psíquico, e, portanto, a negação de que esteja apresentando um problema é frequente. A capacidade de julgamento crítico rebaixada interfere de modo negativo em suas decisões e escolhas, as quais acabam se balizando em função de autoconfiança e otimismo exagerados, que acompanham uma sensação de agitação interna. Ademais, há, ainda, menor necessidade de sono, com aumento do consumo de alimentos, álcool, cigarro e café, além de maior excitabilidade sexual (Hamilton, 1960; Moreno & Moreno, 1993; Almeida & Moreno, 2002; Rocca & Lafer, 2008).

O comportamento do paciente se torna desorganizado e voltado para atividades consideradas agradáveis, mas que, em geral, são arriscadas e trazem prejuízos. Ideias de grandiosidade, pressão para falar (logorreia), fuga de ideias, alteração da capacidade atencional e perda da inibição modulam esse estado maníaco. As ideias grandiosas tendem a assumir uma característica delirante, em geral, de cunho persecutório, agressivo e impulsivo (Goodwin & Jaminson, 1990; Rocca & Lafer, 2008).

Carlson e Goodwin (1973) descreveram três estágios da mania, expostos na Tabela 17.1.

- *Episódio hipomaníaco:* agitação psicomotora, alegria excessiva, jocosidade, animação, otimismo, autoconfiança exagerada, redução da necessidade de sono, tagarelice e atitudes despreocupadas, associados a aumento da necessidade de contato social e sexual, mas sem interferência na adaptação psicossocial ou comprometimentos ocupacionais e/ou funcionais. O paciente tende a avaliar esses sintomas de forma positiva, porque a sensação subjeti-

TABELA 17.1
Os três estágios da mania segundo Carlson e Goodwin (1973)

ESTÁGIO DE MANIA	CARACTERÍSTICA
Estágio 1 – Fase inicial	Aumento da atividade psicomotora; labilidade do humor (eufórico e/ou irritável); pensamentos rápidos (mas podem ser coerentes), expansivos; ideias de grandiosidade e de autoconfiança exagerada; aumento do interesse por temas sexuais ou religiosos; aumento dos gastos, do consumo de cigarros ou do uso do telefone.
Estágio 2	Atividade psicomotora acelerada; humor marcado por aumento da disforia e dos sintomas depressivos; intensa hostilidade, expressa pelo comportamento explosivo; pensamento incoerente; fica evidente a fuga de ideias; podem ocorrer delírios; logorreia.
Estágio 3	Atividade psicomotora adquire características de intensa agitação; humor claramente disfórico; sentimentos de pânico e desesperança; alucinações, delírios; ideias de autorreferência; desorientações temporal e espacial são comuns; a desorganização psicótica é a característica mais evidente.

va é de bem-estar físico e ele não é acometido por sintomas psicóticos (Angst, 1998; Rocca & Lafer, 2008).

- *Episódio depressivo:* melancolia, pessimismo e desesperança, irritabilidade, ansiedade, pânico, queixas somáticas variadas, hipersonia ou insônia, as quais contribuem para uma sensação de fadiga. Esses sintomas comprometem o comportamento volitivo do indivíduo (Goodwin & Jaminson, 1990; Rocca & Lafer 2008).

A depressão em pacientes com transtorno bipolar tem características diferentes da depressão unipolar. A do tipo bipolar pode se alternar ou ocorrer em combinação com mania ou hipomania disfórica, associando-se, ainda, com sintomas psicóticos em pacientes jovens. Quando combinada com hipomania, são comuns hipersonia, anergia, avidez por carboidratos e lentificação psicomotora (Dubovsky & Dubovsky, 2004). Ideação suicida, acompanhada ou não por sintomas psicóticos, tende a ocorrer nos casos de maior gravidade (Goodwin & Jaminson, 1990; Almeida & Moreno, 2002).

- *Episódio misto:* pelo menos 50% dos pacientes com transtorno bipolar podem experimentar sintomas depressivos e maníacos concomitantemente. No episódio misto, o sintoma maníaco é disfórico, com aumento da irritabilidade e da ansiedade em vez de euforia. Nos estados mistos sutis, o sintoma depressivo é caracterizado por pensamentos acelerados, redução das horas de sono e preservação do interesse sexual, enquanto a mania pode acompanhar pensamentos suicidas e homicidas. Esses estados ocorrem mais e com maior frequência em pacientes com ciclagem rápida (Dubovsky & Dubovsky, 2004).

CARACTERÍSTICAS NEUROPSICOLÓGICAS

Como exposto, a sintomatologia clínica que caracteriza os episódios maníacos, depressivos ou hipomaníacos do TB interfere de maneira significativa no comportamento. Ao longo do tempo, diversos estudos em neuropsicologia procuraram mostrar os efeitos da doença na cognição.

Os prejuízos cognitivos persistem em todas as fases do transtorno, inclusive na eutimia, e podem ser observados já nas fases iniciais da patologia. Eles estão localizados em domínios tanto sócio como neurocognitivos, e, embora possam ser influenciados por inúmeros fatores, a ocorrência do episódio maníaco parece ser o fator de maior interferência. Na esfera da neurocognição, as dificuldades dos pacientes ocorrem nos seguintes domínios: atenção sustentada, aprendizagem, memória, habilidade visuoespacial e funções executivas.

O curso longitudinal do funcionamento neuropsicológico em pacientes diagnosticados com TB é ainda pouco conhecido, mas foi inicialmente investigado por Torres e colaboradores (2013), que selecionaram para esse estudo sujeitos que haviam resolvido um episódio maníaco inicial. Os autores verificaram que os indivíduos acompanhados por 12 meses mostraram uma melhora linear na velocidade de processamento e na função executiva, quando não apresentavam história de abuso de álcool e/ou substância ou tinham interrompido o tratamento antipsicótico durante o estudo.

Uma metanálise recente mostrou que pacientes com TB têm prejuízos cognitivos qualitativamente semelhantes aos de sujeitos com esquizofrenia, embora menos pronunciados (Vöhringer et al., 2013).

Já Calleti e colaboradores (2013) mostraram que indivíduos bipolares apresentam menor comprometimento no desempenho cognitivo se comparados a pacientes com diagnóstico de esquizofrenia, mesmo em testes "ecológicos", que simulam cenários da vida real. Além disso, os sujeitos com TB, apesar de terem melhor desempenho que aqueles com esquizofrenia, obtiveram resultados piores que os de controles saudáveis nos quesitos memória verbal, memória de trabalho, velocidade motora, atenção, velocidade de processamento e codificação de símbolos.

Nos testes ecológicos, que simulam situações da vida prática, tanto os pacientes com TB como aqueles com esquizofrenia falharam para completar algumas tarefas, quebraram regras e demoraram mais tempo.

Entretanto, nas provas de cognição social, os indivíduos bipolares não apresentaram diferenças com relação ao grupo-controle. Há vários estudos que apontam para a dificuldade de reconhecimento de emoções em faces, outro aspecto da cognição social. Déficits no reconhecimento de emoções foram associados a pior realização social e ocupacional. Sujeitos com TB e com esquizofrenia se mostraram mais propensos a confundir expressões de raiva com medo, e os bipolares mostraram tempo de reação mais lento quando tinham de reconhecer a expressão da face. É importante ressaltar que a reação mais demorada pode ser decorrente da lentificação visuomotora associada ao uso de lítio ou de medicamentos anticonvulsivantes (Goghari & Sponheim, 2013).

Em mania, os pacientes apresentam déficits cognitivos globais, mas, na área do reconhecimento de emoções, têm dificuldade em identificar expressões de medo e nojo, inclusive confundindo temor com surpresa. Indivíduos eutímicos com diagnóstico de TB tipo II demonstraram melhor reconhecimento da expressão de medo em comparação àqueles em episódio maníaco ou com TB tipo I em eutimia (Lembke & Ketter, 2002).

Derntl, Seidel, Kryspin-Exner, Hasmann e Dobmeier (2009) também verificaram diferenças na capacidade de reconhecer emoções em pacientes com TB tipo I e II, sendo que aqueles com tipo I, mesmo que estáveis, tiveram dificuldade com todas as expressões se comparados a controles, mas, de modo mais específico, confundiram tristeza com medo. Em contrapartida, os sujeitos com TB tipo II não diferiram dos controles.

No entanto, Schaefer, Baumann, Rich, Luckenbaugh e Zarate (2010) verificaram diferenças de rendimento em comparação aos controles, mesmo nos pacientes com TB tipo II quando deprimidos. Nesse estudo, os indivíduos com TB tipo I e II mostraram a necessidade de visualizar as expressões faciais mais intensas antes de conseguir responder. Além disso, pacientes com TB em episódio depressivo se revelaram mais capazes de reconhecer expressões de aversão em comparação a sujeitos deprimidos unipolares e controles.

As dificuldades sócio ou neurocognitivas interferem na modulação do comportamento nas situações da vida prática, podendo fazer a avaliação do paciente sofrer um viés em função de "dados perdidos" ou "mal interpretados".

IMPORTÂNCIA DA AVALIAÇÃO NEUROPSICOLÓGICA EM PACIENTES COM TB

Considerando os achados citados, a avaliação neuropsicológica é necessária para identificar o modo de funcionamento cognitivo do paciente, permitindo fazer inferências em relação à maneira como lida com as demandas ambientais e relacionais.

Dificuldades de memória verbal, lentificação para processar informações visuais e déficits em funções executivas, como memória de trabalho, causam impacto na adaptação social e ocupacional, bem como na qualidade das relações interpessoais e na adesão do paciente ao tratamento médico.

No Brasil, há poucos testes validados e padronizados para a população, mas, para examinar a atenção visual e a velocidade com a qual a informação é processada, pode-se fazer uso do Teste de Trilhas Coloridas (D'Elia, Satz, Uchiyama, & White, 2010), do Teste de Atenção Dividida (TEADI), do Teste de Atenção Alternada (TEALT) (Rueda, 2010) e do D2 Teste de Atenção Concentrada (Brickenkamp, 2002). Há outras provas que avaliam a atenção e a velocidade de processamento, as quais podem ser encontradas na Escala de Inteligência Wechsler para Adultos (WAIS-III) ou na Escala Wechsler de Inteligência para Crianças (WISC-IV), ambas com validação nacional (Wechsler, 2004, 2013). Esses testes são: Dígitos, Sequência de Números e Letras, Código, Procurar Símbolos e Aritmética. Este último, além da avaliação da habilidade de manejar cálculos, possibilita também uma observação quanto ao uso da memória de trabalho, uma vez que o examinando precisa "guardar" os dados dos problemas enquanto identifica e realiza os cálculos.

A avaliação da eficiência intelectual é importante quando o paciente enfrenta problemas legais, porque discrimina aqueles que são capazes de entender e compreender dentro de um raciocínio lógico pertinente às situações daqueles que não são e que podem, apesar de inteligentes, atuar com base em julgamentos de ordem emocional muito específicos. Segundo o art. 26 do Código Penal,

> é isento de pena o agente que, por doença mental ou desenvolvimento mental incompleto ou retardado, era, ao tempo da ação ou da omissão, inteiramente incapaz de entender o caráter ilícito do fato ou de determinar-se de acordo com esse entendimento.

As pesquisas que estudaram pacientes eutímicos não relataram diferenças em termos de eficiência intelectual geral, sendo que a mensuração do quociente de inteligência (QI) desses indivíduos atinge a faixa média ou acima (ver, p. ex., Cavanagh, Van Beck, Muir, & Blackwood, 2002).

Para avaliar a memória, há dois instrumentos validados no Brasil: o Teste de Memória de Reconhecimento (TEM-R) (Rueda et al., 2013) e a Memória Visual de Rostos (MVR) (Seisdedos, 2011).

A avaliação neuropsicológica também pode abarcar os aspectos de cognição social, mas, para isso, a análise das respostas será qualitativa, já que ainda não existem provas padronizadas em nosso país, a não ser o Inventário de Habilidades Sociais (Del Prette & Del Prette, 2009).

As provas projetivas ou os questionários de personalidade, como, por exemplo, a Bateria Fatorial de Personalidade (Nunes, Hutz, & Nunes, 2010), têm como finalidade fornecer dados sobre os padrões de funcionamento do sujeito diante das diferentes demandas da vida, como manejo de frustrações; construção da autoimagem (positiva ou negativa) e da autoestima; capacidade de autocontrole, incluindo o controle da agressividade; habilidade de enfrentamento de situações negativas; entre outras.

Um cuidado que se deve ter na avaliação de um paciente com TB é estabelecer antecipadamente se ele está em episódio de humor ou em eutimia, uma vez que a condição do humor pode modular a cognição e determinar os resultados de acordo com o que é esperado para a fase da doença em que ele se encontra.

HUMOR E COMPORTAMENTO AGRESSIVO E IMPULSIVO: EXISTE UMA ASSOCIAÇÃO COM OS EPISÓDIOS DO TB?

Comportamentos impulsivos e agressivos não são diagnósticos psiquiátricos clássicos, mas sintomas que podem ocorrer na maioria dos transtornos mentais e em algumas doenças neurológicas. Tais comportamentos podem ser classificados de acordo com o alvo (objetos, outras pessoas ou o próprio indivíduo), o modo (físico ou verbal) ou a gravidade. É possível diferenciá-los, ainda, pela intencionalidade; a agressão premeditada é planejada e não costuma estar associada a frustração ou ameaça imediata, ao contrário da impulsiva. Além disso, nesta última, estão presentes emoções negativas como medo e raiva, caracterizando-se por altos níveis de ativação autonômica. Pode ser considerada uma reação normal e desejável às ameaças ambientais, mas pode assumir proporções patológicas quando sua intensidade é desproporcional ou dirigida ao alvo errado, gerando consequências negativas. Sua ocorrência é explicada por um desequilíbrio entre o controle descendente – promovido pelo córtex frontal orbital e pelo giro do cíngulo anterior, estruturas envolvidas na adaptação do comportamento às expectativas sociais e futuras, bem como nas expectativas de recompensa e punição – e os impulsos ascendentes, os quais são gerados nas estruturas límbicas, tais como a amígdala e a ínsula (Prado-Lima, 2009).

A base neuroquímica de impulsividade do comportamento agressivo envolve os sistemas dopaminérgico e serotonérgico, além de outros neurotransmissores, os quais são afetados por antipsicóticos que reduzem a impulsividade. Baixo nível de dopamina contribui para a perda de motivação, a qual pode levar a um incidente depressivo, enquanto níveis altos estão relacionados com comportamento de risco. Assim, o sistema dopaminérgico tem um papel central na doença bipolar (Reddy et al., 2014).

Quando o paciente com TB está agitado, é comum pensarmos que a chance de ele ficar agressivo e até mesmo impulsivo é maior. Contudo, a agitação é um comportamento verbal ou motor excessivo e nem sempre ocorre com agressividade. Os dois comportamentos, agitado e agressivo, têm cursos e impactos muito diferentes.

Já a impulsividade encontra-se aumentada durante os episódios e está associada a transtorno de abuso de substâncias e risco de suicídio. Em pacientes com TB, a impulsividade também ocorre entre os episódios, predispondo a recidivas e a baixa adesão terapêutica (Henna et al., 2013). De modo geral, esse traço é avaliado pela *Barratt Impulsiveness Scale* (Patton, Stanford, & Barrat, 1995), validada para o Brasil por Malloy-Diniz e colaboradores (2010). Essa escala avalia três subdomínios da impulsividade:

- *Impulsividade motora*: relacionada à não inibição de respostas incoerentes com o contexto.
- *Impulsividade atencional*: relacionada à tomada de decisão rápida.
- *Impulsividade por não planejamento*: engloba comportamentos orientados para o presente.

Evidências sugerem que anormalidades nas substâncias cinzenta e branca estão relacionadas com a impulsividade. Nery-Fernandes e colaboradores (2012) avaliaram e submeteram ao exame de ressonância magnética 19 pacientes com TB e história de tentativa de suicídio, 21 pacientes com TB sem história de tentativa de suicídio e 22 controles saudáveis. Os autores verificaram uma redução na área do corpo caloso mesmo em pacientes bipolares sem história de tentativa de suicídio, de modo que tal diminuição pode ser considerada uma marca biológica desse transtorno. Além disso, o grupo de pacientes que tentaram suicídio pontuou mais alto nos itens de impulsividade atencional e impulsividade por não planejamento avaliados da escala de Barratt (Patton et al., 1995), bem como apresentou maior impulsividade mesmo durante a eutimia, o que sugere uma associação entre história de tentativa de suicídio e impulsividade no TB.

Outro estudo com pacientes bipolares jovens que apresentavam comportamento agressivo também encontrou anormalidades no corpo caloso e interrupções da substância branca no giro do cíngulo anterior. A substância branca compreende quase metade do volume do cérebro e desempenha um papel-chave no desenvolvimento, no envelhecimento e em diversas doenças neurológicas e psiquiátricas (Saxena et al., 2012).

A agressão pode ser definida como um comportamento manifesto que envolve a intenção de infligir estimulação nociva a algo ou alguém ou destruir outro organismo ou objeto. O termo "violência" é usado com frequência para denotar a agressão em seres humanos, enquanto o termo "hostilidade" pode incluir agressão ostensiva ou dissimulada e comportamento desconfiado, entre outras atitudes ameaçadoras (Látalová, 2009).

O comportamento agressivo em pessoas com transtornos mentais pode ser classificado em três grupos: impulsivo, psicótico e instrumental (Tab. 17.2).

No TB, a agressividade mais comum é a impulsiva, que ocorre sobretudo durante episódios maníacos. Em pacientes bipolares, a impulsividade é elevada não apenas ao longo de tais episódios, mas também durante remissões, o que sugere uma interface entre TB e transtornos do controle de impulsos (Látalová, 2009).

De fato, em pesquisas clínicas, a maioria das informações disponíveis sobre o comportamento agressivo foi obtida durante episódios maníacos ou mistos, fosse no período de hospitalização, fosse no período imediatamente anterior, e este estava, em geral, associado a sintomas paranoides ou alta irritabilidade (Binder & McNiel, 1988; Barlow, Grenyer, & Ilkiw-Lavalle, 2000). Além disso, pacientes com TB e história de tentativas de suicídio apresentavam escores mais altos em escalas que mediam hostilidade e agressão ao longo da vida, sendo que aqueles que pontuaram alto na hostilidade, com notável diferença na subescala que avaliava a ocorrência de agressão física (avaliada pela Buss-Durkee Scale; Buss & Durkee, 1957), também tinham altos níveis de impulsividade por não planejamento (avalia-

TABELA 17.2
Os três tipos de agressividade

TIPO DE AGRESSIVIDADE	CARACTERÍSTICA
Impulsiva	Não é planejada; resulta da falta de inibição comportamental e da despreocupação com as consequências, estando associada com menor inervação serotonérgica no giro do cíngulo anterior.
Psicótica	Decorrente de sintomas psicóticos (p. ex., alucinações de comando, delírios paranoicos ou distorções cognitivas comuns na mania).
Instrumental	É planejada e visa a satisfazer uma necessidade. Esse tipo de agressão é comum em pacientes (particularmente naqueles que apresentam transtornos a personalidade e por uso de substâncias) e não pacientes.

da pela *Barratt Impulsiveness Scale*; Patton et al., 1995). Assim, impulsividade e hostilidade foram correlacionadas nesses pacientes (Oquendo et al., 2000; Michaelis et al., 2004).

Henna e colaboradores (2013) também mostraram que tanto os pacientes com TB como aqueles com transtorno unipolar (TU) tinham escores maiores do que os controles saudáveis e parentes não afetados em duas medidas da escala de impulsividade, com exceção da impulsividade atencional. Com relação a esta, não houve diferença entre os familiares não afetados e os sujeitos com TB e TU, mas os três grupos pontuaram mais do que os controles saudáveis. Além disso, nesse estudo, ao contrário do que foi citado anteriormente, não houve diferença na impulsividade entre sujeitos com TB e TU com e sem história de tentativa de suicídio. No entanto, a impulsividade foi maior entre indivíduos bipolares e unipolares com transtorno por uso de substância anterior em comparação a pacientes sem tais antecedentes.

O impacto do abuso de álcool em pacientes com mania aguda é importante, pois eles tendem a mostrar níveis mais elevados de impulsividade e comportamento agressivo. Em geral, a evidência para o papel do uso de substâncias na fisiopatologia da agressão em doentes mentais é esmagadora (Swartz et al., 1998).

A comorbidade do TB com transtornos da personalidade (TPs), como o TP antissocial e o TP *borderline*, também envolve uma população que tem mais riscos de apresentar comportamentos agressivos (Látalová, 2009).

IMPLICAÇÕES FORENSES

Estudos epidemiológicos estimaram que o comportamento agressivo (incluindo problemas com a polícia ou a lei) estava presente em 12,2% das pessoas diagnosticadas com TB; em 8,2% das com transtorno combinado com o abuso de álcool, com ou sem dependência; em 10,9% daquelas com abuso de drogas, com ou sem dependência; e em apenas 1,9% dos indivíduos sem o diagnóstico de TB (Látalová, 2009).

A maioria dos pacientes com TB não se mostra agressiva durante os episódios de doença ou no período de remissão. Todavia, alguns deles podem agir de forma hostil, colocando-se em risco e ameaçando os demais, além de ficarem estigmatizados por isso. Ademais, sujeitos bipolares com doença aguda e hospitalizados têm maior risco de agressão do que outros pacientes internados (Látalová, 2009).

Apesar de os pacientes bipolares, em geral, não serem agressivos, como relatado anteriormente, pesquisas apontaram que a impulsividade é elevada nessa população, não apenas durante episódios maníacos, mas também nas remissões. Além disso, esses indivíduos, quando apresentavam história de tentativa de suicídio, pontuavam mais alto em escalas que mediam hostilidade e agressão ao longo da vida. Dessa forma, percebemos que, mesmo entre episódios, indivíduos com TB podem se envolver em situações complicadas e com consequências legais.

Na área trabalhista, devido à hostilidade que apresentam, queixas de assédio moral podem surgir. Na área criminal, não é incomum esses pacientes se envolverem em situações de discussão e brigas, que muitas vezes não chegam a agressões físicas.

A seguir, exemplificaremos a relação entre TB e Justiça com um caso da Vara de Família, no qual ocorreu a separação do casal e discutia-se a regulamentação das visitas aos filhos.

VINHETA CLÍNICA

Caso

O genitor das crianças, diagnosticado com TB, fazia acompanhamento adequado, mas, em algumas ocasiões, apresentava episódios de hipomania e depressão. O casamento foi muito tumultuado, com brigas constantes e agressões verbais entre os cônjuges, provocadas sobretudo pelo pai das crianças. Ele se apresentava sempre mais hostil no trato com a esposa e seus familiares, sendo esse o motivo das discussões constantes. Em relação aos filhos, exibia sinais de irritação em alguns momentos, mas nunca chegou a ser agressivo.

A genitora alegava que tinha receio de deixá-lo sozinho com as crianças por períodos mais prolongados, por exemplo, durante as férias, por temer que ele as agredisse. Foi feita uma avaliação tanto nas crianças como no casal para que se compreendesse a dinâmica familiar, a percepção de cada membro da família em relação aos outros. Além disso, a avaliação também pesquisou o transtorno mental apresentado pelo genitor, aspectos de agressividade e impulsividade.

A conclusão a que se chegou na perícia foi a de que, apesar de o genitor exibir um nível elevado de impulsividade e algumas respostas agressivas, tratava-se de uma agressividade impulsiva, ou seja, não planejada. Além disso, percebeu-se que ele prezava muito o relacionamento com os filhos, preservando-os, em muitos momentos, de situações constrangedoras. Observou-se também que as crianças tinham um vínculo muito forte com o pai e que a convivência próxima com ele lhes seria benéfica.

CONSIDERAÇÕES FINAIS

O TB é uma doença psiquiátrica grave, crônica e com uma patoplastia diversa, que vai de um comportamento extremamente retraído (fase depressiva) até a expansividade (fase maníaca), passando por momentos de apresentação sintomática mais sutis, incluindo a eutimia. Percebe-se que, mesmo entre fases (eutimia), o paciente bipolar apresenta alterações cognitivas características da doença, como o aumento de impulsividade, que podem lhe trazer prejuízos funcionais e legais. Apesar disso, a maioria dos pacientes não se mostra agressiva, mesmo com o aumemto da impulsividade e da hostilidade.

REFERÊNCIAS

Almeida, K. M., & Moreno, D. H. (2002). Quadro clínico dos subtipos do espectro bipolar. In R. A. Moreno, & D. H. Moreno, *Transtorno bipolar do humor* (pp. 111-30). São Paulo: Lemos Editorial.

Altshuler, L. L. (1993). Bipolar disorder: are repeated episodes associated with neuroanatomic and cognitive changes? *Biological Psychiatry, 33*: 563-5.

American Psychiatric Association. (2013). *Diagnostic and statistical manual of mental disorders: DSM-5* (5th ed.). Washington: American Psychiatry Association.

Angst, J. (1998). The emerging epidemiology of hipomania and bipolar II disorder. *Journal of Affective Disorders, 50*, 143-51.

Barlow, K., Grenyer, B., & Ilkiw-Lavalle, O. (2000). Prevalence and precipitants of aggression in psychiatric inpatient units. *Australian & New Zealand Journal of Psychiatry, 34*(6), 967-74.

Belmaker, R. H. (2004). Bipolar disorder. *The New England Journal of Medicine, 351*: 476-86.

Binder, R. L., & McNiel, D. E. (1988). Effects of diagnosis and context on dangerousness. *The American Journal of Psychiatry, 145*, 728-32.

Brickenkamp, R. (2002). *Teste d2 - atenção concentrada: manual.* São Paulo: Casa do Psicólogo.

Buss, A. H., & Durkee, A. (1957). An inventory for assessing different kinds of hostility. *Journal of Consulting and Clinical Psychology, 21*, 343-9.

Caletti, E., Paoli, R. A., Fiorentini, A., Cigliobianco, M., Zugno, E., Serati, M., ... Altamura, A. C. (2013). Neuropsychology, social cognition and global functioning among bipolar, schizophrenic patients and healthy controls: preliminary data. *Frontiers in Human Neuroscience, 17*(7), 661.

Carlson, G.A.; Goodwin, F. K. (1973). The stages of mania: a longitudinal analysis of the manic episode. *Archives of General Psychiatry, 28*, 221-8.

Cavanagh, J. T. O., Van Beck, M., Muir, W., & Blackwood, D. H. R. (2002). Case-control study of neurocognitive function in euthymic patient with bipolar disorder: an association with mania. *The British Journal of Psychiatry, 180,* 320-6.

Del Prette, A., & Del Prette, Z. A. P. (2009). *Inventário de habilidades sociais para adolescentes (IHSA-Del--Prette): manual de aplicação, apuração e interpretação.* São Paulo: Casa do Psicólogo.

D' Elia, L. F., Satz, P., Uchiyama, C. L., & White, T. (2010). *Teste de trilhas coloridas* (CTT). São Paulo: Casa do Psicólogo.

Derntl, B., Seidel, E. M., Kryspin-Exner, I., Hasmann, A., & Dobmeier, M. (2009). Facial emotion recognition in patients with bipolar I and bipolar II disorder. *British Journal of Clinical Psychology, 48,* 363-75.

Doerfler, L. A., Connor, D. F., & Toscano, P. F., Jr. (2010). Aggression, ADHD symptoms, and dysphoria in children and adolescents diagnosed with bipolar disorder and ADHD. *Journal of Affective Disorders, 131,* 312-9.

Dubovsky, S. L., & Dubovsky, N. A. (2004). *Transtornos do humor.* Porto Alegre: Artmed.

Goghari, V. M., & Sponheim, S. R. (2013). More pronounced deficits in facial emotion recognition for schizophrenia than bipolar disorder. *Comprehensive Psychiatry, 54*(4), 388-97.

Goodwin, F. K., & Jaminson, K. R. (1990). *Manic-depressive illness.* New York: Oxford University Press.

Hamilton, M. A. (1960). Rating scale for depression. *Journal of Neurology, Neurosurgery & Psychiatry, 23,* 56-62.

Henna, E., Hatch, J. P., Nicoletti, M., Swann, A. C., Zunta-Soares, G., & Soares, J. C. (2013). Is impulsivity a common trait in bipolar and unipolar disorders? *Bipolar Disorder, 15*(2), 223-7.

Kaplan, H. I., Sadock, B. J., & Grebb, J. A. (1997). *Compêndio de psiquiatria: ciências do comportamento e psiquiatria clínica* (pp. 493-544). Porto Alegre: Artmed.

Kessler, R. C., & Rubinow, D. R., Holmes, C., Abelson, J. M., & Zhao, S. (1997). The epidemiology of DSM-III-R Bipolar I disorder in a general population. *Survey Psychological Medicine, 27*(5), 1079-89.

Kessler, R. C., Birnbaum, H., Demler, O., Falloon, I. R., Gagnon, E., Guyer, M., ... Wu, E. Q. (2005). The prevalence and correlates of nonaffective psychosis in the National Comorbidity Survey Replication (NCS-R). *Biological Psychiatry, 58*(8), 668-76.

Látalová, K. (2009). Bipolar disorder and aggression. *International Journal of Clinical Practice, 63*(6), 889-99.

Lembke, A., & Ketter, T. A. (2002). Impaired recognition of facial emotion in mania. *The American Journal of Psychiatry, 159,* 302-4.

Malloy-Diniz, L. F., Mattos, P., Leite, W. B., Abreu, N., Coutinho, G., de Paula, J. J., ... Fuentes, D. (2010). Tradução e adaptação cultural da Barratt Impulsiveness Scale (BIS-11) para aplicação em adultos brasileiros. Translation and cultural adaptation of Barratt Impulsiveness Scale (BIS-11) for administration in Brazilian adults. *Jornal Brasileiro de Psiquiatria, 59*(2), 99-105.

Michaelis, B. H., Goldberg, J. F., Davis, G. P., Singer, T. M., Garno, J. L., & Wenze, S. J. (2004). Dimensions of impulsivity and aggression associated with suicide attempts among bipolar patients: a preliminary study. *Suicide and Life-Threatening Behavior, 34,* 172-6.

Moreno, R. A., & Moreno, D. H. (1993). Transtornos do humor. In M. Louzã Neto, T. Motta, Y. P. Wang, H. Elkis. (Orgs.). *Psiquiatria básica.* Porto Alegre: Artes Médicas.

Nery-Fernandes, F., Rocha, M. V., Jackowski, A., Ladeia, G., Guimarães, J. L., Quarantini, L. C., ... Miranda-Scippa, A. (2012). Reduced posterior corpus callosum area in suicidal and non-suicidal patients with bipolar disorder. *Journal of Affective Disorders, 142*(1-3), 150-5.

Nunes, C. H. S. S., Hutz, C. S., & Nunes, M. F. O. (2010). *Bateria fatorial de personalidade - BFP.* São Paulo: Casa do Psicólogo.

Oquendo, M. A., Waternaux, C., Brodsky, B., Parsons, B., Haas, G. L., Malone, K. M., Mann, J. J. (2000). Suicidal behavior in bipolar mood disorder: clinical characteristics of attempters and nonattempters. *Journal of Affective Disorders, 59,* 107-17.

Patton, J. H., Stanford, M. S., & Barratt, E. S. (1995). Factor structure of the Barratt impulsiveness scale. *Journal of Clinical Psychology, 51*(6), 768-774.

Prado-Lima, P. A. S. (2009). Tratamento farmacológico da impulsividade e do comportamento agressivo. *Revista Brasileira de Psiquiatria, 31*(2), S58-S65.

Reddy, L. F., Lee, J., Davis, M. C., Altshuler, L., Glahn, D. C., Miklowitz, D. J., Green, M. F. (2014). Impulsivity and risk taking in bipolar disorder and schizophrenia. *Neuropsychopharmacology, 39,* 456-463.

Rocca, C. C. A., Lafer, B. (2008). Neuropsicologia do transtorno bipolar. In D. Fuentes, L. Malloy-Diniz, C. H. Camargo, R. M. Consenza. *Neuropsicologia: teoria e prática* (pp. 256-76). Porto Alegre: Artmed.

Rueda, F. J. M. (2010). *Teste de Atenção Dividida (TEADI) e Teste de Atenção Alternada (TEALT).* São Paulo: Casa do Psicólogo.

Rueda, F. J. M., Raad, A. J., Monteiro, R. M. (2013). *Teste de memória de reconhecimento - TEM-R*. Casa do Psicólogo: São Paulo.

Saxena, K., Tamm, L., Walley, A., Simmons, A., Rollins, N., Chia, J., ... Huang, H. (2012). A preliminary investigation of corpus callosum and anterior commissure aberrations in aggressive youth with bipolar disorders. *Journal of Child and Adolescent Psychopharmacology, 22*(2).

Schaefer, K. L., Baumann, J., Rich, B. A., Luckenbaugh, D. A., & Zarate Jr., C. A. (2010). Perception of facial emotion in adults with bipolar or unipolar depression and controls. *Journal of Psychiatric Research , 44*, 1229-35.

Seisdedos, N. (2011). *Teste de memória visual de rostos - MVR*. (Adaptação de I. F. A. S. Leme, M. O. Rossetti, S. V. Pacanaro, & I. S. Rabelo). São Paulo: Casa do Psicólogo.

Swartz, M. S., Swanson, J. W., Hiday, V. A., Borum, R., Wagner, H. R., & Burns, B. J. (1998). Violence and severe mental illness: the effects of substance abuse and nonadherence to medication. *The American Journal of Psychiatry, 155*(2), 226-31.

Torres, I. J., Kozicky, J., Popuri, S., Bond, D. J., Honer, W. G., Lam, R. W., Yatham, L. N. (2014). 12-month longitudinal cognitive functioning in patients recently diagnosed with bipolar disorder. *Bipolar Disorder, 16*(2), 159-71.

Vöhringer, P. A., Barroilhet, S. A., Amerio, A., Reale, M. L., Alvear, K., Vergne, D., Ghaemi, S. N. (2013). Cognitive impairment in bipolar disorder and schizophrenia: a systematic review. *Frontiers in Psychiatry, 8*(87), 1-11.

Wechsler, D. (2004). *Escala de inteligência Wechsler para adultos*. (3. ed.). São Paulo: Casa do Psicólogo.

Wechsler, D. (2013). *Escala de inteligência Wechsler para crianças*. São Paulo: Casa do Psicólogo.

18

Ansiedade generalizada

CARINA CHAUBET D'ALCANTE
FABIANA SAFFI

TRANSTORNOS DE ANSIEDADE

A ansiedade é um sentimento que faz parte do cotidiano das pessoas, sendo definida como

> um sentimento vago e desagradável de medo, apreensão, caracterizado por tensão ou desconforto derivado de antecipação de perigo, de algo desconhecido ou estranho. (Castillo, Recondo, Asbahr, & Manfro, 2000, p. 20).

A ansiedade pode ser benéfica ou prejudicial. É benéfica quando motiva o indivíduo a se preparar para um perigo iminente, ao ativar o mecanismo de luta-ou-fuga. Este, quando acionado, faz o corpo preparar-se fisiologicamente para reagir ao perigo ainda desconhecido, aumentando a atividade cardiorrespiratória e hipercontraindo a musculatura (Barros, Humerez, Fakih, & Michel, 2003). Entretanto, se esse estado persistir por muito tempo ou se tornar frequente, poderá trazer transtornos para a vida do indivíduo. É importante saber diferenciar um estado ansioso normal de um patológico, e, para isso, Castillo e colaboradores (2000) sugerem verificar se as manifestações de ansiedade são reações exageradas, desproporcionais a determinado fenômeno ou não condizem com a resposta de outras pessoas ao mesmo fenômeno.

Assim, as reações ansiosas são comuns tanto em sujeitos saudáveis como naqueles que apresentam vários quadros psicopatológicos, como depressão, transtorno bipolar, esquizofrenia, abuso de substâncias, entre outros. Entre tantas patologias, existem aquelas nas quais os sintomas ansiosos são os mais importantes, sendo chamados de primários. Esses quadros são conhecidos como transtornos de ansiedade.

Na *Classificação internacional de doenças* (CID-10), os transtornos de ansiedade (F41) são definidos pela presença de manifestações de ansiedade não desencadeadas pela exposição a uma situação determinada. Subdividem-se em: transtorno de pânico, ansiedade generalizada, transtorno misto de ansiedade e depressão, outros transtornos mistos de ansiedade, específicos e não especificado. (Organização Mundial da Saúde, 1993).

Os pacientes com transtorno de ansiedade, além do sofrimento intenso a que estão sujeitos, encarecem excessivamente o sistema de saúde, tanto pelos gastos com o tratamento da própria doença como pela procura de vários especialistas decorrente dos sintomas apresentados. A prevalência dos transtornos de ansiedade ao longo da vida é alta, em torno de 24,9% (Menezes, Fontenelle, Mululo, & Versiani, 2007).

TRANSTORNO DE ANSIEDADE GENERALIZADA

A CID-10 define o transtorno de ansiedade generalizada (TAG) como uma ansiedade "persistente que não ocorre exclusivamente nem mesmo de modo preferencial numa situação determinada (a ansiedade é 'flutuante')". Os sintomas são variados, mas englobam nervosismo, tremores, tensão muscular, transpiração, sensação de vazio na cabeça, palpitações, tonturas e desconforto epigástrico. Além disso, os pacientes apresentam humor ansioso, com preocupações sobre possíveis eventos negativos. Por essas razões, muitas vezes o diagnóstico só é estabelecido apenas após algumas consultas a outros especialistas, sobretudo gastroenterologistas e cardiologistas (Ramos, 2011).

A ansiedade presente no TAG é muito mais intensa que aquela exibida normalmente pelas pessoas; acarreta prejuízos sociais, além de não se restringir a apenas uma situação (Cavaler & Gobbi, 2013), e sua prevalência é estimada em 5,1% (Menezes et al., 2007). Segundo Ramos (2011), estudos sugerem que os sintomas costumam iniciar-se no fim da adolescência e início da vida adulta, com baixa taxa de remissão. É uma patologia mais comum no sexo feminino, em pessoas solteiras e com risco genético discretamente aumentado (15 a 20% entre gêmeos não idênticos).

NEUROPSICOLOGIA E TRANSTORNOS DE ANSIEDADE GENERALIZADA

A neuropsicologia compreende o estudo das relações entre o comportamento e a atividade cerebral e representa um recurso que permite melhor compreensão da organização do comportamento como de uma possível psicopatologia. Nesse sentido, permite avaliar a integridade dos principais circuitos neurais envolvidos nos transtornos psiquiátricos por meio de tarefas que quantificam diferentes habilidades mentais. Os achados neuropsicológicos, junto àqueles provenientes de estudos de neuroimagem, permitem a elaboração de modelos fisiopatológicos específicos (Cole, Repovš, & Anticevic, 2014). Além disso, a avaliação neuropsicológica fornece informações sobre cognição, características de personalidade, comportamentos sociais e estado emocional. Por meio dela, é possível mensurar o desempenho e, por conseguinte, descrever potenciais alterações de funções cognitivas.

A avaliação neuropsicológica tem uma função importante nos transtornos de ansiedade, já que o alto nível de ansiedade pode interferir no desempenho de diversas funções cognitivas. Assim, indivíduos que apresentam essa condição tornam-se mais vulneráveis à presença de déficits cognitivos. Entre as funções prejudicadas estão processos de atenção, memória e funções executivas, além do processamento emocional. Nos TAGs, sabe-se que as principais regiões cerebrais envolvidas são as límbicas, as paralímbicas e as pré-frontais (Hilbert, Lueken, & Beesdo-Baun, 2014).

AVALIAÇÃO NEUROPSICOLÓGICA EM PACIENTES COM TAG

A avaliação neuropsicológica não é apenas uma aplicação de testes. Como qualquer outro procedimento clínico, é um processo que envolve uma relação entre o avaliador e o paciente. Assim, é muito importante, especialmente para indivíduos ansiosos, estabelecer um *rapport* que permita ao paciente sentir-se à vontade e motivado, de maneira que seu desempenho seja representativo de seu funcionamento cognitivo atual.

O avaliador deve estar muito atento à maneira como o sujeito realiza o teste, e não focar apenas seu desempenho final. O tempo de execução das tarefas é um fator muito importante a ser observado, pois, muitas vezes, é o que diferencia a avaliação de um paciente ansioso daquela de um indivíduo saudável. É importante certificar-se de que o sujeito está apto a realizar o procedimento, que é capaz de cooperar com as solicitações do avaliador e que não está extremamente ansioso ou deprimido, pois essas condições podem comprometer os resultados da avaliação. As funções que merecem ser investigadas na ansiedade generalizada são descritas a seguir, e a Tabela 18.1 lista os instrumentos indicados para avaliá-las.

Processos atencionais

A atenção é o conjunto de processos que leva à seleção ou à priorização de um determinado estímulo. Desse modo, o sistema atencional do indivíduo é responsável pela orientação para estímulos sensoriais, permanência do estado de alerta e localização de indícios para o processamento em nível consciente, estando, portanto, relacionado com o processo de memória. Nos quadros de ansiedade generalizada, apontam os estudos, o desempenho da atenção encontra-se prejudicado, uma vez que o viés de atenção para estímulos percebidos como ameaçadores pode estar envolvido na causa ou na manutenção de transtornos de ansiedade. Esses estudos explicam que, na ansiedade, os estímulos atraem uma quantidade desproporcional de recursos de atenção, causando maior desgaste no processamento da informação, pois ativam as redes de conhecimento de ameaças pessoais (Williams, Mathews, & MacLeod, 1996). Por esse motivo, as pesquisas que utilizaram o *Emotional Stroop Test* para investigar o viés de atenção nos transtornos de ansiedade costumam explicar seus resultados por meio do modelo de esquemas de Beck (Beck, Emery, & Greemberg, 1985) e da teoria das redes de Bower (Bower, 1981). Alguns estudos importantes foram realizados para avaliar os efeitos da ansiedade na atenção humana (Clark, 1999; Mogg & Bradley, 2005). Por exemplo, antes de receberem tratamento cognitivo-comportamental, pacientes com TAG apresentaram sinais de distratabilidade quando precisavam nomear as cores nas quais tinham sido impressas as palavras de conteúdo negativo durante uma tarefa do *Emotional*

TABELA 18.1
Instrumentos neuropsicológicos indicados

FUNÇÃO	TESTE
Processos atencionais	Dígitos (WAIS-III), Sequência de Números e Letras (WAIS-III), *Trail* A e B/Teste de Trilhas Coloridas.
Processos mnésticos	
Memória visual	Figura Complexa de Rey
Memória verbal	*Rey Auditory Verbal Learning Test* (RAVLT)
Funções executivas	
Planejamento	Figura Complexa de Rey
Controle inibitório	*Stroop, Cornners Continous Performance Test* (CPT-II)
Memória de trabalho	Blocos de Corsi, Sequência de Números e Letras
Flexibilidade mental	*Wisconsin Card Sorting Test* (WCST), *Hayling Test e Brixton Test*
Tomada de decisões	Iowa Gambling Test (IGT)
Reconhecimento de emoções	
Reconhecimento de emoções	*The Ekman 60-Faces* (EK-60F)
Processamento emocional	*Emotional Stroop Test*

Fonte: Com base em Fonzo e colaboradores (2014) e D'Alcante e colaboradores (2012).

Stroop Test (Moog, Bradley, Millar, & White, 1995). Esse achado indica que indivíduos clinicamente ansiosos tendem a demonstrar um padrão de processo seletivo que opera de modo a favorecer a codificação de informações ameaçadoras, sugerindo, assim, que o processamento da informação atencional pode sofrer influência em caso de sobrecarga do sistema cognitivo, o que lentificaria o desempenho na execução da tarefa (Dewitte, Koster, Houwer, & Buysse, 2007).

Processos mmésticos

A memória é uma das funções cognitivas mais estudadas. Há, basicamente, dois tipos de memória: a de trabalho (que mantém a informação por alguns instantes) e a declarativa (que registra fatos e conhecimentos). Entre uma e outra, existem as episódicas e as semânticas (que marcam os conhecimentos gerais). Há, ainda, a memória procedural, que se refere às capacidades motoras ou sensoriais. Um estudo de revisão de Mitte (2008) não confirmou os impactos na memória relatados pelos pacientes devidos aos sintomas ansiosos, pois não foram encontradas alterações significativas causadas pela ansiedade na memória implícita e no reconhecimento. As análises indicaram um viés de memória para recordar, cuja magnitude dependeu de procedimentos do estudo, como o processo de codificação ou intervalo de retenção. Provavelmente, o prejuízo não seja da memória em si, e sim da capacidade de organizar as informações recebidas, característica das funções executivas, mas que acaba influenciando a recuperação da informação.

Funções executivas

A expressão "funções executivas" define o processo cognitivo complexo que envolve a coordenação de vários subprocessos para a realização satisfatória de uma ação. Nesse sentido, o termo abrange vários processos cognitivos, não podendo ser definido como um conceito unitário, mas como um construto multidimensional. Dessa forma, esse conjunto de funções reguladoras abrange subdomínios específicos do comportamento, que incluem:

a) gerar intenções (volição) e iniciar ações
b) selecionar alvos e inibir estímulos competitivos
c) planejar e prever meios de resolução de problemas
d) antecipar consequências e mudar estratégias (flexibilizar)
e) monitorar o comportamento a cada etapa para, em seguida, compará-lo ao plano original

O sistema executivo é responsável por recrutar e extrair informações de diversos outros sistemas cerebrais (perceptivo, linguístico, mnemônico, emocional, etc.) (Lezak, 1995). Os déficits nas funções executivas presentes em pacientes ansiosos podem estar relacionados com falta de iniciativa, dificuldades de planejamento antecipatório e problemas de regulação de respostas, dificultando os processos de tomada de decisão e resolução de problemas. Em indivíduos com TAG, a coordenação dessa "orquestra" cognitiva está alterada. Um estudo recente comparou o desempenho de 22 pacientes *drug-naive*, 18 pessoas tomando antidepressivos (inibidores seletivos da recaptação de serotonina [ISRSs]) e 31 sujeitos saudáveis. Para tanto, utilizou uma bateria neuropsicológica ampla que avaliou atenção, memória e funções executivas. O grupo de pacientes com TAG apresentou déficits em funções executivas e memória não verbal quando comparado aos controles saudáveis. Já os pacientes *drug-naive*, quando comparados ao grupo que havia tomado antidepressivos, saíram-se melhor nessas mesmas funções, demonstrando um impacto da medicação. Ainda assim, pode-se afirmar que sujeitos com TAG têm as funções executivas prejudicadas, especialmente o controle inibitório e a flexibilidade mental (Tempesta et al., 2013). No que se refere à tomada de decisão, apesar de existirem poucos estudos, a literatura indica que os traços ansiosos não estão associados a preferência de risco subjetivo, mas a um viés avaliativo de informação emocional na tomada de decisão, baseado em um sistema emocional hiperativo e em um sistema analítico hipoativo no cérebro (Xu et al., 2013).

Processamento emocional e reconhecimento das emoções

Perceber e expressar emoções são habilidades mantidas por um sistema de distribuição neural, formado pelo sistema límbico, sobretudo pela amígdala, pelo hipotálamo e pelo sistema dopaminérgico, além do giro occipital inferior, do giro fusiforme, dos gânglios da base, do córtex parietal direito e do giro temporal inferior, que também são essenciais (Adolphs, 2002; Gur, Schoeder, Tuner, McGrath, Chan & Turetsky, 2002; Kohler et al., 2004; Shaw et al., 2007).

Estudos recentes indicam que o processamento emocional é regulado por circuitos cerebrais interconectados, os quais ligam informações entre os gânglios basais e o córtex pré-frontal. Esses trabalhos tendem a enfatizar a importância de duas regiões cerebrais para essa função: a amígdala e o córtex pré-frontal (Gazzaniga, 2006; Fusar-Poli et al., 2009).

Em pacientes com ansiedade, esse processamento está prejudicado devido à hipervigilância a estímulos relacionados ao medo. Isso pode ser verificado na tarefa em que os sujeitos necessitam nomear cores nas quais palavras desagradáveis, que lhes causavam ansiedade, estavam impressas. Nessa atividade, os indivíduos com TAG exibiram desempenho mais lento que os demais (Fava, Kristensen, Melo, & Araujo, 2009). Além disso, nesses pacientes são observados incremento na detecção negativa de faces, tendência de discriminação no afeto negativo e baixa identificação do afeto positivo (Ouimet, Gawronski, & Dozois, 2009; Waters, Henry, Mogg, Bradley, & Pine, 2010).

NEUROPSICOLOGIA E TRATAMENTO DO TAG

Um estudo indicou que pacientes com TAG que tiveram baixo desempenho pré-tratamento nos testes de velocidade de processamento; memória de trabalho, imediata e tardia; controle inibitório; e flexibilidade mental apresentaram melhora clínica da ansiedade após o tratamento, inclusive das funções cognitivas. Concluiu-se que a melhora dos sintomas ansiosos está associada com a do desempenho neuropsicológico. Além disso, os resultados ressaltam a importância de tratamentos que ajudam a cognição, bem como para a redução de sintomas de ansiedade (Butters et al., 2011). Outro tratamento promissor nos transtornos de ansiedade é o *Attention Bias Modification Treatment* (ABMT) (Hakamata et al., 2010; MacLeod & Mathews, 2012), que visa a treinar a atenção nesses pacientes. Para isso, a tarefa mais comum é a *dot-probe* (teste do ponto), desenvolvida originalmente por MacLeod, Mathews e Tata (1986). Nela, dois estímulos são apresentados de modo breve em uma tela, dos quais um é emocionalmente saliente, sugestão de ameaça, e outro é neutro. Os estímulos (em geral palavras ou imagens) são exibidos por cerca de 500 milissegundos, e, em seguida, um deles é substituído por um teste a que o participante deve responder. Em geral, o sujeito é solicitado a indicar o lado da tela que está ativado ou a direção que uma seta está apontando. Esse tipo de treinamento, de acordo com Shechner e colaboradores (2014), parece influenciar positivamente a resposta à terapia cognitiva de pacientes com TAG. Outro recente estudo demonstrou que a flexibilidade cognitiva pode ser um importante preditor de boa resposta ao mecanismo de *mindfullness* proposto pelas terapias cognitivo-comportamentais no tratamento da ansiedade generalizada (Lee & Orsillo, 2014).

IMPLICAÇÕES FORENSES

Na definição de TAG, ficou evidente que o paciente apresenta queixas somáticas antes de receber o diagnóstico correto. Essas reclamações podem acarretar prejuízos no desempenho do trabalhador e absenteísmo. Assim, muitas vezes, os transtornos de ansiedade, entre eles o TAG, são motivo de causas trabalhistas, nas quais o psicólogo pode ser chamado a emitir um parecer.

A avaliação do TAG deve ser feita de modo muito cuidadoso, sobretudo na área forense, pois muitas das queixas podem ser apenas simulações. Lees-Haley e Dunn (1994) verificaram, por exemplo, que 96,9% das pessoas que não faziam tratamento para TAG afirmavam apresentar os sintomas do transtorno ao responder a um questionário. Assim, o avaliador deve estar muito atento a questões de simulação.

Essa situação ocorre quando o indivíduo afirma ter determinada doença, inclusive exibindo os sintomas, com o intuito de obter benefícios financeiros, pessoais ou emocionais. No âmbito forense, casos de simulação são muito comuns, em especial em questões trabalhistas e previdenciárias, quando o sujeito solicita afastamento do trabalho e aposentadoria, respectivamente.

É muito simples simular os sintomas do TAG, pois a própria definição da CID-10 afirma tratar-se de uma ansiedade flutuante, que não ocorre exclusivamente em determinada situação, e que vários sintomas não patognomônicos podem surgir. Para evitar que o diagnóstico seja feito na ausência da doença, é necessário que a entrevista seja bem detalhada, correlacionando fatos e sintomas com a história pregressa. Além disso, deve ser realizada uma avaliação neuropsicológica minuciosa, considerando os aspectos quantitativos e qualitativos dos instrumentos utilizados.

O TAG também pode estar presente na área criminal, tanto em infratores como em vítimas.

Butler, Allnutt, Cain, Owens e Muller (2005) encontraram, em uma amostra de prisioneiros, que 36% dos indivíduos apresentavam sintomas ansiosos. Essa prevalência é alta quando comparada à da população em geral, indicando a necessidade de intervenções específicas para indivíduos encarcerados. Leue, Borchard e Hoyer (2004) também encontraram níveis elevados de transtornos de ansiedade em prisioneiros condenados por abuso sexual.

Pesquisas mostram que vítimas de violência são mais propensas a apresentar sintomas de ansiedade, não apenas de estresse pós-traumático, após o episódio, sendo que a existência de sintomas ansiosos prévios não é uma variável de interferência (Frank & Anderson, 1987; Safren, Gershuny, Marzol, Otto, & Pollack, 2002).

CONSIDERAÇÕES FINAIS

O TAG em adultos está associado a prejuízos neuropsicológicos, gerando um impacto na funcionalidade do paciente. Apesar de existirem poucos estudos sobre os aspectos neuropsicológicos e TAG, sabe-se que os déficits apresentados por esses pacientes influenciam no manejo do tratamento, afetando a adesão e a adaptação do indivíduo ao seu estado clínico e ao ambiente. A avaliação forense desses sujeitos é de difícil realização, tanto pela possibilidade de simulação quanto pelo elevado fator de subjetividade do relato dos sintomas desses pacientes.

REFERÊNCIAS

Adolphs, R. (2002). Neural systems for recognizing emotion. *Current Opinion in Neurobiology, 12*(2), 169-77.

Barros, A. L. B. L., Humerez, D.C., Fakih, F.T., & Michel, J. L. M. (2003). Situações geradoras de ansiedade e estratégias para seu controle entre enfermeiras: estudo preliminar. *Revista Latino-Americana de Enfermagem, 11*(5), 585-92.

Beck, A. T., Emery, G., & Greenberg, R. L. (1985). *Anxiety disorders and phobias: a cognitive perspective.* New: York: Basic Books.

Bower, G. H. (1981). Mood and memory. *American Psychology, 36*(2), 129-48.

Bradley, B. P., Mogg, K., Millar, M., & White, J. (1995). Selective processing of negative information: effects of clinical anxiety, concurrent depression, and awareness. *Journal of Abnormal Psychology, 104*(3), 532-6.

Butler, T., Allnutt, S., Cain, D., Owens, D., & Muller, C. (2005). Mental disorder in the New South Wales prisoner population. *Australian and New Zealand Journal of Psychiatry, 39*(5), 407-13.

Butters, M. A., Bhalla, R. K., Andreescu, C., Wetherell, J. L., Mantella, R., Begley, A. E., Lenze E. J. (2011). Changes in neuropsychological functioning following treatment for late-life generalised anxiety disorder. *British Journal of Psychiatry, 199*(3), 211-8.

Castillo, A. R. G. L., Recondo, R., Asbahr, F. R., & Manfro, G. G. (2000). Transtornos de ansiedade. *Revista Brasileira de Psiquiatria, 22*(Suppl 2), 20-3.

Cavaler, C. M., & Gobbi, S. L. (2013). Transtorno de ansiedade generalizada. *Revista Técnico Científica do IFSC.* ISSN 2175-5302.

Clark, D. M. (1999). Anxiety disorders: why they persist and how to treat them. *Behavior Research and Therapy, 37*(Suppl 1), S5-27.

Cole, M. W., Repovs, G., & Anticevic, A. (2014). The fronto-parietal control system: A central role in mental health. *The Neuroscientist.* [Epub ahead of print].

D'Alcante, C. C, Diniz, J. B, Fossaluza, V., Batistuzzo, M. C., Lopes, A. C., Shavitt, R. G., ... Hoexter, M. Q. (2012). Neuropsychological predictors of response to randomized treatment in obsessive–compulsive disorder. *Progress in Neuro-Psychopharmacology & Biological Psychiatry,39*(2), 310–7.

Dewitte, M., Koster, E. H. W., Houwer, J. D., & Buysse, A. (2007). Attentive processing of threat and adult attachment: a dot probe study. *Behaviour Research and Therapy, 45*, 1010-6.

Fava, D. C., Kristensen, C. H., Melo, W. V., & Araujo, L. B. (2009). Construção e validação de tarefa de stroop emocional para avaliação de viés de atenção em mulheres com transtorno de ansiedade generalizada. *Paideia, 19*(43), 159-65.

Fonzo, G. A., Ramsawh, H. J., Flagan, T.M., Sullivan, S. G., Simmons, A. N., Paulus, M. P., Stein, M. B. (2014). Cognitive-behavioral therapy for generalized anxiety disorder is associated with attenuation of limbic activation to threat-related facial emotions. *Journal of Affective Disorders, 169C*, 76-85.

Frank, E., & Anderson, B. P. (1987). Psychiatric disorders in rape victims: past history and current symptomatology. *Comprehensive Psychiatry,28*(1), 77-82.

Fusar-Poli, P., Placentino, A., Carletti, F., Landi, P., Allen, P., Surguladze, S. (2009). Differences in facial expressions of four universal emotions. *Journal of Psychiatry & Neuroscience,34*(6), 418-32.

Gazzaniga, M. S., Ivry, R. B., & Mangun, G. R. (2006). *Neurociência cognitiva: a biologia da mente* (2. ed.). Porto Alegre: Artmed.

Gur, R.C., Schoeder, L., Tuner, T. H., McGrath C., Chan, R. M., & Turetsky, B. I. (2002). Brain activation during emotional processing. *NeuroImage, 16*, 651-62.

Hakamata, Y., Lissek, S., Bar-Haim, Y., Britton, J. C., Fox, N. A., Leibenluft, E., ... Pine, D. S. (2010). Attention bias modification treatment: a meta-analysis toward the establishment of novel treatment for anxiety. *Biological Psychiatry, 68*(11), 982-90.

Hilbert, K., Lueken, U., Beesdo-Baum, K. J. (2014). Neural structures, functioning and connectivity in generalized anxiety disorder and interaction with neuroendocrine systems: a systematic review. *Journal of Affective Disorders.,158*, 114-26.

Kohler, C. G., Turner, T., Stolar, N. M., Bilker, W. B., Brensinger, C. M., Gur, R. E, Gur, R. C. (2004). Differences in facial expressions of four universal emotions. *Psychiatry Research, 128*(3), 235-44.

Lee, J. K., & Orsillo, S. M. (2014). Investigating cognitive flexibility as a potential mechanism of mindfulness in generalized anxiety disorder. *Journal of Behavior Therapy and Experimental Psychiatry, 45*(1), 208-16.

Lees-Haley, P. R., & Dunn, J. T. (1994). The ability of naive subjects to report symptoms of mild brain injury, post-traumatic stress disorder, major depression, and generalized anxiety disorder. *Journal of Clinical Psychology, 50*, 252–6.

Leue, A., Borcgard, B., & Hoyer, J. (2004). Mental disorders in a forensic sample of sexual offenders. *European Psychiatry, 19*(3), 123-30.

Lezak, M. D., Howieson, D. B., Bigler, E. D. & Tranel, D. (1995). Neuropsychological assessment (3. ed.). New York: Oxford University Press.

MacLeod, C., & Mathews, A. (2012). Cognitive bias modification approaches to anxiety. *Annual Review Clinical Psychology, 8*, 189-217.

MacLeod, C., Mathews, A., & Tata, P. (1986). Attentional bias in emotional disorders. *Journal of Abnormal Psychology, 95*, 15-20.

Menezes, G. B. de, Fontenelle, L. F., Mululo, S., &Versiani, M. (2007). Resistência ao tratamento nos transtornos de ansiedade: fobia social, transtorno de ansiedade generalizada e transtorno do pânico. *Revista Brasileira de Psiquiatria, 29*(Supl II), S55-60.

Mitte, K. (2008). Memory bias for threatening information in anxiety and anxiety disorders: a meta-analytic review. *Psychological Bulletin, 134*(6), 886-911.

Mogg, K., & Bradley, B. P. (2005). Attentional bias in generalized anxiety disorder versus depressive disorder. *Cognitive Therapy and Research, 29*(1), 29-45.

Ouimet, A. J., Gawronski, B., & Dozois, D. J. (2009). Cognitive vulnerability to anxiety: a review and an integrative model. *Clinical Psychology Review, 29*(6), 459-70.

Organização Mundial da Saúde. (1993). *Classificação de transtornos mentais e de comportamento da CID-10: descrições clínicas e diretrizes diagnósticas.* Porto Alegre: Artmed.

Ramos, R. T. (2011). Transtorno de Ansiedade generalizada. In E.C. Miguel, V. Gentil, W.F. Gattaz, *Clínica psiquiátrica.* São Paulo: Manole.

Safren, S. A., Gershuny, B. S., Marzol, P. B.A., Otto, M. W., & Pollack, M. H. (2002). History of childhood abuse in panic disorder, social phobia, and generalized anxiety disorder. *Journal of Nervous & Mental Disease, 19*(7), 453-6.

Shaw, P., Lawrence, E., Bramham, J., Brierly, B., Radbourne, C., & David, A. S. (2007). A prospective study of effects of anterior temporal lobectomy on emotion recognition and theory of mind. *Neuropsychologia, 45*, 2783-90.

Shechner, T., Rimon-Chakir, A., Britton, J. C., Lotan, D., Apter, A., Bliese, P. D., ... Bar-Haim, Y. (2014). Attention bias modification treatment augmenting effects on cognitive behavioral therapy in children with anxiety: randomized controlled trial. *Journal of the American Academy of Child & Adolescent Psychiatry, 53*(1), 61-71.

Tempesta, D., Mazza, M., Serroni, N., Moschetta, F. S., Di Giannantonio, M., Ferrara, M., ... De Berardis D. (2013). Neuropsychological functioning in young subjects with generalized anxiety disorder with and without pharmacotherapy. *Progress in Neuro--Psychopharmacol Biological Psychiatry, 45*, 236-41.

Waters, A. M., Henry, J., Mogg, K., Bradley, B. P., & Pine, D. S. (2010). Attentional bias towards angry faces in childhood anxiety disorders. *Journal of Behavior Therapy and Experimental Psychiatry, 41*(2), 158-64.

Williams, J. M. G., Mathews, A., & Macleod, C. (1996). The emotional stroop task and psychopathology. *Psychological Bulletin, 120*, 3-24.

Xu, P., Gu, R., Broster, L. S., Wu, R., Van Dam, N. T., Jiang, Y., ... Luo, Y. (2013). Neural basis of emotional decision making in trait anxiety. *The Journal of Neuroscience, 33*(47), 18641-53.

LEITURA SUGERIDA

Raczak, A., Jakuszkowiak-Wojten, K., Gałuszko-Wgielnik, M., Cubała, W.J., Wiglusz, M. S., Herstowska, M., Landowski, J. (2013). Immediate and delayed visual memory and recognition in patients with panic disorders. *Psychiatria Danubina, 25*(Suppl 2), S146-8.

19
Transtorno obsessivo-compulsivo

CARINA CHAUBET D'ALCANTE
ANTONIO DE PÁDUA SERAFIM

O transtorno obsessivo-compulsivo (TOC) se caracteriza pela presença de obsessões e compulsões recorrentes. O quadro de obsessão é composto por um pensamento, ideia, imagem ou impulso persistente e que a pessoa não consegue inibir ou eliminar por vontade própria. Uma vez que esses fatores não passam pelo prisma do controle voluntário e são repugnantes para o paciente, são classificados como *egodistônicos* (Holmes, 2000). Já as compulsões são a manifestação do pensamento obsessivo em forma de comportamento, que é repetitivo e ritualizado.

Os impulsos obsessivos, em sua maioria, envolvem questões ligadas a sujeira e contaminação, impactando tanto a vida profissional (dificuldade de planejamento e inibição dos pensamentos intrusivos) como a rotina do indivíduo. Além disso, pensamentos de violência ou de prejudicar alguém também podem ocorrer, aumentando o risco de repercussões legais.

Além do aspecto emocional, o processamento cognitivo sofre interferências de pensamento mágico, bem como certa dificuldade para discernir entre o real e o imaginário.

Na conceituação cognitiva, distinguem-se seis domínios que levam o paciente com TOC a distorcer a realidade e, consequentemente, que afetam seu dia a dia e suas tomadas de decisão (van Oppen & Arntz, 1994):

1. responsabilidade pessoal exagerada
2. superestimação de riscos
3. hipervalorização dos pensamentos
4. preocupação excessiva em controlar os pensamentos
5. intolerância à incerteza ou ao novo
6. busca pelo perfeccionismo

AVALIAÇÃO NEUROPSICOLÓGICA FORENSE

A neuropsicologia, que estuda as relações entre o comportamento e a atividade cerebral, pode fornecer informações relevantes para a compreensão da sintomatologia e da neurobiologia do TOC. A avaliação da integridade dos principais circuitos neurais envolvidos nos transtornos psiquiátricos, realizada por meio de tarefas que quantificam diferentes habilidades cognitivas, faz da neuropsicologia um campo importante e que possibilita o auxílio diagnóstico. Além disso, o método neuropsicológico, junto a técnicas de neuroimagem, permite a elaboração de modelos fisiopatológicos mais aprimorados.

No espectro da avaliação neuropsicológica em relação ao TOC, e considerando sua relevância para a área forense, duas vertentes estão bem delineadas. Uma delas, já consagrada, concerne as alterações cognitivas; a outra, mais modesta, aborda o papel das obsessões como fator de risco para a manifestação de comportamentos violentos em pacientes com TOC.

Os estudos que investigaram as alterações neuropsicológicas em indivíduos com TOC nos últimos anos apresentaram resultados por vezes contraditórios, dificultando o delineamento de um perfil específico dos déficits desse transtorno. Pesquisas que comparam o desempenho desses pacientes a controles saudáveis sustentam a hipótese de um comprometimento das funções neuropsicológicas no TOC (Kuelz, Hohagen, & Voderholzer, 2004; Abramovitch, Abramowitz, & Mittelman, 2013). Os achados de maior consistência são os déficits em tarefas que recrutam as funções executivas, sobretudo a organização para fixação de estímulos verbais e visuais (Lewin et al., 2013). Esses achados são congruentes com os de outros estudos, os quais encontraram prejuízos na memória verbal decorrentes da dificuldade de categorização e elaboração de estratégias que facilitam a evocação por categorias (i.e., dificuldade no planejamento da tarefa) (Kuelz, Hohagen, & Voderholzer, 2004). Assim, a presença de déficits no planejamento das informações verbais ou visuais seria um aspecto preditivo de pior desempenho em tarefas de memória. Sawamura, Nakashima, Inoue e Kurita (2005), em uma tentativa de investigar a natureza prejuízos, encontraram que a dificuldade dos pacientes com TOC pode estar mais relacionada à falta de iniciativa de implementar a estratégia do que a problemas no planejamento em si. Isso foi constatado após a observação de que o tempo empregado por esses indivíduos era maior que o dos controles saudáveis em tarefas semânticas de análise de frases; a acurácia nas respostas, no entanto, estava preservada nos dois grupos.

Segundo Kuelz, Hohagen e Voderholzer (2004), é muito difícil observar uma função cognitiva isoladamente, já que os testes neuropsicológicos envolvem ações simultâneas e intercomunicação de diversas funções, o que, a princípio, prejudicaria a consistência dos achados. Dos estudos que investigaram a gravidade da doença e sua relação com o desempenho neuropsicológico, alguns encontraram correlação entre intensidade dos sintomas e pontuação em instrumentos de avaliação das funções neuropsicológicas (quanto mais grave o TOC, pior o desempenho dos pacientes em tarefas de memória visual e funções motoras) (Moritz et al., 2002). Outras pesquisas observaram correlação positiva entre esses fatores, sugerindo que maior gravidade não significaria necessariamente pior desempenho em tarefas verbais e em flexibilidade cognitiva (Jurado, Junqué, Vallejo, Salgado, & Grafman, 2002).

Com relação a comorbidades, Basso, Bornstein, Carona e Morton (2001) usaram um modelo de regressão que incluía a gravidade e a presença da depressão no TOC. Observaram que o transtorno era um possível preditor dos déficits sensório-motores, enquanto os escores de depressão (*The Minnesota Multiphasic Personality Inventory* [MMPI]) estavam ligados a prejuízo em várias tarefas executivas (*Wisconsin Card Sorting Test, Trail Making Test e Verbal Concept Attainment Test*). Os autores sugerem que os déficits executivos no TOC são mais um reflexo da comorbidade com a depressão. Já as disfunções sensório-motoras estariam de fato associadas ao transtorno. Eles hipotetizaram que as dificuldades em diminuir as "falhas da entrada sensorial" que podem ser observadas no TOC são resultado de uma disfunção do núcleo caudado, o qual ativaria esse mecanismo (Basso et al., 2001). Já a gravidade dos sintomas ansiosos e sua influência nas funções neuropsicológicas aparecem em poucos estudos. Os achados mais consistentes falam a favor de uma associação positiva entre ansiedade e pior desempenho nas tarefas de fluência verbal (Kuelz et al., 2004).

Existem poucas pesquisas sobre as outras comorbidades que costumam estar associadas ao TOC, como fobia social, distimia e fobia específica, e sua possível influência nas funções cognitivas (Simpson et al., 2006). Já em relação à presença de transtorno de tiques e síndrome de Tourette, outras duas comorbidades muito frequentes nessa patologia, a maior parte dos estudos prioriza a comparação entre o perfil cognitivo dessas condições, e não sua influência nas medidas cognitivas (Gilbert, Bansal, Sethuraman, & Sallee, 2004).

O PAPEL DAS FUNÇÕES EXECUTIVAS NO TOC

Kwon, Jang, Choi e Kang (2009) realizaram ampla revisão e análise da literatura sobre estudos de neuroimagem funcional e suas associações com TOC em pacientes pediátricos e adultos. Os resultados foram apresentados em dois modelos. O primeiro mostra alterações na execução, o que implica participação do córtex pré-frontal dorsolateral, do núcleo caudado, do tálamo e do corpo estriado. O segundo envolve o controle modulador, que sugere envolvimento da região orbitofrontal medial, do córtex pré-frontal e do giro cingulado.

Como descrito no Capítulo 12, o córtex pré-frontal desempenha um papel fundamental na formação de metas e objetivos, no planejamento de estratégias de ação necessárias para a realização de uma tarefa, na seleção de habilidades cognitivas requeridas para a implementação dos planos, na coordenação das habilidades e na execução de cada etapa na ordem correta. Como no TOC há uma dificuldade no controle ou na capacidade de autorregulação, esses pacientes tendem a apresentar prejuízos nas funções executivas (Malloy-Diniz, Sedo, Fuentes, & Leite, 2008). As funções executivas englobam:

- volição, planejamento e ações intencionais e autodirecionadas
- inibição e resistência à distração
- resolução de problemas, seleção e desenvolvimento de estratégias e monitoração
- manutenção da meta até atingir o objetivo

De acordo com Lezak (2004), as funções executivas "capacitam a pessoa a engajar-se com sucesso em comportamentos propositados, autorregulados e independentes". A disfunção executiva pode aparecer por intermédio de déficits relacionados a falta de iniciativa, dificuldades no planejamento antecipado e problemas na regulação das respostas, levando a incapacidades como inflexibilidade para mudar de estratégia, tomar decisões e resolver problemas, além de prejuízos importantes na adaptação psicossocial, uma vez que essas capacidades perdidas também são recrutadas no exercício das habilidades sociais.

Já em relação ao desempenho cognitivo desses pacientes, os autores referem uma associação importante com disfunção executiva (Kwon et al., 2003). Esses déficits ocorrem sobretudo nas capacidades que estão relacionadas a disfunções do circuito pré-frontal dorsolateral (CPFDL) e do circuito pré-frontal orbitomedial (CPFOM) (Fuster, 2000).

Parte dos estudos revela que pacientes com TOC expressam importante comprometimento nas funções executivas com especificidade para a capacidade de planejamento, bem como referente ao monitoramento pela memória de curto prazo (van den Heuvel et al., 2005).

Um estudo de revisão apontou que pacientes com TOC são mais lentos, cometem mais erros por perseveração e têm dificuldade para usar *feedback* a fim de orientar suas respostas (Demeter, Csigó, Harsányi, Németh, & Racsmány, 2008).

Em metanálise de 221 estudos, dos quais 88 preencheram os critérios de inclusão em relação ao desempenho neuropsicológico de pacientes com TOC, estes últimos apresentaram déficits significativos em memória visuoespacial, função executiva, memória verbal e fluência verbal (Shin, Lee, Kim, & Kwon, 2013).

Os resultados de uma investigação sobre a função neurocognitiva e as mudanças no fluxo sanguíneo cerebral regional (rCBF) em indivíduos com TOC indicaram que as funções cognitivas prejudicadas no transtorno são a memória, a atenção e as funções executivas, associadas sobretudo com os lobos frontais e occipitais (Wen, Cheng, Cheng, Yue, & Xie, 2014).

A Tabela 19.1 lista os principais instrumentos de avaliação das funções cognitivas nos quadros de TOC.

Um estudo investigando a relação entre quadros de TOC e violência enfatizou as obsessões angustiantes de agressividade. Esses pensamentos intrusivos podem incluir obsessões infanticidas ou filicidas, em especial no caso de pais jovens. Embora os autores relatem que não há um número significativo de evidência para sugerir que esses pensamentos representam um risco importante de dano, é um aspecto a ser considerado no âmbito forense (Booth, Friedman, Curry, Ward, & Stewart, 2014).

Assim, ao se decidir pela avaliação neuropsicológica forense como recurso para verificar a presença de déficits cognitivos e, consequentemente, seus efeitos nos pacientes com TOC capazes de responder a uma dúvida jurídica, concordamos com os apontamentos de Taub, D'Alcante, Batistuzzo e Fontenelle (2008); deve-se considerar a heterogeneidade da tipologia do transtorno, uma vez que a expressão dos déficits cognitivos parece peculiar a cada subtipo. Desse modo, nos pacientes do tipo verifica-

TABELA 19.1
Testes utilizados na avaliação do transtorno obsessivo-compulsivo

FUNÇÕES	TESTES
QI estimado e funcionamento mental	Escola Wechsler de Inteligência para Adultos-WAIS-III (Vocabulário e Cubos)
Atenção	Trail Making Test Dígitos Diretos e Indiretos (WAIS-III)
Memória de trabalho	Sequência de Números e Letras (WAIS-III)
Fluência verbal	FAS Test
Memória visual e planejamento	Figura Complexa de Rey Brief Visual Memory Test (BVMT)
Memória verbal e planejamento	Memória Lógica California Verbal Learning Test (CVLT)
Funções motoras	Finger Tapping The Grooved Pegboard Test
Controle inibitório e alerta	Victoria Stroop Test (VST)
Flexibilidade cognitiva	Wisconsin Card Sorting Test (WSCT) Hayling and Brixton Test
Tomada de decisão	Iowa Gambling Test (IGT)

dor, os prejuízos se concentram no desempenho das memórias global e para a ação, além da falta de confiança na memória em comparação aos outros quadros de TOC (contaminação, lavadores e obsessões sexuais ou religiosas) (Taub et al., 2008).

Com base no exposto, a avaliação neuropsicológica forense nos casos de TOC deve se constituir de elementos voltados à investigação das funções executivas, com ênfase na flexibilidade mental, na capacidade de tomar decisões, na memória e nas habilidades visuoespaciais (Taub et al., 2008). Além disso, é preciso estudar as características de personalidade e realizar uma entrevista clínica complexa.

Junto aos subtipos citados, a literatura tem apresentado também os acumuladores compulsivos (*hoarding disorder*) (Rodriguez et al., 2012), cujo quadro se refere a pessoas com dificuldade patológica de se desfazer de objetos ou animais, guardando-os e/ou armazenando-os de forma aleatória. A quantidade de itens coletados diferencia esses indivíduos de pessoas com comportamentos de coleta normais. Eles acumulam um grande número de bens que, muitas vezes, impossibilita qualquer mobilidade nos cômodos da casa ou no local de trabalho (American Psychiatric Association, 2013).

Esse quadro, em geral, produz sofrimento tanto no sujeito como nos familiares e no meio social, além de riscos à saúde e consequências judiciais, que vão desde obrigatoriedade do descarte do material e despejo até internação (voluntária ou compulsória). Embora a categoria de acumuladores compulsivos esteja associada ao TOC, esse quadro não integra os critérios diagnósticos da *Classificação internacional de doenças* (CID-10), que é a referência no contexto forense brasileiro. (Organização Mundial de Saúde, 1993). Esse adendo se faz necessário, visto que já se observam, nos canais de comunicação televisiva, *on-line* e escrita, casos que preenchem os critérios para o enquadre de acumulador compulsivo. Por certo, as ocorrências de quadros de acumuladores necessitarão da avaliação neuropsicológica como recurso para esclarecimentos quanto à dúvida do operador do Direito sobre a saúde mental

No que tange à prática forense, entende-se que a extensão dos quadros de TOC tem implicações graves no âmbito social. Indivíduos verificadores ou com ideias de contaminação, por exemplo, dado o imperativo do quadro, são totalmente incapazes de inibir tal condição, que interfere na vida pessoal, laboral e social desses sujeitos. Tomemos o exemplo de um paciente com vínculo empregatício. Como a legislação trabalhista conduz e compreende sua incapacidade? O artigo 22 da Lei nº 5.890 (8/6/1973) referente à legislação de previdência social, estabelece, entre as prestações asseguradas pela previdência social em termos de benefícios e serviços, o auxílio-doença e aposentadoria por invalidez. No entanto, mesmo que o indivíduo com TOC esteja munido de laudos decorrentes da perícia psiquiátrica e neuropsicológica, corre o risco de não receber os benefícios previstos em lei, em função da negativa dos peritos oficiais da Previdência.

Outras condições com implicações forenses referem-se à necessidade da internação para o tratamento, dada a gravidade do quadro. Nessas situações, o paciente tem preservada a autonomia de querer ou não o tratamento, mas pode incorrer, por parte dos familiares, a internação involuntária e, judicialmente, a compulsória. O que move a justificativa de uma internação involuntária é a perda de autonomia do indivíduo, em função de sua doença, que o impede de compreender e entender o caráter desadaptativo de seu estado, como nos quadros psicóticos graves que cursam com delírios e alucinações (Barros & Serafim, 2009).

Ressalta-se que, de fato, a autonomia se caracteriza como um dos pilares da atuação ética tanto na assistência à saúde como na prática forense. Entretanto, há casos, no contexto da saúde mental, em que a capacidade do indivíduo de decidir com autonomia está prejudicada, não necessariamente pela presença de delírios. Os Estados de Direito reconhecem isso e preveem legislações específicas para tais circunstâncias, sendo responsabilidade dos profissionais que atuam em saúde mental conhecê-las.

Diante do exposto, depreende-se que, embora no TOC a perda da autonomia não decorra de quadros delirantes, os dados de uma avaliação neuropsicológica certamente se converteriam em materialidade psíquica para convicção do operador do Direito no entendimento e aceite da internação.

Com base em nossa experiência pericial no Ambulatório do Núcleo de Psiquiatria e Psicologia Forense do Instituto de Psiquiatria do Hospital das Clínicas da Faculdade de Medicina da Universidade de São Paulo, podemos afirmar que os casos associados ao TOC envolvem, em sua maioria, internação involuntária, afastamento laboral e aposentadoria por invalidez. Estes últimos, em geral, são significativamente menores, bem como aqueles associados a interdição por incapacidade. Os casos relacionados a agressividade costumam ocorrer mais no ambiente familiar e, em geral, devem-se ao fato de o paciente ter quebrado objetos ou agredido alguém diretamente em resposta à impossibilidade de realizar os rituais impostos pela obsessão.

Enfatizamos também que, no cenário da violência, apesar de criminosos em série costumarem apresentar um padrão marcado por rituais, os profissionais da área forense não devem confundir essa característica com um sintoma do quadro clínico de TOC. O que se observa nesses indivíduos é apenas um traço obsessivo.

NEUROPSICOLOGIA COMO PREDITOR NO TRATAMENTO DO TOC

Para obter uma melhor caracterização e compreensão do TOC, alguns estudos passaram a investigar os aspectos neuropsicológicos dessa condição e sua relação com a resposta ao tratamento. Esse tópico tem especial relevância no contexto forense, uma vez que pode fornecer informações importantes naqueles casos envolvendo TOC que são passíveis de interdições cíveis. Esses aspectos podem predizer o grau de resposta do paciente em questão e até mesmo qual seria o tipo de tratamento mais indicado para o respectivo perfil neuropsicológico do indivíduo.

D'Alcante e colaboradores (2012) compararam 50 pacientes com TOC a 35 controles saudáveis, por meio de uma ampla avaliação das funções executivas e das habilidades sociais, a fim de obter uma caracterização neuropsicológica do transtorno. Foram estudados apenas pacientes que nunca haviam feito tratamento farmacológico nem psicoterápico. Os indivíduos com TOC apresentaram déficits em tarefas de flexibilidade mental (mudança de estratégia) e funções motoras (planejamento visuomotor), o que indica o envolvimento do CPFDL e do CPFOM. Os resultados mostraram, ainda, prejuízos nas habilidades sociais, os quais foram identificados por um inventário específico para essa avaliação. Isso mostra que o comprometimento de funções cognitivas como tomada de decisão, controle inibitório e planejamento da ação, que são sabidamente controladas pelos circuitos frontais, atinge inclusive o contexto social desses indivíduos. Ainda no estudo de D'Alcante e colaboradores (2012), em relação a aspectos neuropsicológicos e resposta ao tratamento, foram identificados, em 39 pacientes que completaram as 12 semanas de intervenção terapêutica, fatores neuropsicológicos preditivos de resposta aos tratamentos de primeira escolha no TOC: terapia cognitivo-comportamental (TCC) ou farmacoterapia com inibidor seletivo da recaptação de serotonina (ISRS). Os fatores neuropsicológicos preditivos de resposta ao tratamento foram quociente de inteligência (QI) verbal, controle inibitório e memória verbal. Assim, fica claro que a neuropsicologia, além de auxiliar no diagnóstico do TOC, também pode ajudar o clínico na escolha do melhor tratamento para os pacientes (D'Alcante et al., 2012; Abramovitch et al., 2013).

CONSIDERAÇÕES FINAIS

Este capítulo abordou questões relativas ao impacto do TOC nos processos cognitivos e na adaptação social. Sabe-se que a avaliação neuropsicológica é capaz de colaborar para a compreensão da conduta humana e sua relação com o funcionamento cerebral. O exame neuropsicológico envolve a aplicação de uma extensa bateria de testes e recursos e avalia tanto a percepção mais básica como problemas mais complexos. O cérebro é um órgão muito complexo, com áreas interrelacionadas que trabalham em rede. Isso significa que o funcionamento de uma região depende da atividade de outras, mas também pode haver algum funcionamento independente (Shallice, 2003).

A literatura é enfática ao ressaltar as dificuldades no controle ou na capacidade de autorregulação que os pacientes com TOC apresentam. Logo, o papel do neuropsicólogo perito é responder, da maneira mais objetiva possível, o quanto um fator orgânico, psicopatológico ou emocional pode interferir em áreas cerebrais e afetar seu funcionamento com relação à cognição.

Em contextos forenses, a avaliação neuropsicológica do TOC, em particular, desempenha um papel relevante, uma vez que pode subsidiar juízes, promotores e advogados, fornecendo evidências objetivas e cientificamente fundamentadas quanto a intensidade e gravidade dos sintomas do municipando, bem como esclarecendo questões referentes ao cérebro, ao psiquismo e ao comportamento, tanto em enquadres civis e penais como nos trabalhistas ou previdenciários. Portanto, a avaliação neuropsicológica de casos de TOC no contexto forense apresenta dupla função: uma para caracterizar o prejuízo cognitivo e outra para indicar o processo de reabilitação.

REFERÊNCIAS

Abramovitch, A., Abramowitz, J. S., & Mittelman, A. (2013) The neuropsychology of adult obsessive-compulsive disorder: a meta-analysis. *Clinical Psychology Review, 33*(8), 1163-71.

American Psychiatric Association. (2013). *Diagnostic and statistical manual of mental disorders: DSM-5.* Arlington: American Psychiatry Association.

Barros, D. M., & Serafim, A. P. (2009). Parâmetros legais para a internação involuntária no Brasil. *Revista de Psiquiatria Clínica, 36*(4), 175-7.

Basso, M. R., Bornstein, R. A., Carona, F., & Morton, R. (2001). Depression accounts for executive function deficits in obsessive-compulsive disorder. *Neuropsychiatry Neuropsychology and Behavioral Neurology, 14*(4), 241-5.

Booth, B. D., Friedman, S. H., Curry, S., Ward, H., & Stewart, S. E. (2014). Obsessions of child murder: underrecognized manifestations of obsessive-compulsive disorder. *Journal of American Academy of Psychiatry and the Law, 42*(1), 66-74.

Brasil. (1973). Lei 5.890 de 8 de junho. Altera a Legislação de Previdência Social e dá outras providências. Recuperado de http://www3.dataprev.gov.br/sislex/paginas/42/1973/5890.htm.

D'Alcante, C. C., Diniz, J. B., Fossaluza, V., Batistuzzo, M. C., Lopes, A. C., Shavitt, R. G., ... Hoexter, Q. M. (2012). Neuropsychological predictors of response to randomized treatment in obsessive-compulsive disorder. *Progress Neuropsychopharmacology Biological Psychiatry, 39*(2), 310-7.

Demeter, G., Csigó, K., Harsányi, A., Németh, A., & Racsmány, M. (2008). Impaired executive functions in obsessive compulsive (OCD). *Review Psychiatria Hungarica, 23*(2), 85-93.

Fuster, J. M. (2000). Executive frontal functions. *Experimental Brain Research, 133*, 66-70.

Gilbert, D. L., Bansal, A. S., Sethuraman, G., & Sallee, F. R. (2004). Association of cortical disinhibition with tic, ADHD and OCD severity in Tourette syndrome. *Movement Disorders, 19*(4), 416-25.

Homes, D. S. (2000). *Abnormal Psychology* (4. ed.). Boston: Allyn & Bacon.

Jurado, M. A., Junqué, C., Vallejo, J., Salgado, P., & Grafman, J. (2002). Obsessive-compulsive disorder patients (OCD) are impaired in remembering temporal order and in judging their own performance. *Journal of Clinical and Experimental Neuropsychology, 24*: 261-9.

Kuelz, A. K., Hohagen, F., & Voderholzer, U. (2004). Neuropsychological performance in obsessive-compulsive disorder: a critical review. *Biological Psychology, 65*(3), 185-236.

Kwon, J. S., Jang. J. H., Choi, J. S., & Kang, D. H. (2009). Neuroimaging in obsessive-compulsive disorder. *Expert Review of Neurotherapeutics, 9*(2), 255-69.

Kwon, J. S., Kim, J. J., Lee, D. W., Lee, D. S., Kim, M. S., Lyoo, I. K. ... Lee M. C. (2003). Neural correlates of clinical symptoms and cognitive dysfunctions in obsessive-compulsive disorder. *Journal of Psychiatry Research. 122*(1), 37-47.

Lewin, A. B., Larson, M. J., Park, J. M., McGuire, J. F., Murphy, T. K., & Storch, E. A. (2014). Neuropsychological functioning in youth with obsessive compulsive disorder: An examination of executive function and memory impairment. *Psychiatry Research, 216*(1), 108-15.

Lezak, M. D. (2004). *Neuropsychological assessment*. England: Oxford University.

Malloy-Diniz, L. F., Sedo, M., Fuentes, D., & Leite, W. B. (2008). Neuropsicologia das funções executivas. In D. Fuentes, L. F. Malloy- Diniz, C. H. P. Camargo, R. M. Cosenza. *Neuropsicologia: teoria e prática* (pp.187-206). Porto Alegre: Artmed.

Moritz, S., Birkner, C., Kloss, M., Jahn, H., Hand, I., Haasen, C. (2002). Executive functioning in obsessive-compulsive disorder, unipolar depression and schizophrenia. *Archives of Clinical Neuropsychology, 17*, 477-83.

Organização Mundial da Saúde. (1993). *Classificação de transtornos mentais e de comportamento da CID-10: descrições clínicas e diretrizes diagnósticas.* Porto Alegre: Artmed.

Rodriguez, C. I., Herman, D., Alcon, J., Chen, S., Tannen, A., Essock, S., Simpson, H. B. (2012). Prevalence of hoarding disorder in individuals at potential risk of eviction in New York City: a pilot study. *Journal of Nervous and Mental Disease, 20*(1), 91-4.

Sawamura, K., Nakashima, Y., Inoue, M., & Kurita, H., (2005). Short-term verbal memory deficits in patients with obsessive-compulsive disorder. *Psychiatry and Clinical Neurosciences, 59*(5), 527-32.

Shallice, T. (2003). Functional imaging and neuropsychology findings: how can they linked? *NeuroImage, 20*, S146-S54.

Shin, N. Y., Lee, T. Y., Kim, E., & Kwon, J. S. (2013). Cognitive functioning in obsessive-compulsive disorder: a meta-analysis. *Psychological Medicine, 44*(6), 1121-30.

Simpson, H. B., Rosen, W., Huppert, J. D., Lin, S. H., Foa, F. B., & Liebowitz, M. R. (2006). Are there reliable neuropsychological deficits in obsessive-compulsive disorder? *Journal of Psychiatry Research, 40*(3), 247-57.

Taub, A., D'Alcante, C. C., Batistuzzo, M. C. & Fontenelle, L. F. (2008). A neuropsicologia do transtorno obsessivo-compulsivo. In D. Fuentes, L. F. Malloy- Diniz, C. H. P. Camargo, R. M. Cosenza. *Neuropsicologia: teoria e prática* (pp. 301-11). Porto Alegre: Artmed.

van den Heuvel, O. A., Veltman, D. J., Groenewegen, H. J., Cath, D. C., van Balkom, A. J., van Hartskamp, J., ... van Dyck, R. (2005). Frontal-striatal dysfunction during planning in obsessive-compulsive disorder. *Archives General Psychiatry, 62*(3), 301-9.

Van Oppen, P., & Arntz, A. (1994). Cogntive therapy for obsessive-compulsive disorder. *Behaviour Research and Therapy, 33*, 79-87.

Wen, S. L., Cheng, M. F., Cheng, M. H., Yue, J. H., & Xie, L. J. (2014). Neurocognitive dysfunction and regional cerebral blood flow in medically naïve patients with obsessive-compulsive disorder. *Developmental Neuropsychology, 39*(1), 37-50.

20

Transtorno de estresse pós-traumático

MERY CANDIDO DE OLIVEIRA
NATALI MAIA MARQUES

ESTRESSE

Atualmente, o termo "estresse" é definido como uma resposta de adaptação do organismo às demandas ambientais. Essa interação com o meio externo tem, de um lado, estímulos que exigem mudança e adaptação e, de outro, respostas que dependem do aparato psicofísico de cada indivíduo. No Quadro 20.1 estão expressos os principais fatores de risco para o estresse. Os impulsos que o produzem não são necessariamente aversivos, de modo que essa resposta depende mais da duração do estímulo e das respostas do indivíduo às situações estressoras.

São dois os sistemas tidos como os indicadores primários de uma resposta de estresse, ambos pertencentes ao sistema nervoso autônomo e inter-relacionados: o sistema nervoso simpático – medular-suprarrenal (SAM) e o eixo hipotalâmico-hipofisário-adrenal (HHA).

Os critérios diagnósticos para o transtorno de estresse pós-traumático (TEPT), segundo o *Manual diagnóstico e estatístico de transtornos mentais* (DSM-5), estão expressos no Quadro 20.2.

Quadro 20.1

Fatores de risco para a exposição a eventos traumáticos e o desenvolvimento de quadros de estresse

Estresse agudo
- Jovens
- Sexo masculino
- Integrantes de grupos minoritários

Estresse pós-traumático
- Sexo feminino
- Condição social desfavorável
- Baixo nível educacional e intelectual
- História familiar de transtornos psiquiátricos
- História de abuso sexual na infância

Fonte: Brewin, Andrews e Valentine (2000).

Quadro 20.2
Critérios diagnósticos para o transtorno de estresse pós-traumático

A. Exposição a episódio concreto ou ameaça de morte, lesão grave ou violência sexual em uma (ou mais) das seguintes formas:

   1. Vivenciar diretamente o evento traumático.
   2. Testemunhar pessoalmente o evento traumático ocorrido com outras pessoas.
   3. Saber que o evento traumático ocorreu com familiar ou amigo próximo. Nos casos de episódio concreto ou ameaça de morte envolvendo um familiar ou amigo, é preciso que o evento tenha sido violento ou acidental.
   4. Ser exposto de forma repetida ou extrema a detalhes aversivos do evento traumático (p. ex., socorristas que recolhem restos de corpos humanos; policiais repetidamente expostos a detalhes de abuso infantil).
   Nota: O Critério A4 não se aplica à exposição por meio de mídia eletrônica, televisão, filmes ou fotografias, a menos que tal exposição esteja relacionada ao trabalho.

B. Presença de um (ou mais) dos seguintes sintomas intrusivos associados ao evento traumático, começando depois de sua ocorrência:

   1. Lembranças intrusivas angustiantes, recorrentes e involuntárias do evento traumático.
   Nota: Em crianças acima de 6 anos de idade, pode ocorrer brincadeira repetitiva na qual temas ou aspectos do evento traumático são expressos.
   2. Sonhos angustiantes recorrentes nos quais o conteúdo e/ou o sentimento do sonho estão relacionados ao evento traumático.
   Nota: Em crianças, pode haver pesadelos sem conteúdo identificável.
   3. Reações dissociativas (p. ex., *flashbacks*) nas quais o indivíduo sente ou age como se o evento traumático estivesse ocorrendo novamente. (Essas reações podem ocorrer em um *continuum*, com a expressão mais extrema na forma de uma perda completa de percepção do ambiente ao redor.)
   Nota: Em crianças, a reencenação específica do trauma pode ocorrer na brincadeira.
   4. Sofrimento psicológico intenso ou prolongado ante a exposição a sinais internos ou externos que simbolizem ou se assemelhem a algum aspecto do evento traumático.
   5. Reações fisiológicas intensas a sinais internos ou externos que simbolizem ou se assemelhem a algum aspecto do evento traumático.

C. Evitação persistente de estímulos associados ao evento traumático, começando após a ocorrência do evento, conforme evidenciado por um ou ambos dos seguintes aspectos:

   1. Evitação ou esforços para evitar recordações, pensamentos ou sentimentos angustiantes acerca de ou associados de perto ao evento traumático.
   2. Evitação ou esforços para evitar lembranças externas (pessoas, lugares, conversas, atividades, objetos, situações) que despertem recordações, pensamentos ou sentimentos angustiantes acerca de ou associados de perto ao evento traumático.

D. Alterações negativas em cognições e no humor associadas ao evento traumático começando ou piorando depois da ocorrência de tal evento, conforme evidenciado por dois (ou mais) dos seguintes aspectos:

   1. Incapacidade de recordar algum aspecto importante do evento traumático (geralmente devido a amnésia dissociativa, e não a outros fatores, como traumatismo craniano, álcool ou drogas).
   2. Crenças ou expectativas negativas persistentes e exageradas a respeito de si mesmo, dos outros e do mundo (p. ex., "Sou mau", "Não se deve confiar em ninguém", "O mundo é perigoso", "Todo o meu sistema nervoso está arruinado para sempre").

(Continua)

> **Quadro 20.2**
> **Critérios diagnósticos para o transtorno de estresse pós-traumático** (*continuação*)
>
> 3. Cognições distorcidas persistentes a respeito da causa ou das consequências do evento traumático que levam o indivíduo a culpar a si mesmo ou os outros.
> 4. Estado emocional negativo persistente (p. ex., medo, pavor, raiva, culpa ou vergonha).
> 5. Interesse ou participação bastante diminuída em atividades significativas.
> 6. Sentimentos de distanciamento e alienação em relação aos outros.
> 7. Incapacidade persistente de sentir emoções positivas (p. ex., incapacidade de vivenciar sentimentos de felicidade, satisfação ou amor).
>
> E. Alterações marcantes na excitação e na reatividade associadas ao evento traumático, começando ou piorando após o evento, conforme evidenciado por dois (ou mais) dos seguintes aspectos:
>
> 1. Comportamento irritadiço e surtos de raiva (com pouca ou nenhuma provocação) geralmente expressos sob a forma de agressão verbal ou física em relação a pessoas e objetos.
> 2. Comportamento imprudente ou autodestrutivo.
> 3. Hipervigilância.
> 4. Resposta de sobressalto exagerada.
> 5. Problemas de concentração.
> 6. Perturbação do sono (p. ex., dificuldade para iniciar ou manter o sono, ou sono agitado).
>
> F. A perturbação (Critérios B, C, D e E) dura mais de um mês.
>
> G. A perturbação causa sofrimento clinicamente significativo e prejuízo social, profissional ou em outras áreas importantes da vida do indivíduo.
>
> H. A perturbação não se deve aos efeitos fisiológicos de uma substância (p. ex., medicamento, álcool) ou a outra condição médica.
>
> Fonte: American Psychiatric Association, 2014.

A diferença entre o estresse agudo e o pós-traumático é o tempo de evolução. No primeiro, a duração varia entre 2 dias e 4 semanas. As reações agudas e frequentes ocorrem no mês seguinte à exposição. Já no TEPT, a resposta se manifesta logo após o evento (1 hora), sendo caracterizada por estado de atordoamento, tristeza, ansiedade, raiva e desespero.

O diagnóstico dessa condição pode ser um desafio: 38,5% dos pacientes com sintomas de ansiedade e depressão preenchem os critérios para TEPT. Além disso, os sintomas de reexperiência podem levar a uma confusão com diagnóstico de transtorno obsessivo-compulsivo ou transtorno de pânico; já o comportamento de evitação e o embotamento afetivo podem sugerir transtornos agorafóbicos e depressivos, e a hipervigilância, por sua vez, pode ser encontrada no transtorno de ansiedade generalizada.

Pode-se entender a violência como a base do diagnóstico do TEPT. Portanto, o evento traumático é indissociável da agressividade (Mari, Mello, Bressan, & Andreoli, 2006).

Horowitz (1986) sugere que o indivíduo, após ter sofrido um evento traumático, tenta incorporá-lo a seus esquemas cognitivos prévios. Enquanto esse processo não se completa, o sujeito poderá apresentar sintomas de TEPT.

A NEUROBIOLOGIA DO ESTRESSE E CONSEQUÊNCIAS NEUROPSICOLÓGICAS

De acordo com Teicher (2002), o impacto do estresse extremo pode estimular as amígdalas cerebrais a um estado de excitabilidade elétrica elevada ou danificar o hipocampo em desenvolvimento pela exposição excessiva aos hormônios do estresse. Isso produz aumento de morte neural e, consequentemente, redução do volume neural e impacto na anatomia e funcionalidade cognitiva. Também é importante enfatizar o papel das amígdalas na criação do conteúdo emocional da memória, como sentimentos e condicionamentos relativos ao medo, bem como respostas agressivas.

O sistema límbico, região primitiva no centro do cérebro que desempenha papel central na regulagem da emoção e da memória, tem sua superexcitação relacionada com comportamento antissocial em adultos com história de abuso sexual na infância (Sanderson, 2005).

A correlação entre saúde mental e história de violência sexual se apresenta com cada vez mais frequência em pacientes que procuram tratamento para diversos transtornos mentais e comportamentais, bem como para problemas clínicos do tipo disfunções sexuais. O abuso sexual em crianças, por exemplo, é, reconhecidamente, um importante componente etiológico de vários transtornos psiquiátricos, inclusive o TEPT, envolvendo prejuízos cognitivos, emocionais, comportamentais e sociais.

Os estudos em neurociências têm apontado de modo enfático e substancial uma relação significativa entre as consequências de vivências traumáticas na infância (sobretudo na primeira década de vida) e o desenvolvimento de disfunções cognitivas e comportamentais na vida adulta (Oliveira, Scivoletto, & Cunha, 2010).

Ao longo dos anos, os estudos de neuroimagem (ressonância magnética nuclear [RMN] e tomografia por emissão de pósitrons [PET]) vêm revelando alterações no volume do hipocampo, da amígdala, do giro cingulado anterior e do córtex pré-frontal em adultos com TEPT sobreviventes de guerra (Bremner et al., 1997). Dessa forma, as pesquisas têm investigado alterações em áreas cerebrais e suas relações com déficits cognitivos em vítimas de maus-tratos que desenvolveram TEPT.

Golier e Yehuda (2002) avaliaram 31 sobreviventes do Holocausto, 16 deles com TEPT, e 35 controles saudáveis por meio da Escala Wechsler (WAIS-R), encontrando, no grupo que apresentava o transtorno, baixa escolaridade, déficits de quociente de inteligência (QI) e menor recordação semântica.

Já Brandes e colaboradores (2002) avaliaram a relação entre desempenho cognitivo e sintomas precoces de TEPT em vítimas de traumas, 10 dias após o evento. Sua amostra incluía:

- 37 pessoas que sofreram acidentes de trânsito
- cinco sobreviventes de ataque terrorista
- três vítimas de agressão física
- dois indivíduos que sofreram acidente doméstico e de trabalho
- uma vítima de estupro

Seus resultados apontaram prejuízos na recordação imediata, da atenção e baixo QI no grupo que apresentava o transtorno.

FUNCIONAMENTO COGNITIVO E AVALIAÇÃO NEUROPSICOLÓGICA DO TEPT

Uma revisão de artigos, publicados em língua inglesa nos últimos 10 anos – selecionados nas seguintes bases de dados: Pubmed/Medline/Web of Science e Pilots –, encontrou que nem todos os componentes das funções executivas estão relacionados ao TEPT. Os déficits encontrados nessa revisão ficaram restritos a memória de trabalho, flexibilidade cognitiva e inibição.

Os prejuízos na memória de trabalho podem ser responsáveis pelos sintomas de TEPT, uma vez que dificultam a inibição de pensamentos intrusivos enquanto outra tarefa cognitiva é executada, podendo contribuir para o aumento dos sintomas de revivência e excitabilidade. Dos sete artigos que avaliaram inibição dos pensamentos, cinco encontraram prejuízos nessa função. Essas dificuldades não parecem relacionadas apenas às memórias intrusivas do TEPT, configurando-se como uma redução geral do controle inibitório e da flexibilidade cognitiva.

Uma pesquisa de Louro (2013), em rastreio de sintomas do TEPT, encontrou o pior desempenho no *Trail Making Test*, instrumento utilizado para avaliação da flexibilidade cognitiva (p = 0,009).

Para Bertagnotti (2013), que investigou a sintomatologia pós-traumática e o funcionamento executivo, as funções cognitivas mais comumente prejudicadas nos indivíduos com esse quadro são as seguintes:

- Recuperação imediata de informações verbais e visuais e recuperação não imediata (memória)
- Atenção verbal e visual
- Capacidade para resolução de problemas

Já Horner e Hamner (2002), em contrapartida, encontraram erros de interpretação de estímulos ambientais e dificuldades em processo de automonitoramento e prejuízos na integração de conteúdos mnemônicos.

Quando falamos da relação entre TEPT e abuso sexual, considerado um dos mais importantes agentes estressores no grande bloco da violência, encontramos diferenças individuais significativas com relação à memória do evento traumático: enquanto algumas vítimas esforçam-se para evitar pensamentos, sentimentos, atividades e lugares ligados ao acontecimento, outras têm dificuldades para relembrar o ocorrido.

ESTRESSE NO TRABALHO

Uma razão para o aumento no número de pesquisas sobre esse tema é o impacto negativo do estresse ocupacional na saúde e no bem-estar dos trabalhadores e, consequentemente, no funcionamento e na efetividade das organizações. Na economia, esse impacto tem sido estimado com base na suposição e nos achados de que profissionais estressados apresentam queda em seus desempenhos, além de elevarem os custos das organizações em função de problemas de saúde e aumento do absenteísmo, da rotatividade e do número de acidentes no local de trabalho (Jex, 1998). Ainda segundo Jex, as definições de estresse ocupacional dividem-se de acordo com os seguintes aspectos:

- Estímulos estressores – são aqueles previndos do ambiente de trabalho e que exigem respostas adaptativas por parte do empregado, bem como excedem sua habilidade de enfrentamento (*coping*); comumente chamados de estressores organizacionais.
- Respostas aos eventos estressores – são as respostas (psicológicas, fisiológicas e comportamentais) que os indivíduos emitem quando expostos, no trabalho, a fatores que excedem suas habilidades de enfrentamento.

As pesquisas sobre esse tema têm produzido frutos importantes, como a Escala de Avaliação do Estresse no Trabalho, de Paschoal e Tamayo (2004) (Quadro 20.3), a qual apresenta 31 itens e objetiva ser um instrumento de medida do estresse ocupacional, independentemente do tipo de ambiente de trabalho. Foi validada a partir de pesquisa com 249 homens e 188 mulheres com diferentes ocupações.

A contagem dos itens possibilita diagnosticar a existência de estresse e determinar a fase em que se encontra seu desenvolvimento, se de alerta, de defesa, de resistência ou de exaustão. A avaliação neuropsicológica é um instrumento importante na prevenção da saúde mental laboral, bem como no contexto forense, quando do litígio em situação de processos trabalhistas.

TRATAMENTOS

Forbes, Creamer e Phelps (2007) indicam os seguintes tratamentos para o estresse agudo:

- Medicamentoso: indicação de inibidores seletivos da recaptação de serotonina (ISRSs), conforme teoria emergente de que aumentariam a resiliência a eventos aversivos ambientais
- Monitoramento
- Encorajamento
- Reengajamento às rotinas
- Suporte familiar e social
- Garantia das necessidades básicas
- Reavaliação na terceira semana

Quanto ao tratamento de longo prazo para os casos de TEPT, em especial aqueles desencadeados por situações de violência sexual, a intervenção deve combinar medicamento com linhas terapêuticas como:

- terapia cognitivo-comportamental, focando o enfrentamento (*coping*)
- exposição gradual e prolongada
- técnicas de ação, como a terapia psicodramática
- psicoeducação

A intervenção proposta no Projeto Pipas, do Ambulatório Nufor, IPq-FMUSP,

Quadro 20.3
Exemplo de preeenchimento da Escala de Avaliação do Estresse no Trabalho

- "Fico irritado por ser pouco valorizado por meus superiores."
- "Tenho estado nervoso por meu chefe me dar ordens contraditórias."
- "A falta de compreensão sobre quais são as minhas responsabilidades nesse trabalho tem causado irritação."
- "Sinto-me irritado por meu superior encobrir meu trabalho bem feito diante de outras pessoas."
- "A forma como as tarefas são distribuídas em minha área tem me deixado nervoso."
- "Fico de mau humor por me sentir isolado na organização."

Fonte: Pachoal e Tamayo (2004).

recorre às práticas do modelo integrado, que agrega técnicas variadas a fim de maximizar o tratamento proposto aos pacientes com esse importante transtorno, focando os efeitos diferenciados que o abuso sexual pode causar, sobretudo em crianças (De Oliveira, 2004).

O modelo da terapia psicodramática usa técnicas comportamentais de exposição ao trauma, em que o evento desencadeador é revisto a partir da coleta de dados referentes à violência sofrida. Para tanto, faz-se uso de material simbólico, desenhos, etc. Em um segundo momento, o recurso do jogo dramático, principalmente da troca dos papéis, possibilita ao protagonista a revivência da cena do abuso, facilitando a descarga de afetos reprimidos em consequência do trauma. A exposição às memórias traumáticas em um ambiente seguro propicia um processamento emocional adequado para a mudança de percepção necessária, evitando-se também a formação posterior de sintomas.

CONSIDERAÇÕES FINAIS

Este capítulo discutiu os efeitos do trauma no funcionamento do indivíduo, em especial na primeira década de vida, o que tem sido associado a disfunções cognitivas e comportamentais na fase adulta. Abuso físico e/ou sexual na infância tem sido o evento traumático mais relatado nos casos de TEPT. O desenvolvimento cortical pode ser retardado por períodos de privação e negligência em idades precoces e, assim, afetar o importante papel adaptativo da modulação cortical e das respostas do sistema límbico, do mesencéfalo e do tronco cerebral para o perigo e o medo.

Portanto, a violência pode ser entendia como a base do diagnóstico do TEPT, ou seja, os eventos traumáticos são indissociáveis da agressividade.

Quando estudamos o estresse no ambiente de trabalho, embora este se dê de forma sistemática e em longo prazo, os sintomas acabam sendo semelhantes a quadros de outras origens.

O elemento essencial para o estabelecimento dessa condição é o fator estressor. Os achados neuropsicológicos apontam como o sintoma mais comum os déficits em atividades mentais importantes, como memória, atenção, aprendizagem, emoção e funções executivas, sobretudo na capacidade de flexibilidade cognitiva.

REFERÊNCIAS

American Psychiatric Association. (2014). *Manual diagnóstico e estatístico de transtornos mentais: DSM-5*. Porto Alegre: Artmed.

Bertagnotti, A. C. C. (2013). *Sintomatologia pós-traumática e funcionamento executivo*. (Dissertação), Pontifícia Universidade Católica do Rio Grande do Sul. Porto Alegre.

Brandes, D., Ben-Schachar, G., Gilboa, A., Bonne, O., Freedman, S., Shalev, A. Y. (2002). PTSD symptoms and cognitive performance in recent trauma survivors. *Psychiatry Research, 110*(3), 231-238.

Bremner, J. D., Randall, P., Vermetten, E., Staib, L., Bronen, R. A., Mazure, C. ... , Charney, D. S. (1997). Magnetic resonance imaging-based measurement of hippocampal volume in posttraumatic stress disorder related to childhood physical and sexual abuse: a preliminary report. *Biological Psychiatry, 41*, 23-32.

Brewin, C. R., Andrews, B. J. & Valentine, J. D. (2000). Meta analysis of risk factors for posttraumatic stress disord in trauma exposed adults. *Journal of Consulting and Clinical Psychology, 68*, 748-66.

De Oliveira, M. C. (2004). *Intervenção breve de abordagem psicodramática para crianças e jovens vítimas de abuso sexual*. (Projeto Pipas), Núcleo de Estudos e Pesquisas em Psiquiatria Forense e Psicologia Jurídica, Faculdade de Medicina da Universidade de São Paulo.

Forbes, D., Creamer, M. C., & Phelps, A. J. (2007). Treating adults with acute stress disorder and posttraumatic stress disorder in general practice. *MJA, 187*(2), 120-3.

Golier, J. & Yehuda, R. (2002). Neuroendocrine activity and memory-related impairments in posttraumatic stress disorder. *Development and Psychopatology, 10*(4), 857-69.

Horner, M. D. & Harmner, M. B. (2002). Neurocognitive functioning in posttraumatic stress disorder. *Neurocognitive Review, 12*, 15-30.

Horowitz, M. J. (1986). *Stress response syndromes*. New York: Aroason.

Jex, S. M. (1998). *Stress and job performance*. Londres: Sage.

Louro, V. (2013). *Neuropsicologia e TEPT*. (Trabalho de conclusão na disciplina de Neurociências). Universidade Federal de São Paulo.

Mari, J. J., Mello, M. F., Bressan, R. A., & Andreoli, S. B. (2006). *Transtorno de estresse pós-traumático: diagnóstico e tratamento*. São Paulo: Manole.

Oliveira, P. A., Scivoletto, S., & Cunha, P. J. (2010). Estudos neuropsicológicos e de neuroimagem associados ao estresse emocional na infância e adolescência. *Revista de Psiquiatria Clínica, 37*(6), 271-9.

Paschoal, T., & Tamayo, A. (2004). Validação da escala de estresse no trabalho. *Estudos de Psicologia, 9*(1), 45-52.

Sanderson, C. (2005). *Abuso sexual em crianças*. São Paulo: M. Books do Brasil.

Teicher, M. H. (2002). Scars that won´t heal: the neurobiology of child abuse. *Scientific American, 286*(3), 68-75.

LEITURA SUGERIDA

Forlenza, O. V., & Miguel, E. C. (2012). *Compêndio de clínica psiquiátrica*. São Paulo: Manole.

21

Retardo mental

NATALI MAIA MARQUES
CRISTIANE FERREIRA DOS SANTOS

CONCEITO, DIAGNÓSTICO E IMPLICAÇÕES FORENSES

O retardo mental (RM) refere-se às capacidades de desenvolvimento intelectuais interrompidas ou incompletas do indivíduo. Para ser diagnosticado, além de o sujeito ter o quociente de inteligência (QI) inferior a 70 em teste individual (Quadro 21.1), ou a condição ter sido identificada antes dos 18 anos, é necessário determinar a ausência de um conjunto de habilidades, a qual dificultaria a adaptação e o rendimento cognitivo do indivíduo em atividades de seu cotidiano e de autocuidado. A fim de minimizar suas dificuldades, o acompanhamento deve ser realizado por uma equipe multidisciplinar especializada e de acordo com o comprometimento ou desenvolvimento neuropsicomotor (Foigel, Marques, & Fonseca, 2013).

As causas do RM são heterogêneas e compreendem tanto insultos ambientais, exemplificados por má nutrição da mãe, acidentes perinatais e exposição intrauterina a agentes teratogênicos, como alterações genéticas. Estima-se que metade de todos os casos de RM seja decorrente de fatores ambientais e metade devida a fatores genéticos. Má nutrição, falta de cuidados pré-natais e exposição a agentes químicos e infecciosos, comuns em países de baixa e média renda, podem contribuir para a maior prevalência de RM. Dessa forma, tal transtorno se caracteriza como um cuidado de saúde pública (Winnepenninckx, Rooms, & Kooy, 2003).

A prevalência de retardo mental na população em geral é de 1,5 a 2,5%, porém, no contexto da justiça criminal, é de 4 a 10% (Dwyer & Frierson, 2006).

No âmbito do Direito Penal, há dois conceitos importantes: responsabilidade e imputabilidade. O primeiro estaria relacionado com a condição de quem tem aptidão para realizar um ato com pleno discernimento e, assim, obrigação de responder penalmente. Já o segundo estaria relacionado com a ideia de causalidade psíquica entre o fato e seu autor (Valença, Mendlowicz, Nascimento, Moraes, & Nardi, 2011).

Valença e colaboradores (2011) apontam que, no Brasil, o critério adotado pelo Código Penal para avaliação da responsabilidade penal é o biopsicológico, ou seja, a responsabilidade pelo ato infracional só é excluída se o sujeito, em razão de doença mental ou retardamento mental, no momento da ação, não tinha entendimento ético-jurídico e/ou era incapaz de autodeterminar-se. Para poder aplicar tal critério, o perito deve: verificar a existência ou não de doença mental ou RM pelo exame de sanidade mental e avaliar o nexo de causalidade entre a condição médica e o crime e a capacidade de entendimento e de autogerenciamento do periciando. Dessa forma, os referidos autores realizaram um estudo que procurou abordar a importância da avaliação pericial, em quadro de RM com periculosidade e responsabilidade penal, por meio do relato de caso de uma paciente com RM moderado que cometera homicídio. Concluíram que ocorreu nexo de causalidade entre o desenvolvimento mental retardado e o delito, e a perícia psiquiátrica forense determinou que, nesse caso, em virtude de seu diagnóstico, a paciente era, na época dos fatos, inteiramente incapaz de entender o caráter ilícito de sua ação ou de determinar-se de acordo com esse entendimento. Em outras palavras, a paciente não apresentava crítica em relação à antijuridicidade de seus atos, deixando-se levar facilmente por impulsos hostis em relação a sua avó (vítima) e agredindo-a de forma despropositada e impulsiva. Os autores ressaltaram, ainda, que um aspecto relevante nesses casos é observar o meio social que receberá o paciente após sua desinternação: a situação geral da família, o interesse desta em recebê-lo e a ligação afetiva entre ambos. A família deve estar ciente de que a finalidade da internação e do tratamento é prevenir novos episódios de transtornos comportamentais. Por fim, os pesquisadores apontam que as saídas terapêuticas antes da desinternação, obtidas com autorização judicial, podem facilitar esse convívio.

AVALIAÇÃO DO QUOCIENTE DE INTELIGÊNCIA

O pensamento inteligente (julgamento mental) engloba três elementos básicos: direção, adaptação e crítica. Direção abrange conhecer o que precisa ser feito e como fazê-lo; adaptação refere-se a explicar uma estratégia enquanto a desenvolve; e crítica é a capacidade de refletir sobre seus próprios pensamentos e ações.

Já a inteligência pode ser definida como a eficiência intelectual de um indivíduo em receber, processar, organizar, assimilar e executar problemas ou situações novas. Contudo, isso não se aplica à acepção que os leigos costumam dar ao termo "inteligência". Assim, um dos aspectos considerados na avaliação neuropsicológica é a eficiência intelectual, que é estimada por meio dos seguintes instrumentos psicométricos:

- Escala de Maturidade Mental Colúmbia (EMMC): é um teste padronizado que avalia a aptidão geral de raciocínio de crianças entre 3,5 e 9 anos e 11 meses de idade (Burgmeister, Blum, & Lorge, 2001). A criança deve observar pranchas com 3 a 5 desenhos cada e escolher qual ilustração é diferente ou não se relaciona com as demais. Para tanto, ela deve descobrir qual a regra subjacente à organização das figuras que lhe permite excluir apenas uma.
- Matrizes Progressivas Coloridas de Raven: foram desenvolvidas duas escalas, as Matrizes Progressivas Coloridas (*Coloured Progressive Matrices* – CPM) e as Matrizes Progressivas Avançadas (*Advanced*

Quadro 21.1

Classificações de quociente de inteligência

- Muito superior: QI igual ou superior a 130
- Superior: QI entre 120 e 129
- Médio superior: QI entre 110 e 119
- Médio: QI entre 90 e 109
- Médio inferior: QI entre 80 e 89
- Limítrofe: QI entre 70 e 79
- Retardo mental leve: QI entre 50 e 69
- Retardo mental moderado (ou treinável): QI entre 35 e 49
- Retardo mental severo: QI entre 20 e 40
- Retardo mental profundo: QI inferior a 20

Progressive Matrices – APM). A primeira pode ser empregada com crianças de 5 a 11 anos, idosos e deficientes mentais. A segunda, para testar sujeitos com capacidade intelectual superior à média, é mais usada em indivíduos com nível superior de escolaridade.

As CPMs são constituídas por três séries de 12 itens: A, Ab e B. Os itens de cada série, como as séries em si, estão dispostos em ordem de dificuldade crescente. O sujeito deve escolher uma das alternativas como a parte que falta. O teste foi elaborado com o objetivo de avaliar o que o autor define como *capacidade intelectual geral*, ou fator "g". Na verdade, as matrizes progressivas pretendem avaliar um dos componentes do fator "g", a capacidade edutiva (porque as variáveis não são óbvias entre as relações que devem ser vistas). Essa capacidade consiste em extrair novos *insights* (compreensões) e informações a partir daquilo que já é percebido ou conhecido e está relacionada ao raciocínio lógico não verbal (Angelini, Alves, Custódio, Duarte, & Duarte, 1999).

- Escala Wechsler de Inteligência para Crianças (WISC-III): destina-se à avaliação da capacidade cognitiva global, em nível intelectual. Fornece os seguintes indicadores: QI verbal, QI de execução e QI total, além de possibilitar estes índices fatoriais: compreensão verbal, velocidade de processamento, organização perceptual e resistência à distrabilidade.
- Escala Wechsler de Inteligência para Adultos (WAIS-III): destinada à avaliação da capacidade cognitiva global, em nível intelectual. Fornece os seguintes indicadores: QI verbal, QI de execução e QI total, além de possibilitar estes índices fatoriais: compreensão verbal, velocidade de processamento, organização perceptual e memória operacional.

RETARDO MENTAL, CAPACIDADE LIMÍTROFE: ILUSTRAÇÕES FORENSES

A importância da avaliação neuropsicológica para o âmbito jurídico reside sobretudo na diferenciação entre quadros de RM e de capacidade limítrofe. Segundo Dalgalarrondo (2008), indivíduos de inteligência limítrofe não apresentam tantas dificuldades especiais quanto aqueles diagnosticados com RM, apenas quando diante de situações que lhes são complexas. No entanto, podem levar uma vida normal, desde que o ambiente escolar seja adaptado e disponha de acompanhamento psicoterapêutico, mas podem apresentar dificuldades intelectuais quando aptos a frequentar o ensino médio ou a universidade.

Um dos principais fatores a ser avaliado no RM é a capacidade do funcionamento adaptativo, que significa a habilidade do indivíduo de estabelecer relações com o ambiente que resultem em uma adaptação adequada, gerando interação, desenvolvimento pessoal e autonomia, independentemente de sua condição ou qualificação acadêmica (Serafim & Saffi, 2012).

Serafim e Saffi (2012) apontam, ainda, que o principal nexo causal entre RM e questões jurídicas está relacionado com a característica de vulnerabilidade do indivíduo com RM, uma vez que faltam-lhe crítica, entendimento e capacidade de autogerenciamento, do que pode decorrer prejuízo acentuado no controle dos impulsos. Por isso, a pessoa com RM será considerada totalmente inimputável no Direito Penal e incapaz no Direito Civil.

Ilustremos tais aspectos com dois exemplos da importância da diferenciação das eficiências intelectuais em determinações de fins jurídicos. Ambas as perícias psicológicas foram realizadas no Programa de Psiquiatria Forense e Psicologia Jurídica do Instituto de Psiquiatria do Hospital das Clínicas da Faculdade de Medicina da Universidade de São Paulo (IPq-HCFMUSP).

O primeiro caso trata de uma solicitação judicial por suspeita de abuso sexual de uma jovem de 18 anos. Na época dos fatos, contava 17 anos e cursava o terceiro ano do ensino médio. Já havia passado por vários médicos, mas, segundo sua mãe, ainda não tinha diagnóstico preciso que pudesse contribuir com a avaliação e o tratamento adequados para seu desenvolvimento. A genitora relatou que a jovem apresentou atrasos no desenvolvimento neuropsicomotor, o qual não ocorreu dentro dos parâmetros da normalidade, desde os primeiros anos de vida, sendo caracterizado por atraso no início da fala e dificuldades de socialização.

Nas atividades que demandavam atenção, concentração, estímulos de repertório de cunho verbal, capacidade de julgamento e raciocínio, a pericianda conseguiu obter bons resultados quanto à capacidade de memória e juízo crítico, e seu QI foi classificado na faixa limítrofe.

Contudo, a jovem apresentou oscilação durante a organização e o processamento de novas informações, sendo detectada uma lentificação deste último; ou seja, a pericianda exibiu funcionamento intelectual/cognitivo configurado por lentidão no processamento das informações, mas com melhores condições para aprendizagem quando estimulada pelo meio. Assim, foi capaz de compreender, ainda que com dificuldade para processar e organizar novas informações, sugerindo que, embora tenha apresentado dificuldades para compreender novas palavras, suas capacidades de julgamento e crítica foram preservadas.

O segundo caso trata de um adolescente de 15 anos com história de atos infracionais e uso abusivo de entorpecentes. Foi solicitada, por juízes da Vara da Infância e Juventude, uma avaliação neuropsicológica a fim de esclarecer a capacidade intelectual do periciando, bem como os possíveis prejuízos cognitivos, comportamentais e emocionais decorrentes do uso prolongado de drogas. O jovem passou por avaliação psiquiátrica que apontou as seguintes hipóteses diagnósticas: Dependência de Múltiplas Drogas – CID-F 19.2, associada a Retardo Mental – CID-F29 (Organização Mundial da Saúde, 1993).

Os resultados da avaliação cognitiva demonstraram que o periciando apresentava índice de eficiência intelectual situado na faixa de deficiência mental leve. De modo geral, ele evidenciou capacidade de compreensão reduzida e dificuldade importante quanto à inibição de seu comportamento, exibindo respostas impulsivas. Além disso, apresentou limitação importante quanto ao raciocínio abstrato, ou seja, sua capacidade de poder refletir e agir (tomar decisões da maneira mais apropriada). A literatura aponta que a dependência de múltiplas drogas leva a prejuízo nas funções cognitivas, de modo geral, e, em especial, nas funções executivas (p. ex., tomada de decisão), fator que contribui para a manutenção do vício. Sabe-se, ainda, que o uso prolongado de múltiplas substâncias interfere no processo de tomada de decisão, na flexibilidade mental e no planejamento. As alterações cognitivas têm implicação direta no tratamento, tanto na escolha de estratégias a serem adotadas como na análise do prognóstico do caso. Dessa forma, a avaliação auxiliou o âmbito jurídico a encaminhar o jovem a clínicas especializadas para tratamento de dependência química e acompanhamento de suas defasagens intelectuais e cognitivas por meio de trabalho pedagógico.

Esses exemplos ilustram a importância da avaliação neuropsicológica para quantificar e qualificar a capacidade intelectual e os aspectos cognitivos gerais do periciando, auxiliando no diagnóstico diferencial de uma eficiência intelectual na faixa média, limítrofe ou de RM. Desse modo, é possível colaborar com os trabalhos e investigações do âmbito jurídico, sobretudo no Direito Penal e Civil, elucidando as capacidades do sujeito com relação ao pensar, agir e refletir sobre as próprias ações.

CONSIDERAÇÕES FINAIS

Este capítulo explorou questões relacionadas ao campo da psicologia e psiquiatria forense e jurídica, levando em consideração a importância da avaliação neuropsicológica em relação à capacidade intelectual, sobretudo na prática pericial e, em especial, nos casos de determinação de inimputabilidade. Além disso, buscou traçar um panorama atual das técnicas disponíveis para essa avaliação. Os testes psicológicos que avaliam a inteligência exercem um papel significativo nas lides que objetivam definir se o réu é imputável, pois certos prejuízos cognitivos podem descaracterizar a responsabilidade por atos puníveis. Todavia, também há os casos em que o sujeito exibe déficits em suas funções cognitivas, sobretudo na maneira de processar e compreender as informações, sem que isso caracterize retardo intelectual. Dessa forma, a importância da avaliação neuropsicológica reside, a princípio, na caracterização de prejuízos significativos e na determinação da capacidade intelectual do sujeito; ou seja, a avaliação define se esses déficits configuram uma deficiência mental e, assim, subsidia possíveis decisões judiciais.

REFERÊNCIAS

Angelini, A. L., Alves, I. C. B., Custódio, E. M., Duarte, W. F., & Duarte, J. L. M. (1999). *Matrizes progressivas coloridas de Raven: escala especial*. São Paulo: CETEPP.

Burgmeister, B. B., Blum, L. H., & Lorge, I. (2001). *Escala de maturidade mental Columbia: manual para aplicação e interpretação*. (I. C. B. Alves, & J. L. M. Duarte, Trad.). São Paulo: Casa do Psicólogo.

Dalgalarrondo, P. (2008). *Psicopatologia e semiologia dos transtornos mentais*. (2. ed.). Porto Alegre: Artmed.

Dwyer, G. R., & Frierson, R. L. (2006). The presence of low IQ and mental retardation among murder defendants referred for pretrial evaluation. *Journal of Forensic Sciences*, 251, 678-82.

Foigel, M., Marques, N. M., & Fonseca, R. C. (2013). Retardo mental e risco de violência sexual. In A. P. Serafim, & F. Saffi. (Eds.), *Temas em psiquiatria forense e psicologia jurídica*. São Paulo: Vetor.

Organização Mundial da Saúde. (1993). *Classificação de transtornos mentais e de comportamento da CID-10*. Porto Alegre: Artmed.

Serafim, A. P, & Saffi, F. (2012). Psicopatologia e implicações forenses. In *Psicologia e práticas forenses*. São Paulo: Manole.

Valença, M. A., Mendlowicz, V. M., Nascimento, I., Moraes, M. T., & Nardi, E. A. (2011). Retardo mental: periculosidade e responsabilidade penal. *Jornal Brasileiro de Psiquiatria*, 60(2), 144-7.

Winnepenninckx, B., Rooms, L., & Kooy, F. R. (2003). Mental retardation: a review of the genetic causes. *The British Journal of Developmental Disabilities*. 49(96), 29-44.

22

Aspectos neuropsicológicos e médico-legais na doença de Alzheimer

MARIA FERNANDA F. ACHÁ
FLÁVIA CELESTINO SEIFARTH DE FREITAS
JULIANA EMY YOKOMIZO

A neuropsicologia é uma especialidade da psicologia que estuda a relação entre o cérebro, o comportamento e a cognição dos indivíduos em suas diferentes etapas e circunstâncias da vida. O campo de atuação é interdisciplinar e envolve especialidades clínicas como a neurologia, a psicologia cognitiva e a psiquiatria (Lezak, 1995).

No contexto forense, a avaliação neuropsicológica é um recurso imprescindível que tem como finalidade ajudar a responder às questões legalmente expressas pelo juiz ou agente jurídico toda vez que houver dúvidas relacionadas à "saúde" psicológica dos sujeitos envolvidos em uma ação judicial de qualquer natureza (civil, trabalhista, criminal, penal, etc.). O procedimento da avaliação neuropsicológica, aqui chamado de perícia, busca investigar o funcionamento intelectual, cognitivo e psicológico do indivíduo em questão. Para isso, o profissional deve ter amplo conhecimento e prática tanto das técnicas de avaliação psicológica e neuropsicológica como das normas jurídicas que regem o caso (Serafim, Saffi, & Rigonatti, 2010).

Em geral, o objetivo da avaliação neuropsicológica forense de uma pessoa idosa visa a responder ao nexo causal entre seu padrão de desempenho cognitivo atual e sua capacidade para gerir os diferentes atos da vida civil. Assim, considera-se que não só os aspectos cognitivos e funcionais devem ser pontuados, mas também as questões afetivas e emocionais nas quais o paciente se encontra no momento da avaliação (Barros, 2008).

Dos transtornos mentais que podem afetar a cognição do idoso, as demências (ou transtornos neurodegenerativos, conforme a terminologia da quinta edição do *Manual diagnóstico e estatístico de transtornos mentais* [DSM-5]) são condições relativamente comuns, com estimativas de prevalência de 12,9% na população com mais de 60 anos; desse total, 59,8% consistem em doença do tipo Alzheimer (DA) (Bottino et al., 2008a). Neste capítulo, abordaremos de modo específico a DA, descrevendo a demência nessa patologia, os achados neuropsicológicos e os aspectos forenses relevantes para o cuidador e/ou profissional que lida com pacientes que apresentam esse quadro.

DOENÇA DE ALZHEIMER: DEFINIÇÃO

A DA é um transtorno neurodegenerativo, caracterizado por perda progressiva da memória – em geral com diminuição inicial da memória do tipo episódica – e de outras funções cognitivas, acarretando um ou mais tipos de prejuízo funcional. Gradativamente, o indivíduo se torna menos capaz de gerenciar as atividades da vida diária, como cuidar do orçamento e das contas, cozinhar um alimento, aprender coisas novas e administrar as próprias medicações, observando o horário e a dosagem corretos. Com o avanço do quadro, as atividades mais simples e básicas, como cuidar da higiene, vestir-se e alimentar-se, tornam-se bastante difíceis.

Esse processo pode levar de 2 a 18 anos, e, no estágio mais grave, está presente a seguinte tríade de sintomas (Lezak, Howieson, Bigles, & Tranel, 2012):

1. Afasia (transtorno adquirido, com repercussão na compreensão e formulação de mensagens verbais, segundo Damasio e Damasio citados por Lezak et al., 2012).
2. Apraxia (prejuízo em atos voluntários aprendidos, sem implicação de problemas de ordem neural ou muscular, de coordenação sensório-motora ou de compreensão e intenção do ato motor.
3. Agnosia (prejuízos na integração perceptual, prejudicando o reconhecimento.

Além disso, o transtorno costuma incluir rebaixamento da consciência, convulsões e alterações psíquicas e comportamentais. Algumas mudanças podem estar presentes também na fase intermediária, como apatia, depressão e ansiedade (Forlenza, Aprahamian, Perroco, & Bottino, 2011).

Os principais fatores de risco para a DA são: idade avançada (a prevalência salta de 0,7% entre sujeitos com 60 a 64 anos para 50% entre aqueles com 90 a 95 anos); baixa escolaridade; declínio cognitivo leve comprovado; história familiar; ausência ou baixo nível de atividade física e mental; dieta pouco saudável; tabagismo; alcoolismo; e presença de quadro de hipertensão arterial, dislipidemia, obesidade, síndrome metabólica e diabetes melito (Forlenza et al., 2011).

Do ponto de vista fisiopatológico, hoje está bem estabelecido que existem alguns biomarcadores (analisados por meio do líquido cerebrospinal) preditores da DA, sendo os principais as proteínas T-tau (tau total) e P-tau181 (tau fosforilada) e o aminoácido Aβ42 (Blennow, Hampel, Weiner, & Zetterberg, 2010).

Antes de se pensar em um diagnóstico de demência, é importante considerar os diagnósticos diferenciais, isto é, condições distintas da síndrome demencial, porém com sintomatologia que pode ser semelhante, como o *delirium* (condição reversível de alteração do nível de consciência, que pode ser causada por deficiência de vitaminas, abstinência de substâncias, hipoglicemia, entre outros fatores) e quadro depressivo, também chamado de pseudodemência (Dalgalarrondo, 2008). Entretanto, também é possível que o *delirium* esteja sobreposto a um transtorno neurodegenerativo, assim como é possível que o quadro depressivo esteja presente no estágio inicial, podendo ser anterior aos sintomas de perda cognitiva.

A DA ainda não é curável; portanto, o tratamento envolve controle dos sintomas cognitivos, retardando a perda dessas funções, e dos sintomas secundários (como alterações do humor e comportamentais). O tratamento farmacológico costuma envolver inibidores das colinesterases (I-ChE), como o donepezil, a galantamina e a rivastigmina. Em geral, o uso de anticolinesterásico ajuda a preservar o estado cognitivo durante cerca de 12 meses e permite um declínio menor após esse período (Forlenza et al., 2011).

O tratamento não farmacológico envolve sobretudo atividade física, terapia ocupacional e reabilitação neuropsicológica. Entretanto, ainda são necessários mais achados que estabeleçam os ganhos reais e as condições necessárias para se delimitar a eficácia dessas terapêuticas.

No DSM-5, as demências estão inseridas no transtorno neurodegenerativo maior. Além da mudança de nomenclatura, alguns critérios sofreram modificações em relação à edição anterior; por exemplo, o declínio de memória não é mais condição essencial para a realização do diagnóstico, bastando o declínio significativo (acima de dois desvios padrões) de um ou mais domínios cognitivos, a saber: atenção complexa, habilidade executiva, aprendizagem, memória, linguagem, habilidade visoconstrutiva, percepção visual e cognição social (American Psychiatry Association, 2013).

ASPECTOS NEUROPSICOLÓGICOS DA DOENÇA DE ALZHEIMER

Como visto, as alterações cognitivas são uma condição *sine qua non* no curso do diagnóstico das demências. O processo de envelhecimento traz mudanças significativas tanto nas atividades relacionadas à vida social, ocupacional e recreativa como também no âmbito da saúde física e psíquica do sujeito (Schlindwein-Zanini, 2010). As queixas neuropsicológicas mais observadas e relatadas nessa fase da vida correspondem a dificuldades no aprendizado de novas informações, lentificação da velocidade de processamento, comprometimento das funções atencionais e de memória, praxia e declínio das funções executivas (Azambuja, 2007; Bottino, 2008b). Contudo, estudos apontam que o padrão de desempenho cognitivo é distinto nos diversos quadros demenciais, o que torna a avaliação neuropsicológica uma das principais ferramentas na investigação e diferenciação entre os quadros clínicos das demências e o envelhecimento normal.

O exame do paciente com DA ou suspeita de DA deve incluir uma investigação completa das funções cognitivas (atenção, memória, linguagem, funções visuais, praxia, memória, aprendizagem e funções intelectuais e executivas), além da avaliação do humor, do comportamento e da funcionalidade com relação à execução das diferentes tarefas do dia a dia (Ávila, 2011). A entrevista de anamnese com o paciente, seus familiares e/ou cuidadores é essencial para conhecer tanto a história clínica pregressa como o curso de evolução dos sintomas atuais.

Os instrumentos para a avaliação neuropsicológica do idoso são divididos nos seguintes tipos:

- Testes de rastreio (*screening*) – destacam-se por sua forma simples e rápida de aplicação e correção. Não há necessidade de os profissionais serem especializados em neuropsicologia, apenas treinados para a aplicação, correção e interpretação do instrumento específico. Fornecem medidas de desempenho quantificáveis, favorecendo o acompanhamento da evolução dos sintomas.
- Baterias neuropsicológicas – compostas de diferentes testes neuropsicológicos, têm como objetivo mensurar os resultados de desempenho em provas específicas. Alguns dos testes mais utilizados em nosso meio são: Testes de Trilhas, Teste de Wisconsin de Classificação de Cartas (WCST), Teste do Desenho do Relógio, Teste de Fluência Verbal, Teste de Nomeação de Figuras, Teste da Figura Complexa de Rey, Testes de Memória Episódica e Aprendizagem de Lista de Palavras. A Escala Wechsler de Inteligência para Adultos WAIS-III é o instrumento mais utilizado hoje para avaliar as funções intelectuais.
- Questionários – utilizados em geral para investigar tanto os sintomas de humor (Inventário de Depressão de Beck,

Inventário de Ansiedade, Escala Geriátrica de Depressão) como o padrão de funcionalidade para as tarefas básicas ou complexas do dia a dia (Escala Katz para atividades básicas, Escala Pfeffer e Escala Bayer de Atividades da Vida Diária para atividades instrumentais), além do declínio cognitivo ao longo dos anos, observado pela Questionnaire on Cognitive Decline in the Eldery (IQCODE).

Em geral, as dificuldades de memória são as primeiras queixas clínicas relatadas por esses pacientes e/ou seus familiares. Problemas com relação à capacidade de se orientar no tempo, recordar fatos e eventos recentes e aprender novas informações, embora possam se configurar como os principais sintomas, não se constituem como fator exclusivo ou primordial para o diagnóstico de DA. As alterações dos processos atencionais, das funções executivas e da linguagem também são importantes áreas da cognição que podem servir como marcadores para o diagnóstico da doença.

As habilidades que envolvem a capacidade de atenção dividida, velocidade de processamento e memória operacional apresentam-se comprometidas já na fase inicial da DA. A linguagem é uma das funções cognitivas que mais se mostra alterada, e os comprometimentos envolvendo esse domínio podem ser identificados precocemente por meio de falhas para a nomeação de objetos, figuras e/ou nomes de pessoas. Com o avanço da doença, os prejuízos se intensificam e abarcam outros domínios das funções cognitivas, como a fluência verbal fonêmica e semântica e as capacidades de leitura, compreensão de texto e escrita (Schlindwein-Zanini, 2010; Formiga et al., 2008).

Por fim, destaca-se a importância da avaliação do desempenho funcional para a execução das diferentes atividades do dia a dia. Trata-se de uma parte essencial na investigação da DA. O conceito de funcionalidade refere-se à habilidade para realizar as tarefas da vida diária com autonomia e independência e/ou adaptar-se a elas, apesar de alguma incapacidade física, mental ou social. A avaliação funcional contempla duas áreas: atividades básicas da vida diária (ABVDs) e atividades instrumentais da vida diária (AIVDs). A primeira diz respeito a todas as ações relacionadas ao autocuidado (p. ex., alimentar-se, vestir-se, movimentar-se, banhar-se, etc.), já a segunda indica a capacidade de manter-se independente em seu ambiente social (p. ex., fazer compras, cuidar da casa, administrar finanças, tomar medicamentos) (Duarte, Andrade, & Lebrão, 2007; Schneider, Marcolin, & Dalacorte, 2008).

Os instrumentos para avaliação da funcionalidade são, em sua maioria, questionários que devem ser respondidos pelos familiares. Tais ferramentas buscam medir se o idoso necessita de ajuda para realizar as tarefas citadas e se tal ajuda é parcial ou total (Duarte et al., 2007).

ASPECTOS LEGAIS

Conforme apontado, as alterações das capacidades cognitivas decorrentes do envelhecimento estão intrinsecamente atreladas às questões de capacidade civil e responsabilidade penal. Quando um idoso passa a demonstrar mudanças que afetam seu discernimento para os diferentes atos da vida social, é comum os familiares abrirem um processo de interdição por motivos de incapacidade civil (Peluso, 2013; Diniz, 2014).

A interdição é um processo judicial que tem por finalidade a nomeação de um curador para administrar os bens e os direitos da pessoa que teve sua capacidade civil reduzida por motivo não transitório, como, por exemplo, em razão de doença incapacitante, como as demências senis.

O curador deve provar a relação de parentesco com o interditando e apontar os fatos que justifiquem o pedido de interdição, especificando aqueles que demonstram a incapacidade do indivíduo, como não mais conseguir gerir seus negócios, administrar seus bens e/ou exprimir sua vontade, episódios de confusão mental. Além disso, é preciso confirmar que o interditando necessita do auxílio de uma terceira pessoa para praticar os atos da vida civil.

Não poderão ser nomeados como curadores: aqueles que não tiverem a livre administração de seus bens; aqueles que, no momento de lhes ser deferida a tutela, se acharem constituídos em obrigação para com o interditando ou tiverem que fazer valer direitos contra este; os que tiverem sido expressamente excluídos da curatela; condenados por furto, roubo, estelionato, falsidade ou crimes contra a família ou os costumes; pessoas de mau procedimento ou falhas em probidade; aqueles culpados de abuso em tutorias/curatelias anteriores; e os que exercem função pública incompatível com a boa administração da tutela.

Entre as obrigações do curador, constam: administrar os bens do curatelado, em proveito deste; defender o curatelado e prestar-lhe alimentos, conforme seus haveres e condição; receber as pensões, as rendas e as quantias devidas ao curatelado; fazer as despesas de subsistência, bem como as de administração, conservação e melhoramento de seus bens; entre outras (Abreu, 2009; Alvim, 2013).

Além disso, é cabível a nomeação pelo juiz de um procurador para a fiscalização dos atos do curador. Ademais, caso haja irregularidades nas prestações de contas, indícios de que o dinheiro esteja sendo usado para outros fins que não os legais ou, ainda, suspeitas de ilegalidades e má administração, existe a possibilidade de o curador responder a processo cível, podendo ter que arcar com qualquer prejuízo que o interditando tenha sofrido. É certo que, caso o interditando seja vítima de negligência ou maus-tratos por parte do curador, este responderá a processo criminal.

A perícia médica ou psicológica é solicitada pelo juiz sempre que houver dúvidas quanto a autonomia, independência e capacidade do idoso para exercer os atos da vida civil. A partir desse exame, o perito irá recomendar ou não a interdição, que poderá ser total ou parcial. Neste último caso, a pessoa deixa de poder exercer apenas alguns direitos de sua vida civil. Ressalta-se que a interdição pode ser definitiva, quando a patologia é incurável, ou temporária, quando há tratamento eficaz para a doença em questão. Considerando que, mesmo hoje, os medicamentos anticolinérgicos apenas prorrogam o declínio da DA, e os tratamentos não farmacológicos tampouco parecem melhorar a cognição em longo prazo, o caráter temporário ou permanente do impedimento é um ponto delicado na interdição do idoso demenciado.

Para exemplificar os tópicos abordados neste capítulo, faremos a discussão de um caso clínico.

VINHETA CLÍNICA

Caso

Mulher, 65 anos, ensino superior completo, com história de internações em clínicas psiquiátricas por depressão, tendo a última ocorrido há um ano. No momento, está em tratamento; sem queixas de humor; refere ter retomado sua rotina, bem como a administração da casa e das finanças. Suas filhas alegam que, desde a última internação, a paciente não apresenta condições de administrar e gerir os próprios bens e solicitam a curatela por interdição total. Os resultados da avaliação neuropsicológica indicaram desempenho geral acima da média esperada para faixa etária e escolaridade. Observou-se menor eficiência, sem configurar prejuízo significativo, em tarefas de controle inibitório. Ainda que a paciente apresente história de depressão, hoje tal quadro clínico se mostra controlado, e não há queixas de impacto nas

VINHETA CLÍNICA

tarefas e atividades do dia a dia, corroborando os achados da avaliação atual. Do ponto de vista neuropsicológico, a paciente apresenta condições plenas de reger e administrar suas atividades cotidianas, não havendo sinais que comprometam seu discernimento e/ou sua capacidade para os atos da vida civil.

No caso relatado, as filhas da pericianda solicitaram a interdição alegando que a genitora não estava em posse de suas faculdades mentais e apresentava importante comprometimento funcional, fatos que a impediam de realizar atividades e tarefas básicas do dia a dia. A avaliação neuropsicológica mostrou que, ao contrário do alegado, a paciente operava, naquele momento, em níveis adequados ou mesmo superiores ao esperado para sua faixa etária, refutando, assim, a alegação dos familiares.

CONSIDERAÇÕES FINAIS

A DA é uma doença incapacitante, uma vez que tem caráter neurodegenerativo, e compromete gradualmente a cognição e a funcionalidade. Com o estabelecimento da doença, a vida do paciente, dos familiares e das pessoas próximas passa por mudanças em vários níveis, o que demanda uma adaptação de rotina, de ambiente e até mesmo psicológica e emocional. Do ponto de vista legal, aspectos relacionados à interdição e à curatela também entram em jogo e devem ser esclarecidos a pacientes e cuidadores.

REFERÊNCIAS

Abreu, C. B. (2009). *Curatela & interdição civil*. Rio de Janeiro: Lúmen Juris.

Alvim, J. E. C. (2013). *Interdição e curatela de interditos: teoria e prática*. Curitiba: Juruá.

American Psychiatric Association (2013). *Diagnostic and statistical manual of mental disorders: DSM-5*. Arlington: American Psychiatric Publishing.

Avila, R. (2011). Avaliação neuropsicológica de pacientes com doença de Alzheimer. In S. M. D., Brucki. *Demências enfoque multidisciplinar: das bases fisiopatológicas ao diagnóstico e tratamento*. São Paulo: Atheneu.

Azambuja, L. S. (2007). Avaliação neuropsicológica do idoso. *Revista Brasileira de Ciências do Envelhecimento Humano, 4*(2), 40-5.

Barros, D. M. (2008). *O que é psiquiatria forense?* São Paulo: Brasiliense.

Blennow, K., Hampel, H., Weiner, M. & Zetterberg, H. (2010). Cerebrospinal fluid and plasma biomarkers in Alzheimer disease. *Nature Reviews Neurology, 6*, 131-44.

Bottino, C. M. C., Azevedo Jr., D., Tatsch, M., Hototian, S. R., Moscoso, M. A., Folquitto, J., ... Litvoc, J. (2008a). Estimate of dementia prevalence in a community sample from São Paulo, Brazil. *Dementia and Geriatric Cognitive Disorders, 26*, 291-9.

Bottino, C. M. C., Zucollo, P., Moreno, M. P. Q., Gil, G., Cid, C. C., Campanha, E. V., ... Camargo, C. H. P. de (2008b). Assessment of memory complainers in São Paulo, Brazil: Three-year results from a memory clinic. *Dementia & Neuropsychologia, 2*(1), 52-6.

Dalgalarrondo, P. (2008). *Psicopatologia e semiologia dos transtornos mentais* (2. ed.), Porto Alegre: Artmed.

Diniz, M. H. (2014). *Código civil anotado* (17. ed.), São Paulo: Saraiva.

Duarte, Y. A. O., Andrade, C. L., & Lebrão, M. L. (2007). O índex de Katz na avaliação da funcionalidade dos idosos. *Revista da Escola de Enfermagem da USP, 41*(2), 317-25.

Forlenza, O. V., Aprahamian, I, Perroco, T. R., Bottino, C. M. C. (2011). Demências. In E. C. Miguel, V. Gentil, W. F. Gattaz (Eds.). *Clínica psiquiátrica*. Barueri, SP: Manole.

Formiga, F., Fort, I., Robles, M. J., Riu, S., Rodríguez, D., & Sabartes, O. (2008). Aspectos diferenciales de comorbilidad en pacientes ancianos con demencia tipo Alzheimer o con demencia vascular. *Revista de Neurología, 46*(2), 72-6.

Lezak, M. D. (1995). *Neuropsychological assessment* (3. ed.). New York: Oxford University Press.

Lezak, M. D., Howieson, D. B., Bigler, E. D., & Tranel, D. (2012). *Neuropsychological assessment* (5. ed.). New York: Oxford University Press.

Peluso, Min. C. (2013). *Código civil comentado* (7. ed.). Barueri: Manole.

Schlindwein-Zanini, R. (2010). Demência no idoso: aspectos neuropsicológicos. *Revista Neurociências, 18*(2), 220-6.

Schneider, R. H., Marcolin, D., & Dalacorte, R. G. (2008). Avaliação funcional de idosos. *Scientia Medica, 18*(1), 4-9.

Serafim, A. P., Saffi, F., & Rigonatti, S. P. (2010). Práticas forenses. In L. F. Malloy-Diniz, D. Fuentes, P. Mattos, N. Abreu. (Orgs.). *Avaliação neuropsicológica* (Vol. 1, pp. 313-7). Porto Alegre: Artmed.

LEITURA SUGERIDA

Damasceno, B. P. (1999). Envelhecimento cerebral: o problema dos limites entre o normal e o patológico. *Arquivos de Neuro-Psiquiatria, 57*(1), 78-83.

23

Aspectos neuropsicológicos e médico-legais na doença de Parkinson

JULIANA EMY YOKOMIZO
FLÁVIA CELESTINO SEIFARTH DE FREITAS
MARIA FERNANDA F. ACHÁ

DEFINIÇÃO

A doença de Parkinson (DP), também conhecida como parkinsonismo idiopático, é um transtorno do movimento. Sua primeira descrição foi feita em 1817, por James Parkinson, que relatou os sintomas-chave da doença, como movimentos trêmulos involuntários, redução da força muscular, propensão a pender o tronco para frente e prejuízo sensorial e intelectual (Lezak, Hawieson, Bigler, & Tranel, 2012).

O diagnóstico clínico é realizado por meio do exame de sinais e sintomas e da combinação de pelo menos dois dos quatro sinais cardinais: tremor de repouso, rigidez muscular, alteração dos reflexos posturais e bradicinesia (Ferraz & Borges, 2002).

Os sintomas iniciais costumam ser vagos, tais como dor, tontura e dificuldades ao escrever e realizar tarefas repetitivas. Tremores são os sintomas mais comuns, sendo diferenciados de outros tipos de tremor por ocorrerem predominantemente em estado de repouso (Guttman, Kish, & Furukawa, 2003) e, em geral, iniciarem em uma mão, evoluindo para a perna ipsilateral e os membros contralaterais (Lezak et al., 2012).

A rigidez muscular é observada em exame clínico, por meio da movimentação passiva de uma região do corpo, sobretudo das extremidades. A alteração dos reflexos posturais é observada por desequilíbrio na marcha ou falha em retomar o equilíbrio após desestabilização (Ferraz & Borges, 2002).

A bradicinesia é uma característica da DP, podendo ser vista pela redução de movimentos dos membros, como, por exemplo, a falta de balanço dos braços ao caminhar. Outro exemplo é a fácies de máscara (expressão facial reduzida), que, junto à apatia, pode sugerir diagnóstico de depressão – em alguns casos, há, de fato, sintomas depressivos; em outros, a sintomatologia da própria condição acaba se assemelhando a um humor deprimido. O ponto relevante é que a bradicinesia traz forte impacto para a realização das atividades da vida diária, inclusive as básicas, como higiene e locomoção (Lezak et al., 2012). A micrografia também é comum, sendo que o tamanho do caractere diminui de modo progressivo conforme a pessoa continua escrevendo.

Do ponto de vista neuropatológico, a DP é caracterizada pela presença de corpos de Lewy em áreas específicas, o que leva à perda neuronal em substância negra, *locus ceruleus* e regiões do tronco encefálico. Com esse processo, ocorre redução da síntese dopaminérgica na área dos gânglios basais. Assim, funções motoras são afetadas (Jacobs, Levy, & Marder, 2003). Também pode haver perda neuronal nos núcleos basais de Meynert, acarretando déficit colinérgico, que está ligado a disfunção atencional, flutuações do estado de alerta e alucinações visuais. Além da dopamina e da acetilcolina, diversos neurotransmissores e neuromoduladores estão reduzidos na DP (McPherson & Cummings, 2009).

Os fatores de risco para essa condição não são claros; entretanto, há achados genéticos e ambientais. Segundo alguns autores, a exposição a pesticidas pode ser um fator causador de parkinsonismo, enquanto a exposição a nicotina parece ser um fator protetor (Lezak et al., 2012).

CURSO E TRATAMENTO

O curso da doença pode ser dividido em dois estágios. O primeiro costuma ser caracterizado por tremor e prejuízo em praxia motora fina ou atividades que envolvam mudança postural (Lezak et al., 2012). Aos poucos, o segundo estágio se estabelece, no qual a degeneração de células da substância negra contribui para a manifestação dos demais sintomas. A expectativa de vida varia, podendo ser de 38 anos (desvio padrão = 5), quando o início do quadro ocorre na terceira ou quarta décadas de vida, e de 5 anos (desvio padrão = 3), quando o início se dá a partir dos 65 anos, em países desenvolvidos (Ishihara, Cheesbrough, Brayne, & Schrag, 2007)

De acordo com uma interessante revisão de Selikhova e colaboradores (2009), a DP se divide em quatro subtipos: de início precoce (25%); de tremor dominante (31%); sem tremor dominante (36%); e de rápida progressão com demência (8%). No referido estudo, houve forte associação entre prejuízo cognitivo e o subtipo sem tremor dominante.

O diagnóstico diferencial da DP envolve verificar e excluir outros tipos de parkinsonismo, como as doenças de Huntington e de Wilson, bem como calcificação idiopática dos gânglios basais (McPherson & Cummings, 2009) e paralisia supranuclear progressiva (Lezak et al., 2012). Sintomas como alteração postural, sinais autônomos precoces e ataxia cerebelar podem ocorrer devido à atrofia de múltiplos sistemas. No teste terapêutico, resposta baixa à levodopa também sugere outro tipo de parkinsonismo que não a DP (Ferraz & Borges, 2002).

O tratamento pode ser multidisciplinar e envolver farmacoterapia ou não. Esta última opção é representada sobretudo por terapia ocupacional e fisioterapia. Já o tratamento medicamentoso tem como principal escolha a levodopa (ou L-dopa), que repõe neurotransmissores dopaminérgicos. Os efeitos colaterais mais comuns são intolerância gastrintestinal, alterações psiquiátricas, como alucinações e estados confusionais, hipotensão ortostática e discinesias. Em geral, outros medicamentos são combinados a fim de minimizar os efeitos secundários (Ferraz & Borges, 2002).

Um fenômeno presente após alguns anos de tratamento com a L-dopa é chamado *on-off*, que consiste na flutuação dos sintomas de acordo com o tempo decorrido após a última administração do medicamento. Esses intervalos tendem a ficar mais estreitos, de modo que o indivíduo necessita de levodopa com maior frequência. No período *on*, o paciente tem melhor funcionamento, inclusive com repercussão positiva na avaliação neuropsicológica, apresentando aumento do alerta e da velocidade de resposta. No período *off*, o humor tende a ser rebaixado, e a ansiedade, aumentada (Richard et al., 2001, citado por Lezak et al., 2012). Outros medicamentos, tais como os inibidores da monoaminoxidase B (IMAO-B) e os inibidores da catecol-O-metiltransferase (COMT), podem reduzir o efeito *wearing off* ou aumentar os períodos *on* (McPherson & Cummings, 2009).

Outras possibilidades de intervenção são as de tipo cirúrgica, como a palidotomia, e a estimulação cerebral profunda (DBS, do inglês *Deep Brain Stimulation*). Achados de alterações cognitivas na palidotomia são bastante controversos, variando de acordo com o tipo de estudo, a localização e o hemisfério cerebral que sofreu a intervenção. Alguns trabalhos identificam prejuízo atencional, déficit em memória operacional e aumento de erros perseverativos, enquanto outros achados sugerem melhora em componentes mnêmicos e gerais (McPherson & Cummings, 2009). Com relação à DBS, há achados mais consistentes de prejuízo nas fluências verbais fonêmica e categórica (Parsons et al., 2006, citado por McPherson & Cummings, 2009).

COGNIÇÃO E AFETO

Nem todos os pacientes com DP apresentam prejuízo cognitivo. Há diversos achados sobre o perfil cognitivo dessa doença, os quais, muitas vezes, são controversos ou não replicáveis. Entretanto, em geral, sabe-se que o quadro com frequência tem características de disfunção pré-frontal, tais como dificuldade de trocar ou manter o *set*, iniciar respostas, ordenar de modo serial e temporal, criar estratégias, monitorar e regular comportamentos em direção a um objetivo (Lezak et al., 2012).

Um estudo buscou verificar a diferença de perfil cognitivo entre 115 pacientes recém-diagnosticados com DP e 70 controles (Muslimovic, Post, Speelman, De Haan, & Schmand, 2005). A avaliação neuropsicológica compreensiva envolvia testes que investigavam velocidade psicomotora, atenção, linguagem, memória, função visuoespacial e função executiva. Os indivíduos com DP tiveram piores resultados em todas as funções avaliadas, e 24% deles foram classificados como cognitivamente prejudicados. As análises estatísticas mostraram que os grupos eram distintos sobretudo com relação a medidas de memória imediata e função executiva. Em comparação aos dados normativos, os pacientes com DP tiveram pior desempenho em função executiva, memória e velocidade psicomotora. Esse trabalho também observou a relação entre cognição e idade de início do quadro, concluindo que pacientes com início tardio tendiam a apresentar mais problemas cognitivos.

Outro estudo, cuja amostra era composta por 196 indivíduos com DP e 201 controles, encontrou resultados semelhantes, ressaltando que os grupos se diferenciaram pelo desempenho neuropsicológico geral, mas, sobretudo, pela medida de memória verbal (Aarsland, Brønnick, Larsen, Tysnes, & Alves, 2009). Quase 20% dos pacientes foram classificados como apresentando comprometimento cognitivo leve (CCL), e, destes, dois terços eram de tipo não amnéstico.

Além da memória, déficits nas funções visuoespaciais também são comuns na DP. As principais dificuldades ocorrem na análise, na síntese visual, na discriminação e no pareamento visual (McPherson & Cummings, 2009). Prejuízo no desempenho da cópia da Figura Complexa de Rey costuma ocorrer por conta dos déficits visuoespaciais e das falhas em funções executivas, como planejamento e estratégia (Lezak et al., 2012).

As dificuldades de memória operacional podem atrapalhar também a compreensão de instruções complexas, ainda que a linguagem não seja uma função comumente alterada na DP (McPherson & Cummings, 2009). Entretanto, a lentificação de resposta pode atrapalhar as tarefas de fluência verbal, além de contribuir para os déficits executivos.

O afeto pode ganhar contornos depressivos, havendo diversas descrições e hipóteses para esse viés na DP. Em 1992, Cummings (citado por Lezak et al., 2012) sugeriu que a depressão nessa condição tinha como principais sintomas o aumento da ansiedade e a diminuição de sentimentos de autopunição. Ao mesmo tempo, não foi encontrada relação entre o quadro e características como idade, sexo e gravidade do parkinsonismo.

Hoje, os autores salientam a necessidade de diferenciar os sintomas depressivos daquelas características da DP que podem ser confundidas com o humor deprimido, tais como as reduções da atividade motora, da velocidade de resposta e da expressividade facial. Por fim, McPherson e Cummings (2009) sugerem o envolvimento de uma interação complexa dos sistemas transmissores dopaminérgicos, noradrenérgicos e serotonérgicos no componente depressivo da DP.

DEMÊNCIA NA DOENÇA DE PARKINSON

A demência na doença de parkinson (DDP) é do tipo subcortical e caracteriza-se por alterações cognitivas que afetam funções fundamentais para a vida, como a vigília, a atenção, a velocidade de processamento, a motivação e a emoção. Sua prevalência tem ampla variação, e sugere-se que ocorra em 31% (Aarsland, Zaccai e Brayne, 2005, citado por Lezak et al., 2012) ou entre 22 e 48% dos casos (Emre et al., 2007). Um estudo longitudinal realizado na Noruega mostrou que, de um total de 233 pacientes, 140 converteram para demência em 12 anos de acompanhamento. De acordo com os autores, o risco aumentava conforme a idade, chegando a 80 a 90% dos casos em idosos na faixa dos 90 anos (Buter et al., 2008).

Os critérios levantados por um grupo de pesquisadores indicaram que os principais domínios prejudicados na DDP são aqueles ligados a atenção, memória, funções executivas e habilidades visuoespaciais e visoconstrutivas. Em comparação à DA, um perfil subcortical ou disexecutivo caracterizaria mais fortemente os indivíduos com DDP. Entretanto, é muito difícil diferenciar essas duas demências, quando em estágios graves, junto à demência por corpos de Lewy (Emre et al., 2007).

Do ponto de vista clínico, a DDP é caracterizada por início não insidioso e declínio cognitivo progressivo, com frequência acompanhado por uma variedade de sintomas comportamentais, como alucinações, depressão, ansiedade e sonolência diurna excessiva. Embora a fisiopatologia exata e a base neurobiológica da DDP não sejam conhecidas, é provável que essa demência se desenvolva como resultado do envolvimento progressivo de estruturas subcorticais e corticais em patologias do tipo da doença de Lewy (por isso a semelhança entre as condições e a dificuldade em estabelecer o diagnóstico diferencial) e de alterações histológicas semelhantes às da DA. A disfunção de diferentes transmissores de monoamina também tem implicação na deterioração cognitiva, porém a redução da atividade colinérgica no córtex parece ser o mecanismo mais provável para o desenvolvimento de demência (Cabaloll, Martí, & Tolosa, 2007).

Entre os fatores de risco para a conversão, constam: idade avançada; proeminência dos sintomas de tipo rigidez, instabilidade postural e distúrbios na marcha; presença de alucinações; e CCL coincidindo com o início dos sintomas extrapiramidais (Goetz, Emre, & Dubois, 2008, citado por Lezak et al., 2012). Por fim, o tratamento medicamentoso pode ser semelhante ao de quadros primariamente demenciais, com o uso de anticolinérgicos (Cabaloll et al., 2007).

AVALIAÇÃO NEUROPSICOLÓGICA NO CONTEXTO FORENSE

A avaliação neuropsicológica de um caso de DP, no contexto forense, não difere muito daquelas utilizadas para outros quadros demenciais já discutidos neste livro. Quando parte de um processo judicial, esse exame deve contemplar e buscar investigar o nexo causal entre a questão jurídica que está em pauta e o desempenho cognitivo e funcional do periciando.

Nos quadros clínicos de DP, a avaliação multidisciplinar pode fornecer mais indícios e favorecer a melhor compreensão do caso. As limitações motoras, que são os primeiros sintomas observados nessa patologia, podem impactar de modo significativo diferentes atividades do cotidiano. Atos aparentemente simples, como, por exemplo, assinar um cheque, podem ficar comprometidos em função de déficit motor. Contudo, a partir da avaliação neuropsicológica, é possível investigar se o prejuízo advém apenas dos problemas motores decorrentes da doença ou se há correlação com déficits cognitivos que influenciam a habilidade em questão, como aqueles relacionados aos processos atencionais e às funções executivas.

As principais alterações neuropsicológicas encontradas em um quadro de DP, já descritas neste capítulo, devem ser minuciosamente avaliadas em uma perícia, pois podem cursar com diferentes manifestações clínicas. Estas, por sua vez, alteram o nível de consciência, julgamento e crítica, aspectos essenciais para a autonomia civil e o exercício das atividades laborativas, recreativas e sociais, bem como para o estabelecimento de relações afetivas e interpessoais.

Em nosso país, ainda há poucos canais de orientação à comunidade sobre a DP, ou seja, organizações reconhecidas que forneçam informações como o que se deve pensar e planejar em termos legais ao receber o diagnóstico ou ter um familiar próximo diagnosticado. *Sites* internacionais, como o da Parkinson's Disease Foundation (c2014) e o da American Parkinson Disease Association (c2014), fornecem orientações que, apesar de seguirem o sistema legal norte-americano, contêm sugestões práticas importantes, como planejar as finanças e eleger pessoas responsáveis por questões práticas a longo prazo.

VINHETA CLÍNICA

Caso

Paciente do sexo masculino (M.), 54 anos, ensino superior completo, casado, dois filhos. Automobilista profissional por quase duas décadas, aposentou-se e continuou como instrutor de pilotos.

História clínica: o paciente não apresentava queixas, porém relatou que, há alguns meses, havia sofrido um acidente de carro, quando instruía um piloto inexperiente, pois não conseguiu realizar uma manobra de maneira adequada. Não sofreram ferimentos importantes, porém houve pequena avaria do equipamento. Por conta desse evento, às vésperas de renovação da licença de piloto, ele foi encaminhado pela empresa para realizar avaliação neuropsicológica.

Por não ser procedente de São Paulo, não foi possível fazer contato com familiares ou informantes. O próprio paciente relatou que sempre fora uma pessoa trabalhadora, que tinha o sonho de trabalhar com carros de alta velocidade. Sua vida escolar e acadêmica foi de grande êxito, tendo sido, muitas vezes, um dos melhores alunos.

Em diversos momentos, relatou o quanto lhe era importante continuar trabalhando com pilotagem. Além disso, apesar de ser bastante eloquente, era redundante e pouco claro quando explicava os motivos da avaliação, minimizando o acidente e, gentilmente, dizendo que não acreditava ser necessário verificar suas funções cognitivas.

Em relação a dados sobre antecedentes familiares, sabia de um tio paterno que apresentara quadro de doença de Parkinson, mas falecera por outras causas. O pai do senhor M. havia morrido quando ele era jovem.

> **VINHETA CLÍNICA**
>
> Processo jurídico: não havia processo jurídico; entretanto, a avaliação era necessária como parte do aval médico para que o senhor M. continuasse atuando na área. Na ocasião, ele estava afastado há três semanas.

Os resultados gerais do senhor M. não apresentavam prejuízos em relação ao esperado para sua faixa de idade e escolaridade. Ao contrário, sugeriram ótimos recursos intelectuais, observados pelo QI estimado e pelo desempenho em abstração e raciocínio lógico. Seus resultados também foram superiores ao esperado em tarefas de linguagem (fluência verbal e definição de vocábulos) e flexibilidade mental. Os resultados foram medianos em memória (com discreta vantagem para estímulos visuais), nomeação, orientação e controle mental/inibitório. Entretanto, seu desempenho ficou na faixa médio-inferior para estímulos visuais que envolviam a praxia simples, e na inferior para praxia complexa. Do ponto de vista qualitativo, verificou-se a presença sutil de tremor de execução, que era refletido em suas produções gráficas.

Tais resultados, considerando os critérios formais, não podem ser classificados como declínio cognitivo. Entretanto, há de se levar em conta o fato de que, ao longo da vida, o senhor M. havia trabalhado primordialmente com estímulos visuais complexos, tais como planejar rotas, memorizar percursos e lidar com informações espaciais amplas e tridimensionais. Assim, a avaliação não pôde ser conclusiva para estabelecimento de quadro demencial, tampouco para CCL. Contudo, foi necessário ressaltar os achados possivelmente deficitários e a hipótese da relação de um possível declínio nas áreas de praxia e organização visuoespacial com quadro de alteração motora (com história familiar de parkinsonismo) e aparente impacto na funcionalidade. A menção de tais aspectos era muito importante em função dos riscos potenciais de uma nova ocorrência dessa natureza na área de trabalho do avaliando. Assim, sugeriu-se que o senhor M. refizesse a avaliação em um período aproximado de seis meses, a fim de se determinar uma possível evolução dos achados.

CONSIDERAÇÕES FINAIS

A DP, assim como outras doenças senis, se caracteriza por um quadro clínico neurodegenerativo que tende a levar a incapacidade cognitiva e funcional. Os tratamentos cirúrgicos, farmacológicos e terapêuticos podem amenizar o impacto dessas limitações no dia a dia. O diagnóstico precoce facilita a rápida intervenção, esclarecendo as possibilidades de manejo para o paciente, sua família e seus entornos social e profissional, bem como reduz os riscos e otimiza o bem-estar, de modo a prolongar seu exercício de livre cidadania.

REFERÊNCIAS

Aarsland, D., Brønnick, K., Larsen, J. P., Tysnes, O. B., & Alves, G. (2009). Cognitive impairment in incident, untreated Parkinson disease. The Norwegian ParkWest Study Group. *Neurology, 72*(13), 1121-6.

American Parkinson Disease Association. (c2014). [*Young Parkinsons*]. Recuperado de http://www.youngparkinsons.org.

Buter, T. C., van den Hout, A., Matthews, F. E., Larsen, J. P., Brayne, C., & Aarsland, D. (2008). Dementia and survival in Parkinson disease. A 12-year population study. *Neurology, 70*(13), 1017-22.

Caballol, N., Martí, M. J., & Tolosa, E. (2007). Cognitive dysfunction and dementia in Parkinson disease. *Movement Disorders. Supplement: 10th International Symposium on the Treatment of Parkinson's Disease, 22*(17), 358-66.

Emre, M., Aarsland, D., Brown, R., Burn, D. J., Duyckaerts, C., Mizuno, Y., ... Dubois, B. (2007).

Clinical diagnostic criteria for dementia associated with Parkinson's disease. *Movement Disorders, 22*(12), 1689-707.

Ferraz, H. B., & Borges, V. (2002). Doença de Parkinson. *Revista Brasileira de Medicina, 59*(4), 207-19.

Guttman, M., Kish, S. J., & Furukawa, Y. (2003). Current concepts in the diagnosis and management of Parkinson's disease. *CMAJ, 168*(5), 293-301.

Ishihara, L. S., Cheesbrough, A., Brayne, C., & Schrag, A. (2007). Estimated life expectancy of Parkinson's patients compared with the UK population. *Journal of Neurology, Neurosurgery & Psychiatry , 78*, 1304-9.

Jacobs, D. M., Levy, G., & Marder, K. (2003). Dementia in Parinson's disease, Huntington's disease and related disorders. In T. E. Feinberg & M. J. Farah (Eds.). Behavioral neurology and neuropsychology. New York: McGraw-Hill.

Lezak, M. D., Howieson, D. B., Bigler, E. D., Tranel, D. (2012). *Neuropsychological assessment* (5. ed.). New York: Oxford University Press.

McPherson, S. & Cummings, J. (2009). Neuropsychological aspects of Parkinson's disease and parkinsonism. In I. Grant & K. M. Adams, *Neuropsychological assessment of neuropsychiatric and neuromedical disorders* (3. ed.). New York: Oxford University Press.

Muslimovic, D., Post, B., Speelman, J. D., De Haan, R. J., & Schmand, B. (2009). Cognitive decline in Parkinson's disease: a prospective longitudinal study. *Journal of the International Neuropsychological Society, 15*, 426-37.

Parkinson's Disease Foundation. (c2014). [*Site*]. Recuperado de http://www.pdf.org.

Selikhova, M., Williams, D. R., Kempster, P. A., Holton, J. L., Revesz, T. & Lees, A. J. (2009). A clinicopathological study of subtypes in Parkinson's disease. *Brain, 132*(11), 2947-57.

LEITURAS SUGERIDAS

Abreu, C. B. (2009). *Curatela & interdição civil*. Rio de Janeiro: Lúmen Juris.

Alvim, J. E. C. (2013). *Interdição e curatela de interditos: teoria e prática*. Barueri: Juruá.

24

Traumatismo craniencefálico

ANA JÔ JENNINGS MORAES
ANTONIO DE PÁDUA SERAFIM

A ação humana deriva dos contextos biológico, ambiental e psíquico. A expressão da atitude humana implica aprovações, reprovações, reforços e aceitação do outro e da sociedade, e o padrão dessas ações e atitudes caracteriza o comportamento. Este, por sua vez, determinará o grau da relação do indivíduo com os meios físico e social.

Para que possamos compreender os fatores eliciadores, reforçadores e mantenedores do comportamento, precisamos identificar suas causas e consequências. Vários fatores podem modificar o comportamento, como, por exemplo, o traumatismo craniencefálico (TCE), objeto de análise deste capítulo. O TCE é um tipo de lesão encefálica adquirida que apresenta grande expressão no panorama mundial da medicina. É considerado um problema de saúde pública, uma vez que se configura como uma das principais causas de lesão cerebral e apresenta altos índices de morbidade e mortalidade. O TCE é um tipo de agressão imposta ao organismo, podendo desencadear consequências devastadoras e acarretar drástica ruptura nas atividades desempenhadas na vida do indivíduo e de seus familiares (Hyder, Wunderlich, Puvanachandra, Gururaj, & Kobusingye, 2007). Por acometer uma região funcional de suma importância, que está no centro de controle de todas as funções do organismo, esse tipo de trauma pode causar graves prejuízos funcionais e gerar incapacidades temporárias ou permanentes (Souza & Koizume, 1999).

Tomando como referência o panorama brasileiro, as principais causas de TCE são os acidentes automobilísticos/motociclísticos e as quedas, que atingem sobretudo adultos entre 20 e 39 anos (33%), seguidos de crianças menores de 10 anos (20,3%). Os homens representam a maioria (76,6%) dos sujeitos que sofrem TCE (Koizumi, Lebrão, Mello-Jorge, & Primerano, 2000). Dados mais recentes confirmam esse predomínio do sexo masculino (76,4%) e apontam a principal faixa etária como aquela que vai dos 21 aos 40 anos (40,4%). As principais causas continuam sendo acidentes com meios de transporte (39,5%), seguidas de quedas (37,4%) e agressões físicas com ou sem armas (14,2%). E, no geral, esses estudos demonstraram que o predomínio foi do TCE tipo leve (84,6%) (Melo, Silva, & Moreira Jr., 2004).

As lesões em componentes da estrutura cerebral podem interferir no funcionamento prévio do organismo, desencadeando alterações significativas no comportamento, na cognição e na emoção, bem como comprometimentos motores. Tais mudanças podem repercutir em diversas esferas da vida de um indivíduo – social, ocupacional/produtiva, afetiva, comportamental e jurídica (Sinha, Gunawat, Nehra, & Sharma, 2013).

Seguindo a proposta desta obra, lançaremos um olhar mais detalhado sobre as implicações forenses concernentes aos TCEs no que diz respeito às questões de saúde mental.

Por se tratar de um quadro que altera o funcionamento psicológico global, há uma série de demandas que podem se relacionar às diversas áreas de atuação do indivíduo – civil, criminal e trabalhista –, o que será objeto de discussão das próximas páginas.

DEFINIÇÃO DE TCE

O TCE caracteriza-se por qualquer tipo de agressão que acarrete lesão anatômica ou funcional do couro cabeludo, do crânio, das meninges ou do encéfalo (Sinha et al., 2013). Entre os principais mecanismos de trauma destacam-se os abertos (penetrantes) e fechados (não penetrantes). No TCE fechado, há lesão induzida pelo impacto, o qual pode causar edema, hematoma ou hemorragia no local atingido, sem que haja penetração do crânio. Já no TCE aberto, a lesão é produzida por perfuração ou quebra de uma parte do osso da estrutura craniana, deixando uma parte das meninges ou do encéfalo exposta.

O TCE pode ser causado, do ponto de vista mecânico, por impacto e por fatores inerciais. O primeiro caracteriza-se pelo choque da cabeça contra objetos fixos ou que a atingem. A forma com que a lesão vai se manifestar vai depender, portanto, da intensidade e do local do impacto. Desse tipo de choque decorrem, em geral, lesões focais na parte diretamente atingida, podendo haver, ainda, pressão negativa na região diametralmente oposta ao impacto, o que caracteriza as lesões por contragolpe. Já o trauma por fatores inerciais decorre de mudanças abruptas de movimento, envolvendo forças de aceleração e desaceleração que levam a lesão tecidual.

A injúria causada pelo trauma pode se desdobrar em duas etapas: primária e secundária. As lesões primárias são o resultado direto das forças mecânicas impostas ao local do impacto recebido, incluindo contusões, lacerações, fragmentação óssea e lesão axonal difusa. As secundárias podem surgir no momento do trauma ou nas primeiras horas após o impacto inicial e caracterizam-se por alterações intra e extracelulares, as quais podem ocorrer por formação de hematomas intracranianos, edema, hipoxia, isquemia por hipertensão intracraniana ou choque, bem como por lesão cerebral isquêmica.

A lesão pode ser classificada, ainda, de acordo com sua conformação anatômica, dependendo da natureza e da magnitude da força física aplicada durante o impacto, de sua duração e do local de incidência.

CLASSIFICAÇÃO ANATÔMICA DAS LESÕES

Lesões difusas

As lesões difusas caracterizam-se por abranger uma área generalizada, atingindo o cérebro como um todo. São decorrentes de forças cinéticas de aceleração e desaceleração que levam à rotação do encéfalo dentro da caixa craniana. Tais lesões podem ocasionar disfunções por estiramento, bem como ruptura de axônios e/ou estruturas vasculares do encéfalo. São exemplos desse tipo de lesão: concussão, lesão axonal difusa, hemorragia subaracnoide e hemorragia intraventricular (Andrade et al., 2009).

Concussão

Trata-se de uma lesão por impacto de baixa gravidade, causando alteração da consciência decorrente de TCE não penetrante.

Desenvolve sintomas como confusão, amnésia lacunar, zumbido, tontura, náusea/vômito ou perda da consciência por poucos minutos.

Lesão axonal difusa

Ocorre por estiramento ou ruptura axonal causada por forças de aceleração e desaceleração que incidem sobre o encéfalo durante o trauma. É a lesão mais comum associada ao TCE e pode acarretar prejuízos funcionais importantes, como o coma pós-TCE. Esse tipo de lesão pode ser observado em exames de imagem de forma discreta, sendo visto como pequenos focos de hemorragias punctiformes resultantes da ruptura de pequenos vasos em regiões que sofrem forças de aceleração máximas, como o corpo caloso, os núcleos da base ou o tronco cerebral (Manreza & Ribas, 1991; Oliveira, Lavrador, Santos, & Antunes, 2012).

Hemorragia subaracnoide

Caracteriza-se pela ruptura de vasos no espaço subaracnoide em decorrência da lesão, que causa hemorragia nessa camada das meninges. Ocorre em 33% dos casos de TCE grave (Oliveira et al., 2012).

Hemorragia intraventricular

Presente em 25% dos casos de TCE grave, esse tipo de hemorragia está associado à existência concomitante de hematomas intraparenquimatosos. A hidrocefalia aguda é uma situação pouco frequente nesse contexto (Oliveira et al., 2012).

Lesão focal

Ocorre na área específica do impacto ou em região diametralmente oposta ao foco inicial do choque (lesão por contragolpe). Exemplos desse tipo de lesão incluem: contusão, hematoma epidural, hematoma subdural e hematoma intraparenquimatoso (Manreza & Ribas, 1991).

Contusão

Trata-se de uma lesão causada por TCE não penetrante, em decorrência de choque contra proeminências ósseas durante desaceleração súbita da cabeça. Há a presença de áreas hipodensas (com edema associado) ou hiperdensas (contusões hemorrágicas que podem progredir para hematoma intraparenquimatoso) na tomografia de crânio (Andrade et al., 2009).

Lesão por contragolpe

Ocorre na área diametralmente oposta àquela lesionada durante movimento de desaceleração do crânio (Manreza & Ribas, 1991).

GRAVIDADE

A gravidade da lesão depende da dimensão do trauma, da localização e do tempo decorrido. A literatura aponta a Escala de Coma de Glasgow (ECG1) uma das formas mais utilizadas para avaliar tal aspecto do ponto de vista clínico. Esse instrumento permite classificar o TCE como leve, moderado ou grave e baseia-se em três indicadores principais:

1. abertura dos olhos
2. melhor resposta verbal
3. melhor resposta motora

Esses aspectos devem ser avaliados de forma independente, e o escore final reflete o estado funcional do encéfalo com base na melhor resposta em cada categoria. Diante da impossibilidade de se avaliar a resposta do paciente, utiliza-se a categoria não testável (NT).

Segundo Manreza e Ribas (1991), os valores resultantes da somatória dos três indicadores da ECG1 variam de 3 a 15 pontos, em que o total de 15 pontos indicaria um indivíduo neurofisiologicamente normal no que se refere ao nível de consciência. A menor pontuação possível é 3 e significa ausência total de resposta do sujeito para qualquer estímulo empregado. Na avaliação dos pacientes com TCE, escores de 3 a 8 indicam TCE grave; de 9 a 12, moderado; e de 13 a 15, leve.

ALTERAÇÕES DECORRENTES DO TCE

As alterações decorrentes do TCE podem ser subdivididas em físicas, cognitivas e comportamentais/emocionais e ser permanentes ou transitórias. Os indivíduos acometidos por tais sequelas podem apresentar mais de um padrão de alteração, o que depende, em grande medida, da gravidade da lesão.

As alterações físicas/motoras caracterizam-se por incapacidades físicas e sensitivas diversificadas. Segundo Barbosa (2011), os déficits motores podem ser parciais (paresia) ou completos (plegia). Podem, ainda, configurar-se como ataxias e apraxias, isto é, dificuldades em realizar movimentos de forma sequencial e harmoniosa e distúrbios nas atividades gestuais, respectivamente.

As síndromes características dessas alterações que são importantes do ponto de vista neuropsicológico são a motora rolândica e a pré-motora. A primeira apresenta prejuízos como redução da força nos movimentos, paralisia de partes do corpo correspondentes e diminuição da habilidade para contrair músculos; a segunda se caracteriza por déficits nas habilidades motoras gerais, movimentos descontínuos ou incoordenados e interrupção da integração de comportamentos motores de atos complexos.

As alterações cognitivas envolvem mudanças em diversas propriedades do indivíduo, como funções atencionais, perceptuais e de produção; compreensão da linguagem; funções executivas; abstração; cálculo; raciocínio; controle inibitório; memória; recordação; planejamento; processamento de informação; entre outras. Tais alterações se manifestam de acordo com a localização, a extensão e a gravidade da lesão, estando intimamente associadas à circuitaria neuronal responsável por uma ou outra função atingida (Silver, Hales, & Yudofsky, 2006).

Entre as alterações comportamentais/emocionais decorrentes de TCE mais frequentes, destacam-se as da personalidade (alterações da capacidade de crítica e julgamento, impulsividade), devidas, em geral, a lesões nas regiões frontais e pré-frontais, e que atingem circuitarias associadas a funções afetivas; e as comorbidades psiquiátricas. Destas últimas, as mais comuns são os transtornos do humor e de ansiedade, a depressão maior, o transtorno de estresse pós-traumático e condições como a epilepsia pós-traumática ou psicose pós-traumática.

AVALIAÇÃO NEUROPSICOLÓGICA NO TCE

O processo de investigação neuropsicológica engloba a função cerebral inferida a partir da manifestação do comportamento. Assim, pode ter diversos objetivos: estabelecimento de um diagnóstico diferencial, planejamento de um trabalho de reabilitação e reorientação vocacional, bem como finalidades de perícia. A seleção dos instrumentos de testagem dependerá dos objetivos da avaliação e da gravidade do caso. Para determinar a gravidade da situação, é necessária uma investigação do funcionamento cognitivo global do indivíduo (Gouveia, Bolognani, Brucki, Fabrício, & Bueno, 2001).

De maneira geral, as sequelas do TCE incluem comprometimento, em grau variado, de funções corticais superiores, como atenção, motricidade, praxias, compreensão, fala e linguagem, memória, orientação temporal e espacial, cálculo e julgamento.

A avaliação das funções cognitivas é fundamental para compreender o caso e planejar medidas de intervenção, uma vez que complementa os dados clínicos e dos exames de imagem, estabelecendo correlação entre a localização da lesão e os sintomas observados na cognição e no comportamento, bem como seu impacto na vida diária do indivíduo (Gouveia et al., 2001). Os pacientes com lesões cerebrais podem apresentar diversos graus de alterações em uma ou várias dessas funções, incluindo memória, atenção, linguagem, funções executivas, percepção e funções intelectuais, entre outras (Miotto, 2012).

O processo de avaliação, por apontar especificidades nas alterações apresentadas, fundamenta os sistemas de intervenção e reabilitação e, portanto, configura-se como ponto de partida para o estabelecimento do perfil de habilidades e dificuldades do paciente.

As alterações no funcionamento em casos pós-TCE dependem da localização e gravidade da lesão e das características de funcionamento peculiares do indivíduo. Nessas situações, a testagem neuropsicológica é fundamental para compreender e dimensionar como tais sequelas se manifestarão, bem como para determinar o prognóstico.

Os prejuízos neuropsiquiátricos das lesões cerebrais traumáticas incluem problemas de atenção e nível de alerta, concentração e funcionamento executivo, alterações intelectuais, comprometimento da memória, mudanças da personalidade, transtornos afetivos, transtornos de ansiedade, psicose, epilepsia pós-traumática, transtornos do sono, agressividade e irritabilidade. Baixa concentração e problemas de atenção são queixas comuns tanto dos pacientes como de seus familiares.

Instrumentos neuropsicológicos

Para realizar a testagem neuropsicológica dos TCEs, é essencial avaliar a cognição de forma geral, dando especial atenção aos principais domínios afetados por essa afecção.

A literatura aponta o Miniexame do Estado Mental (MMSE) um dos instrumentos mais importantes nesse processo investigativo. Além deste, é fundamental escolher baterias que considerem os processos atencionais, mnésticos, de funcionamento executivo, intelectuais, práxicos e gnósicos, bem como os aspectos emocionais e de personalidade.

Outro recurso bastante utilizado nos Estados Unidos é o *Common Data Elements* – TBI, que consiste em um padrão de dados para investigação clínica desenvolvido pelo National Institute of Neurological Disorders and Stroke (NINDS). Seu objetivo é aumentar a eficiência e a qualidade da pesquisa e do tratamento clínico, facilitando o compartilhamento de dados a novos pesquisadores. O *website* do projeto disponibiliza uma série de informações e instrumentos atualizados e respaldados por diversos pesquisadores da área, configurando-se como uma importante ferramenta de informação e atualização clínica e de pesquisa (NINDS Common Data Elements, 2014).

ALTERAÇÕES NEUROPSICOLÓGICAS ASSOCIADAS ÀS LESÕES

Conforme já exposto, a forma como as alterações decorrentes do TCE se manifestam depende de diversos fatores, que englobam desde características da própria lesão até particularidades do paciente, como, por exemplo, sua plasticidade cerebral. Assim, as sequelas das lesões vão se manifestar das formas mais variadas. Uma vez que o cérebro é formado por uma série de circuitos integrados, lesões em áreas específicas e sabidamente especializadas em determinadas funções podem se apresentar de forma inesperada, a depender da circuitaria envolvida e das conexões que realiza.

Tendo isso em vista, serão expostos os principais achados sobre a manifestação sintomatológica dos quadros de TCE, de acordo com o tipo de lesão e sua localização. Em seguida, serão descritas as principais alterações para cada função cognitiva afetada.

Lesão focal

As lesões focais repercutem em prejuízos relacionados às áreas atingidas. Contudo, naquelas por golpe e contragolpe, as alterações mais significativas costumam estar associadas à região contralateral ao choque (Gouveia et al., 2001).

Nas injúrias por desaceleração, as áreas temporais e frontais são as mais suscetíveis a danos, devido ao choque com partes ósseas nos polos temporais e na região orbitofrontal. Nesse caso, podem ocorrer dificuldades relacionadas a memória, aprendizagem e funções executivas (planejamento, automonitoração, resolução de problemas) e de personalidade (alteração da capacidade de crítica e julgamento, impulsividade) (Silver, Hales, & Yudofsky, 2006).

Diferentes indivíduos e traumas podem apresentar mais de um padrão de alterações, e a gravidade do TCE determinará em grande parte se de fato haverá sequelas significativas ou não. Barbosa (2011) aponta que as chamadas sequelas hemisféricas (hemiparesia, afasia, hemianopsia e epilepsia) acontecem em 65% dos TCEs significativos, sendo que, nos casos mais graves, podem ocorrer em 90%. Perturbações sensitivas, espasticidade, ataxia, apraxia, alexia, agnosia, distúrbios extrapiramidais e alterações dos pares cranianos e neuroendócrinas também são comuns em quadros de TCE.

Principais alterações em lobos frontais

As regiões frontais e pré-frontais do cérebro estão mais suscetíveis a lesões em função de sua vulnerabilidade a contusões. Danos nessas áreas podem ocasionar mudanças no comportamento e na personalidade, conhecidas como síndromes disexecutivas. Na apresentação típica dessas síndromes, as funções cognitivas encontram-se preservadas, mas com intensas alterações na personalidade, as quais podem ser passageiras ou de longo prazo (Silver et al., 2006).

As principais sintomatologias associadas a lesão nessas áreas envolvem rebaixamento de crítica, afeto lábil, incapacidade de avaliar o efeito do próprio comportamento ou os comentários de outras pessoas, rebaixamento nos processos de autocuidado e impulsividade (Silver et al., 2006). O comprometimento da capacidade de julgamento pode se manifestar por meio de aumento nos comportamentos de risco, consumo descontrolado de álcool e seleção indiscriminada de alimentos.

Os sintomas comportamentais foram relacionados a danos em áreas específicas do lobo frontal, como as lesões em regiões orbitofrontais e dorsolaterais. A síndrome orbitofrontal pode se assemelhar a um quadro maníaco ou a sociopatias. O perfil cognitivo desses pacientes caracteriza-se, em geral, pela dificuldade em inibir estímulos externos irrelevantes ou tendências internas distratoras, apresentando sintomas como perseverações, impulsividade e comportamento de imitação e utilização (Mattos, Saboya, & Araújo, 2002). Já as lesões em região dorsolateral costumam se manifestar por meio de uma tendência à indiferença e à apatia, perda de iniciativa do ato motor, lentidão e automatismo nas respostas. Os indivíduos acometidos por essa sintomatologia apresentam dificuldades para iniciar ações de modo espontâneo e deliberado, como também para dar continuidade e finalizar as ações já em curso. Os aspectos cognitivos da síndrome dorsolateral envolvem déficits de atenção, memória operacional, planejamento e linguagem (Mattos et al., 2002).

Lesão difusa

As lesões difusas podem acarretar lentificação nos processos de pensamento e de velocidade de processamento, dificuldades atencionais e fatigabilidade. Além disso, quando associadas a TCE grave, podem causar prejuízos diversos, como alterações de linguagem e visuoespaciais.

IMPLICAÇÕES FORENSES

Todas essas possíveis sequelas de um TCE podem ser mais ou menos duradouras e ter uma série de implicações na vida do indivíduo, principalmente no que concerne ao âmbito jurídico.

Do ponto de vista ocupacional, as sequelas motoras e comportamentais apresentam grande expressividade. Dependendo de sua gravidade, ou seja, do quanto são incapacitantes, podem implicar afastamento provisório ou permanente das atividades laborativas. Para avaliar tal aspecto, podem ser solicitadas perícias que comprovem a relação entre a incapacidade funcional e a atividade que o sujeito exercia, aspecto diretamente associado à esfera do direito trabalhista e previdenciário. No cenário brasileiro, tais perícias costumam ser realizadas pela Previdência Social.

A *Classificação internacional de doenças*, CID-10 (Organização Mundial da Saúde, 1993) aponta como transtornos decorrentes de doença, lesão e disfunções cerebrais as seguintes patologias: F 06.8 (outros transtornos mentais especificados decorrentes de lesão e disfunções cerebrais e de doença física), F06.9 (transtorno mental decorrente de lesão e disfunção cerebrais e de doença física, não especificado), F07. (transtornos de personalidade e de comportamento decorrentes de doença, lesão e disfunção cerebrais, que engloba transtorno orgânico de personalidade, síndrome pós-encefalística, síndrome pós-concussional e outros transtornos de personalidade e de comportamento decorrentes de doença, lesão e disfunção cerebrais). Todas essas patologias apresentadas na CID-10 têm implicações nas áreas trabalhista, criminal ou cível.

Nas áreas criminal e penal, tais ligações se devem sobretudo a alterações da personalidade envolvendo agressividade, impulsividade, perda da crítica, etc. A incorrência em crimes nessas condições, causadas por doença mental, pode justificar inimputabilidade, uma vez que se trata de alterações orgânicas. O enquadre jurídico de uma possível inimputabilidade nos casos de crimes praticados por pessoas com sequelas de TCE deve-se ao fato de que qualquer agressão traumática ou doença do sistema nervoso central (SNC) pode alterar a personalidade.

A região pré-frontal, quando lesionada, pode levar o indivíduo a perder o senso de responsabilidade social e a capacidade de concentração e de abstração. Em determinados casos, a pessoa mantém intactas a consciência e algumas funções cognitivas, como a linguagem, mas não consegue resolver problemas mais elementares. Na lesão pré-frontal, o sujeito entra em estado de "tamponamento afetivo", não demonstrando mais qualquer sinal de alegria, tristeza, esperança ou desesperança. Em suas palavras ou atitudes não mais se veem quaisquer resquícios de afetividade.

No que se refere aos aspectos caracterológicos, as lesões na região orbital do lobo frontal, por exemplo, podem causar:

- Desinibição em graus variados – a pessoa tende a manifestar desde irritabilidade leve até agressão e comporta-se de modo inapropriado em consequência do controle de impulsos inadequado.
- Falta de motivação – essa característica pode causar confusão com quadro de depressão, mas, na verdade, trata-se de uma pseudodepressão.

Já com relação aos aspectos dinâmicos, o comportamento atual apenas tipifica (ou amplifica) o padrão que o indivíduo manteve durante toda sua vida.

Faz-se necessário elucidar que apenas a presença de doença mental não basta para justificar inimputabilidade penal. Para isso, é necessário haver nexo causal entre o fato e a patologia e que o ato tenha sido praticado no momento da ação ou omissão.

Nos casos de determinação de imputabilidade, também pode ser preciso recorrer a recursos periciais para avaliar a capacidade do indivíduo de autodeterminação e de responsabilidade pelos próprios atos, recurso este que pode evidenciar a presença de um transtorno mental que possa ser associado ao comportamento.

Com relação ao direito cível, as alterações fisiopatológicas decorrentes de TCE podem se configurar como fator de incapacidade civil do paciente, situação em que ele passará a ser representado por um curador que possa assumir a responsabilidade parcial ou integral pelos atos da vida cível.

CONSIDERAÇÕES FINAIS

A avaliação neuropsicológica é capaz de colaborar para a compreensão da conduta humana, seja ela delituosa ou não, e da participação das instâncias biológica, psíquica, social e cultural na modulação da expressão do comportamento. A neuropsicologia é uma ciência que propõe novos métodos para investigar o papel de sistemas cerebrais individuais, em formas complexas de atividade mental, possibilitando a obtenção de um diagnóstico mais exato e precoce das lesões cerebrais locais e suas decorrentes disfunções. Além disso, essa ciência utiliza técnicas para elaborar intervenções em casos de lesões cerebrais com comprometimento do comportamento e da cognição (reabilitação neuropsicológica).

Embora uma pessoa com sequelas de TCE possa vir a se envolver juridicamente em condutas normatizadas pelo Direito Penal, sem dúvida, é na esfera da Vara Cível que se encontram as principais demandas em cumprimento a capacidade de exercício ou capacidade de fato. A capacidade de fato se traduz, em sua essência, naquilo que se entende por capacidade civil plena, ou seja, a qualidade que confere às pessoas naturais que a possuem plena condição de exercício livre, integral e pessoal de seus direitos e de cumprimento de seus deveres (Gonçalves, 2002).

Se uma avaliação neuropsicológica forense indicar possibilidade de reabilitação, esse apontamento toma uma dimensão ampla no direito, uma vez que a reabilitação pode colaborar para um melhor desempenho das funções prejudicadas, repercutindo, assim, na capacidade civil do indivíduo. Visto isso, acredita-se que a avaliação neuropsicológica forense pode contribuir de maneira substancial no que tange à descrição e aos alcances dos déficits observados nos quadros de TCE. Sendo assim, com esse detalhamento, o operador do Direito estará mais amparado de informações que irão auxiliá-lo no melhor enquadre jurídico quanto à capacidade do paciente com sequelas de TCE seja para uma incapacidade relativa ao absoluta e, inclusive, a normalidade. Nesses casos, ficam limitados os poderes do curador a questões que envolvam, por exemplo, finanças, contratos e venda ou hipoteca de bens (Teixeira, Rigonatti, & Serafim, 2003).

REFERÊNCIAS

Andrade, A. F., Paiva, W. S., Amorim, R. L. O., Figueiredo, E. G., Rusafa Neto, E. R., & Teixeira, M. J. (2009). Mecanismos de lesão cerebral no traumatismo crânio-encefálico. *Revista da Associação Médica Brasileira, 55*(1), 75-81.

Barbosa, M. (2011). *Traumatismos cranioencefálicos*. Coimbra: Faculdade de Medicina da Universidade de Coimbra.

Gonçalves, C. R. (2002). *Principais inovações no código civil de 2002*. São Paulo: Saraiva.

Gouveia, P., Bolognani, S., Brucki, S., Fabrício, A., & Bueno, O. (2001). Metodologia em reabilitação neuropsicológica de pacientes com lesão cerebral adquirida. *Revista de Psiquiatria Clínica, 28*(6): 295-9.

Hyder, A. A., Wunderlich, C. A., Puvanachandra, P., Gururaj, G., & Kobusingye, O. C. (2007). The impact of traumatic brain injuries: a global perspective. *Neuro- Rehabilitation, 22*(5), 341-53.

Koizumi, M. S., Lebrão, M. L., Mello-Jorge, M. H., & Primerano, V. (2000). Morbimortalidade por traumatismo crânio-encefálico no município de São Paulo. *Arquivos de Neuro-Psiquiatria, 58*(1), 81-9.

Manreza, L. A., & Ribas, G. (1991). Traumatismos craniencefálicos. In R. Nitrini, & L. Bacheschi. *A neurologia que todo médico deve saber* (pp. 149-66). São Paulo: Maltese.

Mattos, P., Saboya, E., & Araujo, C. (2002). Seqüela comportamental pós traumatismo craniano: o homem que perdeu o charme. *Arquivos de Neuro-Psiquiatria, 60*, 319-23.

Melo, J. R. T., Silva, R. A., & Moreira Jr., E. D. (2004). Characteristics of patients with head injury at Salvador City (Bahia-Brazil). *Arquivos de Neuro-Psiquiatria, 62*(3a), 711-5.

Miotto, E. (2012). Neuropsicologia: conceitos fundamentais. In E. Miotto, M. Souza de Lucia, & M. Scaff, *Neuropsicologias e as interfaces com as neurociências* (2. ed., pp. 137-42). São Paulo: Casa do Psicólogo.

NINDS Common Data Elements. (2014). [*Site*]. Recuperado de http://www.commondataelements.ninds.nih.gov/#page=Default

Oliveira, E., Lavrador, J. P., Santos, M. M., & Antunes, J. L. (2012). Traumatismo cranioencefálico: abordagem integrada. *Acta Médica Portuguesa , 25*(3), 179-92.

Organização Mundial da Saúde. (1993). *Classificação de transtornos mentais e de comportamento da CID-10*. Porto Alegre: Artmed.

Silver, J., Hales, R., & Yudofsky, S. (2006). Aspectos neuropsiquiátricos das lesões cerebrais traumáticas. In S. Yudofsky, & R. Hales, *Neuropsiquiatria e Neurociências na prática clínica* (4. ed., pp. 527-63). Porto Alegre: Artmed.

Sinha, S., Gunawat, P., Nehra, A., & Sharma, B. S. (2013). Cognitive, functional, and psychosocial outcome after severe traumatic brain injury: a cross-sectional study at a tertiary care trauma center. *Neurology India, 61*(5), 501-6.

Souza, R. M., & Koizumi, M. S. (1999). Vítimas de trauma crânioencefálico e seu retorno à produtividade após 6 meses e 1 ano. *Revista da Escola de Enfermagem da USP, 33*(3), 313-21.

Teixeira, E. H., Rigonatti, S. P., & Serafim, A. P. (2003). Aspectos gerais da interdição em psiquiatria. *Revista Brasileira de Psiquiatria, 25*(3), 192-3.

25

Dependência química: alcoolismo, maconha, cocaína e *crack*

PRISCILA DIB GONÇALVES
ANTONIO DE PÁDUA SERAFIM

ASPECTOS EPIDEMIOLÓGICOS E NEUROBIOLÓGICOS DO ABUSO DE SUBSTÂNCIAS

Em geral, as substâncias que têm potencial aditivo são consumidas por promoverem sensação de prazer ou alívio de tensão/estresse (Volkow & Baler, 2014). Estima-se que entre 167 e 315 milhões de pessoas com idades entre 15 e 64 consumiram algum tipo de substância ilícita no último ano, o que corresponde a algo entre 3,6 e 6,9% da população adulta (International Narcotics Control Board, 2013).

No Brasil, de acordo com o II Levantamento Nacional de Álcool e Drogas (2012), 6,8% da população são dependentes de álcool, 32% bebem com moderação e 16% consomem bebida alcoólica em quantidade nociva. Sobre o consumo de maconha, o mesmo levantamento observou que 7% da população adulta já experimentaram a substância, e 3%, o que equivaleria a 3 milhões de pessoas, afirmaram tê-la usado no último ano. No que se refere à cocaína (em qualquer forma de apresentação, inalada ou fumada), 4% dos adultos já a experimentaram, e 2% (2,6 milhões de pessoas) afirmaram tê-la consumido no último ano.

Nas últimas duas décadas, a literatura tem investigado os aspectos neurobiológicos relacionados à dependência de substância (DS). Hoje, a DS também é compreendida como uma doença cerebral crônica com frequentes recaídas (Leshner, 1997). O dependente apresenta um ciclo contínuo de intoxicação, uso abusivo (*binge*), abstinência e fissura, e o consumo persiste, apesar de suas consequências negativas (Goldstein & Volkow, 2011). Os efeitos reforçadores das substâncias são descritos como uma sensação inicial de prazer, que se deve à liberação de dopamina no circuito de recompensa cerebral, o qual envolve a área tegmentar ventral até o *nucleus accumbens*, com projeções para áreas como o sistema límbico e o córtex orbitofrontal (Goldstein & Volkow, 2011).

O consumo abusivo de substâncias está associado a prejuízos no funcionamento das áreas frontais, em particular do córtex pré-frontal (CPF) (Goldstein & Volkow, 2011). Essa região está associada à regulação do comportamento, da linguagem e da cognição, e suas três principais áreas anatômicas são: lateral, medial e ventral ou orbital (Fuster, 2002).

O CPF está relacionado às funções executivas (FEs), que se referem à habilidade de responder de forma adaptativa a situações novas, além de serem a base de muitas habilidades cognitivas, emocionais e sociais. Estas, por sua vez, são divididas em quatro componentes: volição, planejamento, ação intencional e desempenho efetivo (Lezak, Howieson, Loring, Hannay, & Fischer, 2004). Alguns autores classificam as FEs em "quentes" e "frias" – as primeiras estão relacionadas a situações de valoração afetiva e envolvem áreas como o centro das emoções e o circuito de recompensa (p. ex., córtex orbitofrontal, estriado ventral e sistema límbico), e as últimas estão associadas aos processos puramente cognitivos, envolvendo as regiões dorsolaterais do CPF (Volkow & Baler, 2014). As alterações nessas áreas cerebrais (córtex orbitofrontal, regiões adjacentes do cíngulo anterior e CPF ventromedial) estão relacionadas a déficits cognitivos em usuários de substâncias (Tab. 25.1).

TABELA 25.1
Processos cognitivos e emocionais associados ao córtex pré-frontal que são prejudicados na dependência de substâncias

PROCESSOS COGNITIVOS E EMOCIONAIS	PREJUÍZOS ASSOCIADOS À DEPENDÊNCIA DE SUBSTÂNCIAS	REGIÃO RELACIONADA
Automonitoramento, inibição de respostas	Impulsividade, compulsividade e comportamentos de risco	CPF dorsolateral, CCA dorsal, GFI e CPF ventrolateral
Regulação das emoções	Aumento da reatividade ao estresse e inabilidade em inibir emoções intensas (p. ex., ansiedade)	COF medial, CPF ventromedial e CCA subgenual
Motivação, iniciativa para alcançar metas	Aumento da motivação pela busca de substâncias e diminuição da motivação para outras metas	COF, CCA, CPF ventromedial e CPF dorsolateral
Crítica e capacidade de introspecção	Redução da satisfação e negação tanto da doença como da necessidade de tratamento	CCA rostral, CCA dorsal, CPF medial, COF e CPF ventrolateral
Atenção e flexibilidade: formação e manutenção de conceitos	Viés atencional direcionado a estímulos relacionados à substância e distanciado de outros estímulos e reforçadores	CPF dorsolateral, CCA, GFI e CPF ventrolateral
Memória de curto prazo: construção das representações e guias para as ações	Formação da memória direcionada preferencialmente para estímulos relacionados à substância	CPF dorsolateral
Aprendizado e memória	Prejuízos na capacidade de perceber o valor das recompensas em estímulos que não são reforçadores do uso	CPF dorsolateral, COF e CCA
Tomada de decisão	Antecipação de situações relacionadas com a substância. O sujeito prioriza benefícios em curto prazo em detrimento de postergar a gratificação	COF lateral, COF medial, CPF ventromedial, e CPF dorsolateral

Fonte: Com base em Goldstein e Volkow (2011). Legenda: CPF = córtex pré-frontal, CCA = córtex cingulado anterior, GFI = giro frontal inferior, COF = córtex orbitofrontal.

ASPECTOS NEUROPSICOLÓGICOS DO USO DE ÁLCOOL, MACONHA E COCAÍNA/*CRACK*

Álcool

O álcool é uma substância depressora do sistema nervoso central; seu uso, ainda que em doses baixas e moderadas, está associado a redução da metabolização de glicose no cérebro como um todo, inclusive no CPF, região relacionada às FEs (Volkow et al., 2006). Entre as funções prejudicadas pelo consumo, parece que o controle inibitório é uma das primeiras a serem afetadas. Déficits nessa habilidade podem ser considerados um componente da impulsividade e observados em doses moderadas (0,4-0,45 g/kg), o que equivale à concentração de álcool no sangue (CAS) de 0,06% (Field, Wiers, Christiansen, Fillmore, & Verster, 2010).

O consumo agudo do álcool, mensurado por meio da CAS, é diretamente proporcional a pior desempenho na Bateria de Avaliação Frontal, ou seja, quanto maior a quantidade da substância no sangue, pior a execução dessa tarefa de FEs (Domingues, Mendonça, Laranjeira, & Nakamura-Palacios, 2009). Outros pesquisadores também observaram prejuízos nessas funções decorrentes do consumo agudo de álcool. Em um estudo envolvendo tarefa de controle inibitório (*go/no-go*), notou-se que o aumento do tempo de reação e dos erros (alarme falso) estava relacionado à quantidade de doses consumidas. A mesma pesquisa ainda observou, por meio de exame de neuroimagem (ressonância magnética funcional), que o uso da substância diminuía a atividade no cingulado anterior, no córtex pré-frontal lateral, na ínsula e em regiões do lobo parietal durante as respostas de alarme falso para estímulos *no-go* (Anderson et al., 2011). Em usuários crônicos, é possível observar déficits na atenção, na memória, no processamento visuoespacial, na solução de problemas e em FEs (Glass et al., 2009).

Maconha

A maconha é uma substância perturbadora do sistema nervoso. Seu principal princípio ativo é o tetra-hidrocanabinol (THC), o qual se liga a sítios específicos, chamados receptores dos canabinoides, localizados na superfície de células nervosas. Esses receptores são encontrados em áreas do cérebro que influenciam o prazer, a memória, o pensamento, a concentração, o movimento, a coordenação e as percepções sensoriais e temporal (Fig. 25.1) (National Institute on Drug Abuse, 2012).

O consumo agudo dessa substância está associado a prejuízo na percepção de tempo e espaço, alterações perceptivas e sensoriais (em particular sons e cores), desintegração temporal (o tempo parece se tornar mais lento), comprometimento da memória de curto prazo (memória de eventos recentes; esse déficit torna difícil aprender e reter informações, sobretudo em tarefas complexas), redução no tempo de reação e na capacidade de coordenação motora, alterações de julgamento e tomada de decisões, bem como a mudanças do humor (calma ou euforia; em doses elevadas, ansiedade e paranoia). O consumo persistente pode causar comprometimento cognitivo que se mantém além do tempo de intoxicação, piores resultados educacionais e desempenho no trabalho, diminuição da satisfação com a vida, risco de psicose em indivíduos vulneráveis e risco de dependência (National Institute on Drug Abuse, 2012).

Em longo prazo, usuários de maconha apresentam déficits neuropsicológicos em FEs, memória, velocidade psicomotora e destreza manual. Quanto maior a quantidade consumida por semana, piores os pre-

LOCALIZAÇÃO DOS RECEPTORES CANABINOIDES

Córtex pré-frontal
Funções cognitivas superiores
Raciocínio
Planejamento
Abstração
Julgamento

Sistema límbico
Elaboração e expressão emocional

Núcleos da base
Motricidade

Sistema de recompensa
Comportamento de busca

Cerebelo
Coordenação e equilíbrio

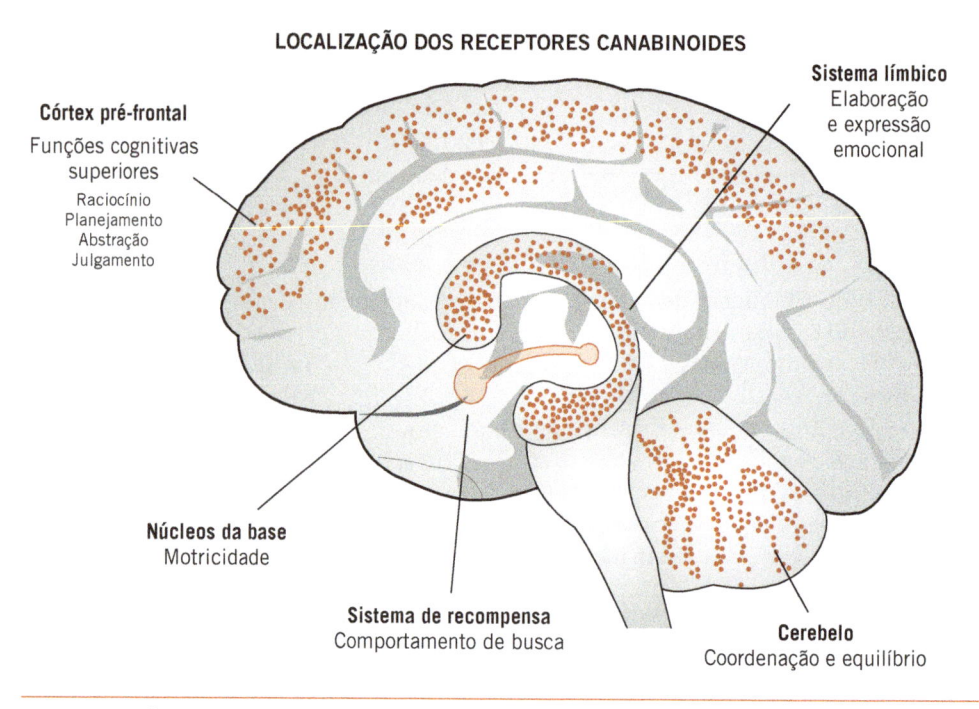

FIGURA 25.1 Áreas cerebrais em que o THC atua.

juízos em flexibilidade cognitiva e capacidade de abstração, que são avaliadas por meio do Teste Wisconsin de Classificação de Cartas. Os usuários que fazem uso pesado dessa substância exibiram persistência dos déficits cognitivos mesmo após 28 dias de abstinência (Bolla, Brown, Eldreth, Tate, & Cadet, 2002). Contudo, existe suporte para a hipótese de que alguns prejuízos relacionados às FEs possam melhorar após um mês de abstinência, enquanto outros podem exigir um período mais extenso (Gonçalves, Malbergier, Andrade, Fontes, & Cunha, 2010). Por exemplo, foram observadas, durante abstinência de 30 dias, melhora em capacidade de abstração, autonomia, planejamento, tomada de decisão e fluência verbal e piora na capacidade de concentração e atenção sustentada, além de deficiências no controle inibitório, que persistiram durante todo o prazo (Gonçalves et al., 2010).

Cocaína/crack

A cocaína é um forte estimulante do sistema nervoso central que aumenta os níveis de dopamina no cérebro, alterando os circuitos de regulação do prazer e movimento. O *crack* é processado a partir da pasta base utilizada no refinamento da cocaína e pode ser fumado. A via de administração (inalada ou fumada) determina a duração dos efeitos e o tempo que a substância demora para atingir a corrente sanguínea e o cérebro: o *crack* (cocaína fumada) produz reações mais intensas, com duração aproximada de 5 a 10 minutos, e a cocaína inalada apresenta seus efeitos por cerca de meia hora (National Institute on Drug Abuse, 2010).

O circuito dopaminérgico mesolímbico, que inclui o *nucleus accumbens*, a amígdala e o hipocampo, está relacionado com reforçamento agudo dos efeitos da droga, memória e repostas condicionais associadas à fissura. É provável que também esteja envolvido nas mudanças emocionais e motivacionais observadas durante a abstinência em usuários abusivos (Goldstein & Volkow, 2011).

O uso recente de cocaína pode mascarar déficits cognitivos, segundo um estudo em que foram avaliados usuários que haviam consumido há pouco tempo, há muito tempo e controles saudáveis. Aqueles que tinham feito uso recente obtiveram desempenho superior, se comparados aos que não tinham feito, em testes atenção e de FEs (Dígitos, Sequência Número-letra, Percentual de Acertos do WCST, Índice de Controle Executivo do *Attention Network Test*), mas inferior aos controles. Porém, essas diferenças não foram estatisticamente significativas (Woicik et al., 2009). Os mesmos autores também demonstraram que usuários de cocaína apresentam prejuízos em funções cognitivas associadas ao CPF, tais como atenção e FEs (Woicik et al., 2009).

A tomada de decisão pode ser definida como a capacidade de escolher um comportamento mais adaptativo em meio a um conjunto de comportamentos possíveis, priorizando benefícios em longo prazo em detrimento de sensações prazerosas imediatas (Bechara et al., 2001; Verdejo-Garcia et al., 2007). Não foi surpresa observar prejuízo nessa habilidade em dependentes de substâncias em geral, conforme descreveram Bechara e colaboradores em um estudo com indivíduos com lesões bilaterais ventromediais no CPF e em dependentes de substâncias. Seus resultados apoiam a hipótese de que o córtex ventromedial (VM) disfuncional em sujeitos dependentes é um fator que contribui para a persistência do comportamento de procura da droga e aumento nas consequências adversas (Bechara et al., 2001). Além disso, dependentes de cocaína que estavam abstinentes por 25 dias exibiram pior desempenho na tomada de decisão, avaliada por meio do *Iowa Gambling Task*. O estudo concluiu que altas quantidades da substância ao longo da vida estavam associadas ao rebaixamento no rendimento dessa tarefa (Verdejo-Garcia et al., 2007). Já o uso crônico de cocaína/*crack* em pacientes dependentes está relacionado a alterações neuropsicológicas na abstração, no planejamento motor, na flexibilidade cognitiva e nas FEs (Cunha, Nicastri, de Andrade, & Bolla, 2010).

IMPLICAÇÕES FORENSES E O USO DE SUBSTÂNCIAS

A associação do consumo de álcool com aumento de agressividade e comportamentos de risco sexual e no trânsito foi estabelecida nos anos de 1980 (Steele & Southwick, 1985; Anderson et al., 2011); entretanto, os mecanismos que determinam tais ligações continuam a ser explorados. Alguns estudos relacionam essas alterações aos prejuízos que o álcool causa às FEs, sobretudo a capacidade de controle inibitório, que pode levar a desinibição do comportamento (Anderson et al., 2011; Field et al., 2010).

Diversos estudos reportam a associação entre psicopatologia, uso de substâncias e violência. Por exemplo, uma pesquisa realizada no sul da Itália observou que, em pacientes psiquiátricos ambulatoriais, o uso de maconha estava associado a aumento de cinco vezes no número de lesões por espancamento; aumento de quase 3,5 vezes de maus-tratos e espancamentos; violência; e ameaças verbais (Carabellese, Candelli, Martinelli, La Tegola, & Catanesi, 2013). Outro estudo, canadense, observou que, entre indivíduos que realizam tratamento para álcool e outras drogas, foi relatada alta porcentagem de uso/abuso de álcool e cocaína durante as seis horas que antecederam comportamento violento (Macdonald, Erickson, Wells, Hathaway, & Pakula, 2008).

As questões forenses nos quadros de dependência química imbricam tanto ações penais como civis.

Área penal (Brasil, 1941)

Nos casos penais, a perícia criminal é determinada sempre que haja dúvida sobre a integridade mental do acusado, de acordo com o Artigo 149 do Código de Processo Penal:

> Quando houver dúvida sobre a integridade mental do acusado, o juiz ordenará, de ofício ou a requerimento do Ministério Público, do defensor, do curador, do ascendente, descendente, irmão ou cônjuge do acusado, seja este submetido a exame médico-legal.

O resultado da perícia auxiliará o juiz quanto ao entendimento da responsabilidade penal, a qual representa um conjunto de condições pessoais que dá ao agente a capacidade para que lhe seja juridicamente imputado um ato punível, conforme descrito a seguir.

Imputabilidade penal (Brasil, 1984)

Inimputáveis
Art. 26 – É isento de pena o agente que, por doença mental ou desenvolvimento mental incompleto ou retardado, era, ao tempo da ação ou da omissão, inteiramente incapaz de entender o caráter ilícito do fato ou de determinar-se de acordo com esse entendimento (Redação dada pela Lei nº 7.209, de 11.7.1984).

Redução de pena (semi-imputabilidade)
Parágrafo único – A pena pode ser reduzida de um a dois terços, se o agente, em virtude de perturbação de saúde mental ou por desenvolvimento mental incompleto ou retardado, não era inteiramente capaz de entender o caráter ilícito do fato ou de determinar-se de acordo com esse entendimento (Redação dada pela Lei nº 7.209, de 11.7.1984).

(**Art. 28**): Embriaguez voluntária ou culposa não exclui a imputabilidade penal.

(**Art. 61**): Embriaguez pré-ordenada pode agravar a pena.

Só duas condições no Código Penal (Brasil, 1940) excluem o agente da responsabilidade penal por embriaguez, presentes no artigo 28 do CP.

a) A embriaguez *completa* por caso fortuito ou força maior, quando não há intenção ou vontade de a pessoa se embriagar, torna a pessoa inteiramente incapaz.
b) A embriaguez pode tornar o sujeito parcialmente incapaz nos casos fortuitos (ingesta acidental) ou por força maior (ingesta por coação).

Já o artigo 45 aborda outras substâncias:

> É isento de pena o agente que, em razão da *dependência*, ou sob o efeito, proveniente de caso fortuito ou força maior, de droga, era, ao tempo da ação ou da omissão, qualquer que tenha sido a infração penal praticada, inteiramente incapaz de entender o caráter ilícito do fato ou de determinar-se de acordo com esse entendimento.

No entanto, tendo a perícia apurado que o acusado, apesar de apresentar transtorno de dependência química por múltiplas substâncias, era, ao tempo da ação, totalmente capaz de entender o caráter ilícito de sua ação e de se determinar de acordo com esse entendimento, em função da ausência de nexo causal possível entre sua dependência química e as mencionadas ações delituosas, deve a conclusão do laudo ser acatada, deflagrando, assim, imputabilidade, ou seja, a responsabilidade pelo ato.

Área cível (Brasil, 2002)

O objetivo da perícia nessa área é auxiliar a Justiça a dar o enquadre adequado àqueles que não têm o discernimento pleno para os atos da vida civil, de acordo com os Artigos 3º e 4º do Código Civil:

- **Art. 3º.** São absolutamente incapazes de exercer pessoalmente os atos da vida civil: II – os que, por enfermidade ou deficiência mental, não tiverem o necessário discernimento para a prática desses atos; e
- **Art. 4º.** São incapazes, relativamente a certos atos, ou à maneira de os exercer: II – os ébrios habituais, *os viciados em tóxicos*, e os que, por deficiência mental, tenham o discernimento reduzido; III – os excepcionais, sem desenvolvimento mental completo.

O desfecho das questões cíveis relacionadas à dependência química passa pela interdição (determinação de incapacidade do sujeito para os atos da vida civil, necessitando da nomeação de um curador). Como exemplo, há o seguinte despacho: se o interditando apresenta quadro de alcoolismo ou dependência de outras substâncias capazes de comprometer sua capacidade mental, havendo risco de que venha a dilapidar seu patrimônio, mostra-se adequada, pelo seu caráter protetivo, a interdição parcial deferida.

Se a condição de dependente químico oferecer risco ao contexto familiar, poderão ser aplicadas separação como medida cautelar de afastamento do lar, perda do direito de visita à prole e perda do poder familiar.

CONSIDERAÇÕES FINAIS

A dependência química é uma problemática mundial complexa que atinge todas as sociedades e classes. Dados do Relatório Internacional da Organização das Nações Unidas, realizado por intermédio do International Narcotic Control Board (Conselho Internacional de Controle de Narcóticos), demonstram que o consumo de cocaína no Brasil supera em quatro vezes a média mundial. Em 2005, a entidade apontava que 0,7% da população brasileira entre 12 e 65 anos consumia cocaína. Em 2011, a taxa atingia cerca de 1,75%. A média de consumo brasileira também supera a de outros países da América Latina (1,3%) e da América do Norte (1,5%) (International Narcotic Control Board, 2014).

Neste capítulo, deu-se ênfase à relação entre dependência química, efeitos cognitivos e suas consequências judiciais. O contexto e as circunstâncias da ação do indivíduo é que determinarão a condição jurídica, a qual dependerá das avaliações toxicológica, psiquiátrica, psicológica e neuropsicológica.

REFERÊNCIAS

Anderson, B. M., Stevens, M. C., Meda, S. A., Jordan, K., Calhoun, V. D., & Pearlson, G. D. (2011). Functional imaging of cognitive control during acute alcohol intoxication. *Alcoholism: Clinical and Experimental Research, 35*(1), 156-65.

Bechara, A., Dolan, S., Denburg, N., Hindes, A., Anderson, S. W., & Nathan, P. E. (2001). Decision-making deficits, linked to a dysfunctional ventromedial prefrontal cortex, revealed in alcohol and stimulant abusers. *Neuropsychologia, 39*(4), 376-89.

Bolla, K. I., Brown, K., Eldreth, D., Tate, K., & Cadet, J. L. (2002). Dose-related neurocognitive effects of marijuana use. *Neurology, 59*(9), 337-43.

Brasil. (1940). Decreto-Lei 2.848 de 7 de dezembro. Institui o Código Penal. Recuperado de http://www.planalto.gov.br/ccivil_03/decreto-lei/del2848.htm.

Brasil. (1941). Decreto-Lei 3.689 de 3 de outubro. Institui o Código de Processo Penal. Recuperado de http://www.planalto.gov.br/ccivil_03/decreto-lei/del3689.htm.

Brasil. (1984). Lei 7.209 de 11 de julho. Altera dispositivos do Decreto-Lei 2.848 de 7 de dezembro de 1940 - Código Penal, e dá outras providências. Recuperado de http://www.planalto.gov.br/ccivil_03/leis/1980-1988/l7209.htm.

Brasil. (2002). Lei 10.406 de 10 de janeiro. Institui o Código Civil. Recuperado de http://www.planalto.gov.br/ccivil_03/leis/2002/l10406.htm.

Carabellese, F., Candelli, C., Martinelli, D., La Tegola, D., & Catanesi, R. (2013). Cannabis use and violent behaviour: a psychiatric patients cohort study in Southern Italy. *Rivista di Psichiatria, 48*(1), 43-50.

Cunha, P., Nicastri, S., de Andrade, A., & Bolla, K. (2010). The frontal assessment battery (FAB) reveals neurocognitive dysfunction in substance-dependent individuals in distinct executive domains: Abstract reasoning, motor programming, and cognitive flexibility. *Addictive Behaviors, 35*(10), 875-81.

Domingues, S. C., Mendonça, J. B., Laranjeira, R, & Nakamura-Palacios, E. M. (2009). Drinking and driving: a decrease in executive frontal functions in young drivers with high blood alcohol concentration. *Alcohol, 43*(8), 657-64.

Field, M., Wiers, R. W., Christiansen, P., Fillmore, M. T., & Verster, J. C. (2010). Acute alcohol effects on inhibitory control and implicit cognition: implications for loss of control over drinking. *Alcoholism: Clinical and Experimental Research, 34*(8), 1346-52.

Fuster, J. M. (2002). Frontal lobe and cognitive development. *Journal of Neurocytology, 31*(3-5), 373-85.

Glass, J. M., Buu, A., Adams, K. M., Nigg, J. T., Puttler, L. I., Jester, J. M., Zucker, R. A. (2009). Effects of alcoholism severity and smoking on executive neurocognitive function. *Addiction, 104*(1), 38-48.

Goldstein, R. Z., & Volkow, N. D. (2011) Dysfunction of the prefrontal cortex in addiction: neuroimaging findings and clinical implications. *Nature Reviews Neuroscience, 12*(11), 652-69.

Gonçalves, P. D., Malbergier, A., Andrade, A. G., Fontes, M. A., & Cunha, P. J. (2010). Evidence of persistent executive function deficits in cannabis dependence after one month of abstinence. *Revista Brasileira de Psiquiatria, 32*(4), 461-4.

International Narcotics Control Board. (2013). Report of the International Narcotics Control Board for 2012. New York: United Nations. Recuperado de http://www.incb.org/documents/Publications/AnnualReports/AR2012/AR_2012_E.pdf

International Narcotics Control Board (2014). The Report of the International Narcotics Control Board for 2013. New York: United Nations. Recuperado de http://www.unodc.org/documents/lpo-brazil//Topics_drugs/INCB/2014/AR_2013_E.pdf.

Levantamento Nacional de Álcool e Drogas, II LENAD (2012). São Paulo: UNIFESP. Recuperado de http://inpad.org.br/wp-content/uploads/2014/03/Lenad-II-Relat%C3%B3rio.pdf

Leshner, A. I. (1997). Addiction is a brain disease, and it matters. *Science, 278*(5335): 45-7.

Lezak, M. D., Howieson, D. B., Loring, D. W., Hannay, H. J., & Fischer, J. S. (2004). *Neuropsychological assessment*. New York: Oxford University Press.

Macdonald, S., Erickson, P., Wells, S., Hathaway, A., & Pakula, B. (2008). Predicting violence among cocaine, cannabis and alcohol treatment clients. *Addictive Behaviors, 33*(1), 201-5.

National Institute on Drug Abuse (NIDA). (2010). *Cocaine: abuse and addiction* (Research Reports). Recuperado de http://www.drugabuse.gov/publications/term/123/Cocaine

National Institute on Drug Abuse (NIDA). (2012). *Marijuana abuse* (Research Reports). Recuperado de http://www.drugabuse.gov/drugs-abuse/marijuana

Steele, C. M., & Southwick, L. (1985) Alcohol and social behavior I: the psychology of drunken excess. *Journal of Personality and Social Psychology, 48*(1), 18-34.

Verdejo-Garcia, A., Benbrook, A., Funderburk, F., David, P., Cadet, J. L., & Bolla, K. I. (2007). The differential relationship between cocaine use and marijuana use on decision-making performance over repeat testing with the Iowa Gambling Task. *Drug and Alcohol Dependence, 90*(1), 2-11.

Volkow, N. D., & Baler, R. D. (2014). Addiction science: uncovering neurobiological complexity. *Neuropharmacology, 76*(Pt B), 235-49.

Volkow, N. D., Wang, G. J., Franceschi, D., Fowler, J. S., Thanos, P. P., Maynard, L., ... Kai Li, T. (2006). Low doses of alcohol substantially decrease glucose metabolism in the human brain. *Neuroimage, 29*(1), 295-301.

Woicik, P. A., Moeller, S. J., Alia-Klein, N., Maloney, T., Lukasik, T. M., Yeliosof, O., ... Goldstein, R. Z. (2009). The neuropsychology of cocaine addiction: recent cocaine use masks impairment. *Neuropsychopharmacology, 34*(5), 1112-22.

26

Transtornos da personalidade

ANTONIO DE PÁDUA SERAFIM
NATALI MAIA MARQUES

ASPECTOS CONCEITUAIS

Apesar da diversificação dos conceitos, a personalidade representa essencialmente a noção de unidade integrativa da pessoa, com todas as suas características diferenciais permanentes (inteligência, caráter, temperamento, constituição, entre outras) e as suas modalidades únicas de comportamento.

Para Friedman e Schustack (2007), a personalidade pode ser definida adotando-se os seguintes aspectos: uma pessoa é um ser biológico, com uma natureza genética física, fisiológica e temperamental única, bem como com habilidades e predisposições específicas. Outro aspecto é a influência ambiental: o indivíduo é modelado ou seus comportamentos estão relacionados com as experiências vividas e o ambiente a sua volta. Os autores também caracterizam a cultura como um dos aspectos fundamentais a influenciar a personalidade. Por fim, apresentam a importância da dimensão cognitiva: cada pessoa interpreta de maneira única os acontecimentos a sua volta; também são singulares a forma como o indivíduo realiza interações e suas relações interpessoais, aspectos que envolvem os fatores citados anteriormente.

Em um sentido amplo de "normalidade", a personalidade é definida como uma forma flexível e adaptável às exigências do meio, opondo-se ao conceito de personalidade patológica (ou transtorno da personalidade [TP]), que é rígida, tem baixa capacidade de adaptação e gera sofrimento tanto para o paciente como para os demais (Trull, Tragesser, Solhan, & Schwurtz-Mette, 2007).

OS TRANSTORNOS DA PERSONALIDADE E A AVALIAÇÃO NEUROPSICOLÓGICA

Dado o caráter da instabilidade emocional, que repercute de modo direto na forma como o sujeito modula a resposta afetiva ante as exigências do meio, bem como pela intensidade e frequência de respostas impulsivas, é imprescindível considerar no processo de avaliação neuropsicológica a aferição dos fatores ou traços de personalidade, bem como pela intensidade e frequência de respostas impulsivas, a fim de diferenciar possíveis prejuízos cognitivos decorrentes da personalidade.

Assim, a inserção da temática "transtornos da personalidade" no escopo de uma obra que enfoca a avaliação neuropsicológica na área forense se justifica em razão do impacto desses quadros na adaptação social e, portanto, das implicações forenses intrinsecamente relacionadas com a resposta emocional. A Figura 26.1 apresenta um diagrama que descreve o fluxo da resposta impulsiva nos TPs sobre a cognição e o comportamento.

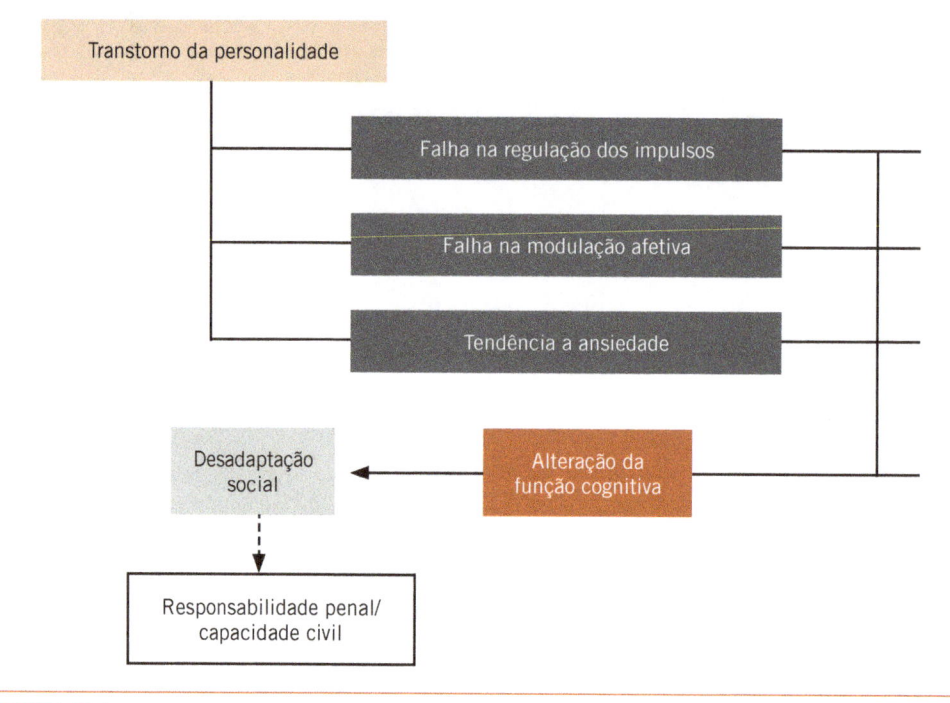

FIGURA 26.1 Diagrama dos transtornos da personalidade.

A marca descritiva de pessoas com TPs é a expressão contínua de padrões de comportamentos anormais ou mal-adaptativos, bem como os desvios consistentes da norma cultural com relação aos modos de pensar, sentir, perceber e, em particular, de se relacionar com os outros.

As reações desses pacientes, de maneira geral, decorrem do pobre controle de seus impulsos e, por vezes, da presença maciça de impulsividade, que se correlaciona a comportamentos violentos, uso ou abuso de substâncias, relações abusivas e até de dependência de jogos. Nesses casos, a impulsividade pode se caracterizar como um modulador de aparentes prejuízos cognitivos, tais como alterações da atenção ou falha de planejamento relativo às funções executivas.

Segundo o *Manual diagnóstico e estatístico de transtornos mentais* (DSM-5), um transtorno da personalidade corresponde à expressão de um padrão persistente de vivência íntima ou comportamento que se desvia de modo acentuado daquilo que é esperado para a cultura do indivíduo; invasivo e inflexível; tem seu início na adolescência ou no começo da idade adulta; é estável ao longo do tempo; e produz sofrimento ou prejuízo para o paciente, para terceiros e para a sociedade (American Psychiatric Association, 2013).

Na Tabela 26.1 estão listados os TPs descritos no DSM-5 e na *Classificação internacional de doenças* (CID-10) (Organização Mundial da Saúde, 1993).

Apesar da complexidade em termos de adaptação social nos TPs, nem todos os quadros terão necessariamente manifestações cognitivas a ponto da inserção da avaliação neuropsicológica. Assim, neste capítulo, serão abordados os quadros de maior relevância para a área forense.

TABELA 26.1
Lista categórica dos transtornos da personalidade segundo o DSM-5 e a CID-10

DSM-5	CID-10
Paranoide	Paranoica
Esquizoide	Esquizoide
Esquizotípica	Esquizotípica
Antissocial	Dissocial
Borderline	Instabilidade emocional (borderline, explosiva)
Histriônica	Histriônica
Narcisista	Narcisista
Evitativa	Ansiosa (esquiva)
Dependente	Dependente
Obsessivo-compulsiva (anancástica)	Anancástica

Fonte: American Psychiatric Association (2013); Organização Mundial da Saúde (1993).

Transtorno orgânico da personalidade

A CID-10 (Organização Mundial da Saúde, 1993) apresenta um quadro conhecido como transtorno orgânico da personalidade (TOP) (F07.0), que é caracterizado por uma alteração significativa dos modos de comportamento em comparação aos que lhe eram habituais antes do advento da doença; as perturbações concernem em particular à expressão das emoções, das necessidades e dos impulsos. O quadro clínico pode, além disso, comportar uma alteração das funções cognitivas, do pensamento e da sexualidade e engloba estado pós-leucotomia orgânica; personalidade pseudopsicopática (orgânica); pseudodebilidade; psicossíndrome da epilepsia do sistema límbico; síndrome frontal, lobotomia e pós-leucotomia (corte da substância branca localizada na região pré-frontal do cérebro).

A relevância das alterações cognitivas no TOP tem sido relatada na literatura. Em um estudo, foram investigadas variáveis psicossociais, neurocomportamentais e cognitivas em dois de grupos de pacientes com sequelas de traumatismo craniencefálico com e sem TOP. Não foram observadas diferenças significativas em relação a características demográficas, tipo de lesão na cabeça ou resultados das medidas cognitivas. Contudo, foram encontradas modificações importantes nos exames neurocomportamentais e psicossociais, mostrando maior comprometimento nos pacientes com TOP. Os autores concluíram que os prejuízos cognitivos não são variáveis capazes de distinguir os sujeitos dos grupos estudados (Franulic, Horta, Maturana, Scherpenisse, & Carbonell, 2000).

Um estudo recente comparou vários aspectos (inclusive cognitivos) de pacientes com transtorno da personalidade *borderline* (TPB) e TOP. Vinte pacientes com TPB e 24 com TOP foram avaliados por meio de uma bateria de testes neuropsicológicos abrangente. Os resultados revelaram discretas diferenças neuropsicológicas entre os dois grupos. No entanto, por incrível que pareça, fluência verbal, memória verbal e atenção imediata para estímulos auditivos foram significativamente mais pobres nos pacientes com TPB se comparados àqueles com TOP. Esses resultados apontam para a relevância dos fatores emocionais nos quadros de TPB, os quais não costumam estar presentes no TOP (Mathiesen, Soegaard, & Kvist, 2014).

Além das questões cognitivas, a organicidade pode representar um fator de risco para comportamento violento. A alta proporção de pacientes em instituições psiquiátricas forenses diagnosticados com comorbidades – na maioria das vezes, esquizofrenia, psicose paranoica, TOP e outros TPs, além de abuso de substâncias – apresenta estreita relação com risco para a violência. As lesões nas regiões cerebrais frontotemporais estão associadas a risco aumentado de comportamento violento (Palijan, Radeljak, Kovac, & Kovacević, 2010).

O que se tem de consenso na literatura é que pessoas com disfunções cerebrais adquiridas, como nos casos de TOP, tendem a enfrentar problemas funcionais em decorrência de prejuízos na qualidade da atenção, nas funções executivas e, portanto, na interação social (Bastert & Schläfke, 2011).

Nos casos de TOPs, as avaliações neuropsicológica e da personalidade apontarão o panorama dos déficits cognitivos e as modificações do comportamento, respectivamente, visando a responder a uma dúvida judicial. Perante a organicidade do quadro, os pacientes poderão ser considerados como inimputáveis nas questões penais e como absoluta ou relativamente incapazes na esfera cível, bem como solicitar aposentadoria por invalidez na interface direito trabalhista e previdenciária.

Personalidade emocionalmente instável (*borderline*)

A falha no controle dos impulsos costuma estar presente nos quadros de personalidade do tipo emocionalmente instável, o qual é subdividido em *borderline* e impulsivo. Embora indivíduos *borderline* ainda possam se envolver em questões judiciais, o tipo impulsivo, também denominado transtorno explosivo e agressivo da personalidade, tende a apresentar maiores consequências forenses. Estudando 30 pacientes com TPB (n = 19) e antissociais (n = 11), encontramos que estes praticaram mais crimes contra a propriedade, enquanto aqueles com TPB expressaram tendência a se envolver mais em episódios de agressão e violência física (Barros & Serafim, 2008).

O aspecto marcante no indivíduo com transtorno explosivo é sua tendência acentuada a agir de modo impulsivo, com importantes dificuldades em considerar as consequências do ato, e intensa instabilidade afetiva (Serafim, Rigonatti, & Barros, 2011).

Utilizando a Bateria de Avaliação Frontal (FAB) para rastrear problemas nas funções executivas, associadas ao funcionamento do córtex frontal do cérebro humano em pacientes com TPB, Monarch, Saykin e Flashman (2004) e Ruocco (2005) observaram uma pontuação abaixo do esperado, demonstrando um padrão disfuncional das atividades ligadas ao lobo frontal, como déficits na capacidade de formação conceitual, de fluência verbal, de flexibilidade mental e de programação motora, além de tendência à distração e falhas no controle inibitório.

Travers e King (2005) investigaram o panorama dos déficits cognitivos em 80 pacientes com TPB com e sem organicidade (homens e mulheres). Eles esperavam que os sujeitos com TPB e danos orgânicos tivessem desempenho significativamente pior se comparados àqueles com TPB sem dano orgânico. Essa hipótese não foi confirmada de modo consistente.

Em outro estudo de revisão, pesquisadores investigaram o desempenho neuropsicológico de pacientes com TPB com e sem história de tentativa de suicídio. Os resultados demonstraram que 83% dos indivíduos apresentavam inadequações neuropsicológicas em uma ou mais funções cognitivas, independentemente da presença de depressão, associados às regiões orbitofrontal, dorsolateral e pré-frontal. As funções mais frequentemente relatadas em

86% dos estudos em TPB indicaram falha nos processos inibitórios que afetam o desempenho da função executiva que requer atenção e a tomada de decisão (LeGris & van Reekum, 2006). Para os autores, esses dados sugerem que a presença de falha no controle dos processos inibitórios pode ser uma variável cognitiva de vulnerabilidade para comportamento suicida ou hetero-agressivo.

Transtorno da personalidade esquizoide

As pessoas com o transtorno da personalidade esquizoide se caracterizam pelo distanciamento de relacionamentos sociais e por uma faixa restrita de expressão emocional em contextos interpessoais – ou seja, as descrições dessa patologia restringem-se especificamente aos aspectos emocionais. Em seu dia a dia, esses pacientes não expressam desejo de contato e mostram-se indiferentes às oportunidades de desenvolver relacionamentos íntimos, sinalizando que não obtêm nenhuma satisfação em fazer parte de uma família ou de outro grupo social. De maneira geral, são pessoas com potencial de vulnerabilidade para o *bullying*, o que acarreta risco de comportamentos violentos pelo acúmulo de experiências entendidas com invasivas e humilhantes (Serafim et al., 2011). Em relação aos aspectos neuropsicológicos, carecemos de estudos que possam descrever com mais detalhes os processos cognitivos nestes pacientes.

Personalidade anancástica (transtorno da personalidade obsessivo-compulsiva)

As pessoas com transtorno da personalidade obsessivo-compulsiva apresentam sentimento de dúvida, perfeccionismo, escrupulosidade, verificações, preocupação com pormenores, obstinação, prudência e rigidez excessivas. Na maioria dos casos, há prevalência de pensamentos ou de impulsos repetitivos e intrusivos que não atingem a gravidade de um transtorno obsessivo-compulsivo (Organização Mundial da Saúde, 1993). No entanto, o quadro pode progredir para a adoção de comportamentos peculiares, fruto do pensamento obsessivo, como o dos acumuladores compulsivos, que necessariamente terão implicações forenses.

Além das características emocionais e comportamentais, estudos têm investigado possíveis prejuízos cognitivos nos casos desse transtorno. Em um deles, foram procurados traços de personalidade obsessivo-compulsiva em uma população não clínica: 79 adultos (39 mulheres, 40 homens), que foram divididos em escores altos e baixos no Personality Diagnostic Questionnaire-4 e tiveram suas funções executivas avaliadas quanto a memória de trabalho, atenção seletiva e planejamento por meio da Bateria Neuropsicológica de Cambridge. De maneira geral, os grupos não tiveram os resultados significativamente diferentes, apesar da forma mais metódica nos sujeitos com mais traços obsessivos (García-Villamisar & Dattilo, 2013).

Transtorno da personalidade antissocial

Junto com o TPB, o transtorno da personalidade antissocial (TPAS) e a psicopatia são os quadros mais estudados. O transtorno da personalidade antissocial é caracterizado por desprezo às obrigações sociais e falta de empatia para com os outros (Organização Mundial da Saúde, 1993). Esses pacientes adotam um padrão invasivo de desrespeito e violação dos direitos alheios, que se inicia na infância ou no começo da adolescência e continua na idade adulta. Expressam reduzida resposta de empatia, são insensíveis e desprezam os sentimentos, direitos e sofrimentos dos outros, sem necessariamente apresentar condutas criminosas. Já a psicopatia engloba indivíduos que apresentam uma importante tendência à prática criminal, marcada por elevado índice de reincidência e acentuado quadro de indiferença afetiva e conduta antissocial (Serafim et al., 2011). Assim, entendemos a psicopatia como um agravo da personalidade antissocial.

Tanto a avaliação neuropsicológica como a da personalidade são necessárias, uma vez que a associação dessas personalidades com problemas forenses é muito relatada (Fountoulakis, Leucht, & Kaprinis, 2008; Freestone, Howard, Coid, & Ullrich, 2013). Durante o exame, a fim de evitar confusão, cabe a observação atenta do comportamento do examinando, visto que esses indivíduos tendem a manipular e, portanto, podem tentar controlar suas verbalizações durante a perícia, simular e dissimular, tendo pleno controle de suas respostas e reações (Morana, Stone, & Abdalla-Filho, 2006).

As concepções de ordem neurobiológica enfatizam a participação dos lobos frontal e temporal e do sistema pré-fronto-límbico. A área pré-frontal, por estar mais envolvida nas funções cognitivas abstratas, de planejamento, inibição comportamental e regulação das emoções e relações sociais, é a mais estudada. A disfunção nessa área pode associar-se à impulsividade, que faz parte dos quadros antissociais (Blair, 2003).

No tocante aos aspectos cognitivos, os estudos têm revelado dificuldades nas funções executivas nesse transtorno. Bergvall, Nilsson e Hansen (2003), utilizando o Inventário de Temperamento e Caráter e a Bateria Neuropsicológica de Cambridge, avaliaram prisioneiros. Em geral, aqueles com TPAS não diferiram dos criminosos sem transtornos da personalidade nas tarefas de memória de trabalho e planejamento. Porém, nas atividades que exigiam mudanças de *set* atencional, os antissociais cometeram mais erros.

Investigando dados neuropsicológicos de criminosos violentos (20), agressores sexuais (20) e incendiários (13) com personalidade antissocial, Dolan, Millington e Park (2002) encontraram que todos os infratores expressavam níveis elevados de impulsividade. Nas questões relativas, não foram encontradas diferenças significativas, exceto que o grupo de incendiários apresentou mais erros perserverativos no Teste de Cartas de Wisconsin.

Em outro estudo, 17 criminosos violentos com TPAS e psicopatia (TPAS+P), 28 criminosos violentos com personalidade antissocial, mas sem a psicopatia (TPAS-SP), e 21 controles saudáveis foram comparados em tarefas que avaliavam memória verbal de trabalho, tomada de decisão sob risco e função executiva. Em comparação aos sujeitos saudáveis não infratores, os criminosos violentos com TPAS+P e aqueles com TPAS-SP mostraram deficiências semelhantes nos dois primeiros aspectos. Eles não conseguiram aprender com sugestões de punição ou mudar seus comportamentos em face da mudança de contingências, tomando as decisões de pior qualidade (De Brito, Viding, Kumari, Blackwood, & Hodgins, 2013).

Uma pesquisa avaliou o desempenho neuropsicológico de 96 infratores do sexo masculino com TPAS, os quais exibiram deficiências sutis na capacidade de planejamento e inibição comportamental em tarefas de funções executivas relativas.

Como preceitua o Direito Civil, um transtorno mental que prive totalmente ou reduza de modo significativo o discernimento enquadrará o indivíduo como portador de uma incapacidade ou parcialmente incapaz. Neste último caso, o sujeito seria submetido à curatela, podendo ser interditado de exercer atos da vida civil – condição esta que pode ser aferida pela avaliação neuropsicológica em associação com um exame da personalidade.

Na prática, um transtorno da personalidade só acarreta incapacidade total em razão de sintomas muito pronunciados, como desconfiança excessiva, grave instabilidade emocional ou aversão intensa ao contato social, etc., afetando a capacidade do indivíduo para exercer determinados atos da vida civil, como ter um emprego, estabelecer matrimônio e adotar filhos, por exemplo.

A estruturação da avaliação neuropsicológica aplicada aos transtornos da personalidade, independentemente da especificidade da condição (p. ex., *borderline*), deve contemplar recursos e materiais que atendam a todas as funções cognitivas.

CONSIDERAÇÕES FINAIS

Como apontam Serafim, Saffi, Rigonatti, Casoy e Barros (2009), na esfera da psiquiatria e da psicologia forense, as avaliações cognitivas e do estado mental não apenas possibilitam o conhecimento da dinâmica do indivíduo agressor como também contribuem para a determinação de suas capacidades de entendimento e autocontrole, aspecto fundamental para elucidação de dúvidas e questões de ordem jurídica, nas Varas Civil, Penal e Trabalhista. Dada a complexidade das variáveis que participam dos transtornos da personalidade (biológicas, psicológicas e sociais), o seu enquadre jurídico requer do perito uma ampla faixa de investigação que possa produzir informações quanto à relação dessas variáveis e suas implicações no comportamento. Nem todo indivíduo que apresenta algum transtorno da personalidade acaba se envolvendo com crimes. Esses pacientes podem manifestar de outras formas, como comprar compulsivo ou assinar contratos com reduzida capacidade de avaliar em detalhes o teor jurídico do documento, condição essa que pode levantar dúvidas quanto à sua capacidade civil. A avaliação dos aspectos da personalidade e a correlação de seus resultados com os achados neuropsicológicos produzirão informações relevantes, capazes de subsidiar a ação judicial.

REFERÊNCIAS

American Psychiatric Association. (2013). *Diagnostic and statistical manual of mental disorders: DSM-5*. Arlington: American Psychiatry Association.

Barros, D. M., & Serafim, A. P. (2008). Association between personality disorder and violent behavior pattern. *Forensic Science International, 179*(1), 19-22.

Bastert, E., & Schläfke, D. (2011). Forensic patients with organic brain disorders. *The World Journal of Biological Psychiatry, 12*(Suppl 1), 23-7.

Bergvall, A. H., Nilsson, T., & Hansen, S, (2003). Exploring the link between character, personality disorder, and neuropsychological function. *European Psychiatry, 18*(7), 334-44.

Blair, R. (2003). Neurobiological bases of psychopathy. *The British Journal of Psychiatry, 182*, 5-7.

De Brito, S. A., Viding, E., Kumari, V., Blackwood, N., & Hodgins, S. (2013). Cool and hot executive function impairments in violent offenders with antisocial personality disorder with and without psychopathy. *PLoS One, 8*(6), e65566.

Dolan, M., Millington, J., & Park, I. (2002). Personality and neuropsychological function in violent, sexual and arson offenders. *Medicine, Science and the Law, 42*(1), 34-43.

Fountoulakis, K. N., Leucht, S., & Kaprinis, G. S. (2008). Personality disorders and violence. *Current Opinion in Psychiatry, 21*(1), 84-92.

Franulic, A., Horta, E., Maturana, R., Scherpenisse, J., & Carbonell, C. (2000). Organic personality disorder after traumatic brain injury: cognitive, anatomic and psychosocial factors. A 6 month follow-up. *Brain Injury, 14*(5), 431-9.

Freestone, M., Howard, R., Coid, J. W., & Ullrich, S. (2013). Adult antisocial syndrome comorbid with borderline personality disorder is associated with severe conduct disorder, substance dependence and violent antisociality. *Personality and Mental Health, 7*(1), 11-21.

Friedman, S. H., & Schustack, W. M. (2007). *Teorias da personalidade: da teoria clássica à pesquisa moderna*. São Paulo: Prentice Hall.

García-Villamisar, D., & Dattilo, J. (2013). Executive functioning in people with obsessive-compulsive personality traits: evidence of modest impairment. *Journal of Personality Disorders*. (Epub ahead of print).

LeGris, J., & van Reekum, R. (2006). The neuropsychological correlates of borderline personality disorder and suicidal behaviour. *The Canadian Journal of Psychiatry*, *1*(3), 131-42.

Mathiesen, B. B., Simonsen, E., Soegaard, U., & Kvist, K. (2014). Similarities and differences in borderline and organic personality disorder. *Cognitive Neuropsychiatry*, *19*(1), 1-16.

Monarch, E. S., Saykin, A. J., & Flashman, L. A. (2004). Neuropsychological impairment in borderline personality disorder. *Psychiatric Clinics of North America*, *27*(1), 67-82.

Morana, H. C. P, Stone, M. H, & Abdalla- Filho, E. (2006). Transtornos de personalidade, psicopatia e serial killers. *Revista Brasileira de Psiquiatria*, *28*(Supl 2), 74-9.

Organização Mundial da Saúde. (1993). *Classificação de transtornos mentais e de comportamento da CID-10*. Porto Alegre: Artmed.

Palijan, T. Z., Radeljak, S., Kovac, M., & Kovacevi , D. (2010). Relationship between comorbidity and violence risk assessment in forensic psychiatry - the implication of neuroimaging studies. *Psychiatria Danubina*, *22*(2), 253-6.

Ruocco, A. C. (2005). The neuropsychology of borderline personality disorder: A meta-analysis and review. *Psychiatry Research*, *137*(3), 191-202.

Serafim, A. P., Saffi, F., Rigonatti, S. P., Casoy, I., & Barros, D. M. (2009). Perfil psicológico e comportamental de agressores sexuais de crianças. *Revista de Psiquiatria Clínica*, *36*(3), 101-11.

Serafim, A. P., Rigonatti, S. P., & Barros D. M. (2011). Transtornos da personalidade: aspectos médico-legais. In M. R. Louzã Neto, & T. A. Cordás (Orgs.). *Transtornos da personalidade* (pp. 323-36). Porto Alegre: Artmed.

Travers, C., & King R. (2005). An investigation of organic factors in the neuropsychological functioning of patients with borderline personality disorder. *Journal of Personality Disorders*, *19*(1), 1-18.

Trull, T. J., Tragesser, S. L., Solhan, M., & Schwurtz--Mette, R. (2007). Dimensional models of personality disorder: diagnostic and statistical manual of mental disorders fifth edition and beyond. *Current Opinion in Psychiatry*, *20*(1), 52-6.

LEITURA SUGERIDA

Serafim, A. P., & Saffi, F. (2012). Psicopatologia e implicações forenses. In *Psicologia e práticas forenses*. São Paulo: Manole.

27
Transtornos do controle de impulsos

CAROLINA FARIAS DA SILVA BERNARDO
ANTONIO DE PÁDUA SERAFIM

IMPULSIVIDADE

Por impulsividade entende-se a falha em resistir a um impulso, instinto ou tentação que é prejudicial à própria pessoa ou a outros. Nesses casos, o impulso se reveste de uma impetuosidade sem ponderação. Seu início tende a ser súbito e transitório ou aumenta de forma gradual durante uma situação de tensão (Hollander, Posner, & Cherkasky, 2006).

Uma pessoa com essa característica tende a agir de forma irrefletida ou impensada, reagindo no calor do momento por estar motivada para tal ou porque uma oportunidade se apresentou. Barratt e Stanford (1995) sugerem que há uma falha na capacidade de planejamento das ações desses indivíduos. As pessoas que apresentam um quadro de impulsividade costumam exibir prejuízo nessa habilidade, a qual, em geral, vem acompanhada de importantes manifestações agressivas. Todavia, salienta-se que nem todo indivíduo impulsivo é agressivo. Porém, quando há presença de agressividade, ela, em regra, se manifesta de maneira intensa e desproporcional aos estímulos eliciadores (Serafim & Saffi, 2012).

O comportamento impulsivo não ocorre apenas em pessoas que tenham algum tipo de transtorno do controle de impulsos. Há cinco subgrupos de transtornos organizados de acordo com um tipo específico de impulsividade, os quais formam o acrônimo ACEDA (Tab. 27.1) (Tavares & Alarcão, 2008). Não é raro que sujeitos que façam uso de substâncias ou que tenham déficit de atenção/hiperatividade, transtorno da personalidade antissocial, transtorno da personalidade *borderline*, transtorno da conduta, esquizofrenia, jogo patológico, oniomania (comprar compulsivo), transtornos do humor ou algum tipo de parafilia apresentem comportamento impulsivo.

Segundo Moeller, Barratt, Dougherty, Schmitz e Swann (2001), a impulsividade ocorre quando:

- há mudanças no curso da ação sem que seja feito um julgamento consciente prévio
- ocorrem comportamentos impensados
- manifesta-se tendência a agir com menor nível de planejamento em comparação a indivíduos de mesmo nível intelectual

As pesquisas apontam que alguns transtornos, como o jogo patológico, o sexo patológico, a compulsão alimentar e a oniomania (comprar compulsivo), enquadram-se no espectro compulsivo-impulsivo e são conhecidos como "vícios comportamentais" (*behavioral addictions*). Os achados apontam que as principais alterações neurobiológicas associadas a tais dependências ocorrem na via dopaminérgica mesocorticolímbica, o chamado sistema de recompensa (Probst &

TABELA 27.1
Subgrupos da impulsividade

TIPO DE IMPULSIVIDADE	DESCRIÇÃO	EXEMPLO
Afetiva	Refere-se aos comportamentos erráticos decorrentes de instabilidade afetiva	Transtorno da personalidade *borderline* e as síndromes comumente descritas como integrantes do espectro bipolar
Cognitiva	Refere-se aos comportamentos erráticos decorrentes de instabilidade cognitiva determinada por déficits em função atencional	Transtorno de déficit de atenção/hiperatividade
Empatia	Refere-se à desinibição comportamental por falha da função empática e prejuízo do laço social	Transtorno da personalidade antissocial
Desejo	Refere-se às síndromes marcadas pela perda de controle sobre um objeto de desejo ou comportamento hedônico específico	Inclui as dependências em geral (químicas e comportamentais, p. ex., jogo, sexo, comida, etc.)
Agressiva	Agrupa as síndromes marcadas por perda de controle sobre comportamentos auto e heteroagressivos	Comportamento repetido e automutilação e transtorno explosivo intermitente

Fonte: Tavares e Alarcão (2008).

van Eimeren, 2013). Já os criminosos psicopatas mostram um padrão persistente de comportamento impulsivo e indiferente; a fisiopatologia da psicopatia tem sido relacionada a disfunção no córtex pré-frontal dorsolateral, que é um importante regulador de impulsos e emoções, bem como da memória de trabalho.

TRANSTORNOS DO CONTROLE DE IMPULSOS

A quinta edição do *Manual diagnóstico e estatístico de transtornos mentais* (DSM-5) apresenta uma seção específica para problemas relacionados ao autocontrole emocional e comportamental, denominada Transtornos Disruptivos, do Controle de Impulsos e da Conduta (American Psychiatric Association, 2013).

A característica essencial dos transtornos do controle de impulsos (TCIs) é o fracasso em resistir a um estímulo ou à tentação de executar um ato perigoso para si ou para outros. Foram classificados nessa categoria o transtorno explosivo intermitente, a piromania, a cleptomania e transtornos do controle de impulsos e da conduta não especificado (American Psychiatric Association, 2013).

A neuropsicologia dos TCIs ainda não foi esclarecida (Rossini, 2008). Estudos pré-clínicos sugerem que a neuromodulação das monoaminas cerebrais está associada a tomadas de decisão impulsivas e comportamentos de risco. Já os estudos clínicos implicam diversos sistemas de neurotransmissores (serotonérgico, dopaminérgico, adrenérgico e opioide) na fisiopatologia desses transtornos, enquanto pesquisas de neuroimagem preliminares têm indicado o córtex pré-frontal ventromedial e o estriato ventral (Williams & Potenza, 2008).

Piromania

A piromania é um transtorno bastante raro e pouco relatado pela literatura. Em uma publicação, Burton, McNiel e Binder (2012) ressaltam diferenças na definição de alguns termos que podem ajudar o psicólogo e o psiquiatra forense em sua avaliação.

O comportamento de atear fogo (*firesetting*) inclui tanto o incêndio acidental (p. ex., adormecer com um cigarro aceso) como o intencional (com ou sem intenção criminosa) e nem sempre é sinal de alguma patologia psiquiátrica subjacente ou de um ato criminoso. Por exemplo, o interesse pelas chamas é quase universal em crianças, e o comportamento de atear fogo, nessa idade, muitas vezes ocorre em função da curiosidade. Um adulto que acende intencionalmente uma fogueira, a qual, depois, se espalha para uma estrutura próxima, não pode ser acusado de crime se as mínimas precauções foram tomadas.

O comportamento patológico de atear fogo é definido como incêndio intencional causado por razões psicológicas e pode ser um sintoma de uma série de transtornos psiquiátricos.

Já a expressão "incêndio criminoso" (*arson*), um subtipo do comportamento de atear fogo, refere-se a um ato criminoso em que o sujeito, de maneira deliberada e maliciosa, incendeia ou ajuda a incendiar uma estrutura, moradia ou propriedade (ver Casos 1, 2 e 3).

O que marca a piromania é a presença de vários episódios de provocação deliberada e proposital de incêndios (Critério A). Os indivíduos com esse transtorno experimentam tensão ou excitação afetiva antes de provocar um incêndio (Critério B). Existe fascinação, interesse, curiosidade ou atração pelo fogo e seus contextos situacionais (p. ex., parafernália, usos, consequências) (Critério C). Esses pacientes experimentam prazer, satisfação ou liberação de

---

VINHETAS CLÍNICAS

Caso 1

"As 15 mil caixas de documentos que o Metrô de São Paulo perdeu em junho foram queimadas durante um incêndio criminoso. Na ação, um grupo de nove pessoas armadas invadiu a empresa que armazenava os papéis e roubou computadores. Antes de deixarem a empresa, os ladrões atearam fogo ao depósito." (Estadão, 2013).

Caso 2

"Quatro ônibus foram queimados e uma delegacia foi atacada pelos criminosos, na noite dessa sexta-feira (3), em São Luís, no Maranhão. Eles jogaram gasolina e atearam fogo aos coletivos enquanto os passageiros ainda estavam nos veículos. A ação deixou cinco pessoas feridas, quatro delas em estado grave. Entre as vítimas estão duas crianças."(O Tempo, 2014).

Caso 3

"Uma mulher, de 31 anos – que não teve o nome divulgado – sofreu uma tentativa de homicídio na noite de ontem... A vítima teria revelado aos policiais militares que, após uma briga, o marido teria ateado fogo na casa com o objetivo de atingi-la. O imóvel foi bastante atingido, porém não há informações se as casas próximas foram atingidas pelas chamas." (Diário do Vale, 2013).

tensão ao provocar incêndios, testemunhar seus efeitos ou participar de seu combate (Critério D). O comportamento incendiário não ocorre com o objetivo de obter ganhos monetários, expressar uma ideologia sociopolítica, encobrir uma atividade criminosa, expressar raiva ou vingança, melhorar as próprias condições de vida ou em resposta a delírio ou alucinação (Critério E). Além disso, a provocação de incêndios não decorre de um prejuízo no julgamento (p. ex., na demência, no retardo mental ou na intoxicação por substâncias) (American Psychiatric Association, 2013).

Em um dos raros estudos de caso clínico sobre piromania, o paciente foi submetido a testes neuropsicológicos antes e depois do tratamento psicofarmacológico com olanzapina e valproato de sódio. A avaliação neuropsicológica revelou deficiências na atenção, na memória verbal/visual e nas funções executivas, enquanto habilidades visuoespaciais estavam intactas. Após cinco meses, realizou-se nova avaliação, a qual mostrou melhora substancial em testes cognitivos; por sua vez, as habilidades visuoespaciais permaneceram dentro da faixa normal. Houve diminuição dos incidentes clínicos graves, e o comportamento de fixação por fogo cessou. O tratamento psicofarmacológico pode ter facilitado tanto as melhoras no desempenho do teste cognitivo e no funcionamento socioadaptativo como a diminuição do comportamento agressivo (Parks et al., 2005).

Transtorno explosivo intermitente

O transtorno explosivo intermitente (TEI) é caracterizado por repetidos atos de agressividade impulsiva, os quais são desproporcionais a qualquer provocação e não são mais bem explicados por efeitos de uso de substância, condição médica ou outro transtorno (Coccaro, 2012) (ver Caso 4). As pessoas diagnosticadas com TEI podem sofrer processos judicias por envolverem-se em situações de violência física e verbal, brigas de trânsito e destruição de objetos e/ou propriedades.

Os critérios diagnósticos do TEI envolvem (American Psychiatric Association, 2013):

- Agressão verbal (p. ex., birras, tiradas, argumentos verbais ou brigas) ou física contra propriedades, animais ou outras pessoas, ocorrendo duas vezes por semana, em média, por um período de três meses. A agressão física não resulta em danos, risco ou destruição da propriedade nem em lesão corporal para animais ou outros indivíduos.
- Três explosões comportamentais que levaram a danos ou destruição de propriedade e/ou agressão física envolvendo lesão corporal contra animais ou outros indivíduos no período de 12 meses.
- As explosões agressivas recorrentes não são premeditadas (i.e., são impulsivas e/ou baseadas em raiva), e os agentes não estão empenhados em alcançar al-

VINHETAS CLÍNICAS

Caso 4

Uma pessoa dirige devagar na pista da esquerda e não cede passagem a quem vem atrás. Essa situação irrita muita gente, mas é difícil imaginar alguém reagindo como o administrador Rodrigo Stefanini de Castro, de 33 anos. Em um acesso de fúria, ele tentou jogar o outro carro para fora da Marginal Tietê, batendo contra ele por quase 5 quilômetros. O outro motorista fugiu, e Castro, depois de se acalmar, ficou com o veículo destruído e a namorada aos prantos, ferida no braço. Acostumado a ter explosões de raiva desde a infância, naquela noite, no fim de 2011, ele se assustou. "Vi que eu iria matar alguém, morrer ou ser preso", lembra. (Veja, 2013).

gum objetivo tangível (p. ex., dinheiro, poder, intimidação).
- As explosões de agressividade recorrentes causam sofrimento acentuado para o sujeito; prejudicam sua função ocupacional ou interpessoal; ou estão associadas com consequências financeiras ou jurídicas.

A impulsividade está associada tanto a comportamentos de risco no trânsito, como exceder a velocidade por aventura e outras infrações (Araújo, Malloy-Diniz, & Rocha, 2009), como a comportamentos de risco em geral (Llewellyn, 2008; Wickens, Toplak, & Wiesenthal, 2008). Ou seja, trata-se de um preditor para essas características frequentemente observadas em pessoas com TEI.

A agressão pode estar presente em grande parte das psicopatologias. Trata-se, no ser humano, de uma construção complexa e inespecífica; um de seus subtipos é a agressão impulsiva, que parece hereditária, tendo sido sugerida transmissão genética. No entanto, os mecanismos neurobiológicos específicos que medeiam risco genético para esse tipo de agressão permanecem obscuros. Parece haver um papel significativo da variação genética em monoaminoxidase e seu impacto sobre a sinalização serotonérgica no circuito corticolímbico em pessoas que apresentam essa característica. Diversos estudos sobre agressão impulsiva apontam que ela está ligada a um desequilíbrio no córtex orbitofrontal e no giro do cíngulo (envolvido na adaptação do comportamento às expectativas sociais e futuras e na prevenção de expectativas de recompensa e punição) (Prado-Lima, 2009).

Há poucos estudos psicológicos sobre esses pacientes. Sabe-se, no entanto, que eles apresentam (Coccaro, 2012):

1. maior viés de atribuição hostil e reações emocionais negativas a estímulos ambíguos do ponto de vista social, o que sugere um mecanismo psicológico que desencadeia as explosões
2. maior labilidade e intensidade afetiva
3. maior grau de mecanismos de defesa imaturos, inclusive apresentando disfuncionalidade na expressão dos sentimentos, dissociação, projeção e racionalização.

Cleptomania

A cleptomania tem como característica principal a incapacidade de resistir ao impulso de furtar objetos, o qual não tem como foco, necessariamente, benefício pessoal ou ganho monetário. Embora essa patologia seja muito conhecida, algumas vezes advogados de defesa tentam utilizá-la para justificar o crime de roubo de seus clientes.

Esses pacientes podem esconder, dar de presente ou secretamente devolver os itens roubados; não necessariamente os usam ou tentam lucrar com sua revenda. O indivíduo, em geral, tem os meios econômicos para comprar aquilo que rouba, obtendo gratificação do furto em si, não do objeto (ver Caso 5).

A cleptomania inclui alguns aspectos fundamentais que a diferenciam de outros transtornos (American Psychiatric Association, 2013):

- episódios repetidos de incapacidade em resistir ao impulso de furtar coisas que não são essenciais para uso privado ou por seu valor econômico
- sensação crescente de tensão no instante anterior ao furto
- satisfação ou alívio no momento de executar o ato
- o roubo não é realizado por vingança nem em consequência de delírio ou alucinação
- o furto não é mais bem explicado por transtorno da conduta, episódio maníaco ou transtorno da personalidade antissocial

VINHETAS CLÍNICAS

Caso 5

Maria é uma mulher de 49 anos, branca, casada, com três filhos. Quando começou a furtar, aos 20 anos, fazia sempre em uma mesma loja, em média uma vez por semana. Esse comportamento continuou durante os 25 anos seguintes, até que a frequência aumentou para três ou mais vezes semanais. Ainda que tenha tido um emprego rentável durante toda a vida, ela rouba itens desnecessários de lojas de varejo e de amigos. Ao entrar em um estabelecimento, Maria relata um impulso irresistível de furtar e sente a necessidade de consumar o ato até que a tensão ceda. Após deixar o local, sente-se culpada. Os objetos roubados, em geral pequenos itens (p. ex., cosméticos, produtos de higiene, revistas), são colocados em caixas na garagem de sua casa e nunca são utilizados. Sua família não sabe sobre seu problema. Ela nunca foi apanhada, mas não se orgulha desse fato. Tem uma sensação diária de autodepreciação. A avaliação diagnóstica detalhada revela que Maria não tem outros problemas psiquiátricos. Sua história familiar é positiva para transtornos tanto por uso de álcool como por uso de outras substâncias.

Fonte: Grant e Odlawg (2008).

O comportamento de roubar associado à cleptomania provoca sofrimento pessoal, problemas legais e disfunção social e conjugal.

Grant, Odlaug e Wozniak (2007) examinaram o funcionamento cognitivo e executivo de mulheres diagnosticadas com cleptomania. As pacientes apresentaram duração média da doença de 17,9 anos e roubavam uma média de 1,7 vez por semana. Todas relataram incapacidade de resistir aos impulsos para furtar. As análises revelaram uma correlação estatisticamente significativa entre a gravidade da cleptomania e o desempenho no Teste de Classificação de Cartas de Wisconsin. Como um grupo, os indivíduos com cleptomania não demonstraram déficits em testes neuropsicológicos; entretanto, quanto maior a gravidade dos sintomas, maior o prejuízo no funcionamento executivo.

INSTRUMENTOS PARA AVALIAÇÃO NEUROPSICOLÓGICA

Alguns instrumentos podem auxiliar o exame neuropsicológico na investigação dos TCIs, do comportamento impulsivo de risco e dos prejuízos gerados pela impulsividade. A avaliação da impulsividade envolve o controle inibitório, o planejamento e as estratégias utilizadas para tomada de decisão. As seguintes ferramentas podem ser utilizadas:

- *Barratt Impulsiveness Scale* (BIS-11): é um instrumento de autorrelato utilizado nos contextos clínicos e de pesquisa para avaliar os tipos de impulsividade: por falta de planejamento, por falta de atenção e motora.
- *Teste de Classificação de Cartas de Wisconsin*: adaptado e padronizado para uso no Brasil, avalia funções executivas como planejamento, flexibilidade cognitiva, memória de trabalho e controle inibitório.
- *Stroop Test*: é um instrumento bastante usado para a avaliação do controle cognitivo, testa processos cognitivos associados ao comportamento orientado para metas. Indivíduos com comprometimento pré-frontal têm dificuldade na execução dessa prova. A avaliação do tempo para completar as tarefas e dos erros cometidos ajuda a estimar o

controle inibitório, a impulsividade e a atenção sustentada e seletiva.

- *Go/No-Go*: analisa a capacidade de controle inibitório e impulsividade. Nessa tarefa, os estímulos são apresentados em um fluxo contínuo, e os participantes realizam uma decisão binária para cada estímulo. Um dos resultados requer uma resposta motora (*go*), enquanto o outro exige a inibição de uma resposta (*no-go*). É fundamental observar a precisão e o tempo de reação do paciente.
- *Iowa Gambling Task (IGT)*: avalia tomada de decisão.

A avaliação neuropsicológica com foco nos comportamentos impulsivos e nos TCIs para fins judiciais deve seguir algumas etapas, ilustradas na Figura 27.1.

Leitura dos autos processuais: o psicólogo deve observar a descrição de comportamentos impulsivos ou que corroborem a hipótese de algum TCI.

↓

Entrevista de anamnese: é fundamental que o profissional investigue a frequência dos comportamentos impulsivos e o prejuízo que geram na vida do periciando.

↓

Escolha dos testes para avaliação de personalidades e cognitivos (funções executivas): após a anamnese, o psicólogo fará a escolha dos instrumentos psicológicos que utilizará de acordo com as hipóteses levantadas. É fundamental que investigue o controle inibitório, a impulsividade, o planejamento e a tomada de decisão.

↓

Análise de resultados: o foco da análise será o grau de comprometimento que os comportamentos impulsivos geram na vida do sujeito e a frequência com que ocorrem, bem como o sofrimento e o risco que trazem ao periciando e/ou a outras pessoas.

↓

Escrita do laudo psicológico: a redação de documentos psicológicos segue as orientações do Conselho Federal de Psicologia. A linguagem precisa ser acessível ao magistrado.

FIGURA 27.1 Etapas da avaliação neuropsicológica dos comportamentos impulsivos para fins judiciais.

IMPUTABILIDADE PENAL E NEUROPSICOLOGIA DOS TRANSTORNOS DO CONTROLE DE IMPULSOS

O comportamento impulsivo é multifatorial e pode gerar consequências graves em diversas áreas da vida do indivíduo. A impulsividade é descrita como um fenótipo complexo caracterizado por diferentes padrões cognitivos e comportamentais que levam a consequências disfuncionais imediatas e em médio/longo prazo (Malloy-Diniz et al., 2010). O objetivo deste capítulo é compreender os principais achados neuropsicológicos relacionados aos TCIs e suas principais implicações forenses.

As pessoas com TCI ou que apresentam comportamento impulsivo de risco, muitas vezes, envolvem-se em questões legais como furtos, brigas de trânsito, violência física, agressão verbal, destruição de propriedade, incêndio, etc. Assim, o juiz poderá solicitar uma perícia psicológica e/ou psiquiátrica que o ajude a determinar a imputabilidade penal do averiguado. Os Artigos 26 a 28 do Código Penal brasileiro discorrem sobre imputabilidade penal (Brasil, 1984):

> **Art. 26.** É isento de pena o agente que, por doença mental ou desenvolvimento mental incompleto ou retardado, era, ao tempo da ação ou da omissão, inteiramente incapaz de entender o caráter ilícito do fato ou de determinar-se de acordo com esse entendimento. (Código Penal brasileiro – Redação dada pela Lei nº 7.209, de 11.7.1984)
>
> **Parágrafo único.** A pena pode ser reduzida de um a dois terços, se o agente, em virtude de perturbação de saúde mental ou por desenvolvimento mental incompleto ou retardado, não era inteiramente capaz de entender o caráter ilícito do fato ou de determinar-se de acordo com esse entendimento. (Código Penal brasileiro – Redação dada pela Lei nº 7.209, de 11.7.1984)

A imputabilidade está associada a fatores de culpabilidade, de modo que o magistrado, ao solicitar a perícia psicológica e/ou psiquiátrica, pretende entender se o averiguado, ao cometer o ato ilegal, tinha ou não consciência, ainda que parcial, do caráter ilícito de sua conduta. O Caso 6 traz um exemplo de inimputabilidade por com-

VINHETAS CLÍNICAS

Caso 6

"O caldeireiro Luciano Gomes Salles Júnior, 35 anos, acusado de matar por vingança a ex-namorada, a mãe e o padrasto dela, foi absolvido pela Justiça de Rio Preto. Jóice Luana de Assis, 19, sua mãe, Joana Maria de Assis, 43, e Valdecir Cezar, 43, foram atacados a tiros na noite de 20 de março de 2009, na casa onde moravam, numa chácara na Estância Bela Vista 2. O caldeireiro foi considerado inimputável (não é capaz de responder por seus atos) pelo juiz da 1ª Vara Criminal, Jair Caldeira.
A sentença impõe a Luciano medida de segurança de internação em hospital de custódia e tratamento psiquiátrico do Estado pelo período de um ano. A decisão tem base em laudo produzido por uma perita do Instituto Médico Legal (IML) da Capital. O documento atesta que o réu é portador de transtorno da personalidade emocional instável, do tipo impulsivo, condição que o faz agir impulsivamente sem considerar as consequências de seus atos.
O laudo conclui que o caldeireiro deve ser submetido a tratamento especializado em regime de internação em casa de custódia, devido a sua alta periculosidade, agressividade elevada, impulsividade e chance de reincidir criminalmente até os médicos considerarem que o risco de reincidência diminuiu. Depois do prazo de um ano, Luciano passará por novos exames psiquiátricos, e o laudo produzido será então encaminhado à Justiça, que decidirá se ele poderá voltar a viver em sociedade." (Diário Web, 2012).

portamento impulsivo patológico divulgado pela mídia.

As partes envolvidas no processo, tanto o averiguado como a vítima, têm direito à contratação de um assistente técnico. O Conselho Federal de Psicologia diferencia o psicólogo perito do assistente técnico, considerando o psicólogo perito um profissional designado para assessorar a Justiça no limite de suas atribuições. Ele deve, portanto, exercer tal função com isenção em relação às partes envolvidas e comprometimento ético ao emitir posicionamento de sua competência teórico-técnica, a qual subsidiará a decisão judicial. Já os assistentes técnicos são profissionais de confiança da parte que irão assessorá-la e garantir seu direito ao contraditório – o que, é importante ressaltar, não garantirá impedimento ou suspeição legal.

Tanto o psicólogo perito como o assistente técnico precisam conhecer os aspectos neuropsicológicos e a neurobiologia da impulsividade para que contribuam de forma eficaz com os processos jurídicos. A neuropsicologia visa ao entendimento das propriedades sistêmicas que emergem da interação complexa entre diferentes níveis de processamento de informação em áreas distintas do cérebro (Serafim & Saffi, 2012).

CONSIDERAÇÕES FINAIS

Ao preparar uma perícia neuropsicológica, o profissional costuma fazer uma avaliação precisa das disfunções cognitivas das vítimas ou do averiguado. O objetivo desse exame é averiguar a natureza dos déficits neuropsicológicos, sua correlação com quaisquer lesões cerebrais e a imputabilidade do sujeito, bem como estimar uma possível data de estabilização e apontar os principais danos (quais aspectos da função cognitiva são deficientes e qual o impacto dessa disfunção nas esferas pessoal e profissional).

No âmbito dos TCIs, existem poucos estudos controlados sobre sua neuropsicologia e sua correlação com implicações jurídicas, de modo que pesquisas futuras trarão ganhos significativos para a área.

REFERÊNCIAS

American Psychiatric Association. (2013). *Diagnostic and statistical manual of mental disorders: DSM-5*. Arlington: American Psychiatric Association.

Araújo, M. M., Malloy-Diniz, L. F., & Rocha, F. L. (2009). Impulsividade e acidentes de trânsito. *Revista de Psiquiatria Clínica, 36*(2), 60-8.

Barratt, E. S., & Stanford, M.S. (1995). Impulsiveness. In C. G. Costelo. (Ed.). *Personality characteristics of personality disordered* (pp. 91-119). Chichester: John Wiley & Sons Inc.

Brasil. (1984). Lei 7.209 de 11 de julho. Altera dispositivos do Decreto-Lei 2.848 de 7 de dezembro de 1940 - Código Penal, e dá outras providências. Recuperado de http://www.planalto.gov.br/ccivil_03/leis/1980-1988/l7209.htm.

Burton, P. R., McNiel, D. E., & Binder, R. L. (2012). Firesetting, arson, pyromania, and the forensic mental health expert. *Journal of the Academy of Psychiatry and the Law, 40*(3), 355-65.

Coccaro, E. F. (2012). Intermittent explosive disorder as a disorder of impulsive aggression for DSM-5. *The American Journal of Psychiatry, 169*(6), 577-88.

Diário do Vale. (2013, 11 de dezembro). *Marido ateia fogo em casa e queima mulher em Barra do Pirai*. Recuperado de http://www.diariodovale.com.br/noticias/0,82424,Marido-ateia-fogo--em-casa-e-queima-mulher-em-Barra-do-Pirai.html#axzz3CNkBoilB

Diário Web. (2012, 27 de setembro). *Acusado de matar namorada vai para hospital psiquiátrico*, São José do Rio Preto. Recuperado de http://www.diarioweb.com.br/novoportal/noticias/cidades/111011,,Acusado+de+matar+namorada+vai+para+hospital+psiquiatrico.aspx.

Estadão. (2012, 04 de dezembro). *Incêndio criminoso destruiu papeis do metro*, São Paulo. Recuperado de http://sao-paulo.estadao.com.br/noticias/geral,incendio-criminoso-destruiu-papeis-do--metro-imp-,968856.

Grant, J. E, & Odlaug, B. L. (2008). Cleptomania: características clínicas e tratamento. *Revista Brasileira de Psiquiatria, 30*(Supl 1), S11-S15.

Grant, J. E., Odlaug, B. L., & Wozniak, J. R. (2007). Neuropsychological functioning in kleptomania. *Behaviour Research and Therapy , 45*(7), 1663-70.

Hollander, E., Posner, N., & Cherkasky, S. (2006). Aspectos neuropsiquiátricos da agressão e de transtornos do controle dos impulsos. In S. C. Yudofsky, R. E. Hales. *Neuropsiquiatria e neurociências* (pp. 491- 504). Porto Alegre: Artmed.

Llewellyn, D. J. (2008). The psychology of risk taking: toward the integration of psychometric and neuropsychological paradigms. *The American Journal of Psychology, 121*(3), 363-76.

Malloy-Diniz, L. F., Mattos, P., Leite, W. B., Abreu, A., Coutinho, G., Paula, J. J. ... Fuentes, D. (2010). Tradução e adaptação cultural da Barratt Impulsiveness Scale (BIS-11) para aplicação em adultos brasileiros. *Jornal Brasileiro de Psiquiatria, 59*(2), 99-105.

Moeller, F. G., Barratt, E. S., Dougherty, D. M., Schmitz, J. M., & Swann, A. C. (2001). Psychiatric aspects of impulsivity. *The American Journal of Psychiatry , 158*(11), 1783-93.

Parks, R. W., Green, R. D. J., Girgis, S., Hunter, M. D., Woodruff, P. W. R, Spence, S. A. (2005). Response of pyromania to biological treatment in a homeless person. *Journal of Neuropsychiatric Disease and Treatment, 1*(3), 277-80.

Prado-Lima, P. A. S. (2009). Tratamento farmacológico da impulsividade e do comportamento agressivo. *Revista Brasileira de Psiquiatria, 31*(Supl 2), S58-S65.

Probst, C. C. & van Eimeren, T. (2013). The functional anatomy of impulse control disorders. *Current Neurology and Neuroscience Reports, 13*(10), 386.

Rossini, D. (2008). Neuropsicologia dos transtornos do controle dos impulsos. In C. N. Abreu, H. Tavares, & T. A. Cordás. (Eds.). *Manual clínico dos transtornos do controle dos impulsos* (pp. 37-47). Porto Alegre: Artmed.

Serafim, A. P. & Saffi, F. (2012). *Psicologia e práticas forenses*. Barueri, SP: Manole.

Tavares, H., & Alarcão, C. (2008). A psicopatologia dos transtornos do impulso. In N. C. Abreu, H. Tavares, & T. A. Cordás. *Manual clínico dos transtornos do controle dos impulsos* (pp. 19-36). Porto Alegre: Artmed.

Tempo. (O). (2014, 4 de janeiro). *Cinco ficam feridos em incêndio criminoso a ônibus no Maranhão*, Belo Horizonte. Recuperado de http://www.otempo.com.br/capa/brasil/cinco-ficam-feridos-em-inc%C3%AAndio-criminoso-a-%C3%B4nibus-no-maranh%C3%A3o-1.768718.

Veja [Revista]. (2013, 07 de junho). *Hospital das Clínicas oferece tratamento contra ataques de fúria: o ambulatório integrado de transtornos do impulso já atendeu cerca de 100 pessoas com a 'síndrome de hulk'*. Caderno Saúde, São Paulo. Recuperado de http://vejasp.abril.com.br/materia/hospital-das-clinicas-oferece-tratamento-contra-ataques-de-raiva.

Wickens, C. M., Toplak, M. E., & Wiesenthal, D. L. (2008). Cognitive failures as predictors of driving errors, lapses, and violations. *Accident Analysis & Prevention , 40*(3), 1223-33.

Williams, W. A., & Potenza, M. N. (2008). Neurobiologia dos transtornos do controle do impulso. *Revista Brasileira de Psiquiatria, 30*(1), S24-S30.

Wickens, C. M., Toplak, M. E., Wiesenthal, D. L. (2008). Cognitive failures as predictors of driving errors, lapses, and violations. Accid Anal Prev, 40(3):1223-33.

Williams, W. A., & Potenza, M. N. (2008). Neurobiologia dos transtornos do controle do impulso. *Revista Brasileira de Psiquiatria*, 30(1), S24-S30.

parte 4

Avaliação neuropsicológica forense em situações específicas

28

Simulação de déficits cognitivos

ANTONIO DE PÁDUA SERAFIM
DANIELA PACHECO

ASPECTOS CONCEITUAIS

Esta obra tem discutido a relevância da avaliação neuropsicológica, cujo objetivo é realizar uma análise sistemática das alterações de comportamento fulcro de possíveis disfunções relativas à atividade cerebral normal, causadas por doença, lesão, estados emocionais, uso de substâncias químicas, modificações experimentais e/ou demais condições. Assim, autores como García-Domingo, Negredo-López e Fernández-Guinea (2004) já enfatizam que a neuropsicologia começa a ter cada vez mais peso no contexto forense.

O desempenho do neuropsicólogo especialista no domínio jurídico abrange todos os ordenamentos, e seu objetivo é avaliar os déficits neuropsicológicos de pessoas com danos cerebrais envolvidas em processos judiciais. A princípio, pode parecer paradoxal o uso da avaliação neuropsicológica para verificar a inexistência de déficits; contudo, no contexto jurídico, isso não é contraditório, pois, com os diversos objetivos e interesses, as pessoas tendem a relatar prejuízos de ordem cognitiva como forma de se beneficiar juridicamente (ganho secundário).

O termo "simulação" significa "fazer aparecer como real uma coisa que não o é; fingir: simular uma doença...", por exemplo (Simulação, 20—). Na *Classificação internacional de doenças* (CID-10) (Organização Mundial da Saúde, 1993), está conceituada como a produção intencional ou invenção de sintomas ou incapacidades tanto físicas como psicológicas, motivadas por estresse ou incentivos externos. Em termos de classificação da CID-10, a simulação se enquadra nos *fatores influindo o estado de saúde e contato com serviços de saúde*, sob os códigos Z76-5, que descreve o paciente que finge estar doente; simulação consciente; simulador com motivação óbvia; e F68.1, que se refere à produção deliberada ou simulação de sintomas ou de incapacidades, físicas ou psicológicas.

Já o *Manual diagnóstico e estatístico de transtornos mentais – quinta edição* (American Psychiatric Association, 2013) tem a simulação como a produção intencional de sintomas físicos ou psicológicos falsos ou exagerados. Na prática, o simulador verbaliza e expressa os sintomas de forma consciente e motivado por incentivos externos, tais como esquivar-se do serviço militar, fugir do trabalho, obter compensação financeira, evadir-se de processos criminais ou obter drogas. O DSM-5 também lista as diretrizes para se suspeitar desse diagnóstico. É necessária a presença de qualquer combinação dos seguintes critérios:

a) contexto médico-legal de apresentação (p. ex., o paciente é encaminhado por um advogado para o exame médico)

b) discrepância acentuada entre o sofrimento ou a deficiência apontada pelo paciente e os achados objetivos
c) falta de cooperação durante a avaliação diagnóstica e de adesão ao regime de tratamento prescrito
d) presença de um transtorno da personalidade antissocial

A simulação ocorre, em geral, em situações de conflito. Em uma perícia médica judicial, o que temos é exatamente isso (resultado do embate pretensão vs. resistência).

Ingenieros (1918) e Garcia (1945) já argumentavam que a simulação é uma forma inferior e muito arcaica das circunstâncias de ajustamento à vida. Além disso, no contexto clínico ou forense, não é uma temática essencialmente atual. Zacchias (1628 citado por Almeida Jr, 1957), um dos precursores da medicina legal, em seu trabalho, já descrevia orientações a seus alunos para identificar quadros de simulação.

Em meados do século XX, Almeida Jr. (1957) descreveu três tipos de simulação:

1. simulações sem lesão (lesão inexistente): o relato da pessoa é direcionado para sintomas de ordem subjetiva
2. existem lesões, mas são independentes da atividade laborativa
3. os indivíduos apresentam lesões relacionadas ao trabalho; seriam doenças alimentadas pelo desejo da simulação – problemas que o paciente apresenta, mas dos quais não cuida

De acordo com García-Domingo e colaboradores (2004), em vários casos nos quais se observam relatos de sintomas físicos ou psicológicos desproporcionais ou falsos, é possível que essa ação seja motivada por incentivos externos, como serviço militar, evitação de trabalho, compensação financeira, escapar de uma condenação penal, entre outros. Cabe ao perito uma atenção especial para investigar de forma ampla a veracidade dos sintomas relatados. Assim, para esses autores, deve-se suspeitar de simulação se existir qualquer das seguintes características:

- marcada discrepância entre o estresse ou a alteração relatada pela pessoa e os dados objetivos do exame psíquico.
- falta de cooperação durante a avaliação diagnóstica e não adesão ou seguimento do tratamento prescrito.
- diagnóstico de transtorno da personalidade antissocial.

Outras classificações de simulação foram utilizadas por Resnick (1997), as quais são mostradas na Tabela 28.1.

Tendo em vista a natureza da alegação de danos psíquicos em contextos jurídicos, seja na área criminal, seja na capacidade civil, os estudos, de maneira geral, demonstram haver um consenso entre os pesquisadores da validade da avaliação neuropsicológica para esse objetivo.

A alegação de déficit de memória é a mais comum em casos de simulação. García-Domingo e colaboradores (2004); Gie-

TABELA 28.1
Classificação das simulações baseada em Resnick (1997)

TIPO	DESCRIÇÃO
Simulação pura	A pessoa finge um transtorno que não existe
Simulação parcial	O paciente exagera de forma consciente os sintomas de fato existentes
Falsa imputação	O indivíduo descreve sintomas que não são compatíveis com a patologia alegada

rok, Dickson e Cole (2005) e Grøndahl, Vaerøy e Dahl (2009) consideram essencial aprofundar os estudos sobre instrumentos neuropsicológicos que avaliem a memória a fim de averiguar sua sensibilidade para detectar a simulação de prejuízos mnemônicos em diferentes contextos forenses. Esses autores enfatizam também a necessidade de diretrizes para futuras pesquisas sobre o tema, uma vez que se observa um aumento dos estudos no campo forense. Já Scott (2012) ressalta a necessidade de o profissional conhecer os conceitos, a formação e os sistemas de memória, bem como as causas desencadeadoras de amnésia. De acordo com Scott (2012), a história médica e a variação de testes neuropsicológicos são fundamentais nesse processo.

De fato, essa área de pesquisa é bastante relevante, uma vez que, de acordo com Grondahl e colaboradores (2009), cerca de um terço dos réus em casos de homicídio alega amnésia (parcial ou total) com relação ao suposto ato. Determinar a autenticidade da alegação de amnésia é um desafio para os especialistas forenses e requer o desenvolvimento de diretrizes ou procedimentos padronizados para a avaliação de réus que alegam tal disfunção. Para Grondahl e colaboradores (2009), isso é fundamental para avaliações mais confiáveis e válidas por peritos forenses, o que resulta em menor contestação dos seus resultados no âmbito forense.

Entende-se que o desenvolvimento de estudos nessa área, de fato, é necessário quando nos reportamos, por exemplo, aos casos de suposto retardo mental. Musso, Barker, Jones, Roid e Gouvier (2011) destacam que, nos casos de simulação desse quadro, os instrumentos para avaliação do funcionamento neurocognitivo não identificam de modo consistente a fraude. A Tabela 28.2 apresenta a classificação das simulações na realidade brasileira.

DIAGNÓSTICO DIFERENCIAL

Em situação de perícia, é necessário que o profissional também possa diagnosticar possíveis quadros de simulação dos sintomas de transtornos mentais, entre os quais se destacam os listados a seguir.

F44 – Transtornos dissociativos (Organização Mundial da Saúde, 1993)

Os transtornos dissociativos, ou de conversão, caracterizam-se por perda parcial ou completa das funções normais de integração

TABELA 28.2
Classificação das simulações

TIPO	DESCRIÇÃO
Simulação	Mostrar-se de uma forma que não é. Tentar demonstrar que sofre de uma doença/deficiência que não tem.
Hipersimulação	O indivíduo tem uma doença/deficiência, mas exagera nos sintomas (em geral inclui o transtorno factício – p. ex., o sujeito tem uma ferida na perna e não cuida direito para que ela nunca sare).
Dissimulação	A pessoa tem uma doença/deficiência, mas não quer aparentar que tem.
Hisperdissimulação	O indivíduo doente exagera sua normalidade.

Fonte: García-Domingo e colaboradores (2004).

das lembranças, da consciência, da identidade, das sensações imediatas e do controle dos movimentos corporais (os principais quadros estão listados na Tab. 28.3).

F68.1 – Transtorno factício

A característica essencial desse transtorno é a produção intencional de sinais ou sintomas somáticos ou psicológicos. A apresentação pode incluir a fabricação de queixas subjetivas (p. ex., queixas de dor abdominal aguda na ausência de qualquer dor dessa espécie), condições autoinfligidas (p. ex., produção de abscessos por injeção subcutânea de saliva), exagero ou exacerbação de condições médicas gerais preexistentes (p. ex., simulação de uma convulsão de grande mal por um

TABELA 28.3
Quadros dissociativos de acordo com a CID-10 (Organização Mundial da Saúde, 1993)

QUADRO	DESCRIÇÃO
F44.0 Amnésia dissociativa	Perda da memória, que, em geral, diz respeito a acontecimentos recentes importantes, não resultante de transtorno mental orgânico e muito grave para ser considerada como expressão de esquecimento ou de fadiga. A amnésia costuma se relacionar a eventos traumáticos, como acidentes ou lutos imprevistos, e é do tipo parcial e seletiva com mais frequência. A amnésia completa e generalizada é rara e diz respeito habitualmente a uma fuga (F44.1); neste caso, deve-se fazer o diagnóstico de fuga. A amnésia não deve ser diagnosticada na presença de transtorno cerebral orgânico, intoxicação ou fadiga extrema.
F44.1 Fuga dissociativa	A fuga apresenta todas as características de uma amnésia dissociativa, mas, além disso, comporta um deslocamento motivado maior que o habitual. Embora exista uma amnésia para o período de fuga, o comportamento do sujeito no curso desta última pode parecer perfeitamente normal para observadores desinformados.
F44.2 Estupor dissociativo	Presença de diminuição significativa ou ausência dos movimentos voluntários, bem como da reatividade normal a estímulos externos (p. ex., luz, ruído, tato), sem que os exames clínicos e complementares mostrem evidências de uma causa física. Além disso, dispõe-se de argumentos em favor de uma origem psicogênica do transtorno, na medida em que é possível evidenciar eventos ou problemas estressantes recentes.
F44.3 Estados de transe e de possessão	Perda transitória da consciência da própria identidade, associada a uma conservação perfeita da consciência do meio ambiente. Devem ser incluídos aqui apenas os estados de transe involuntários e não desejados, excluídos aqueles de situações admitidas no contexto cultural ou religioso do sujeito.
F44.4 Transtornos dissociativos do movimento	Perda da capacidade de mover uma parte ou a totalidade do membro ou dos membros. Pode haver semelhança estreita com quaisquer variedades de ataxia, apraxia, acinesia, afonia, disartria, discinesia, convulsões ou paralisia.
F44.5 Convulsões dissociativas	Os movimentos observados no curso das convulsões dissociativas podem se assemelhar muito àqueles observados no curso das crises epilépticas, mas a mordedura de língua, os ferimentos por queda e a incontinência de urina são raros. Além disso, a consciência está preservada ou é substituída por um estado de estupor ou transe.
F44.6 Anestesia e perda sensorial dissociativas	Os limites das áreas cutâneas anestesiadas correspondem mais a concepções pessoais do paciente do que a descrições científicas. Do mesmo modo, pode haver perda de um tipo de sensibilidade dado, com conservação de outras sensibilidades, não correspondendo a nenhuma lesão neurológica conhecida. A perda de sensibilidade pode ser acompanhada de parestesias. É raro as perdas da visão e da audição serem totais nos transtornos dissociativos.

indivíduo com história prévia de transtorno convulsivo) ou qualquer combinação ou variação desses elementos. A motivação para o comportamento consiste em assumir o papel de enfermo, de modo que incentivos externos (p. ex., ganho econômico, esquiva de responsabilidades legais ou melhora no bem-estar físico, como na simulação) estão ausentes. Existe, ainda, a síndrome de Münchausen, que pode se manifestar de duas formas: autoinfligida, quando a pessoa produz em si própria os sintomas, ou por procuração, quando ela os produz em uma terceira (Taborda & Barros, 2012).

F60.4 – Transtorno da personalidade histriônica

Essa condição caracteriza-se por dramatização, teatralidade e expressão exagerada de emoções; sugestionabilidade, isto é, o indivíduo é facilmente influenciável por outros ou ambientes; afetividade superficial e instável; busca contínua por excitação e atividades nas quais o paciente seja o centro das atenções; sedução inapropriada em aparência ou comportamento; busca de parceiros simultâneos; desprezo por diagnósticos, críticas e sugestões que não coincidam com seu comportamento; e preocupação excessiva com aparência física, vestimenta e acessórios. Em casos extremos, pode ocorrer perda de movimento, fala e memória.

A AVALIAÇÃO NEUROPSICOLÓGICA NOS CASOS DE SIMULAÇÃO

Entre as doenças simuladas ou exageradas com mais frequência estão as sensoriais, da personalidade e cognitivas. Nesta última categoria, a simulação de déficits de memória é a mais comum devido à crença generalizada de que é mais fácil fingir amnésia. Uma das razões que poderiam explicar essa maneira de pensar é o fato de que se acredita ser mais fácil falsificar um sintoma positivo com a expressão de déficits comportamentais; isto é, o sujeito não precisa criar distúrbios inexistentes, tal como uma alucinação, apenas "parar de fazer" algo já conhecido, como recordar (Resnick, 2006). Ainda de acordo com Resnick, a simulação pura é mais comum nos processos criminais, enquanto a parcial e a falsa imputação têm mais frequência na área cível. Bittencourt, Ferreira, Marasciulo e Collares (2001) afirmam que o periciando, ao ser avaliado, não simula visando a receber diagnóstico e tratamento, mas procurando um benefício de que necessita ou a que julga ter direito. O profissional da área da saúde pode ser interpretado, pelo indivíduo, como um obstáculo a ser superado, surgindo, a partir daí, conflitos na relação.

No processo de investigação de simulação, Slick, Sherman e Iverson (1999) desenvolveram quatro critérios:

a) presença de ganho significativo externo
b) evidência a partir de testes neuropsicológicos
c) evidência a partir do autorrelato
d) os comportamentos necessários para preencher os critérios B e C não se devem exclusivamente a fatores psiquiátricos, neurológicos ou desenvolvimentais

Ainda no contexto da avaliação neuropsicológica forense, há de se considerar também o baixo esforço dos examinados na realização das provas, postura que constitui outro indicativo de simulação (Sousa, Machado, & Quintas, 2013). Spreen e Strauss (1998) apontam duas possibilidades de se verificar a fraude durante a avaliação: a primeira engloba o uso de testes padronizados para confirmar déficits cognitivos específicos às queixas ou aos sintomas apresentados, e a segunda refere-se à utilização de instrumentos diferentes, independentes dos déficits exibidos e dirigidos para várias funções cognitivas. Ou seja, utiliza-se uma série de instrumentos que servirão para avaliar um conjunto amplo de funções cognitivas que estão além da sintomatologia apresentada pelo periciando, como, por exemplo, o *Wisconsin Card Sorting Test* [WCST] (Sousa et al., 2013) e o *Trail Making Test* [TMT] (Egeland & Langfjaeran, 2007).

Estudando o índice de simulação em 56 participantes com traumatismo craniencefálico, de grau leve e moderado, em perícias de avaliação de dano corporal nos contextos civil, trabalhista e penal na Cidade de Porto (Portugal), entre 2005 e 2009, Sousa e colaboradores (2013), por meio do WCST, encontraram indicativos de simulação em 45,2% dos avaliados.

As estimativas do número de processos civis envolvendo algum componente de déficits neuropsicológicos simulados variam entre 15 e 64%, dependendo da população avaliada (p. ex., casos de compensação dos trabalhadores, pacientes ambulatoriais) e dos critérios utilizados para identificar simulação. A probabilidade de os simuladores confessarem sua mentira é praticamente nula, de modo que cabe ao avaliador identificar desempenhos e sintomas aberrantes e usar testes neuropsicológicos capazes de detectar simulação (Robin, Hilsabeck, & Gouvier, 2005). Robin e colaboradores (2005) ressaltam, ainda, que, embora não existam testes neuropsicológicos específicos para verificar a veracidade dos sintomas alegados pelo paciente, a administração dos instrumentos é mais positiva do que negativa no reconhecimento de simulação.

Hayes, Hilsabeck e Gouvier (2005), por exemplo, chamam atenção para o fato de que toda ferramenta de avaliação neuropsicológica tem um aspecto importante, chamado, em inglês, de *floor effect*. Este pode ser entendido como uma condição rasa ou efeito chão e refere-se ao fato de que todo teste apresenta tarefas que mesmo indivíduos com prejuízos severos seriam capazes de realizar com algum sucesso; porém, em caso de simulação, o indivíduo exibiria uma incapacidade.

Alguns autores consideram que os testes de validade dos sintomas ou procedimentos de escolha forçada são as medidas mais utilizadas e estudadas de déficits cognitivos simulados (Gervais, Rohling, Verdes, & Ford, 2004). Esses procedimentos são baseados no teorema de distribuição binomial, ou seja, em um teste que consiste em elementos com duas respostas possíveis. Assim, o examinado deve ser capaz de obter a resposta correta em 50% das vezes, mesmo que por acaso. A vantagem do processo de escolha forçada é sua adaptabilidade a qualquer função neuropsicológica que permita o formato de resposta de duas alternativas, bem como a facilidade com que pode ser administrado por computador.

Já Feldstein, Durhan, Keller, Kleber e Davis (2000) dão ênfase ao teste de simulação com base nos princípios de *priming* e memória implícita. *Priming* refere-se à facilitação do desempenho em função de já se ter visto um estímulo-alvo. A memória implícita, por sua vez, é revelada quando o desempenho da tarefa é facilitado por informações anteriormente apresentadas, sem que a pessoa tenha consciência da existência dessas informações, ao contrário da explícita, que é revelada quando o desempenho na tarefa requer lembrança consciente dos estímulos já apresentados. Nesse contexto, o teste de *priming* pode ser útil para detectar simulação, pois *performances* de amnésias sobre essas tarefas são contraintuitivas em relação ao que o examinando pudesse esperar.

García-Domingo e colaboradores (2004) propõem critérios para diferenciar simulação de déficits de memória, os quais são exibidos na Tabela 28.4.

CONSIDERAÇÕES FINAIS

O processo de investigação neuropsicológica se fundamenta na utilização de instrumentos especificamente padronizados para avaliação das funções cognitivas, envolvendo sobretudo habilidades de atenção, percepção, linguagem, raciocínio, abstração, memória, aprendizagem, habilidades acadêmicas, processamento da informação, visuoconstrução, afeto e funções motoras e executivas. Além disso, concentra conhecimentos teóricos derivados das neurociências e da prática clínica, com metodologia estabelecida tanto para uso clínico como forense. Seu principal objetivo é delinear o perfil cognitivo que identifica a extensão e a gravidade do déficit, estabelecendo os comprometimentos e os recursos preservados pelo paciente.

Neste capítulo, abordamos a aplicação da avaliação neuropsicológica como um recurso para identificar possível simulação de déficits cognitivos. Isso não é uma tarefa fácil: requer questionamento detalhado, revisão de registros médicos e neurológicos, uso de testes psicológicos e neuropsicológicos, além de conhecimentos teóricos sobre teorias da personalidade, psicopatologia e técnicas de avaliação. E de forma não menos importante, o domínio do perito na habilidade da coleta de informações por meio da entrevista clínica.

TABELA 28.4
Diferenças entre quadros reais de amnésias e simulação

DÉFICITS DE MEMÓRIA	SIMULADORES
Âmbito de memória e atenção preservado	Âmbito de memória e atenção deterioradas
Memória de longo prazo: memória semântica em geral intacta, memória episódica alterada de modo significativo	Memória de longo prazo: padrão exageradamente alterado
Memória autobiográfica preservada no geral	Memória autobiográfica alterada
Melhor execução em tarefas de reconhecimento do que recordação	Pior execução em tarefas de reconhecimento do que recordação
Memória implícita preservada	Memória implícita alterada
Menor distração, melhor desempenho da memória	O desempenho da memória independe dos fatores distratores

Fonte: García-Domingo e colaboradores (2004).

REFERÊNCIAS

Almeida Jr., A. (1957). *Lições de medicina legal*. Rio de Janeiro: Nacional de Direito.

American Psychiatric Association. (2013). *Diagnostic and statistical manual of mental disorders: DSM-5*. Arlington: American Psychiatric Association.

Bittencourt, P. C. T., Ferreira, M. A., Marasciulo, A. C., & Collares, C. F. (2001) Condições mais frequentes em um ambulatório de pericia neurológica. *Arquivos de Neuro-Psiquiatria, 159*(2-A), 214-8.

Egeland, J., & Langfjaeran, T. (2007). Differentiating malingering from genuine cognitive dysfunction using the trail making test-ratio and stroop interference scores. *Applied Neuropsychology, 14*(2), 113-9.

Feldstein, S., Durham, R. L., Keller, F. R., Klebe, K., & Davis, H. P. (2000). Classification of malingerers on a nondeclarative memory task as a function of coaching and task difficulty. *American Journal of Forensic Psychology, 18*, 57-78.

Garcia, J. A. (1945). *Psicopatologia forense*. Rio de Janeiro: Revista Forense.

García-Domingo, G., Negredo-López, L., & Fernández-Guinea. S. (2004). Evaluación de la simulación de problemas de memória dentro del ámbito legal y forense. *Revista de Neurología, 38*(8), 766-74.

Gervais, R. O., Rohling, M. L., Green, P., & Ford, W. (2004). A comparison of WMT, CARB, and TOMM failure rates in non-head injury disability claimants. *Archives of Clinical Neuropsychology, 19*(4), 475–87.

Gierok, S. D., Dickson, A. L., & Cole, J. A. (2005). Performance of forensic and non-forensic adult psychiatric inpatients on the test of memory malingering. *Archives of Clinical Neuropsychology, 20*(6), 755-60.

Grøndahl, P., Vaerøy, H., & Dahl, A. A. (2009). A study of amnesia in homicide cases and forensic psychiatric experts' examination of such claims. *International Journal of Law and Psychiatry, 32*(5), 281-7.

Hayes, J. S., Hilsabeck, R. C., & Gouvier, W. D. (2005). Malingering traumatic brain injury: current issues and caveats in assessment and classification. In N. R. Varney, & R. J. Roberts (Eds.), *Neurobehavioral dysfunction following mild head injury: mechanisms, evaluation, and treatment* (pp. 249-89). Hillsdale, NJ: Lawrence Erlbaum Associates Inc.

Ingenieros, J. (1918). *Simulación de la Locura*. Buenos Aires: Rosso.

Musso, M. W., Barker, A. A., Jones, G. N., Roid, G. H., & Gouvier, W. D. (2011). Development and validation of the stanford binet-5 rarely missed items-nonverbal index for the detection of malingered mental retardation. *Archives of Clinical Neuropsychology, 26*(8), 756-67.

Organização Mundial da Saúde. (1993). *Classificação de transtornos mentais e de comportamento da CID-10: descrições clínicas e diretrizes diagnósticas*. Porto Alegre: Artmed.

Resnick, P. J. (1997). Malingering of posttraumatic stress disorders. In R. Rogers, *Clinical assessment of malingering and deception* (2nd ed. pp. 130-52). New York: Guiford.

Resnick, P. J. (2006). Malingering of psychiatric symptoms. *Primary Psychiatry, 13*(6), 35-8.

Robin, C., Hilsabeck, W. M., & Gouvier, D. (2005). Detecting simulated memory impairment: further validation of the word completion memory test (WCMT). *Archives of Clinical Neuropsychology, 20*(8), 1025-41.

Scott, C., L. (2012). Evaluating amnesia for criminal behavior: a guide to remember. *Psychiatric Clinics of North America, 35*(4), 797-819.

Simulação. [20--]. *Dicionário Aurélio Online*. Recuperado de http://www.dicionariodoaurelio.com/simula%C3%A7%C3%A3o

Slick, D. J., Sherman, E. M., & Iverson, G. L. (1999). Diagnostic criteria for malingered neurocognitive dysfunction: proposed standards for clinical practice and research. *Archives of Clinical Neuropsychology,13*(4), 545-61.

Sousa, H., Machado, M., & Quintas, J. (2013). Detecção de simulação com o uso do wisconsin card sorting test e do trail making test. *Psicologia: Teoria e Pesquisa, 29*(1), 15-20.

Spreen, O., & Strauss, E. (1998). *A compendium of neuropsychological tests: administration, norms and commentary* (2nd·ed.). New York: Oxford University Press.

Taborda, G. G. V., & Barros, A. J. S. (2012). Simulação. In G. G. V. Taborda, E. Abdalla-Filho, & M. Chalub, *Psiquiatria forense* (2. ed. pp. 469-83). Porto Alegre: Artmed.

Jovens infratores

NATALI MAIA MARQUES
MERY CANDIDO DE OLIVEIRA

Ressaltamos que nosso papel está dentro do que nos é cabível oferecer: conhecimentos acerca do funcionamento psicológico de determinada pessoa, em termos de assistência, orientação e de perícia no contexto judicial, e, para tal, não julgamos, não sentenciamos, não absolvemos, não beneficiamos nem prejudicamos. (Serafim & Saffi, 2012).

ADOLESCÊNCIA: CONSTRUÇÃO DA IDENTIDADE E DESENVOLVIMENTO NEUROBIOLÓGICO

A adolescência é compreendida como uma fase do processo de socialização e construção da identidade, o qual está baseado na família, na sociedade, nos grupos relacionais, na escola, etc. A partir de uma visão cartesiana racionalista-desenvolvimentista, além da crença em uma "identidade adolescente", também se acredita que é nesse período que se constrói a identidade do sujeito. Por isso, tal etapa seria o momento inaugural da personalidade que definiria o sujeito para o resto de sua vida. Erik Erikson (1976, p. 14), um dos estudiosos do desenvolvimento psicossocial, afirmou que a adolescência é

> ... um momento crucial, quando o desenvolvimento tem de optar por uma ou outra direção, escolher ou este ou aquele rumo, mobilizando recursos de crescimento, recuperação e nova diferenciação.

A identidade do sujeito estaria, então, inevitavelmente atrelada à consecução de determinado objetivo: o nível de racionalidade madura. É a própria primazia da razão que produz a noção/necessidade dessa identidade individual e, como consequência, de seu desenvolvimento.

Winnicott (1971) também abordou muito esse assunto, relacionando tal fase com a imaturidade e a delinquência juvenil e descrevendo-a como um período de confusão. Entre outros aspectos, destacou os seguintes: a importância do papel dos pais, sobretudo da mãe, bem como o das escolas e outros grupamentos, que são vistos como extensões da ideia familiar e realce dos padrões familiares estabelecidos, ou seja, o papel especial da família em sua relação com as necessidades desses jovens; a imaturidade do adolescente; a consecução, pelo indivíduo, de uma identificação com grupamentos sociais e com a sociedade, sem perda excessiva de espontaneidade pessoal; e a estrutura da sociedade – palavra que o autor utiliza como substantivo coletivo: a sociedade é composta de unidades individuais, maduras ou imaturas, sendo as abstrações da política, da economia, da filosofia e da cultura vistas como a culminação de processos naturais de crescimento.

Vygotsky (2009) afirma que o mais importante para o desenvolvimento psicológico da criança não é o progresso das funções neuropsicológicas isoladas (memória, atenção, pensamento), mas das relações interfuncionais entre elas, sendo o aspecto funcional mais importante do desenvolvimento do sistema nervoso humano.

Com a construção dos neurônios, observa-se também a estruturação da ligação entre eles por meio dos axônios e dos dendritos. O ápice desse processo ocorre durante os primeiros anos de vida. Inicia-se também a construção das sinapses, processo fundamental para que os axônios e dendritos façam a interligação entre as células neuronais. Isso ocorre por meio da sinaptogênese, e sua construção apresenta grande variação no tempo. No córtex visual, por exemplo, a maior parte da sinaptogênese finda nos primeiros anos de vida, enquanto, no córtex pré-frontal, esse processo estende-se até o fim da adolescência e início da vida adulta.

O desenvolvimento das primeiras habilidades cognitivas e práticas inicia-se durante a gestação e vai até a terceira década da vida. Esse processo começa com a neurogênese, o nascimento dos neurônios, células cerebrais mais envolvidas no processamento de informações. Em seguida, estes migram para sítios apropriados de acordo com a organização do cérebro. Apesar de ocorrer em maior velocidade durante os estágios iniciais do ser, a neurogênese pode acontecer durante toda a vida.

ADOLESCÊNCIA: LEGISLAÇÃO BRASILEIRA E MEDIDA SOCIOEDUCATIVA

Em relação à política de atendimento ao adolescente, mudanças significativas são preconizadas, sendo a doutrina da situação irregular[1] – prevista no anterior Código de Menores (Lei nº 6.697/79) – substituída por um novo paradigma, a doutrina da proteção integral, cujos pontos básicos são (Brasil, 1990):

- Tudo o que é considerado direito da criança e do adolescente deve ser considerado dever das gerações adultas, representadas pela família, pela sociedade e pelo Estado.
- O atendimento aos direitos da criança e do adolescente deve ser encarado como prioridade absoluta, uma vez que esses indivíduos não conhecem suficientemente seus direitos, não têm condições de suprir por si mesmos suas necessidades básicas, encontram-se em circunstância peculiar de desenvolvimento, etc.

Assim, ao regulamentar o Artigo constitucional, o Estatuto da Criança e do Adolescente (ECA) possibilitou, no âmbito do tratamento jurídico, uma forma alternativa de se enxergar a questão da conduta infracional: as medidas socioeducativas,[2] previstas na Normativa Nacional – Juizado da Infância e Juventude.

A Fundação CASA é o órgão responsável, com a Vara da Infância e Juventude,

---

[1] O Código de Menores de 1979, Lei nº 6.697, baseava-se na doutrina da situação irregular, de acordo com a qual a legislação deveria dirigir-se aos menores nas seguintes ocasiões: privações de condições essenciais para a subsistência, saúde e instrução obrigatória; vítimas de maus-tratos; privação de representação legal; desvio de conduta; e autoria de infração penal (Brasil, 1979).

[2] No Estatuto da Criança e do Adolescente, está prevista a aplicação de medidas socioeducativas a adolescentes autores de ato infracional, que é conduta análoga a crime ou contravenção penal. Essas medidas abrangem: advertência, obrigação de reparar o dano, liberdade assistida, prestação de serviço à comunidade, semiliberdade e internação na Fundação CASA (Centro de Atendimento Socioeducativo ao Adolescente) (Brasil, 1990).

pelo programa de medida socioeducativa em todo o Estado de São Paulo. Os jovens, após um período de internação provisória, são vistos em audiência pelo juiz, que determinará a necessidade de internação em regime fechado ou nas modalidades semiaberto ou liberdade assistida.

Dentro da medida, o jovem terá um planejamento individual de atividades, as quais incluem prosseguimento da vida escolar, exercícios físicos, complementação com aulas de cunho artístico e acompanhamento psicológico e de assistência social para o interno e seus familiares, bem como psicoterapia e tratamento psiquiátrico, quando indicado.

Nesse contexto, a avaliação neuropsicológica se constitui em importante instrumento de ajuda para que os profissionais da psicologia, da psiquiatria, da educação e do próprio Direito direcionem o programa de atendimento em saúde mental.

JOVENS INFRATORES E AVALIAÇÃO NEUROPSICOLÓGICA

Moffitt (1993) aponta uma relação entre fatores de risco precoces nos indivíduos e condutas antissociais; tais fatores incluem temperamento difícil, déficits neuropsicológicos na função verbal (que afetariam a percepção auditiva e a leitura, o desenvolvimento da linguagem falada e escrita, a memória, além da função executiva, implicando dificuldade de aprendizagem e sintomas como desatenção e impulsividade) e prejuízo nas habilidades de solução de problemas.

No que se refere à continuidade dos problemas de comportamento, Campbell, Spieker, Burchinal, Poe e Nichd (2006) apontam que a presença de comportamento antissocial na infância aumenta a probabilidade de dificuldades de ajustamento no início da adolescência, as quais incluem habilidade social pobre, altos níveis de problemas externalizantes e conflitos com pares. Na idade adulta, segundo Roisman, Aguilar e Egeland (2004), essas dificuldades estariam associadas a abuso de substâncias, baixo desempenho acadêmico, altos níveis de estresse e ajustamento vocacional empobrecido.

Nesse contexto, a avaliação neuropsicológica tem dois objetivos: diagnóstico e terapêutico. A análise semiológica dos transtornos permite que se proponha uma sistematização sindrômica da disfunção do comportamento e do pensamento; que se firme o substrato das possíveis lesões; e que se formulem as hipóteses sobre a topografia dessas lesões, se presentes. Entrevista semiestruturada; exame da atenção, da impulsividade, da linguagem e do controle inibitório em funções executivas; e instrumentos de avaliação da personalidade, como o Teste das Pirâmides Coloridas de Pfister e a Escala Fatorial de Neuroticismo e Controle Emocional, são ferramentas importantes na investigação dos casos de transtorno da conduta.

São essenciais na avaliação de adolescentes infratores as escalas que medem as habilidades sociais, como empatia, autocontrole, civilidade, assertividade, abordagem afetiva e desenvolvimento social. Esses instrumentos delineiam um quadro preciso do nível de maturidade desses aspectos e, consequentemente, do convívio do jovem em sociedade, além de serem importantes no levantamento de fatores de risco para futuras ações agressivas, gerando, portanto, índices de reincidências. Vejamos, no Quadro 29.1, a título de exemplo, os resultados de uma jovem de 15 anos, em medida socioeducativa por tentativa de homicídio de seu avô paterno, que a molestou por vários anos.

Podemos concluir que, no exemplo citado, a situação de criminalidade está associada a uma agressividade reativa, a qual resulta mais da relação incestuosa do que

> **Quadro 29.1**
>
> **Habilidades sociais de jovens de 15 anos em medida socioeducativa**
>
> **Empatia:** Frequência P60/Dificuldade para execução: P01
> Capacidade acima da média de vivenciar sentimentos empáticos, sem dificuldades para colocar-se no papel do outro.
>
> **Autocontrole:** Frequência P75/Dificuldade para execução: P15
> Reúne habilidades para reagir com calma a situações aversivas em geral, como aquelas que produzem sentimentos de frustração, desconforto, raiva e humilhação.
>
> **Civilidade:** Frequência P95/Dificuldade para execução: P0
> Inclui as habilidades de "traquejo social", tais como despedir-se, agradecer favores ou elogios e fazer gentilezas. A paciente não apresenta dificuldade no manejo das regras sociais.
>
> **Assertividade:** Frequência P30/Dificuldade para execução: P30
> Refere-se à capacidade de lidar com situações interpessoais que demandam a afirmação e a defesa de direitos e autoestima. Este foi o único resultado da paciente que ficou abaixo da média, necessitando ser trabalhado.
>
> **Abordagem afetiva:** Frequência P80/Dificuldade para execução: P40
> Habilidade para estabelecer contato e conversação para relações de amizade.
>
> **Desenvoltura social:** Frequência P85/Dificuldade para execução: P60
> Consiste nas habilidades requeridas em situações de exposição social e conversação.
>
> **Total:** P90/Dificuldade para execução: P15 Indicativo de recursos interpessoais muito satisfatórios.

de elementos antissociais na personalidade da jovem. A baixa pontuação na função da assertividade, que envolve autoestima e autodefesa, aparece dentro do esperado para vítimas de abuso sexual, em especial do tipo incestuoso. Pode-se concluir, também, que a margem de risco para a volta ao convívio social da jovem é baixa, pois as principais dificuldades de gerenciamento psicológico ficam por conta de mecanismos autorreferentes.

Dados epidemiológicos atuais apontam que 96% dos internos da Fundação CASA são do sexo masculino, dos quais 80% evadiram a escola, 86% sofreram violência doméstica, 63% apresentaram transtorno da conduta na infância e 3% eram agressores sexuais. A média de idade desses indivíduos é de 16 anos (Motta, Paiva, Fonseca, & Castellana, 2013). Bonini, B. 2013). Em relação aos agressores sexuais, há uma recente pesquisa que investigou características psicológicas, sexuais e mnêmicas de adolescentes em medida socioeducativa. Esses jovens apresentavam história de abuso sexual, e foram constatados déficits significativos nas funções de memória de curto e longo prazo. Além disso, o estudo apontou como fator de gravidade no *modus operandi* do comportamento agressor o fato de o sujeito apresentar, em sua história, registro de abuso sexual na infância e violência intrafamiliar associada com maior tempo de duração (De Oliveira, 2010).

Há contínuos avanços de pesquisa sobre esse tema na literatura forense. Por exemplo, um estudo identificou maiores traços de psicopatia em um grupo de jovens reincidentes em comparação a um grupo de infratores primários. Nesse estudo, também foram realizados testes para avaliação de quociente de inteligência (QI) e funções executivas. O grupo de reincidentes teve melhores resultados em planejamento visuoespacial e QI, enquanto os primários apresentaram desempenho superior em teste de atenção (Achá, 2011).

Ilustremos a importância da avaliação neuropsicológica no caso de um jovem. A aplicação da medida socioeducativa se deu em função da prática de atos infracionais tipificados no Código Penal brasileiro como homicídio, antecedido pelo estupro da vítima, a qual estava com 5 anos. Tal demanda de avaliação foi determinada por ordem judicial, para auxílio em futuros encaminhamentos do menor infrator. Assim, avaliou-se o desempenho intelectivo do sujeito por meio da Escala Wechsler de Inteligência para Adultos (WAIS-III), e sua personalidade foi investigada mediante entrevista clínica, testes projetivos (Teste de Apercepção Temática e Teste das Pirâmides Coloridas) e Escala de Verificação de Psicopatia (PCL-R).

Os resultados da avaliação apontaram desempenho intelectivo limítrofe, isto é, significativamente abaixo da média da população, porém sem se caracterizar como retardo mental. De modo geral, o jovem apresentou pouca capacidade racional, agindo de modo mais instintivo. Emprega parcos recursos simbólicos, que são incapazes de inibir a expressão de comportamentos inadequados. Essa condição, de maneira geral, dificulta a compreensão da vida e suas relações.

Quanto aos aspectos da personalidade, o conjunto de informações revelou capacidade de adaptação social ao ambiente reduzida. Essa condição de personalidade pouco amadurecida corrobora uma constituição psíquica pautada em um insuficiente controle de impulsos instintivos, que pode levar o indivíduo a expressar descargas abruptas, vorazes e violentas. Esse aspecto se apresenta ainda mais evidente quando o paciente experimenta situações de excitação interna, como no caso das fantasias sexuais, presentes em sua dinâmica psíquica, com predomínio de características violentas contra meninos.

Embora entenda o caráter ilícito e danoso de sua ação, o paciente, quando tomado por essa impulsividade, não consegue adiar sua ação destruidora. Assim, identificamos que tende a projetar seus impulsos sexuais e agressivos em direção a figuras frágeis (meninos), estando sua satisfação sexual associada à necessidade de causar sofrimento/dor (atitude sádica). O jovem revelou uma personalidade caracterizada por alterações significativas no espectro constitucional, com incapacidade significativa para contenção de impulsos sexuais e agressivos. Assim, configura-se como alguém cujo comportamento é puramente instintivo, de modo que sua consciência não apresenta ação inibidora, uma vez que esse ato é prejudicado pelo processo dissociativo de sua personalidade. A fim de se reduzir a manifestação dessa conduta, é imprescindível o acompanhamento médico-psiquiátrico e psicológico sistemático.

Com a ilustração desse caso complexo, entendemos a importância dos profissionais que realizam a avaliação psicológica e psiquiátrica de jovens infratores, uma vez que reúnem e apresentam elementos relevantes para apreciação da demanda (ato infracional) e, consequentemente, contribuem para que as autoridades judiciais determinem os futuros encaminhamentos.

CONSIDERAÇÕES FINAIS

Neste capítulo, abordamos o quanto a avaliação neuropsicológica forense pode auxiliar no programa de atendimento individual de jovens em medida socioeducativa, em especial quando o comportamento infracional está associado a questões relativas a transtornos mentais, para que a internação possa ser cumprida de forma a promover no sujeito mudanças subjetivas e comportamentais. Essa avaliação oferece dados das condições cognitivas e psicodinâmicas necessárias para a reintegração desse jovem à vida em sociedade. Esses dados são relevantes para o destino final do processo e para que o jovem receba o encaminhamento apropriado, a fim de continuar os tratamentos na rede externa, quando necessário.

REFERÊNCIAS

Achá, M. F. F. (2011). *Funcionamento executivo e traço de psicopatia em jovens infratores*. (Dissertação). Faculdade de Medicina da Universidade de São Paulo.

Brasil. (1979). Lei 6.697 de 10 de outubro. Institui o Código dos Menores. [Extinguida]. Recuperada de http://www.planalto.gov.br/ccivil_03/leis/1970-1979/L6697.htm.

Brasil. (1990). Lei 8.069 de 13 de julho. Dispõe sobre o Estatuto da Criança e do Adolescente e dá outras providências. Recuperado de http://www.planalto.gov.br/ccivil_03/leis/l8069.htm.

Campbell, S. B., Spieker, S., Burchinal, M., Poe, M. D., & NICHD Early Child Care Research Network. (2006). Trajectories of aggression from toddlerhood to age 9 predict academic and social functioning through age 12. *Journal of Child Psychology and Psychiatry, 47*(8), 791-800.

De Oliveira, M. P. C. (2010). *Abuso sexual de meninos: estudo das consequências psicossexuais na adolescência*. (Dissertação). Faculdade de Medicina da USP.

Erikson, E. (1976). *Identidade, juventude e crise*. Rio de Janeiro: Zahar.

Moffitt, T. E. (1993). Adolescence-limited and life-course-persistent antisocial behavior: a developmental taxonomy. *Psychological Review, 100*(4), 674-701.

Motta, A., Paiva, J., Fonseca, R. C., & Castellana, G. B. (2013). *Temas em psiquiatria forense e psicologia jurídica III - Violência Sexual*. São Paulo: Vetor.

Roisman, G. I., Aguilar, B., & Egeland, B. (2004). Antisocial behavior in the transition to adulthood: the independent and interactive roles of developmental history and emerging developmental tasks. *Developmental and Psychopathology, 16*, 857-71.

Serafim, A. P., & Saffi, F. (2012). *Psicologia e práticas forenses*. São Paulo: Manole.

Vygotsky, L. S. (2009). El desarollo del sistema nervoso. In R. L. Qintanar, *Las funciones psicológicas en el desarollo del niño*. México: Trillas, 232 p.

Winnicott, D. (1971). Inter-relacionar-se independentemente do impulso instintual e em função de identificações cruzadas. In D. Winnicott, *O brincar e a realidade*. Rio de Janeiro: Imago.

parte 5

Aspectos éticos em perícias

30

O contato com o municipando, os procedimentos e os documentos forenses

FABIANA SAFFI
NATALI MAIA MARQUES
ANTONIO DE PÁDUA SERAFIM

No âmbito forense, o contato com o avaliando difere daquele feito com o paciente na prática clínica. Do mesmo modo, os procedimentos da perícia, apesar de terem aspectos comuns, exibem algumas peculiaridades. Este capítulo abordará o contato com o periciando, os procedimentos de avaliação e os documentos forenses.

O CONTATO COM O PERICIANDO

No atendimento clínico, o sujeito que será avaliado tem uma demanda, uma questão para a qual busca resposta. Pode até não procurar diretamente o psicólogo (vindo por indicação de um médico ou de um educador), mas para ele está claro que existe um problema que necessita ser investigado, a fim de se chegar a um diagnóstico e, em consequência, a um tratamento para sanar/amenizar sua condição.

Já no âmbito forense, essa configuração muda um pouco. O periciando não procura o profissional, nem mesmo de modo indireto. Para ele, existe apenas a certeza de que ele *tem* ou *não tem* um problema, buscando os operadores do Direito para clamar por algo. Estes – que, na visão do periciando, são os únicos que podem lhe ajudar – colocam em dúvida se o que o sujeito está falando é verdade ou não, exigindo uma prova. Assim, o indivíduo que é examinado na perícia literalmente se submete à avaliação (Denney & Wynkoop, 2000).

Na esfera clínica, o avaliando pode ser considerado o cliente; já na forense, o cliente não é o periciando, mas quem solicitou a perícia. Essa pequena diferença – quem é o cliente – tem grande repercussão no atendimento.

No atendimento clínico, como já dito, o sujeito, por estar interessado no resultado da avaliação, costuma colaborar com o procedimento (excluindo-se algumas exceções): empenha-se por obter o melhor resultado, responde aos questionamentos do modo mais franco possível, etc. Na avaliação forense, temos duas possibilidades: a primeira é quando o sujeito que será avaliado está simulando, ou seja, quer provar que apresenta algum mal, sequela ou doença. Assim, pode ocorrer que supervalorize alguns sintomas, floreie na entrevista e até invente algumas histórias. O perito deve estar muito atento a isso, verificando falhas e lacunas no discurso e na história, bem como pedindo documentos comprobatórios. A segunda possibilidade é quando o indivíduo quer provar que não está doente ou não tem sequelas. Na entrevista, ele pode tentar esconder sintomas e dificuldades ou se mostrar mais apto do que de fato está. Nessa situação, novamente, o perito deve estar atento às incongruências do discurso.

O mais importante no contato com o municiando é o estabelecimento do *rapport*, é formar um vínculo, em que cada um dos envolvidos conheça seus papéis, os quais são estabelecidos no contrato (que será discutido detalhadamente ainda neste capítulo).

A postura do profissional deve ser acolhedora. Ele deve ter claro que, antes de ser perito, é um psicólogo, e que ser perito não é ser policial, investigador, delegado, nem juiz. Sua função é traduzir ao operador do Direito aquilo que sua visão técnica percebe. Ele não julga, não acusa e não defende. Podemos comparar o trabalho do perito como o de um intérprete ou um tradutor, que faz a intermediação de duas pessoas que não falam a mesma língua. É essa postura, é esse papel que deve ficar claro ao periciando.

OS PROCEDIMENTOS

Como já enfatizado, a aplicação da avaliação neuropsicológica forense difere da prática clínica. No contexto jurídico, busca-se estabelecer um nexo causal entre a saúde mental do indivíduo e sua incapacidade de gerenciar e responder por sua conduta (Serafim, 2009). O que é preciso ficar claro para o profissional é que deverá ser estruturada uma metodologia para cada fim. Esta inclui anamnese, entrevista e seleção de instrumentos neuropsicológicos adequados ao propósito do procedimento em questão, o que caracteriza a necessidade de uma estratégia ou protocolo de avaliação.

A aplicação desse protocolo implica que, mesmo na prática clínica, o psicólogo qualificado irá estruturar o processo de avaliação neuropsicológica de acordo com a necessidade de cada caso. Assim, esse exame se caracteriza como uma prática de investigação diagnóstica realizada pelo psicólogo, fundamentada em uma metodologia individualizada, quantitativa e qualitativa, direcionada ao propósito e/ou à solicitação do cliente para resolver e explicar determinado fenômeno. Isso sugere que o processo de avaliação neuropsicológica é moldado por uma estrutura flexível, que rompe com modelos predeterminados, visto que há de se considerar que diferentes indivíduos e categorias diagnósticas requerem modelos de investigação distintos.

Do mesmo modo, a perícia também segue um processo composto por algumas etapas que devem ser respeitadas, cada qual com suas peculiaridades. Essas fases estão elencadas na Tabela 30.1.

A primeira etapa ocorre antes mesmo do contato com o periciando: trata-se da análise dos documentos que compõem o caso que será periciado, de acordo com a área do Direito. Esses documentos podem ser os autos do processo, informações da delegacia, prontuários médicos, relatórios de avaliações anteriores, histórico escolar, etc. A importância dessa etapa decorre do fato de que o perito deve estar ciente dos argumentos das partes e da teoria que cada uma delas sustenta, para que investigue isso em sua avaliação.

TABELA 30.1
Etapas da perícia psicológica

ETAPA	PROCEDIMENTO
1	Estudos dos documentos
2	Contrato
3	Entrevista psicológica
4	Entrevista de anamnese/objetiva
5	Avaliação cognitiva
6	Elaboração do laudo

Fonte: Serafim e Saffi (2012).

No contato com o periciando, a primeira coisa que se deve fazer é o contrato de trabalho. Ele explica o motivo da perícia, define a quantidade de atendimentos que será realizada e informa o periciando de que tudo aquilo que for considerado relevante para o caso será colocado no relatório e enviado a quem requisitou a perícia (autoridade judicial). Em seguida, questiona-se se o periciando concorda com esses termos. Tendo sua anuência, inicia-se a entrevista (terceira etapa); caso discorde e se recuse a realizar a avaliação, faz-se um termo, que ele assina, recusando formalmente o exame.

Aqui, vemos que a diferença de quem é o nosso cliente fica clara já no contrato. O laudo pericial (relatório decorrente da avaliação psicológica jurídica) será entregue ao cliente, isto é, quem solicitou a perícia. Ou seja, o periciando não recebe o relatório/laudo a não ser que seu advogado o requisite após sua entrega. O fato de o periciando não receber o resultado da avaliação e saber que qualquer informação fornecida (desde que pertinente ao caso) será colocada no relatório pode deixá-lo preocupado e fazê-lo dificultar um pouco a entrevista e a aplicação dos testes. Apesar disso, é de suma importância que ele seja avisado, pois é um direito seu aceitar ou recusar ser avaliado.

A terceira etapa é a entrevista psicológica. No âmbito forense, ela se inicia pelo motivo que suscitou a perícia, pois assim se diminui a ansiedade do periciando, uma vez que, para ele, o problema jurídico é o relevante. Solicita-se que conte com detalhes o fato que ocasionou a perícia e questiona-se aquelas dúvidas levantadas na leitura dos documentos (primeira etapa). O periciando, sabendo que tudo o que disser poderá constar no laudo a ser enviado à autoridade requisitante, poderá tentar encobrir algumas coisas e supervalorizar outras. É a habilidade do perito que irá transpor essa barreira. Uma boa dica para tentar evitar isso é visualizar uma "historinha" do fato, como ocorreu, seus detalhes, etc., a fim de verificar se existem brechas e informações inconsistentes. Caso se perceba algo nesse sentido, questiona-se de modo delicado.

Um exemplo que podemos citar é o caso de uma adolescente que chegou para avaliação por constar como vítima de abuso sexual (Vara Criminal), praticado por outros adolescentes de sua mesma faixa etária. Os jovens acusados alegaram que a garota consentiu com o ato sexual e em nenhum momento mostrou-se resistente. A denúncia havia sido feita pelos pais da menina. Na entrevista, quando questionou-se sobre o que havia ocorrido, a adolescente contou que estava em uma festa com os pais quando os meninos a abordaram e a convidaram para ir a outra festa. Ela aceitou, mas, quando chegou ao suposto local, percebeu que não havia ninguém além dos garotos que a convidaram. Segundo a pericianda, ela permaneceu na casa com eles e, então, começou a trocar carícias com um dos rapazes, que a levou para um quarto, tirou sua roupa e tentou ter relações com ela, que disse que não queria e pediu para ir embora. Porém, os meninos falaram que não a levariam, mas que, se ela quisesse, poderia ir sozinha. Como não sabia voltar sozinha, permaneceu na casa com eles. O perito, a essa altura do relato, solicitou mais detalhes do fato:

Perito: "Mas como você fez? Você falou que não queria mais ficar com o menino no quarto, colocou sua roupa e saiu?"

Pericianda: "Não, saí pelada mesmo. Estava todo mundo pelado, por que eu ia colocar minha roupa?! Isso ia ser estranho, não ia? Todo mundo pelado e só eu de roupa?!"

Novamente, ressaltamos que a postura do perito deve ser de acolhimento, e não de inquisidor. Além disso, cada caso exige uma atitude própria. Em alguns, colocar-se como alguém inocente, que não consegue compreender os fatos e a malícia por trás deles, pode ser uma forma de aproximação. Já em outros, uma postura mais enérgica, rígida ou mesmo autoritária pode ser necessária. O perito precisa ter a habilidade de perceber qual a melhor postura a ser adotada com cada periciando.

Após ouvir a descrição minuciosa do fato que suscitou a perícia, passa-se para a quarta etapa: entrevista de anamnese ou objetiva. Aqui, é possível chamar outras pessoas que possam dar informações claras e objetivas sobre a vida do periciando. Coletam-se dados sobre toda a vida pregressa do indivíduo, desde a gestação até o momento atual. Essa fase da perícia é muito importante, incluindo informações fornecidas por outras pessoas ou documentos, pois a avaliação neuropsicológica é um retrato do funcionamento do periciando no momento do exame, só tendo sentido em uma perícia se puder ser comparada a seu funcionamento prévio. É preciso determinar se o comportamento apresentado é o funcionamento normal do indivíduo ou se está alterado, e ver se é possível estabelecer nexo causal entre os déficits alegados e o fato ocorrido.

Retornemos ao exemplo apresentado. Na entrevista objetiva com os pais da adolescente, descobriu-se que, alguns meses antes do suposto abuso, a jovem havia sofrido um acidente de moto, passando a apresentar algumas alterações de comportamento em decorrência de um traumatismo craniano. Entre essas mudanças, constava desinibição sexual (levantava a blusa para mostrar os seios e falava coisas inadequadas). Os genitores disseram que, antes do acidente, por exemplo, quando a pericianda ganhava um presente do qual não gostava, esperava a pessoa ir embora para então reclamar. Após o acidente, a reclamação passou a ocorrer na hora, na frente do sujeito. Apesar disso, os pais relataram que, na época do abuso, a menina já estava bem melhor em relação a esses comportamentos. Aqui, podemos verificar que o comportamento da adolescente sofreu alterações, só que foram decorrentes de um traumatismo craniano, e não do suposto abuso sexual (hipersexualidade); além disso, as mudanças podem tê-la colocado em uma situação de risco: a desinibição sexual.

A quinta etapa da perícia neuropsicológica é a avaliação cognitiva. Monta-se a bateria que será utilizada a partir da queixa apresentada, dos quesitos a serem respondidos e das entrevistas realizadas. Cada ocorrência é única, e a bateria deve ser planejada de acordo com cada caso. Durante a avaliação cognitiva, o perito psicólogo deve ficar muito atento ao modo como o periciando realiza a tarefa, e não apenas a seus resultados quantitativos, para evitar a manipulação dos dados. Para isso, o profissional deve conhecer muito bem os instrumentos que está utilizando e saber quais respostas são esperadas para o quadro que está investigando. Além disso, quando perceber que o periciando está alterando de propósito os resultados do protocolo, é seu dever sinalizar o que está ocorrendo, com o intuito de conseguir dados fidedignos.

A última etapa da perícia psicológica é a elaboração do laudo. Depois de concluídos os atendimentos e corrigida a bateria de testes, reúnem-se todas as informações pertinentes ao caso e elabora-se o laudo seguindo as orientações da Resolução CFP nº 007/2003 (Conselho Federal de Psicologia, 2003).

OS DOCUMENTOS FORENSES

A elaboração de documentos psicológicos ainda é um assunto pouco disseminado entre os psicólogos. Qualquer profissional da área pode ser solicitado a emitir um documento psicológico. Segundo o Código de Ética do Psicólogo (Conselho Federal de Psicologia, 2005), é dever dele

Art. 1

...

f) Fornecer, a quem de direito, na prestação de serviços psicológicos, informações concernentes ao trabalho a ser realizado e ao seu objetivo profissional;

g) Informar, a quem de direito, os resultados decorrentes da prestação de serviços psicológicos, transmitindo somente o que for necessário para a tomada de decisões que afetem o usuário ou beneficiário. (p. 8)

O Conselho de Psicologia refere uma frequência alta de representações éticas que questionam a qualidade de documentos escritos. Para orientar os psicólogos na elaboração de tais documentos, em 2003 entrou em vigor a Resolução CFP nº 007/2003, que instituiu o *Manual de elaboração de documentos escritos* (Serafim & Saffi, 2012). Todas as redações dessa natureza devem ser emitidas em papel timbrado ou apresentar carimbo que tenha nome, sobrenome e inscrição do profissional. Além disso, é imprescindível registrar o local e a data, bem como assinar todos os documentos e rubricar todas as folhas.

Alguns aspectos devem ser evitados nos documentos escritos. Eles sempre devem conter informações técnicas, e não mera opinião de quem os elaborou; a conclusão tem de ser embasada em fatos, no atendimento e na análise do exame, além de se correlacionar com a literatura. A linguagem deve ser formal, mas sem jargões técnicos, pois o documento será lido por profissionais que não são da área da saúde e, portanto, não familiarizados com tais termos.

Os documentos psicológicos apresentados no referido manual são:

a) Declaração

Tem o intuito de informar a ocorrência de fatos ou situações objetivas relacionadas ao atendimento psicológico. Não deve conter o registro de sintomas, situações ou estados psicológicos. Sua finalidade é apenas declarar: comparecimentos do atendido e/ou do seu acompanhante, acompanhamento psicológico do indivíduo, informações sobre as condições do atendimento (tempo de acompanhamento, dias ou horários).

Em seu conteúdo, devem constar nome e sobrenome do solicitante, finalidade do documento e informações solicitadas no atendimento.

b) Atestado psicológico

Expõe as condições psicológicas de quem o solicita. Sua finalidade é justificar faltas e/ou impedimentos do solicitante, bem como sua (in)capacidade para atividades específicas. Além disso, visa a solicitar o afastamento ou a dispensa do solicitante, subsidiado na afirmação atestada do fato, em acordo com o disposto na Resolução CFP nº 015/96, que institui e regulamenta a concessão de atestado psicológico para tratamento de saúde por problemas psicológicos (Conselho Federal de Psicologia, 1996). Deve conter registro do nome e sobrenome do cliente, finalidade do documento e informações sobre sintomas, situações ou condições psicológicas que justifiquem o atendimento, afastamento ou falta.

A formulação do atestado deve restringir-se à informação solicitada pelo requerente, contendo expressamente o fato constatado. Os registros deverão estar transcritos de forma corrida, separados apenas pela pontuação, sem parágrafos, para evitar riscos de adulterações. Caso seja necessária a utilização de parágrafos, o psicólogo deverá preencher os espaços sem texto com traços (Serafim & Saffi, 2012).

c) Laudo psicológico

Trata-se de "... um relato sucinto, sistemático, descritivo, interpretativo de um exame (ou diversos) que descreve ou interpreta dados." (Conselho Federal de Psicologia, 2001). O laudo é um texto escrito, decorrente da perícia psicológica e resultante de um trabalho sistemático de correlação dos dados investigados. É uma apresentação descritiva das situações ou condições psicológicas pesquisadas no processo de avaliação psicológica pericial. Esse documento será lido por um profissional que não é da área da psicologia, portanto seu conteúdo deve ser compreensível a qualquer pessoa. Além disso, o laudo é circunscrito no tempo e retrata o avaliando no momento da avaliação; portanto, é imprescindível datar o documento. A partir do relatório/laudo pericial, é possível fazer uma "imagem" do sujeito avaliado.

Segundo a Resolução CFP nº 007/2003, o laudo psicológico deve constar de cinco itens: identificação, descrição da demanda, procedimento, análise e conclusão (Conselho Federal de Psicologia, 2003). Em nosso trabalho, subdividimos o item *identificação* em *preâmbulo* e *identificação do periciando*, bem como acrescentamos outras três informações: antecedentes pessoais, discussão e resposta aos quesitos. Acreditamos que, dessa forma, o laudo fique mais compreensível para quem lê. É preciso também seguir sempre uma ordem na exposição técnica, a fim de evitar que o leitor fique confuso.

- Preâmbulo. Identificação do autor/relator do laudo. Coloca-se o nome do psicólogo que realizou a perícia, seu número de inscrição no Conselho Regional de Psicologia (CRP) e suas qualificações profissionais.
- Identificação. Identificação do periciando, com nome completo, RG, idade, estado civil, escolaridade e filiação. Neste item, também devem ser colocados o nome do autor do pedido de avaliação e o motivo da solicitação.
- Procedimentos. É preciso relatar quais foram os métodos e as técnicas utilizados na avaliação, quantos encontros ocorreram, quais pessoas foram ouvidas, quais testes foram utilizados, etc.
- Descrição da demanda. Nesta seção, descrevem-se o histórico do caso estudado, as informações referentes à problemática apresentada e os motivos, razões e expectativas que produziram o pedido do documento. O histórico diz respeito ao fato investigado, e não à vida da pessoa.
- Antecedentes pessoais. Neste item, descreve-se a história de vida do periciando. Colocam-se as informações em ordem cronológica, e apenas aquelas relevantes para o estudo.
- Análise dos dados. Relata-se o desempenho do periciando na avaliação. Os resultados quantitativos são importantes, mas, acima de tudo, é necessário descrever *como* o avaliando realizou as tarefas. Não cabe ao psicólogo fazer afirmações sem sustentação em fatos e/ou teorias. Além disso, a linguagem deve ser precisa, clara e exata, especialmente quando se referir aos dados de natureza subjetiva.
- Discussão. A discussão não é obrigatória, mas, em certos casos, é conveniente que faça parte do relatório. Pode ser de dois tipos: teórico, quando versa sobre uma questão específica do caso estudado, e geral, quando há mais de um periciando.
- Conclusão. Na conclusão, todas as informações para o entendimento do caso são relacionadas (dados de história, do exame e dos documentos consultados), e são levantadas hipóteses sobre o avaliando. Esta seção deve ser sucinta.

- Respostas aos quesitos. Quando quesitos são formulados, devem ser transcritos e respondidos neste item. As respostas devem ser claras, sucintas e ater-se ao que foi questionado. Se não for possível responder ao quesito, seja por falta de elementos, seja por ele ser inadequado ao objetivo da avaliação, coloca-se "prejudicado".

d) Relatório/parecer

Trata-se de um documento que faz parte do laudo de um profissional de outra área. Sua finalidade é apresentar uma resposta específica, no campo do conhecimento psicológico, por meio de avaliação especializada de uma questão, visando a sanar dúvidas que estejam interferindo na decisão. É o resultado de uma consulta e exige de quem responde competência no assunto. Emite-se o parecer de maneira clara, objetiva e atrelada à meta de *apoio diagnóstico* ao perito. O parecer deve centrar-se na resposta às hipóteses diagnósticas levantadas pelo perito e é composto dos seguintes itens: preâmbulo, identificação, exposição de motivos, análise, conclusão e respostas aos quesitos.

A exposição de motivos descreve o objetivo da consulta e dos quesitos/dúvidas levantados pelo solicitante. Os demais itens são idênticos aos do laudo.

CONSIDERAÇÕES FINAIS

Discutimos, neste capítulo, as especificidades das práticas clínica e forense em relação aos objetivos da avaliação neuropsicológica. Suas metas são diferentes. A clínica destina-se a ajudar a pessoa a ser tratada. A avaliação, nesse contexto, busca levantar o máximo de informações para que se chegue a um diagnóstico e se oriente a intervenção, visando a melhorar a qualidade de vida do paciente. Já os examinadores forenses se esforçam para reunir e apresentar informações objetivas que possam ajudar um julgador de fato (i.e., juiz ou júri) a chegar a uma solução justa para um conflito legal. Esses profissionais têm, portanto, a obrigação de ser neutros, independentes e honestos (Greenberg & Shuman, 1997).

Visto isso, faz-se necessário que o perito, no contato inicial com o periciando, esclareça seu papel, as etapas da perícia e o objetivo do procedimento como um todo.

A psicologia forense, como toda prática psicológica, requer uma fundamentação de assistência e investigação, moldada nos princípios que regem a metodologia científica e a postura ética (Brewer & Williams, 2005). Sendo assim, enfatiza-se a necessidade de que o perito tenha conhecimento e domínio dos instrumentos de avaliação psicológica e neuropsicológica, bem como habilidades para o contato com o periciando. É importante ressaltar que não sentenciamos, apenas investigamos aspectos cognitivos e emocionais e, para tal, necessitamos de amplo conhecimento do espectro da psicopatologia.

REFERÊNCIAS

Brewer, N. & Williams, K. D. (2005). *Psychology and law: an empirical perspective*. New York: The Guilford Press.

Conselho Federal de Psicologia. (1996). Resolução CFP n. 015/1996. Institui e regulamenta a concessão de atestado Psicológico para tratamento de saúde por problemas psicológicos. Recuperado de http://www.crpsp.org.br/portal/orientacao/resolucoes_cfp/fr_cfp_015-96.aspx

Conselho Federal de Psicologia. (2001). Resolução CFP n. 030/2001. Institui o Manual de Elaboração de Documentos, produzidos pelo psicólogo, decorrentes de Avaliações Psicológicas. Recuperado de http://www.crprs.org.br/upload/legislacao/legislacao48.pdf

Conselho Federal de Psicologia. (2003). Resolução n. 007/2003. Institui o Manual de Elaboração de Documentos Escritos produzidos pelo psicólogo, decorrentes de avaliação psicológica e revoga a Resolução CFP º 17/2002. Recuperado de http://site.cfp.org.br/wp-content/uploads/2003/06/resolucao2003_7.pdf

Conselho Federal de Psicologia. (2005). Código de Ética Profissional do Psicólogo. Recuperado de http://site.cfp.org.br/wp-content/uploads/2012/07/codigo_etica.pdf

Denney, R. L., & Wynkoop, T. F. (2000). Clinical neuropsychology in the criminal forensic setting. *Journal of Head Trauma Rehabilitation*, 15(2), 804-28.

Greenberg, S. A., & Shuman, D. W. (1997). Therapy vs. forensics: irreconcilable conflict between therapeutic and forensic roles of mental health professionals. *Professional Psychology: Research and Practice*, 28, 5-57.

Serafim, A. P. & Saffi, F. (2012). *Psicologia e praticas forenses*. São Paulo: Manole.

Serafim, A. P. (2009). Fundamentos da perícia psicológica na área forense. *Revista Jurídica Logos*, 1: 117-28.

Índice

Números de páginas seguidos de *t* referem-se a tabelas e *q* a quadros.

Adolescência *Ver* Jovens infratores
Ansiedade generalizada, 181-187
   avaliação neuropsicológica,
      182-185
      funções executivas, 184-185
      processamento emocional
         e reconhecimento das
         emoções, 185
      processos atencionais,
         183-184
      processos mnésticos, 184
   implicações forenses, 186
   neuropsicologia, 182, 185-186
      e tratamento, 185-186
   transtorno de ansiedade
      generalizada, 181-182
   transtornos de ansiedade, 181
Aprosexia, 75
Aspectos históricos, 17-24
Atenção, 71-76
   alterações, 74-75
      aprosexia, 75
      distração, 75
      hiperprosexia, 74
      hipoprosexia, 74-75
   avaliação da, 73-74
      testes padronizados para a
         população brasileira, 74t
   conceito e componentes, 71-73
   estruturas, 73
   implicações forenses, 75-76

Córtex cerebral, 64-65

Déficits cognitivos, simulação de,
    261-267
   aspectos conceituais, 261-263
   avaliação neuropsicológica,
      265-266
   diagnóstico diferencial, 263-265
      F44 – transtornos
         dissociativos, 263-264

      F68.1 – transtorno factício,
         264-265
      F60.4 – transtorno da
         personalidade
         histriônica, 265
Dependência química, 233-239
   aspectos epidemiológicos
      e neurobiológicos,
      233-234
   aspectos neuropsicológicos do
      uso, 235-237
      de álcool, 235
      de cocaína/*crack*, 236-237
      de maconha, 235-236
   implicações forenses, 237-239
      área cível, 239
      área penal, 238-239
Depressão, 162-168
   implicações forenses, 166-168
      neuropsicologia, 164-166
      transtornos do humor, 162,
         163t, 164q
Distração, 75
Documentos forenses, 280-283
Doença de Alzheimer, 210-215
   aspectos legais, 213-215
   aspectos neuropsicológicos,
      212-213
   definição, 210-212
Doença de Parkinson, 217-222
   avaliação neuropsicológica,
      221-222
   cognição e afeto, 219-220
   curso e tratamento, 218-219
   definição, 217-218
   demência na, 220

Emoção, 113-119
   classificação das reações
      emocionais, 116-117
   e cognição, 117, 118t
   estruturas cerebrais e, 114-116

      amígdala cerebral, 115
      área pré-frontal, 116
      área tegmentar ventral, 115-116
      giro cingulado, 115
      hipocampo, 115
      hipotálamo, 115
      sistema límbico, 114-115
      tálamo, 115
   implicações forenses, 117-119
Escala de Inteligência Wechsler
    para Adultos (WAIS),
    99-100
Escala Geral das Matrizes
    Progressivas, 100
Esquizofrenia, 133-143
   aspectos clínicos, 134-136
      curso, 134-135
      início, 134
      sintomas, 135
      subtipos, 135-136
   avaliação neuropsicológica,
      140-141
   epidemiologia, 133-134
   implicações forenses, 141-142
   neurocognição, 138-140
      alterações cognitivas, 139t
   teorias etiológicas, 136-138
      alterações estruturais, 138
      distúrbio do
         neurodesenvolvimento,
         138
      hipótese dopaminérgica e
         glutamatérgica, 137
      teoria genética, 136-137
      teorias neuroquímicas,
         137-138
Estruturas cerebrais, 57-66
   córtex, 64-65
   lobos cerebrais, 62-64
   SNA, 60-62
   SNC, 57-60
   sistema límbico, 65-66

Ética, 277-283
    contato com o municiando, 277-278
    documentos forenses, 280-283
    procedimentos, 278-280
Exame criminológico, 37-39
Exame de cessação de periculosidade, 39-41
    instrumento de avaliação do risco de reincidência criminal, 40-41
Exame de responsabilidade penal, 36-37

Funções neuropsicológicas, 69-128
    atenção, 71-76
        alterações, 74-75
        avaliação da, 73-74
        conceito e componentes, 71-73
        estruturas, 73
        implicações forenses, 75-76
    emoção, 113-119
        classificação das reações emocionais, 116-117
        e cognição, 117, 118t
        estruturas cerebrais e, 114-116
        implicações forenses, 117-119
    executivas, 121-128
        avaliação neuropsicológica das, 125-127
        implicações forenses, 127-128
    inteligência, 97-102
        avaliação da, 99-100
        conceito e funcionamento, 97-99
        implicações forenses, 100-102
    linguagem, 104-111
        alterações, 107-110
        definição, 104-105
        estrutura, 105
        funcionamento, 106-107
        implicações forenses, 110-111
        instrumentos de avaliação da, 110
    memória, 78-86
        estruturas cerebrais e, 78-80
        implicações forenses, 85-86
        o processo da, 83
        principais alterações da, 83-85
        sistemas de, 81-83
        tipos e processos da, 80-81
    pensamento, 88-94
        alteração, 91-94

avaliação neuropsicológica, 94-95
estrutura, 89-90
funcionamento, 91
implicações forenses, 94-95
Fundamentos históricos, 17-20

Hiperprosexia, 74
Hipoprosexia, 74-75

Instrumento de avaliação do risco de reincidência criminal, 40-41
Inteligência, 97-102
    avaliação da, 99-100
        Escala de Inteligência Wechsler para Adultos (WAIS), 99-100
        Escala Geral das Matrizes Progressivas, 100
        Multifactor Emotional Intelligence Scale (MEIS), 100
        Teste Não Verbal de Inteligência Geral BETA III, 100
    conceito e funcionamento, 97-99
    implicações forenses, 100-102

Jovens infratores, 269-274
    avaliação neuropsicológica, 271-273
    construção da identidade e desenvolvimento neurobiológico, 269-270
    legislação brasileira e medida socioeducativa, 270-271

Linguagem, 104-111
    alterações, 107-110
        acidente vascular cerebral, 109
        afasia, 108
        déficits de nomeação, 107
        dislexia, 107-108
            subtipos de, 108t
                discalculia, 108t
                disgrafia, 108t
                dislexia auditiva, 108t
                dislexia visual, 108t
                disortografia, 108t
        envelhecimento demencial, 109-110
        epilepsia, 108
        transtornos específicos da linguagem, 107
    definição, 104-105
    estrutura, 105

funcionamento, 106-107
implicações forenses, 110-111
instrumentos de avaliação da, 110
Lobos cerebrais, 62-64

Memória, 78-86
    estruturas cerebrais e, 78-80
    implicações forenses, 85-86
    o processo da, 83
    principais alterações da, 83-85
        alomnésia, 84
        amnésia, 84
        amnésia anterógrada, 84
        amnésia irreversível, 84
        amnésia lacunar, 84
        amnésia orgânica, 84
        amnésia psicogênica, 84
        amnésia retrógrada, 84
        hipermnésia, 83
        hipomnésia, 84
        paramnésia, 84
    sistemas de, 81-83
        memória de trabalho, 82
        memória declarativa, 81
            episódica, 81
            semântica, 81
        memória imediata, 82
        memória não declarativa, 81-82
            condicionamento simples, 82
            pré-ativação (priming), 82
        memória recente, 82
        memória remota, 82-83
    tipos e processos da, 80-81
        aquisição, 83
        consolidação, 83
        evocação da informação, 83
Multifactor Emotional Intelligence Scale (MEIS), 100

Neurociências forenses, 26-31
    detecção de mentiras, 26-28
    modificação da atividade cerebral, 28-31

Pensamento, 88-94
    alteração, 91-94
        da forma, 93
        do conteúdo, 93-94
        do curso, 91-92
        dos conceitos, 92-93
        dos juízos, 93
    definição, 88-89
    estrutura, 89-90
    funcionamento, 91
Perícia em saúde mental, 34-55

aspectos legais garantidores,
    50-53
  penalidades, 51-53
  responsabilidade e deveres do
    perito, 51
classificação das, 49q
definições, 48-49
demandas para, 53-54
em direito administrativo, 44
fluxograma da, 52
no âmbito da justiça civil, 42-43
no âmbito da justiça criminal,
    35-42
  em suspeitas de infanticídio,
    41-42
  exame criminológico, 37-39
  exame de cessação de
    periculosidade, 39-41
  exame de responsabilidade
    penal, 36-37
no âmbito da justiça trabalhista,
  43-44
Psicoses secundárias, 145-152
  a deficiências nutricionais, 147
  a distúrbios endócrinos, 146
  a distúrbios metabólicos,
    146-147
  a doenças internas, 147-148
    autoimunes, 147
    infecciosas, 147-148
  a intoxicações e iatrogenias,
    149-150
  a transtornos neurológicos,
    148-149
  aspectos neuropsicológicos, 151
  delirium, 150-151
  diagnóstico, 151
  implicações forenses, 151-152
  principais causas, 145-146

Quadros neuropsiquiátricos,
    131-257
  ansiedade generalizada, 181-187
    avaliação neuropsicológica,
      182-185
    implicações forenses, 186
    neuropsicologia, 182,
      185-186
    transtorno de ansiedade
      generalizada, 181-182
    transtornos de ansiedade, 181
  dependência química, 233-239
    aspectos epidemiológicos
      e neurobiológicos,
      233-234
    aspectos neuropsicológicos,
      235-237
    implicações forenses, 237-239

doença de Alzheimer, 210-215
  aspectos legais, 213-215
  aspectos neuropsicológicos,
    212-213
  definição, 210-212
doença de Parkinson, 217-222
  avaliação neuropsicológica,
    221-222
  cognição e afeto, 219-220
  curso e tratamento, 218-219
  definição, 217-218
  demência na, 220
esquizofrenia, 133-143
  aspectos clínicos, 134-136
  avaliação neuropsicológica,
    140-141
  epidemiologia, 133-134
  implicações forenses, 141-142
  neurocognição, 138-140
  teorias etiológicas, 136-138
psicoses secundárias, 145-152
  a deficiências nutricionais, 147
  a distúrbios endócrinos, 146
  a distúrbios metabólicos,
    146-147
  a doenças internas, 147-148
  a intoxicações e iatrogenias,
    149-150
  a transtornos neurológicos,
    148-149
  aspectos neuropsicológicos,
    151
  delirium, 150-151
  diagnóstico, 151
  implicações forenses, 151-152
  principais causas, 145-146q
quadros depressivos, 162-168
  depressão, 162-164
  implicações forenses, 166-168
  neuropsicologia, 164-166
  transtornos do humor, 162,
    163t, 164q
retardo mental, 205-209
  avaliação do quociente de
    inteligência, 206-207
  capacidade limítrofe, 207-209
  conceito, 205
  diagnóstico, 205
  implicações forenses, 205-206
transtorno bipolar, 170-178
  avaliação neuropsicológica,
    173-174
  características clínicas, 170
  características
    neuropsicológicas,
    172-173
  comportamentos agressivos e
    impulsivos, 175-177

diagnóstico, 170
  expressão comportamental
    nos episódios do humor,
    170-172
  implicações forenses, 177-178
transtorno de déficit de
    atenção/hiperatividade,
    155-160
  aspectos neuropsicológicos
    e comportamentais,
    156-158
  características clínicas, 155-156
  em adultos e implicações
    forenses, 158-159
transtorno de estresse
    pós-traumático, 197-203
  estresse, 197-200
  funcionamento cognitivo
    e avaliação
    neuropsicológica, 201
  tratamentos, 202-203
transtorno obsessivo-
    compulsivo, 189-195
  avaliação neuropsicológica
    forense, 189-191
  neuropsicologia como
    preditor no tratamento,
    194-195
  papel das funções executivas,
    191-194
transtornos da personalidade,
    241-247
  aspectos conceituais, 241
  avaliação neuropsicológica,
    241-243
  personalidade anancástica, 245
  personalidade
    emocionalmente
    instável (*borderline*),
    244-245
  personalidade esquizoide, 245
  transtorno da personalidade
    antissocial, 245-247
  transtorno orgânico da
    personalidade, 243-244
transtornos do controle de
    impulsos, 249-257
  cleptomania, 253-254
  impulsividade, 249-250
  imputabilidade penal e
    neuropsicologia dos,
    256-257
  instrumentos para avaliação
    neuropsicológica,
    254-255
  piromania, 251-252
  transtorno explosivo
    intermitente, 252-253

traumatismo craniencefálico, 224-232
  alterações decorrentes, 227
  alterações neuropsicológicas associadas, 222-230
  avaliação neuropsicológica, 227-228
  classificação anatômica, 225-226
  definição, 225
  gravidade, 226-227
  implicações forenses, 230-231

Retardo mental, 205-209
  avaliação do quociente de inteligência, 206-207
    Escala de Inteligência Wechsler para Adultos (WAIS-III), 207
    Escala de Inteligência Wechsler para Crianças (WISC-III), 207
    Escala de Maturidade Mental Colúmbia (EMMC), 206
    Matrizes Progressivas Coloridas de Raven, 206-207
  capacidade limítrofe, 207-209
  conceito, 205
  diagnóstico, 205
  implicações forenses, 205-206

Simulação de déficits cognitivos *Ver* Déficits cognitivos, simulação de
Sistema límbico, 65-66
Sistema nervoso autônomo, 60-62
Sistema nervoso central, 57-60

Teste Não Verbal de Inteligência Geral BETA III, 100
Transtorno bipolar, 170-178
  avaliação neuropsicológica, 173-174
  características clínicas, 170
  características neuropsicológicas, 172-173
  comportamentos agressivos e impulsivos, 175-177
  diagnóstico, 170
  expressão comportamental nos episódios do humor, 170-172

  episódio depressivo, 172
  episódio hipomaníaco, 171
  episódio maníaco, 171
  estágios da mania, 171t
  implicações forenses, 177-178
Transtorno de déficit de atenção/hiperatividade, 155-160
  aspectos neuropsicológicos e comportamentais, 156-158
  instrumentos de avaliação, 158t
  modelos, 156t
  características clínicas, 155-156
  em adultos e implicações forenses, 158-159
Transtorno de estresse pós-traumático, 197-203
  critérios diagnósticos para, 198-199t
  estresse, 197-202
    fatores de risco, 197q
    neurobiologia e consequências neuropsicológicas, 200
    no trabalho, 201-202
  funcionamento cognitivo e avaliação neuropsicológica, 201
  tratamentos, 202-203
Transtorno obsessivo-compulsivo, 189-195
  avaliação neuropsicológica forense, 189-191
  neuropsicologia como preditor no tratamento, 194-195
  papel das funções executivas, 191-194
Transtornos da personalidade, 241-247
  aspectos conceituais, 241
  avaliação neuropsicológica, 241-243
  personalidade anancástica, 245
  personalidade emocionalmente instável (*borderline*), 244-245
  personalidade esquizoide, 245
  transtorno da personalidade antissocial, 245-247

transtorno orgânico da personalidade, 243-244
Transtornos do controle de impulsos, 249-257
  cleptomania, 251-252
  impulsividade, 249-250
    subtipos da, 150t
  imputabilidade penal e neuropsicologia dos, 256-257
  instrumentos para avaliação neuropsicológica, 254-255
    Barratt Impulsiveness Scale (BIS-11), 254
    Go/No-Go, 255
    Iowa Gambling Tast (IGT), 255
    Stroop Test, 254
    Teste de Classificação de Cartas de Wisconsin, 254
  piromania, 251-252
  transtorno explosivo intermitente, 252-253
Traumatismo craniencefálico, 224-232
  alterações decorrentes, 227
  alterações neuropsicológicas associadas, 229-230
    em lobos frontais, 229-230
    lesão difusa, 230
    lesão focal, 229
  avaliação neuropsicológica, 227-228
    instrumentos, 228
  classificação anatômica, 225-226
    lesão focal, 226
      contusão, 226
      lesão por contragolpe, 226
    lesões difusas, 225-226
      concussão, 225-226
      hemorragia intraventricular, 226
      hemorragia subaracnoide, 226
      lesão axonal difusa, 226
  definição, 225
  gravidade, 226-227
  implicações forenses, 230-231

sto do Bebê Dragão
© 2019 Dain Heer and Katarina Wallentin
-1-63493-258-5

Ligia Chabú

direitos reservados. Nenhuma parte desta publicação pode ser reproduzida,
da em um sistema de recuperação ou transmitida, de qualquer forma ou por
meios - eletrônico, mecânico, fotocópia, gravação ou outro modo - sem a
orização do editor.

por:
onsciousness Publishing, LLC
ssconsciousnesspublishing.com

nos Estados Unidos da América.
, Alegria e Glória